JN250833

消費資本主義!

著 ジェフリー・ミラー

訳 片岡宏仁

keiso shobo

For my daughter, Atalanta Arden-Miller

Spent.

Sex, Evolution and Consumer Behavior

消費資本主義！　目次

凡例

第1章　ダーウィン、モールにゆくの巻　1
第2章　マーケティングの魔術　27
第3章　マーケティングが文化の中心にある理由　53
第4章　ゼニにやられた脳　73
第5章　消費主義の根っこにある妄執　99
第6章　適応度を見せびらかす　125
第7章　誇示的な浪費・精度・評判　155
第8章　体の自己ブランディング、心の自己マーケティング　175
第9章　中核六項目　197
第10章　消費者が見せびらかし、マーケターが無視する特徴　235
第11章　一般知性　255

第12章　開放性　281
第13章　堅実性　305
第14章　同調性　327
第15章　魂の遠心分離　349
第16章　見せびらかす意志　379
第17章　自由を合法化する　421
読者のための練習問題
謝辞
索引

凡例

・本書はGeoffrey Miller, *Spent: Sex, Evolution, and Consumer Behavior*（Penguin Books, 2009）の全訳である。
・原著のイタリック体は見出しの場合はゴシック体に、書名や曲名の場合は『　』や「　」で示し、強調の場合は傍点とした。
・訳者による補足は〔　〕で示した。
・訳注は傍注とし、＊1のように表記した。

第1章　ダーウィン、モールにゆくの巻

Darwin Goes to the Mall

《消費資本主義》：これが現実だ、そうじゃないフリなんてしちゃいけない。でも、これっていったいなんなんだろう？　消費主義はどうにも言い表しがたい。ぼくらは消費主義という大海の中のプランクトンだからだ。

深遠不可解なものに行き当たったら、新鮮な問いを立てるところからはじめればいい。ひとつ挙げよう：「どうして世界で最高に知的な霊長類が、よりによってハマーH1アルファスポーツ車なんぞを一三万九七七一ドル〔約一五〇〇万円〕も出して買うんだろう？」ハマーは、移動や輸送の手段として実用的じゃない。四人しか乗れないし、逆方向に向きを変えようとすれば五一フィート〔約一六ｍ〕も必要になるし、一〇マイル〔約一六㎞〕走るのに一ガロン〔約三・八ℓ〕もガソリンを食うし、時速〇マイルから六〇マイル〔約九七㎞／ｈ〕に加速するまで一三・五秒かかるし、信頼性もひどい――と『消費者レポート』に書かかれている。なのに、世間にはハマーを買う必要を感じる人たちがいる。ハマーの広告が語るとおり、「必要なんて、ひどく主観的な言葉だ。」

常識では、所有したり使ったりする楽しみのためにモノを買うと言われてる。でも、研究によれば、

モノを手に入れるよろこびはよくても短期間しか続かない。じゃあ、なんでぼくらは消費のトレッドミルから抜け出さず、「はたらく、買う、物欲を出す」の輪っかを走り続けているんだろう？

生物学は、こんな答案を出している。ヒトが進化した社会集団では、人物像や地位がとかく重要だった。たんに生存のためだけじゃなく、配偶者を惹きつけたり、友人たちに一目置かれたり、子供を育てたりするのに重要だった。現代のぼくらも、いろんな財やサービスで我が身を飾り立てているのはモノを所有する楽しみのためよりも、他人に一目置かれるためである場合の方が多い——だからこそ、消費について語るのに「物質主義」という言葉を使っているとひどく見当違いなことになってしまう。ぼくらの広大な社会的霊長類の脳は、とある中核的な社会的目標を追求するよう進化した：他人によく見られるというのが、その目標だ。お金を基盤にした経済でイケてる製品を買うのは、この目標を達成する最新式の方法にすぎない。

これまで多くの明敏な思想家たちが現代の消費主義を理解するのに歴史の文脈でこれを考察してきた。そうした人たちが問うたのは、たとえばこういう問いだ：「古代ローマでは紫で縁取られたトーガで地位を誇示していたのが、現代マンハッタンではフランクミュラーの腕時計で地位を誇示するようになったのは、どういう次第だろうか？」「一九〇八年には黒いモデルTフォードだったのが二〇〇六年には「フレーム・レッド・パール」ハマーになるまで、なにがあったんだろう？」「贅沢品としてツナ缶（一ポンドあたり四ドル）を食べていた時代から、いったいなにがどうなってマジカル・プランクトン（「海洋植物プランクトン、高振動クリスタルスカラーエネルギーによる癒しの周波数をもつ究極の栄養食」と称して、Ascendedhealth.com で五〇グラムあたり一六八ドル〔約一万八千円〕、つまり一ポンド〔約四五〇g〕あたりなら一五二五ドル〔約一七万円〕で販売されている代物）を食べるようになったんだろう？」

本書は、こうした歴史分析と異なるやり方をとる。本書では、消費主義を進化の文脈において考察する。そのため、もっと長い期間をとって変化を見る。四〇〇万年前には脳の小さい準社会的な霊長類だったのが、大きな脳をそなえた超社会的なヒトという今日の我々にまで、どうやってたどりついたのだろう？　また、それと同時に、本書では種どうしのちがいを考察する。どうしてプランクトンなどという地球上のバイオマスでこのうえなくありふれたしろものに大枚を払ったりするのだろう？　シロナガスクジラなら、プランクトンなんて一日に四トンも食べる。もしも「究極の栄養食」とやらのためにAscendedhealth.com から購入したら一二二〇万ドルもかかってしまう。

消費資本主義を理解するには、まず、こんなことを考えてみると助けになりそうだ——「先史時代のご先祖たちは、今日のぼくらの暮らしをみてどう考えるだろう？　ご先祖たちは、ぼくらのことをどう思うだろう？」彼らの気楽な氏族生活にくらべて、ぼくらが地位の追求や製品あさりに血道を上げているさまにきっとあっけにとられるだろう。ご先祖たちの目には、現代社会は騒々しくてややこしく思えるだろうし、ひょっとするとどうかしてるように思えるかもしれない。どれくらいどうかしてるか省みるために、ちょっとばかり風変わりな思考実験をやってみよう——時間旅行とレーザーの思考実験だ。

クロマニヨン人から消費者へ

みなさんに、ひとつやってもらいたいことがある——これが読者諸賢の任務だ：タイムマシンで三千年ほど昔に飛んでもらう。先史時代のフランスで、かしこいクロマニヨン人を探してほしい。（相手の言語はどうにかしてしゃべれるものと仮定する。）クロマニヨン人に、現代の消費資本主義のシステムを説明する。相手がどう思うか、聞き出してほしい。現代では繁栄も余暇も知識もとどまることなく増大していく展望があると知って、クロマニヨン人たちは「だったら自分たちもひとつ農業とやらをやってみよう」という気を起こすだろうか？　鶏やブタを飼い慣らして育てたり、外壁に囲まれた街をつくったり、お金を使い始めたり、階級をつくったり、派手な消費をひとつやってみようかと彼らは思うだろうか？　それとも、それまでどおり、火打ち石と洞窟壁画のオーリニャック期旧石器時代の文化水準に停滞したままでいる方がいいと思うだろうか？

この任務を引き受けて、タイムマシンで大昔に行ったとしよう。しばらく探し回って、とある晩にクロマニヨン人を見つけて、レーザーポインタを見せてひとしきり面白がってもらったりなんかして関心を引く。一時間ほどたって落ち着いたら、いよいよ本題に入って、説明を切り出す――「ぼくらの文化はとてつもなく豊かで、いろんな品物やサービスを見せつけ合っては自分の人となりをありとあらゆる方法で何百万人もの他人に誇示しているんですよ。」自分がいかに大した人物なのかを誇示するものを手に入れるために、そうした品々やサービスを「お金」で「買う」ということ、そして、そのお金は「技能労働」で稼ぐことを説明する。そして、彼らに請け合ってやる――「いまの火打ち石で火をおこす暮らしをほんの数千年ばかり続けていけば、やがて、洗練された文化的発明をあれこれと楽しむようになるんですよ。」たとえば、腸内洗浄だとか YouTube だとか。

うまく説明がすんだら、彼らの反応をはかる段階だ。キミは、相手が訊ねてくるいろんな質問に答える。「ほうほう、なるほどなるほど」と熱心に話を聞いていたジェラールという有力な大人の男は、どうやら合点がいったらしい。だが、ジェラールにはいくつか引っかかる点がある――現代人の耳にはどうしようもないほど性差別的に聞こえる質問だけど、心底から好奇心を抱いて発したことなので、科学的客観性の精神にのっとり、彼らの質問に正直に答えてあげなきゃいけない、とキミは思う。ジェラールは、こんな風に訊ねる：

ジェラール：未来人さんよ、それじゃあ、その金ってやつでよ、俺のガキを孕んで育てる気になってくれる賢くて若い女を二〇人ほど買えるのかい。

キミ：いや、ジェラール。奴隷制度は廃止されているから、生殖のための配偶者をお金で買うというかたちでは繁殖の成功は提供できないんだ。売春婦はいるけれど、たいてい避妊するよ。

ジェラール：へえ。じゃあ、女どもの気を引いて、俺とつがって子供をつくりたいって気にさせにゃならんわけか。かしこさや威厳だとか、話やジョークをうまくしゃべる能力だとか、身長や男らしさは金で買えねえの？

キミ：買えないな。でも、啓発本を買ってちょっとばかりプラセボ効果にひたるくらいならできるし、ステロイドを買えば筋肉量と怒りっぽさを三割増しにできるよ。

ジェラール：なるほど。じゃあ、女をとりあうライバル連中が死んでくれるのを辛抱して待つか。一〇〇歳まで生きる寿命は買えるかい？

キミ：それも買えない。でも、現代の医療はすごいから、期待寿命を七〇年から七八年に伸ばせるよ。

ジェラール：あれもだめ、これもだめか。むかつくな。ライバルどもをぶっころす最新の武器は買えるのか？　とくに、あのクソやろうのサージを殺すのにちょうどいいやつだ。あと、キミ：　ヨソの氏族の男どもも皆殺しにして、連中の女をかっさらってやりてえ。買えるよ。その用途なら、ＡＡ－12ショットガンが効果的だろうね。対人用の高性能散弾を一秒に五発撃てる。おっと――ただね、たぶんそのライバル連中も他の氏族の連中も同じショットガンを買うと思うな。

ジェラール：　なんだ、じゃあ、ただ氏族抗争がもう一段キツくなるだけじゃねえか。それに、そんなブツがあったら、氏族の血の気の多い若ぇ連中がもっと殺し合いをやりだしそうだ。だったら、いまのツレで満足しとくか。ジゼルってんだ――あいつの永遠の献身を金で買えるか？　なんどもイカせてやって、ぜったい俺を裏切らないようにさせられねえかな。

キミ：　いや、実はね、資本主義でも夫婦どうしの裏切りは相変わらず続いてるんだ。本当の父親がわからないって話はいまでもよくあるよ。

ジェラール：　ジゼルのかあちゃんや姉妹連中はどうなんだ――金で買ってあいつらの心根をもっとやさしくして、俺の欠点にあんまりガミガミ言わないようにさせられねえの？

キミ：　ざんねんながら、ムリだね。

そこへ、ジェラールの配偶者で頭の回転が速いジゼルが割り込んできて、いくつか質問をはじめる。答えてるうちに、ますます向こうはゲンナリしだす：

ジゼル：　未来人さん、顔がよくて地位が高くて魅力的であたしのことを無視したりぶったり捨キミ：　てたりしない恋人ってお金で買える？

ジゼル：　買えませんねえ。ああ、でもジゼルさん、そういう恋人とのめくるめく恋のつくり話だったら、恋愛小説を買って読めますよ。

キミ：　お金で買って、もっと姉妹を増やせない？　あたしがグースベリーを採集しに行ってるあいだに、末の子供たちの面倒もまとめてみてくれるような姉とか妹とかさ。

ジゼル：　ダメですね。雇われ子守りをやってるはたいてい稼ぎが少なくて生活に困っていて教育の足りない女の子でね。よその子供の世話なんてそっちのけで、友達とメッセージを送り合うのに夢中になるような子ばっかりですよ。

キミ：　うちの十代の子らはどう？　ジャスティンとフィリップっていうんだけど。金で買ってあの二人にあたしを敬わせたり言うことを聞かせたり、わるい女にひっかからないように女の好みを変えたりできない？

ジゼル：　いいえ、あなたが世間を立ち回る知恵を教えようとしても、子供たちはマーケッター連中に洗脳されて無視するでしょうし、ホリスターブランドの服を着てマウンテンデューAMPエナジーブーストを飲み始めるでしょうね。

キミ：　ダボが！　クソを食らって西へ飛べっての！　その金とかいうの、役立たずのクズじゃない。せめて、ぜったい腐らないマンモスの死肉くらいは買えないの？

ようやく、とっかかりが見えてきた。そこで、氷点下で食べ物を保存できる冷凍庫の解説に乗り出す――かと思ったところで我に返る。五九基の原子炉を有するフランス電力なんてどこにもない時代に、冷凍庫の電気をとれるはずがない。すると、にわかに口調はごにょごにょしだす。

もういいかげん、ジゼルもジェラールもこっちを見る目がすっかり醒めきってる。この二人以外の人たちは、話こそ聞いていても疑い深げだ。なかには、レーザーポインタで火をおこしてこっちを炙ってやろうと隙を見てるやつらまでいる。キミは、どうにか彼らの関心を引き戻そうと、上昇意識の高いモバイル系クロマニヨン人に消費主義が提供してくれるキャンプ用品を解説しはじめる：これはサングラス、こっちはスティールナイフ、それからバックパック、そうそう、このトレイルランニング用のシューズなんて数ヶ月はもちますよ。横にあるこの「ギュン」って意匠もかっこいいし。

これを聞いて、聴衆たちはちょっぴり身を乗り出してくる。ジゼルの母親のジュリエットが質問をぶつけてくる――「そんで、引き替えになにがほしいんだい？　そのナイフだのシューズだのを手に入れるのに、こっちはなにを渡さなきゃならないっての？」キミはこう説明する。「やらなきゃいけないのは、教室で机について直感に反するスキルを学ぶのを毎日ずっと一六年間つづけること、ただそれだけですね。あとは、道徳にもとる企業の職場に通ってきつい仕事を週に五〇時間。これが四〇年つづきます。その間はまともに子供の世話もできませんし、コミュニティに属してるって感覚もないし、政治的なはたらきもしないし、自然とのふれあいもありません。ああ、そうそう。子供を二人以上にふやすのを防ぐ薬や、自殺願望をおこさないようにする特殊な薬もとらなきゃいけなくなります。じつはそんなにひどいもんじゃないですよ。シューズの意匠、めっちゃイケてますよね。」仲間の尊敬を集める女家長であるジュリエットは、こちらの目をまっすぐに見据えて、心底から哀れみを込めて、問いかける――「あんた、どうかしてるんじゃない？」

対比と選択

以上、ちょっとした思考実験をやってみた。オーリニャック期以来ずっと人類のたゆみない進歩と幸福のますますの増大が一方通行で続いてきたという読者諸賢の信条がゆらいでいればさいわいだ。なるほど現代の生活は、地球にくらす人々の上位０・１％に入るものすごいお金持ちにとっては、驚くほどにしあわせ絶頂のゴキゲンなものだったりするかもしれない。でも、もっと公平に評価するなら、比べるべきは先史時代の平均的な人間の暮らしぶりと平均的な現代人の暮らしぶりだろう。

三千年前の平均的なクロマニヨン人を考えてみよう。彼女は三〇歳の健康的な三児の母で、つながりの密な部族で家族や友人といっしょに暮らしている。はたらくのは一週間に二〇時間ほどで、オーガニックな果物や野菜を採集したり、放し飼い家畜の肉をくれる男どもといちゃついたりするのが仕事だ。一日の大半は、友人たちといろんな噂話に花を咲かせたり、いちばん末の子供に乳を飲ませたり、子供がいとこたちと遊ぶのを眺めたりしてすぎていく。たいてい、日が暮れると、物語を聞かせあったり身繕いをしあったり、踊ったり、ドラムをたたいたり、歌ったりする。その場にいるのは、よく知っている好ましい信頼できる人ばかりだ。カレシも平均的な人でしかないけれど、しょっちゅう最高のセックスをする。なにしろ、男どもはすばらしい新式の前戯を進化させているのだ――会話、ユーモア、創造性、やさしさという前戯が彼女を最高に気持ちよくしてくれる。（だいたい月に一回、ヒミツの恋人サージと密会する。彼はネアンデルタール人を一一人殺した公式記録の持ち主だけど、彼女の肌に触れるときには、まるでアルプスの花々にふりそそぐおだやかな雨のようだ。）毎朝、彼女は日の光につつまれておだやかな目覚めを迎える。日の出が照らすのは、フランス・リヴィエラ地方沿岸部の青々と草木が茂る六〇〇〇エーカーの大地だ。その土地すべてを、彼女の部族が所有している。太陽をあびるさわやかな目覚めで、彼女はみずみずしくなる。乳幼児期がすぎると死亡率はとても低いおかげで、この先四〇年の寿命を期待できる。その間に、彼女は知恵と地位のある女性としてますます価値を高めていく。

さて、一方、二一世紀に生きる平均的なアメリカ人勤労者を考えてみよう。平均的な知能（IQ100）の持ち主で、地元のコミュニティカレッジを中退するまでにほんのいくつかのクラスでCをとった程度だ。いまは小売店でこの仕事についている。イーストビュー・モールにある宝石・貴金属の店ピアシング・パゴダで週に四〇時間はたらいている。両親やきょうだいは、彼女の家から五〇マイルも離れたところにいる。女性としての魅力やおもしろさも平均的なので、友人はすこしいるけれど、長く続いているカレシはいない。知らない相手とほろ酔い加減でセックスする機会があったら、妊娠を避けるために避妊薬のオーソトリサイクレンを服用しないといけない。そして、セックス相手はめったに電話に返事をよこさない。情動の安定具合もごく平均的だ。ロチェスターの冬は来る日も来る日もずっと薄暗いままなので、自殺願望を抑えるためにプロザックを飲む。毎晩、ひとりぼっちでテレビをながめる。夜な夜な、ジョニー・デップに愛される妄想にふけったり、グウェン・ステファニーと友達になるのを想像したりする。毎朝、彼女は目覚まし時計にたたき起こされて目を覚ます。時計の横にあるプラントは中国製の樹脂でできた模造品だ。起き上がって見渡す住まいは、六〇〇平方フィート〔約56平方㎡〕のアパート。心がすり減っていく思いがする。現代医療のおかげで、彼女はこの先四五年の寿命が期待できる。その間に、彼女はしだいに役立たずの年金負担としてますます価値を下げていく。ともあれ、少なくとも、

iPod はもってる。

我らがご先祖さまたちの目をとおしていまの生活を眺めてみると、この「文明」と呼ばれるもの（今日では消費資本主義に同義）を発展させることでぼくらが失ったものと得たものをはっきりと見渡せる。また、ぼくらの生活で本当に自然なものと、歴史の偶然でそうなっているもの、文化でたまたまそうなっているもの、政治的に抑圧されているものをもっとうまく区別できるようにもなる。

どの文化で人類が営んでいるものであろうと、消費資本主義はヒトの進化が技術的洗練のどこかの段階で避けがたく自然に迎える結果ではない。

消費主義を進化心理学で分析しようと言っても、べつに消費主義に科学の認証シールを貼ろうという話ではないし、生物文化の進歩が到達しうる最高水準として消費主義を道徳的に正当化しようというのでもない。これまでに、そうやって消費主義を「自然化」しようと試みた思想家はたくさんいた。たとえば社会ダーウィニズム主義者の大半はそうだったし、オーストリア学派の経済学者（ルードヴィヒ・フォン・ミーゼス、フリードリヒ・ハイエク、マレー・ロスバード）、シカゴ学派の経済学者（ジョージ・スティグラー、ミルトン・フリードマン、経営のグルやマーケターたち）もそうだ。彼らのモデルはこんな具合だ（ぼくはこれを「間違った保守モデル」と呼ぶ。というのも、ぼくの考えではこのモデルは間違いだし、政治的な保守によって唱道されているからだ）：

人間本性 + 自由市場 = 消費資本主義

こんな風に消費主義を「自然化」する試みに反対して、他の人たちはそもそも「人間本性」の概念とか生物学と経済学のつながりをなにもかも却下してきた。こうした生物学懐疑論者にはどんな人たちがいるかというと、たとえば、マルクス主義者、アナーキスト、ヒッピー、ユートピア主義者、ニューエイジ系の感傷屋、文化人類学者、社会学者、ポストモダニスト、反グローバル化運動家の大半がいる。さしあたりは、こう言っておいてさしつかえない——こうした急進主義者たちは、「間違った急進主義モデル」を提案している。このモデルによれば、基本的にこういう話になる：

空白の石版(ブランクスレート)＋抑圧的な制度＋しゃらくさい各種イデオロギー＝消費資本主義

ここで言う「空白の石版(ブランクスレート)」とは、ヒトの赤ちゃんがもつ大きな脳のことで、進化による本能や好みや適応などはなにも備えていないにもかかわらずなんでも学習できるとされる。（スティーブン・ピンカーは、著書『空白の石版』［＊1］で、脳がそういうことをできる可能性を否定して痛烈に批判した。）また、「抑圧的な制度」は、通例、政府や企業や学校やメディアとされる。こういう制度がなんらかの支配階級の利害をかならず代表しているのだとこのモデルは考える。「しゃらくさい各種イデオロギー」は、たとえば宗教、父権制、体制順応主義、エリート主義、自民族中心主義、主流派経済学などが該当すると想定されている。また、「間違った急進主義モデル」では、ダーウィン主義はヴィクトリア朝時代の資本主義を（植民地主義や性差別や人種差別もひとまとめに）正当化するものとして考案されたと想定している——そして、ダーウィン主義が問題の一部であるとすれば、解決策の一部になるはずもない、と考えられている。

「間違った保守モデル」（消費主義は自然なものだと考える説）と、「間違った急進主義モデル」（消費主義は文化的抑圧だと考える説）、この両方への代替案として、本書では、もうちょっと込み入っているけれどきっともっと正確なはずの案を提案する。これを、「分別のあるモデル」と呼ぶ。というのも、人間と社会についてこれまで科学で発見されていることを踏まえてかなり思慮分別のあるモデルになってると思うからだ。このモデルでは、こう考える：

無意識のうちに特定ののぞましい個人的資質を見せびらかそうと試みる人間の直観
+特定の種類の資格証明や職業や持ち物やサービスをとおしてそうした心的資質を見せびらかす現行の社会規範
+現行の技術でできることと制約
+特定の社会制度とイデオロギー
+歴史的な偶然と文化的な慣行
=二一世紀序盤の消費資本主義

さっきの二つより複雑なこのモデルは（これでもものすごく単純化しすぎているけれど）、たんに消費主義を「脱自然化」するだけではない。社会規範や制度やイデオロギーや文化や技術を変えることで社会のどのへんをどう変えられるかをつきとめてもくれる。本書の終盤三分の一では、この「分別あるモデル」にもとづいて、消費資本主義を設計しなおす方法をいくつか提案する。

＊1　*Blank Slate* の邦訳タイトルは『人間の本性を考える』だけど、ここでは原書タイトルそのままの訳をあてた。

設計しなおすといっても、クロマニヨン人の生活条件を復活させようという話ではない。そんなことは、現代人にとって可能でもないしのぞましくもない。いま地球上には六七億人が生きている。みんなで狩猟採集生活にもどることなんてできない。単純でおだやかな小集団の生活という理想化された楽園にもどるという考えを提唱した人たちは多岐にわたる：仏陀、老子、エピクロス、ソロー、エンゲルス、ガンジー、マーガレット・ミード、ユナボマーなどなど。こういう理想家が支持者を集めることも多い。そうした支持者たちは教団をつくったり、政治運動を立ち上げたり、文化まるごとをつくったりもする：道教、シェーカー派、ラッダイト運動、マルクス主義者、アナーキスト、ヒッピー、エモキッズなどなど。主流の「ブルジョア・ボヘミアン」だって、「持続可能ななんとか」や「断捨離」や「みずから選ぶライフスタイル」や有機農業や企業の社会的責任を支持するし、居住地の区画規制がゆるす範囲でなら、ゲートで隔離されたじぶんたちのコミュニティに住みながら環境に優しくて共同体っぽさのある素朴で原始的なくらしの要素をいくらかもちこんだりもする。

しかし、こうした人々やグループは、それぞれに原始的生活の長所と現代生活の短所を誇張してしまっている。クロマニヨン人の生活スタイルが人間の体や心、家族や部族にとってもっと自然な環境だったという彼らの直観は正しい。だが、同時に、ロマンティックな理想化をはぎとってみると、クロマニヨン人の生活は無知で偏狭で暴力的で、想像できないほど退屈だったという点を忘れてしまっている。文明がもたらした重要な発明ぬきの生活なんて、ぼくはごめんだ。貿易、通貨、識字、医薬品、本、自転車、映画、ダクトテープ、貨物コンテナ、コンピュータ——こうしたもののない生活をおくりたいなんて思わない。現代に不満だと言う多くの人たちとちがって、文明の発明の「オールタイムベスト」を三つ選ぶなら、ぼくはお金と市場とメディアを挙げる。どれをとっても、平和な人間どうしの協力がもたらす社会的・物質的な便益を猛烈に増大させた。ただし、これら三つがそろったからといって、必ずしも現行の消費資本主義ができあがるとはかぎらない。

さいわい、ぼくらはこんな二択を強いられてはいない――(1)よくわからないどこかのユートピアでは機能するかもしれない環境にやさしい共同体の素朴原始生活主義か、さもなくば(2)これまでのところ一部の人間社会に〔ガン細胞のように〕転移している消費資本主義か、このどちらか一方を選ばなきゃいけないってわけではない。「分別のあるモデル」では、他にたくさん選択肢があると提案する。そうした選択肢のなかには、先史時代の生活と現代生活の裁量の発明を組み合わせるものだってあるとぼくは考えている。

ママさん、おたくの赤ちゃんを将来マーケティングコンサルなんかにしちゃだめよ

クロマニヨン人はさておき、現代社会は子供の目から見てもややこしく見える。子供がもってうまれる脳みそは石器時代の遺伝子からつくられる石器時代の脳みそで、これから経験するのは石器時代の世界だろうと予想している：つまり、血縁者を土台に密接につながった狩猟採集生活の部族社会の環境を想定している。子供たちの脳は、こういうことを学習し実践するよう配線されている：かわいくふるまう、成長する、食べ物を見つける、友達をつくる、血縁者を気づかう、危険を避ける、ときに敵と戦う、配偶者を見つける、子供を育てる、年を重ねて賢くなり、死ぬ。こういうことにあわせて脳は進化してきた。ところが、現代の子供が向き合うのは、イラつく義務や直感に反する考えでみちみちたヘンテコな新世界だ：じっと座る、数学を学ぶ、仕事をみつける、友達とわかれる、血縁者を無視する、車を運

転する、託児所に子供を預ける、年を重ねて他人の負担になっていく。

　こんな新世界と向き合う子供が使える手引きは最小限度しかない。親たちはお金をかせぎに一日中どこかに行ってしまう。仕事以外でも買い物に出かけては、見栄えをよくしたり特別な人間に見えるようになろうとあれこれとモノを買う。とっくに配偶者を見つけて生殖もしているというのに。本心では離婚して親権をとってやろうとのぞんでいないのだとしたら、どうしていまだに結婚相手さがしの市場にいるかのようにふるまっているのか、そのワケを親たちは説明できない。高校生になっても、先生たちは消費主義の世界をうまく説明してくれはしないし、大学教授たちにしても、せいぜい参考文献を薦めてくれる程度だ。しかも、ジャン・ボードリヤールだとかのポストモダン思想フランス社会学者によるわけのわからない大言壮語を読まされるはめになる。こんな具合に、ほぼ誰もが、わけのわからないまま成長し、わけのわからないまま人生をすごし、わけのわからないまま死んでいく。

　ごくまれにだけれど、消費主義の原理を直観的につかむ子供たちもいる。たいてい、そうした子供たちは長じてマーケティングのコンサルタントになる。「およそ世間の人たちというのはありもしない長所をあるかのように装って他人に誇示したがっているものだし、少なくとも無意識のうちにそう望んでいるものだ」ということを学びながら、このマーケティングコンサルの卵たちは育つ。彼らはしだいに気づく――「なるほど、とりわけ現代の消費者たちは自分を上手に売り出す心得の持ち主になろうと競い合っては、いろんなモノやサービスの消費をとおして、自分がいかに健康でお利口で人気者なのかをお互いに誇張して見せつけ合うのだな。」マーケティングコンサルたちは、ポストモダンの洞察を軸にしてキャリアを築く：その中心をなす教えによれば、消費資本主義は「物質主義的」ではなくて「記号論的」だとされる。消費資本主義で主にものをいうのは記号・象徴・イメージ・ブランドの心理学的な世界であって、手にとって触れるような品物の物理的な世界ではない、というのだ。自分たちが売っているのはステーキそのものではなくて肉がジュージュー焼けるにおいが立ちこめるイメージ（「シズル感」）なのだということをマーケターたちは承知している。そのイメージのプレミアムブランドが高い粗利をもたらすのに対して、ステーキそのものはどんな肉屋でも売れる利益の小さいありきたりの品物にすぎない。

だが、最高にかしこいマーケターであっても、消費者たちが消費に関する意思決定をとおしてほんとうに誇示しようとしている長所・美質がどれなのかを理解しきってはいない。人々がお互いに送り合っているシグナルの内容を、彼らもほんとうは理解していない。典型的に、マーケターたちは学校教育で時代遅れな消費者心理研究を教わったあと、現実の会社で実地の仕事をやりはじめてから、学校で教わったことは現実の製品を売るのにほぼ役立たずだったと気づく。「それでは」と、試行錯誤を繰り返しながら彼らは消費者行動とマーケティング戦略の直観的な理解を追求していく。たまには、セス・ゴーディンやマルコム・グラッドウェルの本なんかを読みかじったりもする。消費者行動に関して、証拠にもとづく首尾一貫した理論があればとてつもない実践的な便益がもたらされるのに、マーケターたちは手に入れそびれている。そのため、彼らの成功率はほどなく頭打ちになる。

とくに、大半のマーケターたちはいまだに人間本性について単純すぎるモデルを使っていて、過去二〇年のあいだに蓄積されてきた研究の知見を取り入れていない——進化人類学者、進化生物学者、進化心理学者たちによる研究が活かされていないのだ。「プレミアム製品は富や地位や趣味のよさを誇示するために買われる」といまだにマーケターたちは信じていて、見せびらかすようにヒトが配線されているもっと根深い心の性質を見過ごしている——ヒトは、やさしさや知性や創造性といった性質を見せびらかすように配線されているのに、そこを見過ごしている。彼らは消費を進化の文脈において考えようとしないし、先史時代の起源にまで遡ろうともしないし、その適応的な機能を理解していない。その結果、マーケターたちはヒトの心を見渡すすぐれた地図も、ヒトの心が棲まうこの記号に満ちたすばらしき新世界の地図も利用できていない。彼らに必要なのは、ダーウィンだ。

そのダーウィンはと言えば、フィールドワークを切り上げて、モールにおもむく必要がある。人間本性を探るダーウィン主義科学は、更新世の進化から、二一世紀の消費者行動にいくらか注意を振り向ける必要がある。じぶんの生物学的な適応度を——生き延びて繁殖する見込みを——でっちあげて人々が互いに見せびらかしあう方法をもっと深いところで理解する必要がある。適応度の具体的な側面を理解する必要がある——じぶんたちの「適応度標示」をとおして見せびらかしている最重要の身体的・心理的な性質を理解しなくてはいけない。そして、人々が買い求める製品の大半は、まさにこの適応度標示だ。

適応度標示

適応度標示とは、個々人がどんな性質・特性をもっているのかを他人が知覚できるように示すシグナルのことだ。ほぼどんな動物種でも、配偶相手を惹きつけたり競合相手をひるませたり捕食者を抑止したり親や血縁者から助けを引き出したりする固有の適応度標示がある。オスのグッピーは成長するにつれて旗のようにはためく尾をもつようになるし、オスのライオンは豪勢なたてがみを見せびらかすし、オスのナイチンゲールは歌を学習するし、オスのニワシドリは立派な巣をつくるし、人間はオスもメスも贅沢品を手に入れる。どの例をとってみても、適応度標示は、優良な遺伝子・優良な健康状態・すぐれた社会的知性といった根本的な生物学的特徴をまわりに見せつけている。

こうしたシグナルをもつ動物は、べつに、こうした特徴がじぶんの適応度の誇示になるべく進化してきたことを意識しているわけではない。たんに、これらを見せびらかす本能と遺伝子をもっていて、そうやって見せびらかすことで生存にかかわる便益や社会的・性的な便益を進化そのものが記録し続けているだけの話だ〔見せびらかしが生存・生殖に寄与した個体の遺伝子が継承されやすいという点で、進化がそうした便益を記録していると言っている〕。ぼくら人間は、じぶんたちの適応度標示が果たす生物学的な機能について、大して意識して理解しているわけではなく、その点でグッピーと大差ない。それどころか、見かけ上の適応度（健康・美容・生殖能力・知性）を向上させる製品を買って、現実の生物学的な適応度（生殖）を犠牲にしている場合すらある――たとえば、避妊薬のオーソトリサイクレンはニキビを減らすことで女性の肌をもっと魅力的にするけれど、排卵をなくすことで生殖の成功機会を減らす。ぼくらの脳は、生殖の成功を意識して追求するように進化してはいない。そうではなく、ご先祖たちが暮らしていた条件下でなら生殖の成功につながることが典型的によくあった刺激や経験や人やモノを追い求めるように脳は進化している。

首尾よく生殖するには、男性と女性が別々の性的戦略を追求し、別々の相手に適応度標示を見せびらかす必要がある。ほぼあらゆる動物種で、オスは配偶相手のメスを惹きつけるためになにかを見せつける場合が大半で、配偶相手をとりあうオスの競合相手をおじけづかせる場合はそれより少ない。クジャクの羽とポルシェの機能的なつながりはわかりやすい。近年の多くの研究では、配偶への関心がいちばん高まっているときに消費の誇示が増えることが確かめられている。女性に関しては、事情はもっとややこしい。大半の動物種のメスは、どちらの性別に対してであれ、適応度を見せびらかしてもほとんど便益がない。例外は、メスどうしで資源と配偶相手をとりあう種や、オスが配偶相手を選別する種だ。たとえば、高度に社会的な類人猿では、メスが食料をわがものにしやすいかどうかを予測するのにメスの地位の階層が重要となる。このため、メスの類人猿はおたがいに適応度標示を見せつけあって地位を奪い合うことが多い——たとえば体の大きさや健康具合や自信の強さや人気ぶりを毛繕いのあいだに見せつけあう。こうしたメス対メスの地位競争は、おそらく、ノンケの男性がめったに気づかないような人間の女性による見せびらかし消費の大半を同様に説明してくれるだろう。とくに、プラダのハンドバッグやマノロブラニクの靴に当てはまるはずだ。長期的な関係をつくる相手の女性を男性が強くえり好みする点で、人間はいっそう独特だ。男性が相手を選別するということは、女性も質のいい男性を惹きつけるべく競い合うことになる。かなしいかな、これまで得られた証拠を見るに、男性は女性によるそうした見せびらかし消費にほんのわずかしか注意を払わないらしい。

他の動物たちとちがって、人間は新種の適応度標示を発案し、つくり、見せびらかし、模倣するという独自の能力を進化させている。こうした新しい標示は遺伝子レベルではなく文化レベルで進化する。具体的には、資格証明や仕事やモノやサービスなど、現代経済に典型的な標示がそうだ。思春期の人間は、文化固有なあれこれの標示について学んだり、なにが「イケてる」「きてる」「チョーすごい」[*2]「ダサイ」のかをめぐって噂話をえんえんと続けたりして、まるで飽きることを知らない。つまり、彼らが見極めようとしているのは、「仲間たちが——とくに社会的・性的に魅力的な仲間たちが——いま好んでる見せびらかしテクをふまえて考えたとき、どの製品だったら、じぶんの特徴や趣味や技能をいちばん効果的に見せびらかせるだろう?」ということだ。その地域での地位が『トーラー』や『コーラン』の長い一節をそらんじれるかどうかに左右されるのだったら、若者はどうにかして覚えようとするだろう。Flickrにアップした写真がみんなから「おもしろさ」で高評価をとれるかどうかに左右されたり、Facebookでフレンド数が多いかどうか、Hotornot.comで「イケてる」評価が高いかどうかに左右されるのだったら、若者たちは聖典の暗唱そっちのけでそちらを選ぶ。どんな言語でもじぶんの周りで話されている言語を学習するように進化した特別な脳を幼児がもちあわせているのと同じように、十代の若者たちはどんなものであれ自分たちのまわりの生態的ニッチ・社会的ニッチ・市場ニッチで好まれている文化固有の適応度標示を学習する同様のシステムを進化させている。ぼくらはたんに直観的言語学者なだけではなく、直観的な地位統計屋でもある。どちらの場合にも、文化によって調節されたコミュニケーション技能を身につける生まれつきの能力は進化によって形成されている。

人間の場合、金銭的な富やキャリアによる地位や前衛趣味をまわりに見せびらかすように適応度標示が進化してきたということはありそうにない。なぜなら、こうした現象が登場したのは進化の時間尺度でみてごく最近のこと、たかだか一万年ほどの間のことだからだ。そうではなく、ぼくらがやっきになって見せびらかそうとする重要な特徴とは、個人どうしできわめて大きく異なり、しかも社会的能力や好みをいちばん強く予想する安定した特徴だ。身体的な特徴だったら、たとえば健康具合・生殖能力・美容がそうだし、性格的な特徴だったら、たとえば堅実性・同調性・新しいものを受け入れる開放性がそうだ。また、認知的な特徴だったら、たとえば一般的な知能がそうだ。こうした特徴こそ、人々が世間に喧伝したがる生物学的な美質だ。無意識のうちに尊敬や愛情や援助を友人や配偶相手や味方たちか

＊2　原文では'phat'。日本語の「チョー○○」と同じく、これも廃れた言葉のようだ。

ら引き出す機能を果たす。こうした特徴を見せびらかすことこそ、マーケターたちがやっきになって理解したがっている重要な「潜在的動機」だ。富や地位や趣味のよさを見せつけようとするときには、消費者たちはいくらか意識してそうしているものの、その〔無意識の〕目的は、こうしたもっと根本的な生物学的美質をあらわにすることにある場合が大半だということを論証していこう。たしかに、お金は「流動性適応度」の一種として機能しうるけれど、大方の場合、もっと人目を引く適応度標示を手に入れる手段として機能する。また、消費者たちは理性よりも感情をたよりにして買うものを決めるけれど、その人間の感情は進化上の起源と機能を理解せずには明瞭に記述できない。人間の条件について好悪伯仲する苦くて甘い思いをしつつマーケターと消費者たちがこうした原理を鮮明なテクニカラーでつぶさに深く理解しないかぎり、社会をもっとよくしたり啓発したりできる望みはうすい。

「こうなっている」の記述と「こうすべき」の処方

本書の目的は主に二つある。一つめは、人間の文化をあるがままに記述すること。ただし、生物学的な文脈での記述だ。二つめは、人間の文化を変えて、現代技術と先史時代の社会生活の最良部分をいいとこ取りしてうまく組み合わせる方法を提案すること。

そうなると、議論が進むにつれて、本書の記述と処方がだんだん混じり合っていかざるをえない。記述と処方は、あらゆるレベルで絡み合う。大は本書の主題から、小は具体的な製品の例まで、いろんな事実や価値をとっかえひっかえ考察する過程で絡み合うことになる。そんな風に「である」と「すべき」が乱雑に混交すると、超人的なまでに合理的な科学哲学者や道徳の哲学者たちの怒りを買いそうだ。

彼らにしてみれば、行動科学者どもには客観的なルポルタージュに徹してもらって、「ああしろ、こうしろ」のお説教役はじぶんたちに――あるいは宗教業界の同類たちに――まかしてしておけと言いたくなるだろう。おいにくさま。じぶんが暮らす社会の愚行や不公正を新しい方法で記述することをとおして「どうすべきか」という新しい洞察を社会にもたらすすぐれた伝統がある。この伝統につらなる人たちの名前を挙げてみよう――ジョン・ロック、メアリ・ウルストンクラフト、ダニエル・デフォー、ウィリアム・ウィルバーフォース、ヘンリー・デイヴィッド・ソロー、カール・マルクス、マックス・ウェーバー、マーガレット・サンガー、ソースタイン・ヴェブレン、ジョン・ケネス・ガルブレイス、アルフレッド・キンゼイ、ジャーメイン・グリア、ピーター・シンガーといった人々がいる。ぼくも、こうした人たちの足跡のなかにヤマネの足跡のようなものを残してみたい。

本書の記述的分析が正しければ、相反する行動指針を抱えているいろんな読者層の役に立つはずだ。マーケターたちには、消費者の好みをうまく利用してお金をもっと稼ぐ新しい方法をもたらすはずだ。一方、消費者たちには、マーケターたちの影響に抵抗してお金を節約する新しい方法をもたらす。保守派には、見せびらかしが自然界のいたるところに見つかることを踏まえて、現状を正当化する新しい方法をもたらすかもしれない。進歩派には、特徴を見せびらかす方法として見せびらかし消費がとてつもなく効率がわるいのを踏まえて、現状を理解する新しい方法をもたらすかもしれない。ぼくには読者を選別しようがないし、本書からどんなひらめきを得てそれを生活や稼業にどう応用するかを管理できるわけでもない。ただ、人間本性と消費主義文化をもっと正確に理解することで、関連するあらゆる論点をめぐる議論がもっと知的になってくれればいいなと思う。

消費主義をめぐる相反する感情

分別のある人ならたいていそうであるように、ぼくもマーケティングと消費主義について相反する感情を抱いている。どちらも、その力たるや驚嘆せずにいられない。神々のごとくに、人々はこれに崇敬の念でひざまずき、死の恐怖を覚える。消費資本主義は、現代生活ならではの胸ときめくものも、おぞましいものも、そのほぼすべてを産み出している。服を着たり、雨露をしのぐすみかを得たり、危険から逃れたり、教育を受けたり、医療を受けたり、旅をしたりといったことをきらう人はほとんどいないし、こうしたことが環境にやさしい原始共同生活のユートピアで失われれば、たいていの人は恋しがるだろう。搾取されたり、仕事漬けになったり、債務が雪だるま式にふくらんだり、汚染されたり、軍産複合体が栄えたり、企業がカルテルを結んだり、汚職がはびこったり、疎外されたり、大不況におちいったりといったことを好む人はほとんどいないし、この世からなくなって恋しがる人もめったにいないだろう。それに、個人の好みもさまざまだ。消費資本主義でぼくが気に入っているのはこんなものたちだ――アーモンドクロワッサン、トーリ・エイモスのコンサート、テルライドでのスキー、バート・プリンスが設計した住宅、ＢＭＷ ５５０ｉ、プロヴィジル、アウトキャストやレディオヘッドの曲が満載のｉＰｏｄ、いまタイピングに使っているマイクロソフトの人間工学キーボード。他方で、なによりあきれ果てるのが――ラスベガス、モール・オブ・アメリカ、ファーストフード、ケーブルテレビ、ハマーの自動車、そしてぼったくり価格の植物プランクトン。さらに、ゾクゾクすると同時にあきれ果てもするものだってある：フラペチーノ、ビジネススクール、雑誌の『In Style』、グロック拳銃、ジェリー・ブラッカイマー映画、ドバイ空港の免税店、ダイエット・コード・レッドマウンテンデュー、現代美術市場、バンコク。読者もそれぞれ思い思いのリストをつくって、自分なりに消費主義をめぐる好悪の両義的な感情の出どころに思いをはせてみるといい。

ざんねんながら、消費主義について書かれた文章の大半は、純粋な愛か純粋な嫌悪のどちらかで、評価にバランスや微妙な陰影がない。一方には、消費主義支持の論がある：世界貿易機関（WTO）、世界銀行、世界経済フォーラム、英『エコノミスト』誌や『ウォールストリートジャーナル』、マーケター、企業ロビイスト、リバタリアン。もう一方には、反消費主義の活動がある：グリーンピース、アースファースト、ナオミ・クラインの『ブランドなんか、いらない』、『アドバスターズ』誌、『ニューアーバニズム』誌、断捨離やミニマリズム、「スローフード」運動、フェアトレード運動、無買日、「真の費用」経済学。

どちらの極論も……極端だ。どちら側も、もう何十年もお互いに怒鳴り合いながら相手に耳を貸さずにいる。本書の目標は、消費主義の費用便益分析をやることでもなければ、単純にわりきったよしあしの判断をすることでもない。そうではなく、人間本性と個々人のちがいという生物学的な現実のありように基づいて消費主義を理解することによって、消費主義賛成派も反対派も、もっと歩み寄れるすぐれた共通の土台を見つけられたらと思っている。たんに双方それぞれに善意でいい論点を突いているのだと認識するだけでは足りない。現代の論争から一歩ひいて、できるだけもっと広範で深い視座からこれを評価しなおす必要がある――たんに文化をまたいだ歴史的視座から見るだけでなく、種をまたいだ進化論的な視座からも見る必要がある。

第2章　マーケティングの魔術

The Genius of Marketing

『千夜一夜物語』にでてくるアラジンの物語は、消費主義をたとえるのにちょうどいい。貧しい少年アラジンが、ヒミツの洞穴で魔法のランプを見つける。こすってみたら、恐ろしげだけど百万力のランプの魔神が現れる（「ランプの精」とも言う）。ランプの魔神は、アラジンの願いをいくつもかなえてみせる――銀の食器に山盛りのごちそうだの、刺繍入りの豪奢な衣服だの、名馬だの、五〇の黄金のたらいを与えてくれるし、恋人をとりあうライバル（宰相の息子）をやっつけてくれるし、碧玉と黄金とルビーをちりばめた大理石の宮殿までしつらえてくれる。アラジンの物語では、魔神を解き放って僕にしたことで生じた生殖の利益は明快だ：アラジンは、お姫様の愛を勝ち取って長く続く王家の父祖となる。

現代世界でこの魔神にあたるのが市場だ。みんなが抱くいろんな願いを、その製品たちがかなえてくれる。ただ、こちらの場合、生物学的な利益はいまひとつ明快でない。市場はみんなの欲望を鏡のように映し出し、心のうちに秘めているいろんな好みを誰もがわかるかたちにしてみせる。ランプの魔神と同じく、市場がもつ力と発明の才も魔法のようだし、とどまるところを知らないように見える。市場を調査し、消費者からのフィードバックがかえってきて、経済的競争がなされる。このサイクルをなんども繰り返して、市場はみんなが語った願いをランプの魔神よろしくかなえるべく営為努力する——けれど、これも魔神のように、市場がしたがうのはみんなの願いの本意なんかではなくてその言葉の一言一句だ。そのせいで、なにかといらだつこともある。

マーケティングは、すでにこの世界を劇的に変えてしまっている。三万年前なら、自分たちをとりまく環境を眺めてみたところで、人間が学べることはほんのわずかしかなかった。見回せば、なるほど岩も木々も虫たちも星々もあった——どれもこれも、どうにか格闘して生きていかねばならないつまらない現実でしかなかった。ところが、二一世紀のいま、少なくとも豊かな国々にくらす教育あるエリートたちにとっては、消費資本主義によってぼくらの環境はかたちを変えられて、みんなの願いを映し出すようになっている。だから、みんなの願いの性質を理解しようというなら、まわりの世界に目を向けて、ぼくらについてなにを物語っているか見てみる必要がある。製品・サービス・広告・メディア・娯楽がおりなす世界は、人々ののぞみに関する豊かな証拠がわきだす源泉となってくれる——少なくとも、「じぶんはこういうのをのぞんでいる」と人々が考えている製品については、豊かな証拠をもたらしてくれる。

おおざっぱに言うと、製品は二つの範疇にわけられる。ただし、この二つは重複するところもある。

(1) のぞましい特徴を見せびらかし、その製品をもっているところを他人が目にすれば、持ち主に「地位(ステータス)」が認められるモノ

(2) それを所有していることを他の誰も知らなくても、ぼくらの快楽ボタンを押して満足をもたらしてくれるモノ。

本書では、範疇(1)の地位製品に関心を集中させる。地位製品は、いろんな特徴を他人に見せびらかそうとする人間の本能をあらわに見せてくれる。こうした製品を分析すれば、見せびらかすよう設計されている人間のいろんな特徴の本質を検知することすらできる。たとえば、人間の知性という特徴をもっとよく理解したければ、伝統的なＩＱテストに踏みとどまらずに、頭脳明晰な人々がじぶんの知性の見せびらかしとして教育資格（オックスフォード大学の修士号だとかハーバードのＭＢＡだとか）を手に入れようとしてどうふるまっているか分析してみればいい。人間の利他性という特徴をもっとよく理解したければ、よく知られた囚人のジレンマだとか最後通牒ゲームといった実験経済学の研究に踏みとどまらずに、消費者たちがどんな風にじぶんの思いやりを見せびらかしているか観察してみるといい――トヨタのカムリを運転して地元の有機食品の協同組合にまで出かけて、フェアトレードの日陰栽培コーヒー豆を購入する彼らの行動を観察してみればいい。人間本性のどの側面をとってみても、人間の生活・知能・美徳・価値のどんな尺度をとってみても、個々人の特徴をこれみよがしに他人に見せびらかすのに利用できるなんらかの製品群の広大な市場が存在している。

同じ推理が、快楽製品にも当てはまる。さまざまな美的趣味を理解したければ、視覚的な好みに関する実験研究に踏みとどまらずに、人間の目を引くよう設計された衣服や自動車を吟味してみることだ。男性の性的な心理を理解したくて男性たちに質問してみても、じぶんののぞみとして語ってもかまわないと思ったものしか答えてくれない。それで満足せずに、女性のセックス労働者たちがしかじかの外見や振る舞いで稼ぎを最大化している方法を分析してみればいい。すでに何年にもわたって、大勢の進化心理学者たちが人間の趣味や好みをもっとよく理解すべく、こうした快楽製品を分析している。それよりもっとずっと謎めいているのが、地位製品の方だ。

消費資本主義で人間の地位追求が具体的にどんなかたちをとっているか理解するには、人間の条件について新しい考え方をする必要がある。消費主義に関するこれまでの伝統的な科学や考え方から先に進まねばならない。消費主義について書かれた文章の大半は、「文化が人間本性をかたちづくる」と想定している。すると、社会化と学習をとおしてみんなの欲望は広告の意のままに順応するのだという話になる。ポストモダニストの文化理論の核心がこれだ。進化心理学の多くも、これと同じ方向を考える。つまり、〔心の〕外側から内側へという方向を考える。「先史時代の生活では外界からやってくる苦難・課題によって、ぼくらの思考や情動は遺伝的進化をとおしてどう形成されたのだろうか」とダーウィン主義者は考える。順応が文化的な適応でなされるか生物学的な適応でなされるかというちがいこそあるけれど、ポストモダニストもダーウィン主義者も、ぼくらの心が外的環境に順応すると考える点は同じだ。ぼくは、これと相補的な方向で考えたい。つまり、内側から外側へ向かう方向で考えたい。本書ではこう論じる――みんながご先祖たちから継承した豊かな人間本性には、地位を追求し他人に見せつけようとする欲望や好みが満載になっている。知能と性格には、ごく少数の重要な変異尺度がある。これらも遺伝的に継承され、性的に魅力をもち、社会で価値を認められ、大半の消費主義的見せびらかしの原動力となっている。みんなの内心にある地位追求本能が消費主義文化をとおしてどのように屈折されていろんな製品たち・市場・ライフスタイルを――現代の環境をつくる要素を――うみだしているのか、追跡してみたい。

人間本性をもっと深く理解するのは、誰にとっても役に立つ。もっと満足いく生活をおくりたがっている消費者にも、ブランド認知とシェアを向上させたがっているマーケターにも、世界を理解したがっている科学者にも、社会をよりよくしたがっている活動家にも、役立つ。実際、人間本性についてえられた新しい知見によって、証拠に基づく啓蒙という古典的な自由主義の伝統ですでに大きな革新がなされている：プロテスタントの宗教改革も、アメリカ革命も、奴隷制廃止も、女性運動も、そうした革新だ。こうした民主的な革新をとおして、統治者と市民の関係は新しいかたちをとるようになった。一方、自由市場資本主義が広まるなかで、企業と消費者の関係は以前よりずっと重要になっている。政治にとっての民主主義にあたるものが、企業にとっての消費者需要だ：ふつうの人たちが世界のあり方に対して最大の力をふるうテコの支点となるのが、この消費者需要だ。だから、本書はたんにビジネスや心理学についての本であるばかりではない。本書は、自由市場社会が直面する最重要問題を取り扱う――経済のためにみんながはたらくのではなく、みんなのために経済をはたらかせる方法とはなんだろうか？

マズローをこえて

消費者としてじぶんたちがどうふるまっているか理解したければ、じぶんたちが恋人や友人や家族の助けや地位をめぐって競い合う社会的霊長類として進化したことを思い出すといい。二〇世紀の大半にわたって、心理学者たちはこんな風に想定していた――「この生物学的な遺産がもたらしたのは、生き延びて生殖するというほんの一握りしかない単純な直観だけであって、他のすべては学習と文化による。」ジークムント・フロイトもジャン・ピアジェもB・F・スキナーも、偉大な洞察を残したとはいえ、ダーウィンの遺産を人間心理の研究に統合することはなかった。このダーウィン化が進んだのはようやく一九九〇年ごろになっての話で、進化心理学の分野ではじまり、人間本性は単純な本能をほんのいくつか並べただけのリストにとどまらない、もっと豊かなものだという展望がひらかれた。

進化心理学の射程はぼくらが慈しんでやまないあらゆる能力と欲求におよび、友情や愛情や家族や社会的地位や自尊心や道徳的価値や誠実さがどうしてこんなにも重視されるのかを説明してみせた。進化心理学は、たんに「セックスは売り物になる」理由にとどまらない説明をやってみせる。それに、共感や外向性が性的な魅力になる理由も説明してくれる。持ち主の人気のほどを物語る携帯電話をみんなが買い求める理由も、飼い主の優しさや良心を物語るペットを購入する理由も説明してくれる。人間の欲求といえば、一九五〇年代にエイブラハム・マズローが考えた「欲求の階層」が人間の動機に関する支配的なモデルとして消費者行動の教科書にのっている。だが、マズローの言う欲求の階層よりも人間のいろんな動機ははるかに詳しく微妙な色合いをもち一定の原則で一貫しているということを、進化心理学は実証してみせた。

マズローの階層に含まれる人間の欲求はたった七タイプしかない。この七タイプは大きく二つの範疇にわかれる。一つめの範疇は「不足による欲求」で、不快な状態や不足を減らしたいという原動力となる。この欲求は、不足があるときにしか追求されないとマズローは言う。この範疇には次のタイプがある：

- 生理的な欲求：呼吸する、ものを飲む、ものを食べる、排泄する、体温を調節する、セックスする
- 安全の欲求：健康、幸福、親しみ、状況の見通し、我が身の安全、金銭的な安全、保険
- 社会的な欲求：家族、友人関係、親密な交わり、性的な愛、所属、世の中に受け入れられること
- 評判の欲求：承認、地位、名声、栄誉、自尊心、自己評価

もう一つの範疇は「成長の欲求」という。「自分を超越すること」に向かう欲求があって、どんなときでもそうする自由があるときには、人々はそれぞれにこの欲求を追求するのだとマズローは言う。こちらにはこんなタイプがある：

- 認知的な欲求：学習すること、探索すること、発見すること、創造すること、知識を獲得すること、知性を向上させること
- 美的な欲求：自然や人々や人工物に見いだされる美を経験すること
- 自己実現の欲求：じぶんの潜在能力を引き出して、能力を最大限に活用すること

進化の観点から考えると、マズローの階層では絶望的なまでに異質なものがいっしょくたにされている。生得的な欲求（呼吸、食事、地位追求、知識習得）と、学習される関心事（金銭的な安全、自己評価、知性の向上）とがいっしょくたになっている。人間行動をかたちづくってきた重要な各種の選択圧という観点で「自然界をしかるべき節目で区切って」いない：つまり、生存と繁殖という大きな区別をつけていない。生存に関わるものには、マズローのいう生理的欲求の大半（呼吸や食事）が含まれるけれど、他の種類の欲求もここに含まれる。たとえば具体的な安全の欲求（捕食者や寄生虫や性的ライバルや敵対する部族からの危害を逃れること）もあるし、社会的欲求（家族・友人・配偶者など、逆境のときに食料や保護や治療などを援助してくれる人たちとの関係を築くこと）も、認知的欲求（生存確率を高める機会や生存確率を減らす危険について学習すること）も、さらには、美的欲求だってここに含まれる（これから自分の部

族が暮らすべき幸多そうな土地を見つけ出したり、左右対称で強靭で鋭利な扱いやすい武器をつくったり)。良質な性的パートナーをみつけたり良質な子孫を産み育てたりなど、生殖にはいろんな課題がある。そうした課題には、いろんな欲求が関わってくる。重要な生理的欲求(交配する)もそうだし、他の社会的欲求、評判の欲求、認知的欲求、美的欲求、自己実現の欲求も関わってくる。たとえば、配偶者を選ぶときにやさしい相手が好まれる点は、親密さ・所属・世間に認められることへの社会的欲求の説明になりうる。配偶者選択で地位が重視される点は、承認・名声、栄誉をもとめる評判の欲求の説明になりうる。配偶者選択で知性・知識・技能・道徳的な美質が好まれる点は、学習したり発見したり創造したりしたがる認知的欲求や自分の潜在能力を実現したがる自己実現欲求の説明になりうる(たとえば、じぶんの遺伝的な性質から引き出せる最大限の配偶者としての価値を見せびらかすこと)。

さらに、「生活史理論」という進化論の分野では、こうした生存の優先事項と生殖の優先事項とのあいだにきびしいトレードオフがよく生じる点が指摘されている。低次の欲求がいつでも優先されるとはかぎらない。たとえば、オスのゾウアザラシは、繁殖期にじぶんのハーレムを守りながら飢え死にすることがよくある。もしもゾウアザラシに言葉がしゃべれたら、市場調査会社のフォーカスグループにご参加いただいて、どうしてもっと高次の欲求のために生理的な欲求(ものを食べる)を放棄するのか説明を聞かせてもらえるかもしれない。ここでいう高次の欲求とは、次のような欲求のことだ：社会的欲求(大勢のメスアザラシそれぞれと親密さを感じたり我が物にしていると感じること)、美的欲求(美しい――つまり外見がよく健康で太っていて子供をたくさん産めそうな――メスアザラシたちに囲まれること)、自己実現欲求(できるかぎり良質のゾウアザラシになること、つまり、かみついたり取っ組み合ったりで流血しながら性的ライバルたちを排除して浜辺のハーレムを確保すること)。だけど、実のところ、いまあげた三つのマズロー的欲求は生殖の便益に還元できる。自然選択によって、社会的・美的・自己実現的な動機は形成されている。というのも、何千世代にもわたるゾウアザラシの進化で、こうした動機がある方が生殖の成功率が高くなっていたからだ。オスのゾウアザラシのなかにも、他の連中といさかいをおこさずにただ自分の生存と安全の欲求が満たされればそれでいいと満足してきた「のんき者」もいたかもしれない。そういうのんき者ゾウアザラシなら、もっと野心的な「地位追求者」が争ってメスとつがい、ハーレムを守って飢え死にする浜辺を避けて暮らしたことだろう。もしかしたら、そういうのんき者は完璧にしあわせに暮らしていたかもしれないし、菜食主義をとってプランクトンだけ食べていたかもしれない。でも、そういうゾウアザラシたちは、平和でのんきな気質を継承する子孫を残さなかった。子孫の系統を残したのは、じぶんの命を犠牲にしてまで支配と地位とハーレムをめぐって競争したオスたちだけだ。人間のオスは先史時代に大きなハーレムをめぐって争うよう進化しなかったけれど、男性も女性も、良質な配偶者・友人・味方をめぐって争うように進化した。かくして、フォーカスグループの聞き取り調査に答えたらゾウアザラシたちが語ってくれそうな欲求や本能や好みや望みの多くが人間にも備わることとなったわけだ。

最後に、マズローの階層では、適応的な好みや情動や動機や望みの大半が見過ごされている。一方、進化心理学は、これらが人間本性に備わっていることを実証してきた。マズローの階層では、愛のいろんなかたちをみんないっしょくたに扱っている――「愛」と一口に言っても、子に対する親の気遣いもあれば、親族に対して家族がみせる気遣いもあるし、同性の友人に対する対人的な愛着もあるし、配偶者に対する恋愛の愛着もあるし、じぶんの部族に対する文化的な愛着もある。また、よろこび・罪責感・恥・ばつの悪さ・道徳的な憤り・赦しは集団内で協力関係を維持するうえでそれぞれちがった機能をもっているのに、マズローの階層はこれを無視している。

人間のいろんな動機は多岐にわたる。マズローの研究は、これを分類する初期の一歩として役には立ったけれど、ついに一度もダーウィンのいろんな洞察と統合されることなく、いまではすっかり時代遅れになっている。マーケティングや消費者行動の教科書でいまだにこれが人気を博しているのは理解に苦しむ。なにしろ、マーケティングを生業にしている本職は、消費者行動についてふだん考えるときにとくにマズローの考えを利用しないのだから、なおさら不可解だ。もしかすると、これに取って代わる考えがまだ登場していないだけなのかもしれない。近年、人間性の理解がいっそう広く深い範囲にすすみ、もっと精妙になってきたのだから、ますます多様になる製品やマーケティング問題や消費者行動パターンを理解できるようになっていておかしくなかったはずだ。どうして、そうなっていないのだろう?

進化論的な消費者心理学がいまはじまろうとしている理由

この二〇年で、人間の動機や情動や好みや対人関係、さらには美的趣味についてすらも、進化心理学は新たな洞察をもたらしてきた。北米・ヨーロッパ・アジア各地域の大学で開講されている何百という進化心理学講義で、大学生たちがこの新しい科学を学んでいる。世間の人たちも進化心理学になじんできている。リチャード・ドーキンス、スティーブン・ピンカー、デイヴィッド・バス、マット・リドレー、E・O・ウィルソンらによるすばらしい一般書もあるし、アメリカではPBSやディスカバリーチャンネルが、イギリスではBBCやチャンネル4が、それぞれTVドキュメンタリーをつくって視聴者をとりこにしている。

それと同時期に、進化の原理は多くの伝統的な分野にも革新をもたらしている。何百という論文、何十冊もの書籍が、ダーウィン的医療、ダーウィン的精神医療、法の進化論的分析、進化論的経済学、ダーウィン的政治学、ダーウィン的美学、ダーウィン的道徳理論を論じている。進化の原理を知れば人間本性の首尾一貫した理解につながるわけで、こうした分野が人気を集めているのも意外ではない。人間本性はあらゆる社会科学・人文学の基礎をなすからだ。だが、実業界は異様なまでにいまなおこの流れから外れている。マーケティング・広告・消費者調査・製品開発では、どれもひとしく、人間本性の正確な理解が鍵を握っている。それなのに、いまのところ進化論の洞察はこうした領域にほとんど影響をおよぼしていない。

企業の管理職たちはいまだにMBAプログラムで訓練されているし、市場調査員たちはいまだにPh.Dプログラムで訓練されている。まるで、「人間なんて八千年前に粘土からつくりだされて、「意識的動機」と「潜在的動機」を思いつきで並べたリストを使って設計されたんだ」とでも思っているかのようだ。人間行動と好みの進化論的な起源に関して講義で教えられるようなことが、まったくといっていいほど、世界有数のビジネススクールの教授内容に入っていない――IMD（ローザンヌ）、NSEAD（パリ）、ESADE（バルセロナ）、ロンドンビジネススクール、ロッテルダム経営大学院、インド経営研究所（バンガロール）、クイーンズ・スクール・オブ・ビジネス（トロント）、ハーバード、スタンフォード、MIT（スローン）、U・ペン（ウォートン）、ニューヨーク大学（スターン）、ノースウェスタン（ケロッグ）。これまでのところ、ダーウィンの洞察を体系的に活用して消費者行動の理解に役立てた研究者はほんの一握りしかいない。

一九九〇年代以降、モントリオールにあるコンコルディアビジネススクールのマーケティング研究の教授ガド・サドはほぼ独力で進化消費者心理学の新分野を開拓してきた。マーケティングや消費者行動をあつかう学術誌で進化心理学に関する論文を最初に投稿したのも彼だし、この主題について二〇〇七年に単著『消費の進化論的基盤』を出版したのも彼だ。

一九八〇年代中盤から、コーネル大学の経済学者ロバート・フランクは社会的競合・性的競合の進化論的な原理をもちいてもっと具体的な問題を理解しようと試みてきた。たとえば、見せびらかし消費や経済的地位追求がとめどなく進む現象といった問題だ。彼がこれまでに書いた本には、『ぴったりの住処を選ぶ』[＊1]、『勝者総取り社会』[＊2]、『贅沢狂』[＊3]がある。どれも、たんにダーウィンとヴェブレンをつないで人間の経済行動を生物学の文脈でとらえなおす仕事であるだけでなく、経済データを分析する新しい実証方法を開拓して、キャリア選択や消費者選択でいたるところに見られる地位追求の効果を実証してみせている。（ロバート・H・フランクは、『ザ・ニューリッチ』[＊4]の著者ロバート・L・フランクと間違えられるのでご注意を。）本書も、ガド・サドとロバート・フランクによる先駆的業績に多くを負っている。

もっと近年では、他にもわずかながら新たな研究者が加わってきた。たとえば、ミネソタ大学のヴラダス・グリスケヴィシアスやヒューストン大学のジル・サンディーといったマーケティングの教授たちが登場して、進化論的な消費者心理学を新しい方向に展開し、社会心理学ともっと密接に統合している。また、これも少数ながら、進化心理学者のなかには、特定の製品種に関連させて人間本性を考察している人たちもいる。彼らがとりあげているのは、たとえば、食品・ペット・警官・新聞の三行広告・医薬品・ポルノ・小説といった具体的な製品群だ。どの事例でも、進化論的な起源・生物学的な機能・ヒトの心理学的な適応の設計特性(たとえば知覚・情動・好み)をもっと明瞭に理解することで、研究者たちはいろんなモノやサービスの「快楽の仕組み」を――快楽をもたらす設計特性を――もっとよく理解できるようになる。

とはいえ、いまのところ、ダーウィン主義者たちはまだ消費者行動のうわっつらを理解したにすぎない。進化論は、生物科学・行動科学の全体でいちばん強力な理論、人間本性を構成する複雑な心理学的適応の起源と機能を説明する理論だ。それなのに、みんなが生きる現代の消費主義という秘境の奥深くまでわけいって解明するのに進化論が利用されることがめったにない。たとえば、消費者行動の研究者や学術誌の編集者たちは、たいてい、生物学を疎むバイアスをもっている。そのせいか、〔本書執筆中の〕二〇〇八年中盤の時点で、マーケティングに関する主要な学術誌四つ――*Journal of Consumer Research, Journal of Marketing, Journal of Marketing Research, Marketing Science*――で進化心理学に言及した論文はたった一本しかない。この四誌のどれひとつとして、生物学的な進化論、人間本性、ダーウィン主義、霊長類の行動に関わる論文を掲載したためしがない。

消費者研究からはほぼ無視されているけれど、近年、個々人のちがいに関する研究はものすごい進展をみせている――人々の精神がおたがいにどこがどう異なっているのかがずいぶんわかってきた。個人

---

*1 原書タイトル *Choosing the Right Pond*。
*2 原書タイトル *The Winner-Take-All Society*。邦訳は『ウィナー・テイク・オール』(香西泰=訳、日本経済新聞社、1998年)。
*3 原書タイトル *Luxury Fever*。
*4 原書タイトル *Richistan*。

間のちがいに関する研究によって、人間の性格・知性・道徳的美質を考えるすばらしく頑健で有用なモデルがいくつか登場してきている。人によっては、こうしたモデルは、かつて予想していたのよりもずっと単純に思えるかもしれない。たとえば、人間の性格は人それぞれで異なる「五大因子（ビッグファイブ）」の尺度でかなり正確に表せる。五大因子（ビッグファイブ）とは、次の五つの尺度のことだ：経験への開放性、堅実性、外向性、同調性、情動の安定性。人間の知性は、g因子という尺度ひとつだけでおどろくほど効率よく正確に表せる（g因子は別名「一般知能」「一般認知能力」「IQ」ともいう）。あとでみるように、こうした「中核六項目」の尺度（五大因子プラス一般知能）で相手がどんなスコアになっているかわかれば、その人の習慣・好み・価値観・態度がずいぶんと予測できる——それに、そうした特徴を他人に見せびらかすのに入手しそうな製品についても予測できる。六つの尺度は、どれも遺伝で継承されやすい：双子と養子を比較したさまざまな研究から、こうした尺度で個々人にみられるちがいは、家庭の子育て環境やランダムな効果だけでなく遺伝的なちがいでも、少なくともそこそこ予測できることがわかっている。中核六項目は生涯をとおしてとても安定しているので、思春期にどういうスコアになっているかわかれば、年を重ねてからのスコアもかなり予測できる。中核六項目はどれも通常の対人行動で他人に際だって目立ち、無意識であってもとても正確に評価される。しかも、初対面の相手とほんの数分やりとりをしただけでも正確に評価できてしまう。消費者行動とマーケティングをあつかう最近の教科書には、この五大因子（ビッグファイブ）にリップサービスして一〜二段落ほど言及するようになったものもあるけれど、よく読まれるマーケティング教科書がこうした特徴に言及することはほとんどないにひとしいし、実際のマーケティングで利用されることもほとんどない。一般知能について論じるのは、マーケティングの理論と実践のどちらでもいまだにタブーのままだ。

進化心理学と個人間の相違の研究が大きく進展したにもかかわらず、その成果はめったに消費主義の理解に役立てられない。なぜなら、消費者研究をやっている人たちで新しい心理学を理解している人はめったにいないし、心理学者でマーケティング・広告・製品開発についていくらかでも知っている人もめったにいないからだ。当然とはいえ、科学とビジネスという二つの業界を架橋するのはむずかしい。科学は、先人たちにうやうやしく権威主義的に（引用というかたちで）敬意を払いながら地道な積み重ねで進歩していく。一方、ビジネス書の新刊に目を移せば、その大半は、100パーセント新奇で真新しく革新的で前例のない考え方をもたらすかのような口ぶりで語る。そうやって喧伝することで、企業での講演やコンサル商売で著者が利益を得られるようになる。科学は、首尾一貫してこまやかで検証可能な理論をつくろうとする。そうした理論は、おそろしくとっつきにくい。一方、ビジネス書は要点箇条書きと四象限マトリックスにまとめていかにも単純明快きわまるように話を仕立てあげる。科学者はじぶんたちだけに通じる一貫した専門用語を使おうとする一方で、ビジネス書は奇抜な新しいキャッチフレーズをつくって、いかにもすごい話のような印象をあたえるけれど、本当のところそのキャッチフレーズの意味は誰にもよくわからなかったりする（「ガンホー！」「億万長者マインド！」「誰がチーズをうごかした？」「リーダーはキリストのごとくふるまいなさい」「カエルをたべてしまえ！」「紫の牛を売れ！」）。注意多動性障害かのごとくジェリー・ブラッカイマーのアクション映画の文章版みたいに話がすすむ売れ筋ビジネス書を日頃よく読む人は、本書を読む間はモードを切り替えてもっとゆったりかまえてもらう必要がある――できれば、じっくり考えて判断し思案する余裕をもったモードになってほしい。他方で、科学の学術論文を読むのになれている人たちは、本書がこっちの話題からあっちの話題へといったりきたりするのに辛抱してつきあってもらう必要がある。じっくり腰を落ち着けて取り組みたいときは、本書のウェブサイトにある大量の註釈と参照文献リストに赴いてほしい。

本書について

本書『消費資本主義！』は、いまぼくらがいる地点とその先にありうる未来に関する本だ――ほんの数世代のあいだにつくられた消費資本主義という、驚嘆と畏怖と当惑をもたらす世界とその未来をめぐる本だ。前著の『恋人選びの心』では、ぼくらがどこからきたのかを論じた――先史時代にご先祖たちがどう暮らしていたのか、そして、このたった数百万年ばかりで人間本性がどう進化してきたのかが主題だった。そこで論じたのは、人間に独特の驚嘆すべき心的能力のなかには――美術、音楽、言語、親切心、知性、創造力のように――生存のためばかりでなく生殖のために進化してきたものがある、ということだ。具体的には、男女両性の適応度指標として良質な性的パートナーを惹きつけるよう進化してきたものがある。

性選択（性淘汰）のプロセスが配偶者選びをとおして人間精神の進化をどうかたちづくってきたかを説明するために、『恋人選びの心』ではマーケティングの比喩をたくさん利用した。「動物たちは競争きびしい配偶者市場で性的パートナーを探す」「動物の体と行動は、その大部分がじぶんの遺伝子の広告として進化してきた」「人間のオスは、強力な販売手法を進化させてきた――言葉による求愛、リズムに乗った音楽、女性をやさしくもてなす前戯、長丁場の交配といった手法だ。これらを利用して、品定めのきびしいメスたちを誘惑して、うつろいはげしい消費財（精子）の初回おためしセットを受け入れてもらおうとする。人間のメスは、最高品質のオス消費者から自分に対する長期にわたる忠誠心を築きじぶんたちの子会社（子供たち）へのオスの投資継続を促進するための強力な新手法を進化させた。人間の創造力は、次々とあらたな行動という製品をリリースして配偶者をそそらせるべく進化した。新しい言い回し、物語、ジョーク、ものの見方、着想、人工物、歌、贈り物などなど、こうした製品はできてまもなくは新鮮で時流に乗っているけれど、すぐに廃れていく。宗教や政治や哲学の信条といった個々人それぞれのイデオロギーは、当人の思想信条の内容ではなく広告キャンペーンとみることすらできる——世界について真偽を確かめられるニュースを伝えるのではなくて、製品としての個人と消費者の美的・社会的・道徳的なのぞみとのあいだにプラスの情動の連想をつくりだすように設計されているという見方ができる。

こうしたマーケティングの比喩がうまく機能しているように思えるのはなぜかと言えば。たいていの読者は性選択理論よりお買い物の方をよく知っているので、性選択を説明する参照点にマーケティングが使えるからだ。本書は、この説明方向を逆転させる。人間の進化と個々人のちがいに関してわかっていることを土台にして、消費者行動を分析するんだ。なじみのないものを使っていかにもなじみ深そうに見えるものを説明するわけで、この課題はいっそう困難になるかもしれない。まるで、こんな風に言うようなものだ：「ほら、犬の絵を描くなんてすごくかんたんだよ。たんにエタノールの分子構造を思い描いてみればいいんだよ。その酸素原子が犬の頭蓋ね。そんで、二つある炭素原子が犬の胴体だよ。」それでも、やってみる値打ちはある。なぜなら、消費資本主義がどうやって人間本性から生じて、改善するためにはどんな手があるのかをぜひとも理解する必要があるからだ。

本書で展開する考えの筋道をたどってもらうときには、じぶんの動機や好みやのぞみなど、わかったつもりになっていることを考え直してもらうことがたびたびでてくるだろう。大人としておくっている人間生活をみつめるとき、かしこい子供やクロマニヨン人の女族長のように考えないといけない場面がでてくるはずだ。生物学と文化、動物と消費者、進化と経済学、心理学とマーケティングなど、伝統的な区別を脇におかねばならなくなるだろう。これまで長年にわたってつづけてきた仕事中毒と地位追求消費がもしかして見当違いだったかもしれないということを受け入れるために、じぶんのよりどころをあやうくする勇気がいくらか必要になるはずだ。

これが、本書の難しい部分だ。では、かんたんなところはなにかと言うと、本書は専門的な背景知識をほとんど必要としない。心理学の知識も大して必要としない。みんながすでに人々について知っていることでほぼ事足りる。消費資本主義についても大して知識はいらない。お買い物について知っていることでほぼ事足りる。それどころか、伝統的なマーケティングや経済学について教わった知識が少ないほど、克服すべき思いちがいは少なくなる。

また、文化理論やポストモダン哲学やジェンダーフェミニズムや文化人類学やメディア研究や社会学をあんまり教え込まれていない方が、話についてきやすいだろう。消費主義をものすごく辛辣に批判する思想や文章の大半がこの手の分野から産み出されてきたけれど、そうした思想や文章はたいていこんな風に説教する――「科学者たちは現状を維持する仕事をしている。ジェフリー・ミラーみたいな進化心理学者は、とりわけ危険な保守だ。」多くのマーケターたちすら、こういう見方をとるよう社会化されている。このあと見ていくように、この手の説教は事実とちがう。進化心理学だって、消費主義文化に対する批判を提供できる。それどころか、マルクスやニーチェやヴェブレンやアドルノやマルクーゼやボードリヤールよりも深くて急進的な批判をやってのけられる。こうした思想家たちの洞察を尊重するのに、「彼らの方がダーウィンよりずっと深淵だ」などと言い張るにはおよばない。彼らの道徳的な憤りや遊び心ある罵倒やユートピアの想像を、二一世紀科学の最良の部分と組み合わせて、どこまで進めるかやってみればいい。

実践的な水準で考察対象にするのは、ブランドがよく認知されている企業のモノやサービス、ウェブサイト、広告だ。大半は読者がごく標準的なコストで利用できる例だし、幅広い性別・年齢・文化・国の人たちが関心をもっている例でもあるはずだ。そして、そうした例を進化心理学や個人差研究で解明できる。具体的な製品の仕様や価格の大半は、二〇〇七年〜二〇〇八年現在の企業ウェブサイトや出版広告を参照している。経済にとっては重要でもあまり興味をひかない製品カテゴリーもたくさんある。本書はそうしたカテゴリーにあまり関心を払っていない。たとえば、一次産品や原材料（鉄鋼、石油、プラスチック、木材、穀物）、基本的な家庭設備（水道、ガス、電気、冷暖房、照明）、基本的な耐久消費財（家電、家具、カーテンなどのリネン類）、金融商品（銀行預金、クレジット、抵当、保険、債権、株式、信託）。大豆油の先物をいちばんいい価格で取引しようとしてる場面や、いちばん腕のいい外科医を探している場面や、いちばん信頼できる生命保険会社を探している場面を思ってもらえばわかるように、こうしたカテゴリーの多くでは、消費主義的な見せびらかしや地位表示はそれほど重要でない。消費者行動の進化心理学はいずれこうした製品カテゴリーもすべて網羅することになるにちがいないけれど、いまはこれらを考えない。

著者について

文化理論家たちは、いい洞察を提供してくれている：本を理解しやすく書くには、著者は自分の背景と動機をあけすけに語り、ありそうなバイアスや盲点について批判的に我が身を省みるといい。とかく進化心理学者は、やれ「人種差別野郎だ」「性差別野郎め」「保守の還元主義者だ」などと戯画化される。そこで、ぜひともこういう誤解を払拭しておかないといけない。念のために言っておこう。ぼくは世俗的な人間主義者だし、反戦国際主義者だし、動物の権利を尊重する環境保護主義者だし、ゲイを肯定するフェミニストだし、大半の社会問題・性的問題・文化問題についてはリバタリアンの立場をとっているし、登録した民主党員でもある——ようするに、典型的な心理学教授だ。

ニューメキシコ大学では、半ダースほどの博士課程学生たちといっしょに研究している。扱う主題は、人間の配偶者選択、知能、創造性、性格、精神疾患、ユーモア、情動とさまざまだ。妻とのあいだにめぐまれた一二歳の娘がいて、一三年もののトヨタ車に乗り、アルバカーキで築五四年の住宅に暮らしている。同じ人類の半数をいまだにさいなんでいる心をくじく貧困や無力を思い知る絶望を理解しようとつとめてはいる（たとえば、南米・アフリカ・アジアの大半の人たちや、大学院生たちの苦しみを）。でも、大学でテニュアを確保して得ているそれなりの所得のおかげで、そうした問題が我が身に差し迫っているわけではない。二〇世紀の三分の二が過ぎた頃に生まれたぼくは、携帯電話の流行にこだわるほど若くはないし、ホスピスの費用を気に病むほど年寄りでもない。地球に暮らす人類の一・四七パーセントと同じく、ぼくは白人で異性愛者でアメリカ人の男性だ。だから、よいダーウィン主義フェミニストになろうとつとめてはいるけれど、性別と性的指向のおかげで、ときどきうっかりすることもある。外国で九年暮らしたことがあるとはいっても、イギリスとドイツだけだ。地域にかたよりなく地球全体を意識して考えるようつとめてはいるけれど、外国暮らしの経験がかぎられている事情や人種や国籍ゆえに、多くの問題点を見逃してしまいがちだ。

文化面では、ぼくは折衷的だし、相反する趣向をもっている。トーマス・フランクやジュリエット・スカーといった人たちが書く反消費主義の本をたのしむ一方で、『エコノミスト』誌や『ワイアード』誌も購読している。アーニー・ディフランコやトーリ・エイモスのような左翼的・革新的・フェミニスト的な音楽をたのしむ一方で、実業界をものすごく尊敬しているし、日々の暮らしに欠かせない生活用品や贅沢品や娯楽を提供してくれている労働者・経営者・投資家たちに感謝している。プリウスが存在するのはすばらしいことだと思う一方で、自分が運転しているのは戦車みたいなランドクルーザーだったりする（し、アルバカーキでみんなが乗っている車をみるかぎりでは、読者にもそういう人がきっといるはずだ）。モールなんてきらいだけれど、自由市場はこれまで発明されてきたなかでも最高に創意あふれるシステムだと思って尊んでいる。平和・自由・自律のそろった条件下で貿易・交換から人々がお互いに利益をひきだして楽しめるようにしてくれる、すごいシステムだ。先進国の企業ロビイストが民主主義を腐敗させているやり口をにくんでいるけれど、歴史をふりかえれば重労働と抑圧と貧困と病気と死がありふれているなかで、先進国の生活の質が幸運で脆弱な例外だということも認識してはいる。

この主題に関心をもつようになったきっかけは、二つの知的な目覚めだ——ひとつは一九九〇年ごろのことで、進化心理学が人間本性を説明する力をもつようになったのに関わる。もうひとつは二〇〇〇年ごろのことで、マーケティングが現代文化でもつ力に関わる。オハイオ州シンシナティで子供時代をすごし、ニューヨークのコロンビア大学で学士号をとったあと、一九八八年に、ぼくはスタンフォードで心理学の博士課程学生をやっていた。その年はまだ、進化心理学の創設をになった重要人物たちがサバティカル休暇でスタンフォードにきていた——レダ・コスミデス、ジョン・トゥービー、デイヴィッド・バス、マーティン・ダリー、マーゴウ・ウィルソンといった面々だ。友人のピーター・トッドと二人して、彼らのアイディアに興奮し、週に一回、彼らと顔を合わせては、ダーウィン理論が心理学を革新する秘められた途方もない力を学んだ。人間行動に関するあらゆることが、いきなり理解しやすくなったと思えた——もっと明快に、もっと単純に、もっと機能本位に、そして地球上の生命三〇億年の叙事詩に根ざして理解できるように思えた。心理学のあらゆることが以前よりも統合されるように思えた——たんに他の科学分野とつながりを強めるだけでなく、人文科学や日常生活ともつながりを強めるように思えた。人間行動を理解するには、我らがご先祖たちが直面していた生存と生殖のいろんな難題を考察するのが最善の策だという考え方にすっかり夢中になった。この枠組みの転換は、他に類を見ないほど行き届いていて完全なように思えた。まるで、永住の知的すみかを見つけたような気がした。「これほど頭脳をゆすぶる衝撃なんて、もうこれっきりありえない」——そう思った。

さいわいにと言うべきか、それはまちがいだった。一〇年ほどたって、ぼくはユニバーシティ・カレッジ・ロンドンに新設された「経済・社会進化研究所」で研究職をえた。そこで課題となったのは、進化心理学者たちとゲーム理論経済学者たちに共同研究をやってもらうことだった。数ヶ月にわたって研究者たちと個別に話したりグループで話したり、カンファレンスで話したりを積み重ねていった。これまでの職業人生でこれほどいらいらがつのる経験なんて他になかった。なにしろ、ぼくら心理学者はとにかく経済学者の言ってることがわからなかったし、彼ら経済学者もぼくらの言ってることを理解しなかったからだ。ぼくらは現実の人間に関心を寄せていたけれど、経済学者たちは理念上の市場に関心を寄せていた。ぼくらは好んで実験したけれど、経済学者たちは数学的な定理を証明したがった。ぼくらは人間本性に関するいろんな考えを発表したけれど、経済学者たちはいろんな動機がいりまじったパレート支配的な均衡選択に関する研究結果を発表した（「なんのこっちゃ？」とは聞かないでほしい）。

危機がおとずれたのは、一九九九年のことだ。ぼくがあれこれ手配して、人間の経済的な好みの起源に関するカンファレンスをロンドンで開いた。ぼくら心理学者は、人間のえり好みに関する実験をみんなが聞いて喜んでくれるとばかり思っていた。実験結果をふまえて、人間の経済行動のもっと性格で洗練されたモデルを発展させられるんだから、そりゃ喜ぶだろう――ところが、それが大間違いだった。経済学者たちは、いまだに「えり好みは購買行動であらわになる」という顕示選好説を踏襲していた。この学説では、消費者のえり好みは心理学的な抽象物だと考える――つまり、そうしたえり好みは隠された仮想状態であって、それが引き起こす購買行動をはなれて別個に計測・説明できないと考える。もしも、えり好みはアンケート調査やインタビュー調査やフォーカスグループ調査ではわからず購買行動をとおしてはじめてわかるのだとしたら、実際に消費者がとる支出パターンと別個にえり好みを研究したり、えり好みの由来する起源について思弁をめぐらせたり、架空の製品に関する好みの市場調査を実施したりするのは、よけいな手間ということになる。ようするに、この学説では、心理学は経済学に無関係なのだ。（これは、ダニエル・カーネマンが意思決定と好みに関する研究で二〇〇二年にノーベル経済学賞をとる前の話だ。）かくして、経済学者たちはしだいにカンファレンスから遠ざかっていって、心理学者の面々が傷ついた自己をなぐさめあう結末になった。経済学者たちがいなくなったあと、その場にまだ残っていたのは、これまで見たことのない妙な風体の人たちだった。

その人たちは、カンファレンス会場にいた学者たちとは様子がちがっていた。四五くらいの中年だろうに、二五くらいの若者みたいななりをしている。けったいな服を着て、変わった髪型をキメていた。しゃべりだすと、まるで激流がほとばしるように熱っぽく語る。もらった名刺をみると、「なんだこりゃ？」と面食らう肩書きがどんどんでてくる（「クールハンター」だの「熱狂調査部長」だの「ミーム採集担当」だの)。マーケターたちだった。彼らは心理学に熱を上げていた。本気で、人々のえり好みに関心をそそいでいた。「えり好みはどこからうまれて、どう機能して、そこからどうやって利益を上げられるのか?」彼らとしゃべって数時間がたったころには、新しい世界がひらけていた。

それから数年間、ぼくは手に入るかぎりありとあらゆる資料を読んでいった。マーケティングについて、広告について、PRについて、市場調査について、製品デザインについて、ブランド創出について、ポジション決定について、そして、消費者行動について。まるで、いままで静かに黙っていた「ビジネスへの関心」遺伝子がついに発現したかのようだった。(母方の祖父のヘンリー・G・ベイカーはシンシナティ大学で経営とマーケティングの教授をしていた。彼の五人の息子たちはいま民間の投資信託会社を経営している。)ぼくは、消費者行動の進化心理学コースを教えはじめた。最初にやったのは二〇〇〇年のことで、UCLAの客員教授で出向いたときに学部生たちに教えた。その次はニューメキシコ大学の大学院生たちを対象にしたコースで教えた。いろんな映画や小説を鑑賞しては、そこで描き出される消費主義ライフスタイルに興味をそそられるようになった。映画なら『マトリックス』『イグジステンズ』『アメリカンビューーティ』『26世紀青年』[*5]、小説ならチャック・パラニューク、ダグラス・クープランド、ニコルソン・ベイカー、J・G・バラード、どれをとってもそこに登場する消費主義の有様はわくわくものだった。マーケティング業界になにか絡んでいる知人には、誰彼なくマーケティングの話題をぶつけた——高校時代の旧友、親戚、お隣さん、地元のビジネススクールの教員などなど。この七年というもの、消費主義についてなにか新しいことを仕入れられそうな定期刊行物があれば次々に購読を申し込んだ:『建築ダイジェスト』『週刊自動車』『バッフラー』『高等教育新聞』『消費者レポート』『エコノミスト』『グルメ』『ハーパー・マクシム』『メンズ・フィットネス』『マネー』『PCゲーマー』『プレミエール』『ローリングストーン』『スタッフ』『ワイアード』『ワース』『Ｕｔｎｅリーダー』『ヴァニティ・フェア』などなど。それに、他の刊行物もときおり手にとっては、いろんな記事や広告を集めた――『アクションゲーム至上』『アダルトビデオニュース』『ビール大全』『アトミックランチ』『冷凍食品の時代』『銃と弾薬』『編み物大好き!』『ホットボート』『ホームリビング』『至高のスパ』『月刊食肉処理』『モダン・ブライド』『モダン・ドッグ』『なれる! 筋肉モンスター』『小売り新時代』『包装ダイジェスト』『ペット製品ニュース』『スポーツコンパクト車』『熱帯魚ホビイスト』などなど。こうした資料を読み込んでいくのは、読者が想像するほど楽しいばかりの作業ではなかった。あと、なにかいいアイディアはないかと、消費主義やビジネスに関する本もわずかながら一〇〇冊ほど読んだ。

そうしているうちに、マーケティングが現代の人間文化のありとあらゆるものの基礎にあるのが見えてきた。ちょうど、人間本性のあらゆる部分の基礎に進化があるのと同じだ。著作者には出版エージェントがいるし、映画なら広報部門がある。政治家にはプレス担当秘書がついている。雑誌はたんに読者にいろんな情報を伝えるために出版されるわけではなく、その雑誌を読むような市場セグメントに向けた広告を――読者の注目を――広告主に売るのも目的としている。大衆文化のいろんな事物は、まず間違いなく、たまたま偶然や口コミだけで広まったりしない。誰の指図もないまま、誰かの頭脳から他の誰かの頭脳へとミームが伝播することなんてめったにない。どんなものだろうと、なんらかのマーケティング専門家が意図して世間の人々の関心のレーダー画面に出現する。ようするに、マーケティングをとらえるべく注意をとぎすまさないと、みんなが当たり前と思って口

＊5　もとの英語タイトル *Idiocracy* は、『蒙昧支配（イディオクラシー）』くらいの意味。

にせずにいることを見過ごしてしまう。現代生活にとってマーケティングは当たり前すぎて、リビングルームになぜか象がいるのに、みんなお互いに「なんかしらんけどいるのが当然なんだろう」と思って黙ってるようなものなのだ。

第3章　マーケティングが文化の中心にある理由

Why Marketing is Central to Culture

ビジネスにとってたしかにマーケティングはものすごく重要ではあるけれど、それだけではない。人間文化でなによりも支配的な力になっている。こんな風に言うと、どうかしてるくらい強い主張に聞こえるかもしれない。「道理のわかった人間ならそんなことは主張しない」と思うかもしれない。もしそう思ったなら、ぜひ次のことを考えてみてほしい――マーケティングの力に対する不信の多くは、《「マーケティング」なんて広告をもったいぶって呼ぶ用語だ》という誤解から生じている。だが、マーケティングはただの広告をはるかにこえている。理念としては、マーケティングとは、人々が買いそうなモノやサービスをつくりだすことで人間の欲求を満たそうとする体系的な試みのことだ。人間本性が未開の土地を切り開く最前線と、技術の力が未開の土地を切り開く最前線の交差する地点がマーケティングだ。騎士と貴婦人の恋愛物語よろしく、最良のマーケティング指向の企業は、ぼくらが自分でも知らなかった欲求とそれを満たす想像だにしない方法を発見する手伝いをしてくれる。

みんなが日々買い物で手に入れる品々は、どれをとってみても、「これを買えばもっとしあわせになる」とみんなが思いそうなモノをどうにかして売ろうとどこかの会社のマーケティング担当の誰かが必死に頭をひねった産物だ。アダム・スミスのいう「見えざる手」は、見えざる手のたまものだ。もはや、生産の方針を左右しているのは前四半期の売り上げ数値が提供する雑なフィードバックではなくて、人間の好みや性格を探る実証的な研究だ。フォーカスグループ調査、アンケート調査、ベータテスト、社会調査、人口動態といった実証研究が生産を手引きしている。人間本性を探る最重要分野としての地位を、心理学は市場調査にゆずってしまっている。たとえば、二〇〇四年の数字では、およそ二一万二千人のアメリカ人が市場調査の研究員としてはたらいている一方で、心理学の教授として働いている人数はわずかに三万七千人ほどでしかない。

市場そのものは古代からある。しかし、現代的なマーケティングの概念が登場したのは二〇世紀になってのことだ。農業と商業の社会にも、生産者・同業者組合(ギルド)、貿易商、銀行家、小売りはいたけれど、経済的意識が関心を集中させていたのはお金をかせぐことであって、なんらかの体系的な方法で消費者のいろんな欲求を研究してこれを満たすことに関心は注がれていなかった。どんな種類の版画がよく売れるのかアルブレヒト・デューラーが知ったのも、どんなイスが流行るかトーマス・チッペンデールが知ったのも、ひたすら試行錯誤を繰り返した結果でしかなかった。産業革命が起きると、大量生産が広まって、消費者の満足よりも生産のコスト効率が重視されるようになった。二〇世紀序盤に市場が成熟すると、企業は市場シェアをとりあって競争しなくてはならなくなった。だが、そのとき企業がとった方法は、買い渋る顧客たちにじぶんたちの商品を押しつけるのをねらった広告と販売促進だった。

徐々にではあるものの、企業は心理学が販売に関係しているのを理解するようになっていった。ここで鍵となった人物が、エドワード・バーネイズ(一八九一-一九九五)だった。バーネイズはプロパガンダとPRと広告の理論を創始した人物だ。ジークムント・フロイトの甥だったバーネイズは精神分析の知見を利用して、彼のいう民主主義社会における「合意工作」の問題解決にあたった。バーネイズはドッジ社、P&G、GE、カルティエの広告キャンペーンについて指南し、ユナイテッド・フルーツ・カンパニー（現チキータ）が一九五四年にグァテマラ政府を転覆させるのを支援した。一九二八年の著書『プロパガンダ』で、バーネイズはこう論じている——

《組織された習慣や大衆の意見を意識的かつ知的に操作するのは、民主的社会の重大な要素である。この社会の見えざる機構を操作する人間は、我々の国を真に支配する権力をもつ見えざる政府を構成する。》

とはいえ、このバーネイズですら、世論をうまく操作するためには消費者・市民たちの信じていることと欲求に耳をかたむける必要があると認識していた。政府や企業は、ただ説教壇から叫ぶのではなく懺悔室のひそかな告白に耳を傾ける必要がある。すぐれたPRのためには、すぐれたプロパガンダだけでなくすぐれた世論調査も必要だ。

一九四九年にウィリー・ローマンが『とあるセールスマンの死』で伝統的な〔がむしゃらにモノを売りつける〕商業主義の没落を嘆いていた頃には、消費者向け製品をあつかう企業数社がすでに消費者にもっと敬意を払って意見をとりいれようとする態度を発展させていた。あらゆる科学革命でみられるように、そうした企業がはじめたマーケティング革命にともなって、不思議な必然の感覚がうまれた。たまたま自社でできたものをどうにかして人々に買わせようとするのではなく、企業は人々がのぞむものをつくりだすべきだという考え方は、いまでは当たり前に思える。だが、それは後知恵のおかげでしかない。こうした企業は、洗剤や石けんや電球に人々がのぞむものを探り出すのを専門とするマーケティング部門を創設した。その成功をみて、模倣する会社が次々に現れた。いまや、ほぼすべての大企業がマーケティング担当の部署を抱えている。そうした部署は、製品調査、開発、広告、販売促進、拡販のあらゆる側面を調整することになっている。

マーケティング担当の重役がCEOの職位に昇進する事例が増えていったのにともなって、一九六〇年代には、現代的な「マーケティング指向」を採用する企業がでてきていた。「マーケティング指向」をとる会社では、消費者を満足させることによって利益を上げることが万事の中心にすえられる。これにより、一九六〇年代に見えざる革命が進行していった。セックス革命や「新左翼」ほど大々的に報道されはしなかったものの、こうした対抗文化(カウンターカルチャー)の流れとちがって、マーケティング革命はビジネスのあり方を過激に変革してみせた。(それどころか、フォルクスワーゲンT2aバスやEnovid避妊薬やジミ・ヘンドリックスのレコードなどのイケてる新製品をとおして対抗文化の重んじるいろんな価値を大衆に広めるのにマーケティング革命は一役買っている。こうした製品が同時に楽しまれる場合も多かった。)

衣料品や車やテレビや映画など個人の消費者向けの商品をつくっている企業では、マーケティング指向はごくあたりまえのものになった。その一方で、重工業(鉄鋼、石炭、石油、製紙)では、依然としてマーケティング指向はめったにとられていない。こうした産業では、見せびらかし消費や高級ブランド認知はそれほど重要ではない。また、マーケティング指向は大半のサービス産業でひどく発展が停滞している。たとえば、銀行、法曹、行政、警察、軍、医療、慈善活動、科学といった分野がそうだ。それどころか、こうした分野の指導的な立場にいる人たちの大半は、じぶんがサービス産業ではたらいているると思っていいない。でも、その自覚がうまれないかぎりは、わざわざ市場調査を使ってじぶんたちのサービスをかたちづくって顧客の欲求を満たそうとすることはないだろうし、そちらに切り替えた人たちにむざむざと市場シェアを奪われることになるだろう。

生産指向からマーケティング指向への移行はまだ進行中で、制度から個人への決定的な権力移転をなしとげた人類史上で最重要の革命なのに、依然として理解されていない。生産では、労働者は技術の召使いになった。理想では、マーケティングでは消費者が技術の主人になる。マーケティングの熱烈な支持者なら、マーケティング革命のおかげでマルクスなんてほぼ無意味になったとすら考えるかもしれない。「消費者たちのいろんな欲求をみたすために企業がこれほど必死になる時代に、いったい「疎外」や「搾取」がどんな意味をもちうるっていうんだ?」——彼らはそう思うかもしれない。

一般論を言えば、知識人はいまだにマーケティングを理解していない。右派の経済学者の目にはマーケティングがほぼ見えていない。「人々がもとめるモノやサービスを生産するのに市場が必要とする需要と供給の情報はすべて価格が運んでくれる」と彼らは考える。アダム・スミスやフリードリヒ・ハイエクやミルトン・フリードマンやゲイリー・ベッカーといった経済学者たちの世界観では、市場調査なんかに役どころはない。これと対照的に、左派の社会科学者やジャーナリストやハリウッドの脚本家たちには、「マーケティングなんて強欲な企業が人々を操作する広告にすぎない」としか思えない。かしこくも左派のみなさまが企業人ごときと言葉を交わしてくださる機会なんて滅多にないので、現代の企業は『ロボコップ』にでてくる悪の巨大企業「オムニ・コンシューマ・プロダクツ」(通称「オムニ社」)みたいなことをやってるんだろうと彼らは思っている。たまたまけっこうな財産を手に入れる大学教授がまれにいるけれども、彼らにしても、大いに気にかけるのは投資であってマーケティングではない。投資の助言はいたるところにある(CNBC、フォックス・ビジネス・ネットワーク、個人向け資産運用雑誌）けれど、マーケティングの知識はこうした金融商品の営利主義を支えるなにやら不可解な魔法として潜んでいるからだ。

一つ問題なのは、あらゆる専門家や大学人と同様にマーケターたちも独特な用語や概念を使ってじぶんたちの専門知識をひけらかすので、聞かされた門外漢はひたすら困惑するほかない、という点だ。しいたげられたサブカルチャーが内輪だけの隠語を使っている分には、かわいらしく聞こえる。だが、すさまじい経済的な火力をもちあわせているマーケターたちが同じことをやると、よどみない陰気な呪文のように聞こえる。ちょうど、ペンタゴンがやたら使うＶＰだのＫＰだのＭＩＡだのの頭文字略語のようなものだ。二〇〇六年の「インテリジェントな印刷・包装カンファレンス」で飛び交った次の文言をとりあげよう。出典は、ＳＦ作家のブルース・スターリングがブログに投稿した記事だ。

- 「我が社のメタル有機的アプローチvs.現行テクノロジーの問題である」
- 「サーモクロミック・インクこそ、ニューミレニアムのペットロック・インクです」
- 「もはや印刷ならざる印刷のためのタクソノミーが求められているのです」
- 「電子ダンボールにより印刷オブジェクトと仮想世界の境界がゆらぐ」
- 「伝導性ポリマーにおける「バブル・バブル・トイル・トラブル」であります」

こうした奇怪な言葉も、きっとなにごとかを意味してはいるにちがいないけれど、具体的にどんな意味なのだか判然としない。

実業界の内部でも、若い世代の経営者の大半はマーケティングを実践的な水準で理解しているものの、その彼らにしても、文化的・経済的・社会的・心理的な革命としてマーケティングを語るすべを知らない。ビジネススクールではそういう切り口で教わったりしないからだ。同様に、ビジネス系ジャーナリストたちもマーケティング革命を大きくとりあげて世間で広く語られるようにはしていない。〔二〇世紀末から二一世紀序盤の〕インターネットの「ニューエコノミー」がどうしたとかといった話に世間の注目を集めたのとはおおちがいだ。評論家たちは、いまだにいまの社会が大量生産による産業時代から大量娯楽の情報時代の移行期にあるかのような話に終始している。

魚が水を意識しないのと同じように、ぼくらは《マーケティング時代》に暮らしていながらそのことに気づいていない。製品が物質的か文化的か、販売されている場が店頭かオンラインかは大して問題にならない。大事なのは、製品を構想し、設計し、検証し、生産し、拡販する方法が体系的で、しかも製造業者の都合よりも消費者の好みに基づいているという点だ。かつての「ニューエコノミー」や「ウェブ2・0」や「ソーシャルネットワーク・マーケティング」は、たんにこのマーケティング革命の最新段階にすぎない。

この革命を理解するにはどうしたらいいだろう？　考える手がかりになる類例を歴史に探すと、二つ見つかる。民主主義は、マーケティングの概念を統治に当てはめた例だと考えられる。アメリカ革命もフランス革命も、マーケティングの概念を政治にもちこんだ例だ。しかも、マーケティングが実業界で足がかりをえるはるか以前にこれをやってのけた。生産指向の国家は、納税者たちに「キミたちは国のためになにができるか」とたずねた。一方、マーケティング指向の国家は「有権者のみなさんのためにこっちができることはなんでしょう」とたずねる。市民たちは投票を要求したので、じぶんたちがもとめる国家のサービスがどういうものかを政府に教えられる。これも、消費者を対象にしたフォーカスグループが製造業者に「どんなモノがほしいですか」とたずねられるようになるはるか前のことだ。「代表なくして課税なし」が登場してから長く時代が下ってようやく「市場調査なくして利益なし」が現れた。

こうした政治革命以前にも、宗教改革がマーケティングの洞察を宗教に当てはめている。マルティン・ルターもジャン・カルヴァンも、組織された教会を通じて、坊主たちの金銭的利害関心ではなく信者たちの情動的な欲求を満たした。豪華な大聖堂のなかで死んだ言語でなされる費用のかさむ儀式をやたらめったらにつくりだす生産指向の教皇制度に、彼らは飽き飽きしていた。キリスト教には、現在三万もの宗派がある。これこそ、宗教サービスをもとめる多様な消費者たちがいるときに効率的な市場の細分化がもたらす成果にほかならない。同様の転換は他の宗教でも起きている。仏教では生産指向の小乗仏教から市場志向の大乗仏教への転換があったし、ユダヤ教では正統派から改革派への転換があった。実業界のマーケティング、政治の民主主義、宗教改革に共通している分母とは、サービス提供者からサービス消費者への力の移転だ。

マーケティング革命はいいことなんだろうか？　いい面に目を向ければ、マーケティング革命は黄金時代を約束してくれている。強固な実証研究にもとづいて人間の幸福を最大化すべく社会的制度と市場が体系的に組織される世の中をだ。ちょうど科学によって知覚に生じたのと同じことを、マーケティングは生産にもたらすと約束している：科学と同じくマーケティングも、直観やひらめきを経験的な事実にてらして検証する。市場調査が使う実証的なツールは実験心理学が使うのとほぼ同じだ。ただし、市場調査では研究の予算規模がちがうし、質問もよく定義されているし、もっと代表的な人々をサンプルに使うし、社会的な影響だって大きい。理想では、マーケティングの実証主義はロジャーズの心理療法のように機能する。つまり、患者が語る心配をセラピストがそっくり復唱し反芻してみせるのと同じことをする〔クライエント：「友人たちみんなに嫌われているのではないかと不安なんです」――セラピスト：「なるほど、ご友人たちみんなに嫌われているかもしれないと不安なんですね」〕。マーケティングは、ぼくらの姿を映し出す鏡をみせてくれる。のぞきこめば、そこにはぼくらじしんの信条や欲求が映し出されている。おかげで、そうした信条や欲求を認識し、記憶し、評価し、変革できる。ホンモノの鏡が発明されたとき、人々はそこにうつる我が身の姿をみて、以前よりはるかに正確かつ客観的に外見や装いを工夫するいろんな方法を試しては、「これでいい」「これはいけない」と判断する力を得た。化粧や髪型や出で立ちをあれこれ試してどうすれば見栄えがいいかを判断できるようになった。マーケティング革命も、これと同じようにぼくらに力を与えてくれる。ただし、その時間の尺度はもっと長い。マーケティング革命により、みんなは製品選択をとおしてじぶんのいろんな特徴を見せびらかすあれこれの方法を取捨選択できるようになった。いろんなライフスタイルを試してみては、その結果を経験できるし、もしかして不満に感じたら自分たちの消費者としての好みを変えたりもできる。

他方、わるい面に目を向けると、マーケティングは仏陀にとって最悪の悪夢でもある。仏陀にとって、マーケティングなんぞは、途方もない幻想、虚妄のベールのニセ科学が数十億ドルもの広告キャンペーンに支援されたしろものだ。マーケティングは、「欲求がいずれ満足につながる」という妄念を世間にはびこらせる。心が澄み渡るのを阻む天敵だ。意識はみずからだけで満ち足りているのであって外界にもとめるものなどほとんどありはしないのだから。

問題は、マーケティングが物質主義を促進する点ではない。その反対だ。マーケティングは自己愛におぼれ主観的な快楽と社会的地位とロマンスとライフスタイルにもとづくインチキ精神主義を促進する。

製品の物理的な性質よりもその製品で心にひろがる連想の方が重要となるのだ。これこそが、広告とブランド確立のねらいだ――消費者のいだく欲求・渇望と製品とのあいだに連想をつくりだすことで、たんなる物質的な形式で裏打ちされる以上の値打ちがその製品にあるように消費者に思わせる。実際、マーケティングはあらゆる手を尽くして物質主義を避ける。というのも、消費者が客観的な物質的特徴とコストだけにもとづいてあれこれ製品を比較して回ったりしたら、製品そのものはどこにでもあるモノに還元されてしまう――そして、どこにでもあるモノを売ったところで、競争きびしい市場では大した利益を上げられない。

たとえば、水道の蛇口をひねってでてくる水は、利益の小さいコモディティだ（アルバカーキだとだいたい一ガロンあたり〇・〇〇〇六ドル）。他方、「グラソー・スマートウォーター」は、利益の大きいブランド製品だ（三四オンスのボトル一本で一・三九ドル、一ガロンあたりなら五・二〇ドルもする）。「スマートウォーター」というと、なんだか魔法みたいに知性をブーストするフランスアルプス産の秘薬みたいに聞こえる。そのおかげで、ふつうの水道水の八七〇倍もの値段で売れる。実際には蒸留水に電解質（石灰石から得られるカルシウムと海水から得られる塩化マグネシウムを少々）を加えただけの水であるにもかかわらずだ。ただ、コカコーラ社が二〇〇七年にグラソーを四一億ドルで買収したあとは、ほぼ裸になったジェニファー・アニストンのイメージで広告展開するようになった。つまり、ごくありきたりの水に石灰石と海水といい感じのボトルを用意して、これにアニストンの美貌と知名度をあわせれば、利益のあがるブランドができあがるわけだ。

このように、消費者の欲求から利益をあげるべくマーケティングで運営されている世界は、「コモディティ化」によって「物質主義的」世界になることを頑として拒むことになる。その逆に、そうした世界は、製品も消費者もなんら物質的な性質を必要としない仮想現実にやすやすと変質しうる。マーケティングを論理的に詰めていった先にある世界は、がちがちの物質主義ではなく、『マトリックス』や『セカンドライフ』のような世俗版の非物質主義だ。

一方、マーケティングはもうちょっと差し迫った問題もつくりだす。民主主義と同じように、マーケティングは知的・文化的エリートが大衆に対して上から目線の態度をとるよう強いる。人々がのぞむものを提供する企業や国家をいつでもエリートが好むとはかぎらない。消費者がのぞむものといえば、スイーツだの、脂肪や砂糖たっぷりの食べ物だの、タバコだの、ビールだの、マリファナだの、バイクだの、ハンドガンだの、ポルノ動画だの、売春婦だの、豊胸手術だの、バイアグラだの、リアリティTVだの、型にはまったアニメだの、そういうものだろう。同様に、みんなが投票すると、もしかして死刑や学校での礼拝や焚書や民族浄化やファシズムや『アメリカン・アイドル』が人々ののぞみということにもなりうる。誰もが投票権を持つことで成り立つ大衆民主主義と、エリートたちのユートピア的な構想にもとづく共和国のちがいが、プラトンにははっきりと見えていた。エリートにとって、マーケティングの大衆迎合主義は、ぞっとする将来像だった。そこで、プラトンはマーケティング指向を社会組織の土台にすることを拒絶した。マーケティングを政治に当てはめた民主主義も、彼は却下した。プラトンが考える理想の慈悲心あふれる独裁者・哲人王は、フォーカスグループなんて集めないし、市場調査なんて実施しないし、政策の決定に選挙を実施することもない。「真の長期的な利害を庶民が理解できるなどと信頼できるはずがない」「文明国の生活に必要な行動と庶民の原始的な本能は食い違っているのだから、開明的な少数派が無知な多数派を管理しなくてはならない。その方がずっとよい結果になる」とプラトンなら考える。孔子も同様の見解をもっていた：皇帝が国家を支配すべきなのと同様に、家父長が一家を支配して自然の無秩序状態に対して文明的な秩序を強いねばならない、と孔子は考える。

このプラトン＝孔子派の伝統は数千年にわたってヨーロッパとアジアの政治理論を支配した。今日でも、この伝統を目にすることがある。人々が個々人で買えない・買おうとしないサービスを国家が徴税して提供すべきだとエリートたちが論じるときには、きまってこの伝統が顔をのぞかせている。そうした国家が組織して提供するサービスが理にかなっているように思える場合もあるし（道路、消防署、医療、ＢＢＣ）、そう思えない場合もある（農業補助金、虚偽によってはじめられる戦争、誰も渡らない橋）。また、しかじかの製品や行動を禁止すべきだとエリートたちが論じるときにも、プラトン＝孔子の理想が一役買っている。（エリートの言い分がもっともな場合もある：銃は誰もが自由に所持できて当然だという極論の持ち主たちであっても、地元の銃器取扱店でＦＩＭ－92スティンガー地対空ミサイルの販売を許可すべきだとまで言う人はまずいないだろう。）

民主主義と同じくマーケティングも、思い上がりに抗し、権力に抗し、理想主義に抗する力を秘めている（が、利用されないままの場合もよくある）。原理上、マーケティングはエリート主義的な進歩の理想像にとってかわりうる。その基礎となるのが、ごくふつうの人間の欲求を満たすべく形成された世界という現実を大衆がそろって支持しているという幻想だ。過去数千年におきたさまざまな革命のなかでもっとも意義の大きかったものは、生産能力を拡大した技術革新や、エリートのいろんな理念に活力をもたらす科学的な考え方だったのだと素朴に主張して、マーケティング革命を矮小化したくなる誘惑はある。マーケティング革命を無視する方を選ぶとしたら、その理由は、技術のもたらす果実を管理する力をぼくらエリートの理念が失ってしまう世界におののいているためだ。（余暇があって教育があって本書を読むような趣味を持ち合わせている人は、当然、エリートの一員だ。）マーケティングは、人間の果てしない性欲や食欲や怠惰や憤怒や強欲や嫉妬や自惚れのために果てしない生産能力を利用する恐れがある。マーケティングが予感させる世界は、『蒙昧支配（イディオクラシー）』［*1］とシナボンとスーパーボウルの世界だ。マーケティングは、人間社会を解体して人類六〇億を独りよがりなブロガーへとバラバラにする恐れがある。

こういう未来像をエリートが畏れるのも、権力を堅持しておくための自己欺瞞的な理由付けにすぎないのだろうか？　市場調査にもとづく経済を恐れる気持ちは、プラトンが一般選挙権による民主主義を恐れたのと同じく、同じ人類の仲間たちに対する軽視が土台になっている。エリートたちがマーケティング革命を認めるのをいやがるのは、この軽視を認めるのがいやだからだ。マーケティングが過去二〇〇〇年で最重要の革新なのはなぜかと言えば、本当の経済的な権力を民衆にもたらすのに成功したからだ。たんに富を再分配する権力、社会のケーキをいろんな人たちに切り分けるだけではない。マーケティングは、ぼくらの生産手段を使って自然界を人間のいろんな熱情のための遊び場に転換する権力だ。

生態学者の推計によれば、いま、人間は地球の「基本的一次生産力」の半分以上を消費しているという——つまり、この惑星のバイオマスの年間生育量の半分以上を消費している。生物種が二〇〇〇万種もいるなかで、ただひとつの種が生物圏（バイオスフィア）の年間産出の半分を使っていろんな仕事や余暇のために使うようになった。しかも、その仕事や余暇の構造を主につくっているのはマーケティングなのだ。マーケティングはたんに人間文化を支配しているだけではない。人間文化は地球上の生命を構成する物質とエネルギーの循環を支配しているのだから、いまこの歴史上の時点において、地球上の生命を支配してもいる。

＊1　正式な邦題は『26世紀青年』だけれど、ここでは原題に沿っておく。

マーケティングとミーム

マーケティングが文化で果たす役割が盲点になっていることは、ミームをめぐる論争に参加したときにはっきりわかった。一九九九年五月にオックスフォード大学でリチャード・ドーキンスの司会のもとで、イギリスの心理学者スーザン・ブラックモアと論争したときのことだ。当時、ブラックモアは新著の『ミーム・マシーン』を出版したばかりだった。彼女はドーキンスを踏襲してこう論じた――人間文化の多くはミーム同士の競争を反映している。ミームとは、物語・逸話・着想・キャッチフレーズ・ジングルなど、記憶されて他人へと繰り返し受け継がれうる情報の単位のことだ。関心を引き寄せ記憶しやすく伝達しやすいミームは（たとえば有名人のゴシップだとか人間どうしの利害関係のニュースだとかのような情報は）増殖・拡散すると予想される。〔世間の人たちの関心事にとって〕関連がうすく忘れやすいミームは（たとえば陽子の質量は電子のだいたい一八三六倍だといった情報は）世間の意識からすぐさま消え去って行く（高校の物理教師たちがせいいっぱいがんばって教えているにもかかわらず）。ブラックモアによれば、人間の大衆文化は個々人の関心や好みを反映して成功したミームたちで成り立っている。

ミームのアイディアは聞くたびにわくわくするし、触発される。とくに、ブラックモアの本で読むときはとびきりだ。でも、ぼくはちょっとちがう切り口で論じた：いちばん成功しているミームは、特定の有力な個人や集団や制度の利害関心のために、トップダウンでマーケティングによっておしつけられているんじゃないか。非常に成功しているミームたちは――宗教や政治イデオロギーや言語や文化規範や技術といったミームたちは――教会や国家や学校制度や企業によってものすごい富と権力を使って拡散されているのは明らかなように思える。原理では、マーケティングは先に存在している消費者の好みに反応する。実際には、マーケターたちはじぶんの仕事を「文化工作」と呼ぶことがある——つまり、広告やブランドづくりや広報活動を通じて新しい文化単位（ミーム）を意図的に創出して拡散することをみずからの仕事にしている。

ごくふつうのミーム（たとえば映画の口コミや新しい社会・政治問題や今年懸念される国の噂といったミーム）ですら、六つの巨大グローバルメディアコングロマリットによって支配されている：

- タイムワーナー[*2]：二〇〇六年現在の収益四五〇億ドル、従業員八万七千人。傘下にワーナー・ブラザーズ、ニューライン・シネマ、AOL、コンピュサーブ、アトランティック・レコード、HBO、CNN、タイムワーナー・ケーブル、ターナーブロードキャスティング、タイム・ライフ・ブックスを抱えるほか、発行する雑誌には『タイム』『マネー』『ピープル』がある。
- ディズニー：収益三四〇億ドル、従業員一三万三千人。傘下にタッチストーン、ミラマックス、ブエナビスタ、ABC TV、ESPN TV、ハイペリオン・ブックス、『ディスカバー』誌、ABCラジオネットワークをもつ。
- ニュースコープ：収益二五〇億ドル、従業員四万七千人。傘下に二一世紀フォックス、フォックスTV、スカイサテライトTV、スカイラジオ、ハーパーコリンズ・ブックスをもち、『TVガイド』誌の他一七五の新聞を発行。

---

*2　二〇一六年AT&Tに買収合併へ。司法省と条件を協議中。

• ヴィヴェンディ・ユニバーサル：収益二〇〇億ドル、従業員三万四千人。傘下にユニバーサル・スタジオ、ゲフィン・レコード、ポリグラム、ユニバーサル・ミュージック・グループ、カナル+TV、ユニバーサル・テレビジョン・グループをもつ。
• ベルテルスマン：収益二〇〇億ドル、従業員九万七千人。傘下にUFAフィルム・TV、バーンズ・アンド・ノーブル、BMGミュージック・パブリッシング、RCAレコード、AOLヨーロッパがあるほか、出版社のバランタイン・ブックス、バンタム、クラウン、ダブルデイ、デル、フォーダース、クノッフ、ランダムハウスも有している。
• バイアコム：収益一〇〇億ドル、従業員九千五〇〇人。傘下にパラマウント、ユナイテッド・シネマ、CBS TV、MTV、ショウタイムTV、サイモン&シュスター、インフィニティ・ラジオ、バイアコム・アウトドア・アドバタイジングをもつ。

ミーム理論は、これとちがう見方を提示する：「みんながステーキやドーナッツやソーダを消費するのは、もしかして、他人がそうするのを見たことがあって、その食習慣を真似してるからじゃないだろうか。豆腐の塩漬けとかシベリア風スープを好む結果になっていてもおかしくはなかったけれど、たまたまミーム進化の偶然がはたらいて、それとちがう方向にやってきただけじゃないか。」このミーム説でも、文化をまたいだ食べ物の好みが同じように説明されるかもしれない。たとえば、アメリカ人はどうして肉にはバーベキューソースを加え、フレンチフライにはケチャップをかけ、サラダには蜂蜜マスタードをあえ、パンには砂糖をまぶし、水にコーンシロップを入れる（「ソーダ」）といった具合に、自然の甘い風味があるものをなんでもかんでも甘いデザートにしてしまうのか、その理由を説明できるかもしれない。

どちらの説も貴重な洞察をもたらしてくれるけれど、その一方で、進化心理学者もミーム理論家も、グローバル食品産業の経済的・政治的・マーケティングの力を認識した方が有益だろう。アメリカでは、加工食品に脂肪や食塩や砂糖がたっぷりと含まれている。そのワケは、お金もちの強力な業界団体があって、効果的に政治家たちにロビー活動を展開して、行政の助成金や契約受注や規制緩和を頼んだり、業者の責任負担をできるかぎり軽減する不法行為法の改正をやってもらったりしているからだ。こうした団体には、「全米チェーンレストラン組合」や、「全米食料雑貨連合」や、「食品加工組合」や、「フードマーケティング協会」や、「アメリカ食料雑貨生産者組合」などがある。全米レストラン組合は、アメリカのレストラン九〇万店舗を代表する団体で、加入店の従業員は一二二〇万人、年間収益は四七六〇億ドルにのぼる。全米畜産業者ビーフ連盟は、八〇万もの牧場経営者を代表し、加入牧場は年に三五〇〇万頭の牛からおよそ二六〇億ポンドの食肉を「収穫」する。全米鶏肉協議会は、タイソン、ゴールドキスト、ピルグリムズ・プライド、コンアグラといった大企業を代表する団体で、年におよそ八〇億羽のにわとりを処理している。さらに脂肪とタンパク質の消費を推し進めているのが、アメリカ食肉協議会、全米豚肉協会、全米ターキー連合組合、国際乳製品連合、全米牛乳生産者連合組合といった団体だ。食塩消費を推し進める団体には、スナックフード協会や全米コンビニエンスストア連合がある。砂糖消費を推し進めているのは、砂糖組合、ドレッシング&ソース組合、国際ゼリー&保存料組合がある。コーン精製組合はとくに重要だ。というのも、この団体はアメリカの「湿式粉砕産業」を代表しているからだ。この産業は、果糖を大量に含むコーンシロップを年間およそ二五〇億ポンド製造している。コーンシロップは各種ソーダの（水以外の）主成分で、アメリカ人は平均で一人あたり一日に約四五グラムを消費している。

さて、たしかに、脂肪や食塩や砂糖を好む生得的な傾向がみんなに備わっているのは疑いない。ロビー団体や業界団体は、なにもないところからこういう味わいの需要をつくりだしているわけではない――そうでなければ、いまごろ「塩漬け豆腐マーケティング協議会」だの「全米キャベツスープ連合」なんかがもっとたくさん資金と影響力にものを言わせて成功しているところだろう。実際には、進化でうまれた食品へのいろんな好みを、こうした強力な業界団体はものすごい政治的な影響力や業界の食品群を広めるマーケティング予算を使って大幅に増幅している。

社会的権力システムによるこうしたアイディア・嗜好・規範・習慣・ミームたちの形成こそ、まさに社会科学の研究対象だし、政治学・社会学・メディア研究の活力のもとに他ならない。こうした社会科学分野が数十年におよぶ研究で認識しているように、単純なミーム進化モデルによって個人の心理から一足飛びに大衆文化に飛躍はできない。そんな風に思うとすれば、市場万能論者が需要と供給の経済と政治的無政府状態が組み合わされればユートピアが生まれると思うのと同じくらい単純素朴というものだろう。また、社会制度や利害関係も考慮しないといけない。ミーム浸透は――つまり、意識的に熟慮して制度化された戦略をとおして大衆の見解や好みを形成することは――何百万というマーケターや広告業者や小売業者や広報活動専門家がお金をもらって毎日はたらいてやっていることだ。

市場万能論者も、ある一点に関しては正しい：マーケティングの力はかなり脱中心化されている。資本主義だの消費主義だの家父長制だの異性愛だの人種差別だの国民総蒙昧化だのをすすめる一本化された陰謀もなければ、ヒミツのフリーメーソン寺院もない。世界貿易機関だって、たんにジュネーブのローザンヌ通り一五四にある五階建てオフィスビルではたらく六三〇名ほどの組織でしかない。マーケターたちの大半は、社会科学者たちが分析する権力システムを浸透させようなどとがんばっているわけではない。たんに、自社のマーケットシェアを増やそうとしているだけだ。マーケターたちは邪悪な天才のように描かれることもよくあるけれど、現実には、他の人たちと同様に日々の仕事でじたばたやっているのが典型だ。マーケターたちにしても、やたら髪をもささせたり逆に剃り上げたりしてるエキセントリックな著者たちが執筆した大衆向けビジネス書（しかもできるだけ薄いヤツ）を読んで最新の消費者心理学の流行ネタに追いつこうとしている。

というわけで、現代科学が提供する極端な見解のどれひとつとして、マーケティングの理解にはそんなに役立たない。「生得的な好み」理論もミーム理論も、マーケティングの力をまるっきり無視している。社会科学系の陰謀論は、あまり教育のないマーケターたちが共謀するどころか互いに抗争している群雄割拠状況を無視している。その結果として、大半の行動科学は――心理学・人類学・社会学・経済学・政治学は――マーケティングをまともに取り合うことがめったにない。かくして、現代文化の革新、人間本性を増幅したり鈍らせたり歪曲したり裏をかいたり満足させたりする中心的な力がほぼ無視される結果となっている。

第4章　ゼニにやられた脳[*1]

This Is Your Brain on Money

こういう見方をとるとして、では、消費主義にいちばん類似しているのはどんな種類の精神疾患だろう？　いちばん近いのは、たとえば抑鬱症だろうか、統合失調症だろうか、それともＰＴＳＤだろうか？　私見では、ここでいちばん有意義な比較対象は、自己愛（ナルシシズム）だ。専門用語では「自己愛性人格障害」という。一般に人格障害はとても根強く生涯にわたって長く続く問題で、生活や対人関係のいたるところに現れては適応障害をもたらす。人格障害のなかでも、自己愛（ナルシシズム）は自己中心的で自分本位なふるまいをいたるところでみせる特徴がある。ふつう、この行動パターンは成人期の初期からはじまり、他人に対する共感を抱かない一方で他人からの尊敬を痛切にもとめる欲求を抱く。

＊1　反麻薬キャンペーンの This Is Your Brain on Drugs（『ヤクにやられた脳』）に引っかけている。

自己愛と消費主義

自己愛(ナルシシズム)の概念は、フロイトが一九一四年に導入した。命名の由来は、古代ギリシャ神話のナルキッソスだ。美形で人目を引くナルキッソスは、森の精霊エーコーの愛を拒絶して、水面に映るじぶんの姿に恋してしまう。水辺から片時も離れようとしないナルキッソスはやがて衰弱してゆき、ついには死んで花になる。その花が、ナルキッソスの名を冠する水仙(ナーシサス)だ。こんな具合に、自己愛(ナルシシズム)とは他人に愛されそうな自分の外面的なイメージを愛することをいう。それに加えて、自分の内的な性質を他人が愛することに不満を感じたりもする。消費者自己愛の原型として最適なのは、おそらく、パリス・ヒルトンがみずからブランドをつくった香水 Just Me だろう——あなたでもなく私たちでもなく「ただ私だけを(ジャスト・ミー)」という香水は、この世には自分しか存在しないという独我論の香水だ。自己愛に特有の症状としては次の特徴が挙げられる(重々しい題名がついた精神医学者のバイブル『精神疾患の症状・統計便覧』の第四版を参照):

- 自分本位(他人を利用する、共感の欠如)
- 傲慢(横柄で他人を見下した態度、さらに思うようにならなかったり他人が異論をはさむと怒り出す)
- 例外主義(自分は特別で、地位の高い人間にしか自分の価値はわからないと考える)
- 特権感覚(特別待遇を受けてしかるべきと考え、じぶんの願望が自動的に承諾されると期待する)
- 尊敬追求(過大な注目・肯定・賞賛・敬意をもとめる)

- 成功の空想（際限のない成功・権力・才気・美貌・性的な力・理想の愛について強迫的な野心をもつ）
- 犠牲者心情（自分の失敗や失望を外界のせいにする）
- 性的冷感症（単純な快感を楽しめない）
- 情動不安定（他人の世辞・へつらいが途絶えて「自己愛供給」がなくなると、自己愛者は悲しみ、希望を失い、自殺さえ考える）

こうした中核的症状をもつために、自己愛者は自分で思い描く人生の物語のなかではスターであり、自分だけの叙事詩の主人公であり、他人はみんな脇役となる。（その点ではブロガーに似ている。）彼らの語る人生やキャリアや家族の話では、まるで他に誰もいないかのようだ。感覚が鈍っているために、彼らはいっそう強い刺激を探し求めることになる。

自己愛者はすぐに怒りを覚えやすく、思うようにいかない状況への耐性が低い。ときに、自分へのご褒美として衝動的な快楽を求めて極端な行動をとる：アルコール、ドラッグ、ギャンブル、大食い、クレジットカードでの買い物、いきずりのセックスなど。ときに、自己愛者は「自己肥大ギャップ」を感じる。ふくれあがった自尊心と実際の業績の落差を感じて、自分に価値があるという感覚が安定せず、周期的に自分に疑問を感じて憂鬱になる。自己愛者たちは対等な人間どうしのくだけた交流ではなくて自己刺激（小説を読んだりテレビを見たりドラッグを服用したり自慰行為をしたり）や見せびらかし（ばかばかしいほど実用性のない服装をしたり途方もなく破滅的なパーティを開いたりして、自分をうやまう格下の相手に対する儀礼的な誇示）を通じて快感を追い求める。ネットに通じた自己愛者なら、「エゴサーチ」（自分の名前で検索してなにがでてくるか調べる）や「自分露出ブログ」（ブログで異様に詳しく自分の詳細を書き綴る）もやっていそうだ。

こういう記述を読んでみて、誰か知り合いが頭に浮かんだだろうか？ 成熟した大人には、いかにも幼稚な大人の話に聞こえるかもしれない。貧しい国の出身者には、いかにもアメリカ人っぽい話に聞こえるかもしれない。女性には、いかにも男性っぽい話に聞こえるかもしれない。たいていの人は、なにかの場面で誰かにとっては自己愛者っぽく見えることがあるものだ。ただ、真性の自己愛性人格障害を——止むことのない極端なハードコア自己愛を——わずらうのは人口のおよそ一パーセントにすぎないと推定されている。とはいえ、特定の条件下で自己愛にかかりうる素質は、たいていのふつうの人に備わっているように思える。とどまることのない消費主義の大部分は、そうした条件をつくりだし、この素質を利用することによって機能している。

自己愛者が自分に問題があると考えることはめったにない。そのため、治療をもとめることもない。セラピストのもとにやってくることがあるとすれば、たいてい、長年連れ添った配偶者に最後通牒をつきつけられたのが来院理由だ。治療を受けてみても、よくなることはめったにない。プロザックを投与してみたり、自助本を読ませてみたり、自尊心強化の練習をやってみたりしても、ただただ自己肥大と特権感覚と被害者心情をふくらませるばかりになりがちだ。セラピーも彼らの自我にエサを与えることで「自己愛供給」（自分への注目と賞賛）の新たな供給源になることもよくある。同様に、自意識のない消費者も、じぶんに問題があるとはめったに考えない。おそらく、彼らの結婚相手も同じように自意識のない消費者なので、治療や自覚や変化をもとめる圧力を配偶者から受けることもない。

いったいどういう遺伝子や環境の引き金、あるいは生育中におきたランダムな出来事によって真性の自己愛者に育つことになるのかは、まだわかっていない。ただ、いざ解明されたときには、きっと、真性自己愛者となる要因は、とめどない消費主義を促進する要因と重複していることだろう。この二つで共通して引き金となる環境要因には、一部の国でよく見られる要因がありそうだ。その要因とは、親や教師が子供に語りかけて自尊心を際限なく高めるメッセージだ。才能や美点に関係なく「すごいよくできたね！」といった言葉を一日に五〇回もかけられる子供は、ものすごい特権感覚と自分本位で勝手気ままなふるまいへの偏向を身につける見込みが高そうに思える――形容詞の連用形をちゃんと使えなくなるのは言うまでもない。

消費主義自己愛の二つの顔

自己愛者は、世間での地位追求とひそかな快楽追求とをいったりきたりする傾向がある。自己愛のこの二つの顔は、消費主義的なマインドセットをつくる二大要素でもある。モノを買う目的は、地位の誇示のためかもしれないし、快楽のためかもしれない。他人にひけらかすためかもしれないし、じぶんの楽しみのためかもしれない。ニセの適応度標示を他人に見せるためかもしれないし、じぶんにニセの適応合図を見せるためかもしれない。思い出してほしい。適応度標示とは、個々人の特徴や質（いい遺伝子、すぐれた健康状態、すぐれた社会的知性などなど）を示す、他人に知覚可能なシグナルのことだ――クジャクの羽やニワシドリのきれいな巣や消費者のｉＰｏｄみたいなシグナルのことを適応度標示という。一般論として、適応度標示を見せつけることで配偶者や仲間を引き寄せたり血縁者から助けをもらったりしていることを、動物たちは意識的に自覚してはいない。動物たちは、たんに一定の条件下で誇示行動をせずにいられない衝動を覚えるだけだ。そうやって、動物たちは進化がもたらした便益の果実を収穫している。

これと対照的に、適応合図は、身の回りにある適応機会に関する有用な情報を伝える環境内のいろんな特性をさす——自分の生存確率や繁殖成功率を高めるいろんな方法に関する情報を伝えるのが、適応合図だ。暗闇は危険（生存確率を下げる環境特性）の合図だ。そのため、この合図は恐怖を引き起こし、身を隠せる場所を探し求める行動が誘発される。捕食者にとっては、獲物のにおいは食べ物の合図だ（生存確率を高める機会の情報）。そのため、この合図は追跡・攻撃・捕食を動機づける。オスにとって、しっかり子供を産めそうな同種のメスは生殖機会（生殖成功率の向上）の情報を伝えている。そこで、オスたちはそういうメスをおいかけ、求愛行動をとり、交合するよう動機づけられる。ぼくらの知覚システムもこういう各種の適応合図になにより注意を向けるよう進化している。なぜなら、進化の観点で考えると、自分がいる世界で注目するに値する情報はこれらしかないからだ。（生存や生殖を後押しする機会と関係ない合図に動物が反応するのを自然選択が優遇することはありえない。）さらに、動物たちの動機づけシステムは、適合度を高めるプラスの合図に囲まれる一方で、適合度を危うくするマイナスの合図を避けるよう進化している。（動機システムの進化とともに、適合度を高める合図は「いい気分にする」ように進化するし、適合度を下げる合図は「いやな気分にする」ように進化する。）（個体のライフサイクルの水準ではなく）進化の水準では、動物たちはつねに生存と生殖の選択圧にさらされている。だが、主観的な水準では、動物たちはいい気分になる適応合図を追い求めるようつねに動機づけられている——自然の圧力が進化における成功と結びついていることを意識して理解しているからではなくて、そういう結びつきを無意識に理解しているかのようにふるまうべく形成されているからだ。

このように、ヒト以外の動物による適合度表示の見せびらかしと適応合図の追求は、（自己愛者であれ消費者であれ）ヒトによる地位と快楽の追求に対応している。だからといって、消費者がみんな臨床的に自己愛者だと診断されるわけではない。そうではなく、ヒトはみんな大きく分けて二種類の進化上の目標への関心を脳に深く永続的に刻み込まれているのだ：一つは先史時代により高い社会的・性的な地位と結びついていた適合度標示の見せびらかしという目標、もう一つは先史時代に生存や人間関係やセックスや子育ての成功と結びついていた適応合図の追求という目標だ。ヒトに普遍的な本性に備わったこの二つの目標は、自発的に大きく悪性に育つことがある。それが、みんなのなかの一パーセントを占める真性自己愛者たちだ。また、これら二つの目標は、消費資本主義によって温室で丹念に水と肥料を与えられても大きく育つ。この点で、自己愛と消費主義とは、適合度標示の見せびらかしと適応合図の追求へとヒトを駆り立てる欲求が生活をまるまる占拠してしまう二通りの道筋だ――生活を乗っ取ってしまって、共感や親密なつながり、交友関係、血縁のつながり、子育ての責任、共同体精神を追い出してしまうことも多い。

iPodの二つの顔

ほぼどんな広告も、地位追求と快楽追求のどちらかあるいは両方の魅力で訴えかける。これを示す見事な例が、二〇〇七年に発売された第六世代 iPod Classic だ。片手に収まる「ポータブル・メディア・センター」と称されるこの端末は、四×二・四インチの大きさで厚みは約〇・五インチ、重量は約一七〇グラムだ。それでいて、アルミ筐体に一六〇ＧＢのストレージを内蔵していて、音楽なら五万曲、写真粗二万五千枚、動画なら二〇〇時間分を収めておける。六四〇×四八〇ピクセルのカラー液晶は、Ｍ

PEG-4動画もTV番組もゲームも表示できる。リチウムイオンバッテリーを一回充電するだけで、音楽・ポッドキャスト・オーディオブックをおよそ四〇時間も再生できる。販売価格は、約三五〇ドルだ。だが、iTunesから一曲〇・九九ドルの音楽ファイルをダウンロードしてこのストレージをいっぱいにすると、iPodの費用総額は四万ドルになる。

何百万台も売れる小型のお手頃価格端末であるiPodは、ソーンスタイン・ヴェブレンがいう意味での「見せびらかし消費」の典型例ではない。だが、華麗で人目を引き一部の人にしか手に入らない製品でなくても、消費者自己愛の二つの側面がはたらいている場合はよくあるという見本にはなってくれる。第一に、その洗練されたデザインやブランド認知や（典型的ティーンエイジャーのお小遣いにとって）そこそこの費用をとおして、iPodはかっこよさ・地位・豊かさを見せびらかしてくれる。

それと同時に、iPodは自己愛がもつ自己刺激の側面も体現している。音楽を再生しても聞けるのは本人だけだし、動画を再生しても見るのは本人しかいない。この点で、iPodとは、快楽供給システム、個人用メディアスケープだ。iPodが後押しする自己愛的な世界観では、ユーザーは自分だけのアクション巨編ロマンス叙事詩のスターになり、じぶんだけの主観的サウンドトラックで回りの脇役どものいらつく声を追い出してしまう。（「耳汚染（イヤーポリューション）イヤホン」から漏れ出るシャカシャカ音をその脇役連中ががまんしなければいけない事情なんて、知ったことではない）

下記の表には、消費者自己愛の二つの主要側面をもっと詳しくまとめてある：

	見せびらかし	自己刺激
基本機能	特徴の見せびらかし	快楽供給
意図する見せびらかし相手	他人	自分
生活の目標	成功・名声・財産	幸福・楽しみ・満足
自己愛の症状	自己肥大	独りよがり
	賞賛の追求	快楽の追求
	強迫的な地位妄想	強迫的な自己刺激
	傲慢、野心	完璧主義、怒りっぽさ
	謙遜の欠如	共感の欠如
関連する「7つの大罪」	高慢、貪欲、嫉妬	色欲、大食、怠惰、憤怒
典型的な活動	仕事、社交	娯楽、夢想
典型的な食べ物	神戸牛、フォアグラ	ラム・ヴィンダルー、マンゴーカルフィ
典型的な飲み物	レア・バーガンディ、レッドブル	ホットチョコレート、マルガリータ
典型的な衣服	ビジネススーツ	ランジェリー
典型的な住宅設備	玄関、ダイニングルーム	メディアルーム、マスターバス
典型的なソフトウェア製品	個人ホームページ	ＰＣゲーム
典型的な大学専攻	金融、医学進学課程の生物学	文学、心理学
典型的な読書分野	引用しやすいノンフィクション	逃避的なフィクション
典型的な映画ジャンル	外国映画、古典映画	アクション映画、ポルノ
iPodの特徴・機能	洗練されたデザイン	ストレージ容量
	アップルのブランド	音質・液晶品質
		バッテリー持続時間
		軽量
		カスタムカバー

見せびらかし

本書がとくに関心を向けるのは、表の左列にある消費者自己愛による見せびらかしのいろんなかたちだ。（ガド・サドが二〇〇七年に出した本『消費の進化論的な基盤』[*2]は、右列をもう少し詳しく取り上げている。）あとで見るように、世の中にあるいろんな製品のうち、驚くほどの割合が見せびらかしのために設計（デザイン）され売り出されている――自己愛の投影先として、特徴の誇張用に、適応度標示として、健康・富・美質のシグナルとして。この点は、資本主義を観察した知的な人たちの誰もが理解していた。古くはアダム・スミスから、ソーンスタイン・ヴェブレン、ヴァンス・パッカード、ロバート・H・フランクまで。

それでいて、「自己愛などというものは自分以外の連中が歴史の昔にやっていたことだ」「異文化や下位文化（サブカルチャー）でやっていることだ」とおきまりのように思われている。自分じしんがやっている消費者自己愛のいろんなかたちを明瞭に深く理解する人はめったにいない。先進国の教育ある市民ほどとくにそうだ――たとえば本書のような本を読む人たちの大半がそうだろう。見せびらかし消費なんて愚劣で常軌を逸した下品な行いだと軽蔑するかもしれない：ボトックス注射や、ハマーや、マックマンションみたいなものは、美的感覚がズレてる成金向けの商品だとさげすむかもしれない。一方で、自分がやっている消費者自己愛のそれほどこれ見よがしでない行いについては、自然で立派で開明的なまぎれもない自己表現・当然の業績・市民の美徳というとらえ方をする。ハンプシャー大学の学位（リベラルな対抗文化の開放性の持ち主であるシグナル、お値段は四年間の学費と部屋代と試験の費用しめて一七万一、五四〇ドル）の持ち主は、サンタモニカでつつましい一〇〇〇平方フィートのバンガロー（八〇万ドル）に暮らしながら脚本家を自称して、アイオワ州立大学ロースクールの修了生たちに道徳的な優越感を覚えていられる。相手の方がモンサントにつとめながらデモインに五〇〇〇平方フィートの立派な住居を構えていても、それはそれだ。

ここでの要点は、ハンプシャー大学卒のバンガロー住まいの人間が偽善的だということではない——今日のぼくらはなんらかのかたちで偽善者なのだし。そうではなくて、いにしえからヒトがもつ本能が現代経済とどう相互作用するのか、今週のアツい新製品を通していにしえからの心理的特徴をどうやって見せびらかしているのか、この点をはっきり理解しないかぎり、つねにうつろいつづける消費者自己愛のいろんなかたちを追跡するのは不可能だということだ。

費用密度の高い製品にかかる自己愛プレミアム

ちょっとばかり価格比較の練習問題をやってみれば、じぶんの適応度を吹聴する消費者自己愛の二つの顔をもっとよく理解できる。消費主義を額面通り一種の物質主義と思って考えてみよう——人間が使うために変換され形成された原材料を買う方法なんだと思ってみよう。リンゴからブラジャーから自動車からコカインまで、あんなにも多様な製品どうしを価格と価値密度で比較するにはどうすればいいだろう。二つの基本的な尺度で比べてみればいい：小売価格と、製品に含まれる物質の量、この二点で比

＊2　Gad Saad, The *Evolutionary Bases of Consumption.*

べよう。経済学が物理学と出会うとき、いろいろ多様な製品が一ポンドあたり何ドルかかるのかを調べて、なにかこれというパターンが出てくるかどうかを確かめられる。下記の表を見てもらうと、いろんな製品を並べてその推定値を記載してある。（本書のウェブサイトの註釈には、各製品の特性や一ポンドあたりコストの計算方法についてさらに詳しく述べてある。）

この表をみると、愕然とする事実がわかる。第一に、コスト密度は低いものから高いものまでかなり幅広い——水道水一ポンドに比べて、移植されたヒト卵子は実におよそ一千兆倍もする。卵子の成分は大半が水で、これに染色体と細胞膜と細胞小器官が加わっただけだというのに。移植卵子は、まぎれもない進化的な適合の——生殖成功そのものの——象徴だ。人間の価値の究極の基準を代表している。ヒトのオスがのぞむ貴重品を、この卵子は運んでいる。それは、知的で魅力的な女性の高品質な遺伝子だ。このため、供給は少なく需要は多くなり、高値がつく。オスの視点から見れば、卵子がどこからどうやってきたかに関係なく、こうした市場の圧力はかかる。つまり、ドナー女性が小切手をもらって提供した卵子だろうと、オスがやさしさや知性や富を見せびらかして求愛した妻から提供された卵子だろうと、市場圧力はひとしくのしかかる。たとえば、億万長者のロン・ペレルマンの前妻三人は、求愛行動のコストや養育費ぬきの離婚調停費用だけでも、産んだ子供一人あたり数百万ドルのコストがかかっている：フェイズ・ゴールドバーグ（一八年間の結婚生活で四人の子供が生まれ、離婚調停に八〇〇万ドル）、パトリシア・コーエン（結婚生活九年間、子供一人、約八〇〇〇万ドル）、パトリシア・ダフ（結婚生活一八ヶ月、子供一人、約三〇〇〇万ドル）。（ペレルマンに辛抱して彼の子供を産むのが彼女たちにとってどれくらいのコストなのかは、もっと計量しにくい。）

製品	アメリカでの1ポンドあたり小売価格（2008年現在）
空気（アルバカーキ）	無料
水道水	0.0000633
米	0.29
砂糖	0.34
ガソリン（無鉛レギュラー）	0.7
ソーダ1缶	0.8
リンゴ	1.6
住宅（典型的な郊外住宅）	2
テレビ（ソニーHDTV）	6
自動車（トヨタカムリLE）	7
フィットネスマシン（エリプティカル）	7.5
ワイン（普通のシラズワイン）	9
ペット犬（ボーダーコリー）	10
イス（Levenger）	11.7
コーヒー	12
牛肉（サーロインステーキ）	12
本（ハードカバー）	12.5
自転車（フジ）	17
高級車（レクサス LS660）	20
ブルージーンズ（リーバイス）	22
チェーンソー（Husqvarna）	37
人の血液	45
コンバットナイフ（Ka-Bar）	103
腕時計（Timex）	167
ノートパソコン（Dell）	204
銀地金	225
望遠鏡（TEC）	238
ブラジャー（Victoria's Secret）	240
拳銃（グロック）	440
自家用ジェット（Learjet）	460
音楽CD	480
香水（サマンサ）	930
iPod Classic（曲なし）	980
コロンビア大学の偽造卒業証書	1,090

携帯電話（モトローラ）	1,390
ポルノDVD	1,510
豊胸手術	1,930
口紅（MAC）	2,600
20ドル札（貨幣）	9,100
高級腕時計（ロレックス）	10,100
偽造ダイア（ジルコニア）	13,600
金地金	14,000
人間の肝臓（闇市場）	16,200
コカイン	36,200
人間の精液（医者から入手）	52,900
バイアグラ	53,000
プロザック	63,000
「エクスタシー」	75,600
iPod Classic（容量限界まで曲を入れて）	106,700
ボトックス注射	141,600
本物のコロンビア大学卒業証書	1,250,000
本物のダイア	15,000,000
ゴッホの絵画	28,000,000
LSD（不純物なし）	30,000,000
人間の卵子（ドナーから）	4,500,000,000

もうひとつの驚愕の事実は、生存コストの基本的な必要項目がいかに小さいかという点だ。アダム・スミスが述べたように、ヒトの短期的な生存に絶対不可欠な水と空気はタダ同然だ。水がなければ六日ほどで、空気がなければ三分ほどでヒトは死んでしまう。三つめの必需品、数週間の生存に不可欠なコモディティである基本的な菜食食品（穀物、豆類、果物、野菜）も、やはりとても安く上がる。一ポンドあたり二ドル未満だ。生存第一の観点からみれば、空気・水・食品以外のモノはすべて、贅沢品だと考えられる。もちろん、進化は適者生存だけの話ではおわらない。だからこそ、もっとコスト密度の高い製品があれこれあるのだ。

住宅、交通機関、衣類、基本的な娯楽など、現代には生活を楽にしてくれる基本的なモノがいろいろそろっている。これらは生存必需品の次に安上がりで、郊外住宅やトヨタ・カムリ、リーバイスのブルージーンズ、ソニーの高画質テレビならだいたい一ポンドあたり数ドルですむ。菜食主義でなく牛肉（一ポンド一二ドル）を食べる人や、ヒトの生き血（一ポンド四五ドル）をすする吸血鬼の場合には、食べ物にもうちょっとお金を出さなくてはいけない。有酸素運動の持続という意味での適応ですら、ぼくが使っている「ビジョン・フィットネスX6100エリプティカルトレーナー」だと一ポンドあたり七・五ドルしかかからない。

コスト密度が銀地金（一ポンドあたり一二五ドル）を超えたあたりで、消費者自己愛の魔術的領域に到達する。ここでようやく、他人に見せびらかしたり適応度をごまかしたりするのを主な目的に設計された製品が登場する。たとえば、身体的な魅力を誇張したり（ヴィクトリアのシークレット・ブラ、豊胸手術、Guerlainの香水、MACの口紅）、知性を誇張したり（TEC望遠鏡、オルタナティブ系音楽CD）、攻撃性を誇張したり（グロック拳銃）、社会的地位を誇張したり（コロンビア大学のニセ卒業証書、携帯電話、

Learjet）といった製品がこのあたりから並び始める。

コスト密度が金地金（一ポンド一万四〇〇〇ドル）の域に達すると、さらに純粋な自己愛にお目にかかるようになる：高級な地位シンボル（ロレックスの腕時計、iTunes の楽曲をつめこんだ iPod、ダイヤモンド、コロンビア大学の本物の卒業証書、ゴッホの絵画）、外見や能力を向上させる高級な医薬品（バイアグラ、プロザック、ボトックス）、快楽のための高価なドラッグ（コカイン、ヘロイン、エクスタシー、LSD）。奇妙なことに、特許のある美容用の処方薬も、違法な快楽ドラッグとだいたい同じコスト密度になっている。これら三つの製品種別の共通点とはなんだろうか？　これらの本質は、根本的に心理的なものであって、物理的なものではない。どの種別の製品も、自分の脳やその脳を観察する人たちに対してかなり直接的な効果をおよぼす。じぶんの心を楽しませたり、他人の心に印象を刻んだりする。ぼくらの神経系にずかずかやってきて、注意をわしづかみにし、あれこれの情動を急始動させ、みんなに「すげえ！　やべえ！　くっそイカす！」と声を上げさせる。こういったコスト密度の高い製品で直接に生存と関連しているものや（肝臓移植）生殖に関連しているもの（精子や卵子）は、ほんのわずかしかない。コストが純金の領域を超えて成層圏を突き抜けて熱圏の高みにまでいっても、本物の適応度標示に劣らない一ポンドあたり価格をニセの適応度標示に支払う意欲をもつようだ。（ニセの適応度標示は、自分が基礎的な生物学的特徴について不正確な情報を他人に見せつけるのに対して、ニセの適応合図は対象に見込める生存便益や生殖便益について不正確な情報をじぶんに伝える。）

ここで一つ注意しておこう。多くの贅沢な地位シンボルには、もっと安上がりなニセモノが存在する。本物のダイヤモンドは、高品質な偽造ダイヤモンド（キュービックジルコニア、CZ）の一一〇〇倍もする。本物の大学学位のコスト密度はニセ学位の一一五〇倍にのぼる。見方によって、ニセモノはどうしようもないほど安っぽくけばけばしく思えるし、「本物」はばかばかしいほど高すぎるとも思える。ほとんど見分けがつかない石なのに、ダイヤモンドのバイアーたちはCZバイアーたちに比べてデビアス・カルテルに一〇〇〇倍も払いすぎていると言えなくもない。同様に、レクサスLS600hL高級車はトヨタ・カムリに比べて三倍もコスト密度が高い——ということは、信頼性の高いほぼ高級車相当のカムリは（同じトヨタ自動車製の）レクサスの三倍の価値を提供しているということになるかもしれない。

もちろん、贅沢品を必需品と区別したりいろんな製品の機能を比較したりするのに使える方法は、コスト密度だけではない。単位時間あたりコスト（楽しめる時間で割ったコスト）で比較してもよかった。たんにモノ（たとえばDell製ノートPCのコストを使えなくなるまでの時間で割る）だけでなく、サービスを考慮に入れてもよかった（ベビーシッター、心理療法、売春、大学講義、遊園地の乗り物などの時間あたりコスト）。同様に、（たとえばレクサスの）最終小売価格とその原材料コスト（鉄鋼、ガラス、ラバー、革）との比をいろんな製品で比較してみてもよかった。どちらにしても、だいたい同じパターンを見いだすことになるだろう：基本的な生存のためのモノは安上がりなのに対して、自己愛的な自己刺激や社会的見せびらかし製品は高価になる。生きるだけなら大してコストはかからないが、見せびらかしは高くつく。

ただ、製品の重量は、音楽CDやポルノDVDのような情報を担うモノではとくに誤解につながりやすい。こうしたモノの内容はごく軽量な電子パターンとしてデジタルにダウンロードできる。こうした情報製品の大半は、自己刺激や社会的見せびらかしの明瞭な事例でもある。というのも、自分や他人の五感をとおしてはじめて現実世界に影響をもちうるからだ。こうした理由から、こうした製品のものすごいコストは、物質的な効用に帰せられない。

最後に、コスト密度の表には出てこないのがかえって注目に値する大事なものもたくさんある。二一世紀になってもなお、思慮分別のある親をお金で買えるようになっていない。成功した兄弟姉妹も、ものわかりのいい子供も買えない。ダメになった生物学的適応のまともな代替物すら買えない――人工の眼球、人工脳、人工の手、人工子宮はいまだに買えない。身体器官は、自分そのものと呼べる最高に価値密度の高い品目だ。身体器官は値段がつけられない。それでいて、ずっとあって当たり前のように暮らしていて、事故や加齢でなくしてはじめて大切だったことに気づく。いま黄斑変性で視力を失いかけているとしよう。自分なら、あと一〇年視力を維持するためにいくら払うだろう？　肺気腫で窒息しているとしたら、あと一〇〇回無理なく呼吸するためにいくら払うだろうか？　子供をつくれない体だけれど子供がほしいと思ったとしよう。知らないドナーからDNAをもらうのではなく子供がつくれる自分の精子や卵子のために、いくら払うだろう？

みんなが継承した適応の遺産は、文字通りかけがえがない。赤貧の両親だって、子供たちにとってつもない財産を与えられる。親が子にあたえる五感、情動、心の様々な機能は、どれも数百万年もの製品開発をとおして最適化済みのすぐれものだ。非常に信頼性が高く、効率的で、繊細精妙、自動的に成長し、自己修復機能もある。どんな技術をもってしても、とうていこれに匹敵するものはつくれない。ヒトのゲノムは、祖先たちから受け継がれた財産をおさめた宝物倉、スイスの極秘銀行口座だ。消費者資本主義にとっては、ぼくらにこのことを忘れさせて生命そのもののおかげで存在するものをあって当たり前のように思わせるのがとても重要となる。真の必需品と贅沢品をこえて――ぼくらの生物学的適応をこえて――市場で取引される製品から追加でえられる価値なんてほんのわずかなものでしかない。

つきつめて言えば、みんなの存在の根本的なちがいはお金持ちか貧乏かではなく、生きていないか、呼吸しているかしていないかにある。だからこそ、瞑想するときに人は呼吸に注意を集中する：そうすることで、息を吸っては吐くのいとなみのありがたさがアラジンの宮殿をはるかに上回ることを思い出せる。これは、ニューエイジの感傷的なたわごとにとどまらない文字通りの真実だ。アラジンの宮殿に暮らしていても、空気のない月に転送されてしまっては、もう瑪瑙の壁だろうがルビーの窓だろうが楽しむどころではなくなる。本書が目指す目標の一つは、進化でつくられた人間本性がどのようにいまの市場経済に関わっているのかを明らかにして、有機的な適応と人工製品それぞれに適正な相対的価値を割り振ることができるようにすることにある。愚か者は互いの富をたたえては祝杯をあげる。賢者は互いの健やかなるをたたえて祝杯をあげるのだ。

『シムズ2』が消費者自己愛について誤解していること

現代生活にとって消費者行動が深く根を張るようになったおかげで、いまや現代生活シミュレーションゲームの大半は消費シミュレータになっている。一九六〇年に発売されたミルトン・ブラッドレー「人生ゲーム」では、人型のコマがちっちゃなプラスチックの車に乗って「仕事がみつかる」だの「結婚する」だののマスにとまりながら進んでいく。目指すゴールは、誰よりもお金を手に入れることだ。そんなゲームを、いまや誰も遊ばない。一方、いまみんなが楽しんでるのは『ザ・シムズ』だ。エレクトロニック・アーツから二〇〇〇年に発売された『ザ・シムズ』は六〇〇〇万本を売り上げ史上もっとも人気を博すゲームとなった。続編の『ザ・シムズ2』は二〇〇四年に五〇ドルで発売され、初代を一〇

○万本上回る売り上げを記録した[＊3]。
『シムズ2』では、プレイヤーは人間キャラ（「シム」）の行動をコントロールして、住居で他のキャラたちと共同生活する。スクリーンに描画される住宅の映像は驚くほど細かくできている。シムたちにはいろんな性格・顔つき・衣服が幅広く用意されていて、一から好きなようにデザインできる。また、シムたちにはいろんな職業もあり（医者・役者・詐欺師・警官など）、架空のお金を稼いで家具や機器や電化製品や調度品などを購入できるし、技能を伸ばすアイテムも買える（本・チェス盤・フィットネスマシーンなど）。シムたちはマウス操作で誘導でき、日常生活のいろんな行動をとらせたり（調理・食事・睡眠・シャワー・出勤）、もっとあぶない対人行動をとらせたりもできる（隣人をくすぐったり、敵を張り倒したり、住人仲間をまさぐったり、異星人にあいさつしたり）。ゲームでできることはほぼ無制限で、あらかじめ決められた目標もないし、レベルを次々に達成していくわけでもなく、なにかポイントをためていくわけでもない。それでも、暗黙の成功基準はある：じぶんのシムをしあわせにしよう、お金持ちにしよう、いい仕事につかせよう、人間関係をよくしていこう、シムを飢え死にさせたり溺死させたり焼死させたり感電死させたりしないようにしようと大半のプレイヤーが悪戦苦闘する。技術的には、『シムズ2』はとても洗練されている――完全に3Dのエージェントベース人口生活シミュレーションで、一九九五年発売のどんなゲームよりもディスク容量をくう（三・五ギガバイト）。

いまや、コンピュータゲームの収益はハリウッド長編映画を上回る。そして、その相当な割合を『シムズ』シリーズが占めている。『シムズ』は一大文化現象だ。『シムズ』は、はじめて男女差の壁をこわして女の子や大人の女性も魅了した。いろんな年齢層をこえて大きな魅力をもっているし（思春期前の子供から退職者まで）、文化をまたいでウケている（とくに北米・ヨーロッパ・東アジア）。中核となるゲーム（『シムズ』『シムズ2』）からうまれたスピンオフ（「拡張パック」）は他のどんなコンピュータゲームよりも成功をおさめることとなった——拡張パックを利用すると、たとえばロマンティックな出会いができたり（『ザ・シムズ：ラブラブデート！』二〇〇一年）、ペットが飼えたり（『ザ・シムズ：ペット&ガーデニング！』二〇〇〇年）、休暇を楽しめたり（『ザ・シムズ：バケーション！』二〇〇二年）、多人数プレイヤーでオンラインでやりとりできたり（『ザ・シムズ・オンライン』二〇〇二年）、有名人の地位につけたり（『ザ・シムズ：スターパラダイス！』二〇〇三年）、大学寮で生活できたり（『ザ・シムズ2：キャンパスライフ！』二〇〇五年）、バーやダンスクラブで男女の夜遊びができたり（『ザ・シムズ2：ホットナイト！』二〇〇五年）、小さな店舗を経営できたり（『ザ・シムズ2：ハッピーショップライフ！』二〇〇六年）、季節折々のライフスタイルを楽しんだり（『ザ・シムズ2：シーズンズ！』二〇〇七年）、といった具合に楽しみ方を広げられる。

こうしたゲームは、教育ツールとしての力も秘めている。ゲームをとおして、公式の学校教育では習わない大人の生活の心的モデルを若者が学習できる。『シムズ』のようなゲームで成功するには、いろんなことを学ばなくてはいけない——どうやって友人をつくって関係を維持し、住人仲間たちと平和に暮らし、期日を守って支払いを済ませ、時間を効率的に配分し、技能と人間関係をとおして昇進していき、住宅の改修・修繕をやりくりしていくのか、などなど。ここまではいい。うちの娘が『ザ・シムズ2』で遊んで現代生活のいろんな課題をやりぬいていくのを見ているとうれしくなる。だが、こうしたゲームでの人間本性の描かれ方を考えると、心配になる部分もある。『ザ・シムズ』

＊3　二〇一四年九月には『シムズ4』が発売された。

にはただひとつの「しあわせ」スコアではなく八項目の欲求が設定されていて、消費者製品を買ったり使ったりすることで満たされるようになっている。八項目のうち五つは社会的霊長類として妥当な生存の欲求だ：「空腹」（食べ物を食べて満たされる）、「体力」（睡眠をとると満たされる）、「便意」（トイレを使うと満たされる）、「衛生」（シャワーを浴びると満たされる）、「社交」（対面や電話で会話すると満たされる）。だが、残り三項目はもうちょっとぼんやりしている：「心地よさ」（くつろいだり昼寝や睡眠をとったりして満たされる）、「楽しさ」（社交・遊び・電子的娯楽で満たされる）、「環境」（贅沢品や美術品で住居を飾り付けると満たされる）。『ザ・シムズ2』では、勉強したり働いたり買い物したりする理由は、ひとえに、こうした欲求をもっと効率よく時間をかけずに満たすことにある。より高級なベッドを使えば睡眠中の体力回復が早くなるし、より高価なリクライニングチェアを使えば心地よさが素早く上昇するし、より高級なシャワーを使えば衛生がすばやく回復する。シムたちにとって時間は決定的に重要な戦略リソースなので、製品のランクを上げていくのは、とにかく時間を節約するためであって、適応度を見せびらかすためではない。

奇妙なことに、『ザ・シムズ2』は社会的地位・名声・性的魅力をシミュレートしていないし、製品を手に入れることでこうした質に影響を及ぼせるようにもなっていない。もっと見栄えのいいベッドやリクライニングチェアやシャワーを買っても、友人や配偶者をもっと引き寄せられるわけではない。一方、自己愛の主観的快楽の側面は、心地よさ・楽しさ・環境という三つのぼんやりした欲求のかげに隠れている。高級家具を手に入れると心地よさのスコアがすばやく回復する。高級なテレビ・ステレオ・コンピュータを使うと楽しさがすばやく回復する。高級な絵画・彫刻・ランプ・装飾品があれば、環境スコアがすばやく上がる。自己愛の自己刺激のこれら三つのかたちを空腹や衛生と並ぶ人間の基本的欲求として扱うことで、『ザ・シムズ2』はとめどない消費主義を自然な人間行動として描き出している。ちょうどマズローのいう欲求の階層と同じように、対人的見せびらかし本能が向上欲のかげにぼんやりと隠れてしまっている。

こうして、史上もっとも人気を博したコンピュータゲームの『ザ・シムズ2』は、プレイヤーたちにこう教えている――「ブルジョワの出世主義ととめどない消費こそが、しあわせと満ち足りた人生の二大柱だよ。」シムたちは、学び、働き、買い物をするけれど、投票も抗議も組合結成もしないし、ボランティア作業もしないし、慈善活動に寄付もしないし、教会にも通わない。シムたちは、経済的には活力がありながらも、政治的には去勢されている。マルクスが『ザ・シムズ2』をやったら、きっと、これまでつくられてきたなかでも最高に発展した文化的超構造だと考えるだろう――資本主義イデオロギーと政治的無気力を支える三・五ギガバイトのインタラクティブで高解像度なプロパガンダ、大衆がみずから手に入れるプロパガンダだと思うはずだ。ファシストのならず者連隊が学校で子供たちに銃口を突きつけてムリに遊ばせるまでもなく、子供たちはみずから進んで遊ぶし、これは「宿題」と呼ばれる教育的教化からの逃避なのだと信じてくれる。心理学から見てもっと現実的な生活シミュレーションゲームがもしもつくられるとしたら、消費者自己愛の二つの顔が取り込まれるだろう。貪欲な出世主義者のシムたちは、お金のかさむ製品をとおして自己刺激を追い求める。そうした製品は心地よさや楽しさや環境の美しさを約束するけれど、いつでも言葉通り実現してくれるとはかぎらない。シムたちは、いろんな地位合図も追い求めるだろう。そうした地位合図は、ふつうの対人行動よりも効果的に自分の知性ややさしさや人気を宣伝してくれると約束する。他方で、反消費主義的なシムもいておかしくない。そうしたシムたちは、小さな住居にくらして、ふつうの機器を利用しながら、仕事は控えめにして、たっぷりと余暇をたのしみつつ、生き延び、人付き合いをして、つがい、生殖する。あまり買い物はせず、たまに『アドバスターズ』誌やノーム・チョムスキーの動画を購入するくらいですませてしまう。こういうシムたちは、自分で家を建てたり、家具を自作したりするかもしれない。なにもかも製造会社の希望小売価格で買うのではなく、安売りや中古販売やリサイクルショップで購入するかもしれない。運動をするにしても、個人用フィットネスマシーンや自宅プールを購入するのではなく、子供なら鬼ごっこで走り回ったり、大人なら奇抜なセックスをしたりするかもしれない。大画面高画質テレビの前に座って圧倒的な視聴経験を求めるかわりに、瞑想したり祈ったりドラッグをやったりするかもしれない。共同住宅に参加して食事や子育てを地域共同でやることで、孤立した郊外生活を乗り越えるかもしれない。さらには、高密度・用途混合型の土地利用規制を支持して投票し、住宅・商業・余暇の機能をニューアーバニズムのユートピアで実現してみせるかもしれない。ところが、こういう過激で繊細な選択肢は、ゲームが考える人生の成功にはまるっきり登場してこない。

だからといって、べつに、エレクトロニック・アーツ社がグローバルな消費者洗脳陰謀の片棒を担いでいるなんて言うつもりはない。同社にしても、あっと驚く先進的ゲームに誇りをもつ開発者とサポート人員からなる七二〇〇名の従業員を抱える中規模な会社（二〇〇六年度収益三〇億ドル）でしかない。だが、その従業員たちは、大半が中流白人アメリカ人男性のソフトウェアエンジニアたちで、カリフォルニア州レッドウッドシティ近くの穏やかな郊外に暮らし、関心を向けるのは「無買日（バイ・ナッシング・デイ）」よりも従業員向けストックオプションやベストバイの巨大店舗だったりする。当然ながら、彼らはじぶんが信じているシリコンバレー式の仕事中毒・買い物中毒の価値観をシムたちの欲求と願望にもちこんでいる。彼らがつくったゲームで遊ぶとき、ぼくらはじぶんのシムが成功するようにこうした同じ価値観を内面化しがちだ。

第5章　消費主義の根っこにある妄執

The Fundamental Consumerist Delusion

さて、いろんな製品をとおして、みんなはなにを見せびらかそうとしているんだろう？　表面だけ見れば、消費者自己愛によって人は富や地位や趣味を誇示しているように見える。だが、富・地位・趣味は泥沼のようにぼんやりした言葉だ。「富」に含まれるのは資産や所得だけではなく、住宅や自動車や事業ローンを手に入れるための借り入れ能力も富だ。借り入れ能力を左右するのはクレジットスコアという小さな三つの数字で、この数字には、借り入れと返済の履歴が反映される。浪費のために借り入れつつ、信用できる程度に真面目に返済に努めつつ、貸し手が利益を上げられる程度には返し急がないでいたかどうかが評価される。アメリカの主要な信用調査会社（Equifax, Experian, TransUnion）は、雇用歴・居住地の安定性、返済負担率（債務と所得の比）といった個人的要因も考慮に入れる。このように、借り入れ能力としての富は高い堅実性と高い知性という心の特徴に大きく左右される。堅実性からは実入りのいい仕事・未払い回数の少なさ・破産リスクの小ささが予測され、知性からは教育や所得が予測されるほか、所持するクレジットカードの最適枚数がわかるようにクレジット制度について学習することも予測される。

さらに、富も道徳的に平等というわけではない。他人の役に立つ仕事という向社会的な理想にそって実力と実績でがんばって「まっとうに」手に入れた富と、遺産相続や結婚や棚ぼた式の儲けものやギャンブルや犯罪によって手に入れた富とを、みんなはうまく区別する。有機農業の農家や脳外科医の富なのか、武器商人やスーパーモデルや宝くじ当選者やエンロン社の重役やアフガンの軍指令や金鉱掘りや男娼なのかによって、「富」と一口に言っても含みがちがってくる。豊かな人たちを考えるとき、その富の出どころに基づいてその人の性格・知性・道徳的な特徴について判断・評価を変える。富そのものつきない特徴すべてに関わるこうしたあいまいさを克服するために、多くの高級製品は持ち主の人となり（つまり性格特徴）のもっと具体的な側面についてシグナルをおくるよう「ポジションをとって」いる。だいたい五万ドルで買えるセダン型自動車の新車には、次のようなものがある：BMW M3、キャデラック CTS-V、ジャガーSタイプ、レクサス GS 460、リンカーン・タウンカー。これら五モデルは、オーナーの特徴と富の出どころの候補についてまったく異なった印象を伝えるようデザインとブランドがつくられている。あえて恥ずかしげもなくステレオタイプを書き出してみよう：

- BMW M3：離婚した四〇歳の地方検事助手。妻にひきとられた子供と週末に会って車に乗せるのに小さい後部座席が必要だし、脚のすらっとした刑事事件弁護士とデートするのに少し踏めばすぐ加速するアクセルペダルも欠かせない。
- キャデラック CTS-V：未婚の一九歳ラップスター。最近インタースコープ・レコード社と契約したばかり。免許をとってまもなく飲酒運転で失効してしまっている。
- ジャガー Sタイプ：別居中の五〇歳不動産業者女性。昔はポールダンサーをやっていた。ここ六週間というもの鎮静剤のオキシコンチンを服用していないことを誇らしく思っている。

- レクサス GS 460：カルチュラル・スタディーズが専門の三五歳レズビアン大学教授。コンドーム包装の歴史について単著をだしてテニュアを獲得したばかり。クラヴ・マガ護身術のインストラクターをしている女性と同棲中。ちなみに相手の女性の車はスバル・アウトバック。
- リンカーン・タウンカー：七五歳の夫婦。テキサスの郊外都市プレイノーでジョンディア・トラクターのディーラーをやってまずまず成功している。アメリカ人であることを誇りに思っている。

だが、こうしたポジションどりのためには、モデルが体現する望ましい特徴がブランドから連想されるように象徴的な結びつきをつくりだすよう広告も展開しなくてはならない。ブランドから連想されるものには、顧客候補の富の出どころや富の種類も含まれる。

一方、「地位（ステータス）」という概念は、これよりもいっそうとらえどころがない。「地位」というと、基本的に、社会的な関心・魅力・経緯を喚起するものならなんでも該当する。社会的霊長類のどの種でも、地位の高い個体とはようするに他の個体に目を向けられたり毛繕いをしてもらったりする回数が多い個体だ。地位の高い個体は、食べ物のようなリソースがほしいと思ったら他の個体から取り上げられるし、友人や味方や配偶者として求められることも多い。（ロビン・ダンバーは、ヒトも言葉で毛繕い（グルーミング）行動をとっていることを示した。体を使って毛繕いするかわりにおしゃべりすることにやって、ぼくらは地位の高い個体と仲良くしようとする。）問題は、地位はなにによってもたらされるのかという点だ。たしかに、地位を喧伝するねらいをもった製品はつくれるし、地位の象徴となる製品もある。だが、そうした製品が地位を実際にもたらすわけではない。地位の付与は人々の心のなかでなされる：誰かの地位は、観察者たちの心のなかにある。政治家たちの地位にしても、有権者やメディア評論家や選挙資金提供企業によって与えられるもの以上ではない。科学者たちの地位も、引用や講演招待やテニュアをとおして他の科学者たちが与える以上のものではない。「地位」という名詞はいかにも具象的なものを意味しているかのような誤解を招く。もとをただせば、いろんな観察者たちに分散している多数の社会的な動詞がある。地位とは、みんながお互いに与え合っているものだ――通常は、身体的特徴・精神的特徴・性格・道徳的特徴に関して他人が判断することをとおして与えられる。美貌は地位を引き上げる。創造力は地位を引き上げる。集団がつくられるときの情動の安定性やキビキビした指導力は地位を引き上げる。

人それぞれいろんな個人差がある分だけ、地位にもいろんなタイプがある。知性の個人差は実質があり、安定していて、さまざまな領域でどれだけ有能な行動をとれるかをうまく予想する。このため、知性による地位のちがいが存在する。やさしさや協調性の個人差は実質があり、安定していて、いろんな領域をまたいで利他的行動をどれくらいとるかうまく予想する。このため、道徳的な地位が存在する。このため、さきほどと同じく、地位の見せびらかしのために製品を買うというとき、本当に意味しているのは、なんらかの比較集団内で自分の身体的特徴・精神的特徴・道徳的特徴が他人に優越している事実を見せびらかすために製品を買うということだ。「富」と同じく、「地位」もまた、煎じ詰めて言えば、すでに他人たちによって注目・判断・確認されている個人差のいろんな尺度の集合にてらしたある種の優越性なんだ。

誰かが「あれは優美だ」と賞賛するものを別の人は「低俗だ」とこきおろす。よくある話だ。このように、「「あの人は服の趣味がいい」「家具の趣味がわるいね」というときの」「趣味(テイスト)」となると、うけつける解釈の幅がいっそう広くなる。ヘネシーのコニャックの広告がいうように、「味わい(テイスト)をひけらかす」

のはかんたんにいかない。「誰もが気に入る味わいですよ」とは、なかなか主張できない。だからといって、趣味はなんでも人それぞれ、ということにもならない。そうではなく、「趣味（テイスト）」とは、人をあれこれと分類する方法、友人や配偶者を選ぶ方法だ。知性や性格やイデオロギーの共通点を反映する美的・道徳的な基準にもとづいて、じぶんと似ている人をより分ける方法が趣味だ。美的感覚・道徳観・性格特徴の共通基盤があれば、おたがいに行動を調整しておたがいに便益を得るのがやりやすくなる。趣味が似通っていれば、各人にとって、似通った刺激・アイディア・行動がより際だって目立つ。ゲーム理論の用語で言えば、特定の「調整ゲーム」における「参照点（フォーカルポイント）」があれば人々が調整をしやすくなる。たとえば、何月何日にロンドンで旧友と待ち合わせる手はずを整えたはずだったのに、うっかり、正確な時刻と場所を決め忘れていたとしよう。そんなときも、たがいの趣味や嗜好スタイルが予想できれば大いに役立つ。たいていの人は、「二時四一分」みたいな当てずっぽうの時刻ではなく、正午ぴったりの方がお互いを見つける参照点として際立つことを知っている。だいたい昼食は正午ごろに食べるものだから、待ち合わせるならレストランにするのが理にかなっているかもしれない。食べ物や値段や場所についてお互いの好み・優先順位が似通っていて、しかもそのことを承知していれば、お互いをずっと見つけやすくなる。ぼくと友人の二人だったら、きっと、大英博物館ちかくの「ワガママ」ヌードルバーで顔を合わせることになるだろう。

美的趣味を顕示的に見せびらかすのは、じぶんのもっと深い性格特徴を人々に見えるようにする便利な方法だ。たとえば、もしもぼくがお金持ちで美術絵画を収集するとしたら、現代アーティストのフレッド・トマセリを集める。アッパーイーストサイドのヘッジファンドマネージャーたちが収集するような抽象表現主義の画家やポスト印象主義の画家は集めない。トマセリの作品は視覚的にも知的にも豊かだし、その生物学的な素材や構成の妙技やサイケデリックな主題が気に入っているからだ。言い換えると、美術コレクションにはじぶんの個人的な趣味（テイスト）が反映されていてほしい。この場合だったら、じぶんの開放性（幻覚剤に触発されたへんてこな美術や薄気味悪い生命の移ろいやすさのイメージに対する開放性）、堅実性（細部にまで強迫的に注意を払うアーティストに対する敬意）、知性（ネオ・コンセプチュアル・アートの理解やほぼ無名な二一世紀アーティストの知識）といった自分の特徴をコレクションが宣伝してくれることを（無意識に）のぞむだろう。

個人の趣味（テイスト）は、たんに精神の似通った仲間どうしを引き寄せるだけでなく、精神の異なる者どうしをはねつけもするべきだ。効果を発揮するためには、できるだけお互いの共通分母を小さくして穏やかな顔でうなずきあうのではなく、リスクが高くて実入りの大きいかたちの趣味シグナリングをやらなくてはならない。トマセリの絵画はぼくが対人的な選り分けをする目的には効果を発揮するだろう。というのも、開放性が低い人たちでは、まず間違いなく、あんなぞわぞわする絵画が壁に並ぶ部屋で席について何時間もディナーパーティに参加していられないだろうからだ。きっと、実存的な吐き気を催してしまって、もう二度と来ないはずだ。他方で、言葉に詰まることなくトマセリの作品を的確に賞賛する客人は、高い開放性の信頼できるシグナルを送ることになる。逆に、キリスト教徒の人がぼくみたいな無神論の知識人を追い払いたければ、壁に黒い肌のイエスの絵画をかけておけばいい。ちょうど、ヴァン・ヘルシングが吸血鬼どもを追い払うのにニンニクを使ったのと同じだ。

このように、いろんな製品が富や地位や趣味を見せびらかすという話は表面的には正しいものの、こうした言葉は科学的洞察を大して深めてくれない。波打ち際に立っておずおずと足先をひたす程度だ。消費者行動をとおしてぼくらがどうやってじぶんの特徴を伝えているのかを本当に理解するには、次のひとにぎりの事実に深く錨を落とさなくてはならない。

- ぼくらは社会的霊長類であり、血縁者や友人や配偶者から実用的な支援を引き出すことによって生き延びて生殖する。
- そうした支援を受けるには、相手の欲求に合致するのぞましい特徴をこちらがもちあわせていると他人に認められていなくてはいけない。
- 過去数百万年ほどにわたって、ぼくらはそういうのぞましい特徴を見せびらかす心的能力・道徳的能力を進化させてきた。
- 過去数千年ほどにわたって、こうしたのぞましい特徴を見せびらかすには市場経済で取引されるいろんなモノやサービスを購入して見せびらかす手があることをぼくらは学習してきた。

いちばんのぞまれる特徴は、富でも地位でも趣味でもない――これらは、あやふやな疑似特徴で、文化がちがえば手に入れる方法もさまざまに大きくちがってくるし、個々人の生涯をとおしてそれほど安定しているわけでもないし、世代をまたいでそれほど継承されるわけでもない。消費者心理学と進化心理学をつなぐ科学的に有用な記述対象のつもりで富・地位・趣味をとりあげるのは、注目すべき水準をまちがっている。そうではなく、人々にのぞまれる特徴とは、生物学的な適応度に関連する普遍的で安定していて遺伝されうる特徴だ――つまり、身体的な魅力・身体的な健康・精神的な健康・知性・性格だ。誰かについて探りを入れようと思ったら――友人候補として、配偶者候補として、同僚の候補として、教師候補として、政治的指導者候補として資質を探りたいと思ったら――正確に評価するようなにより動機づけられるのは、こうした特徴だ。消費主義には薄汚れた秘密がある。それは、ごくふつうの会話でこうした特徴をかなりうまく評価できてしまうということだ。実のところ、ぼくらが〔特徴を見せびらかすために〕必死になってはたらいて買い求めるモノやサービスは冗長だし、かえって逆効果になってしまうことだってある。すると、疑問がわく：どうしてこんなにも時間とエネルギーとお金をあいう消費主義的な特徴見せびらかしに費やしているんだろう？

消費者自己愛の社会心理学

消費資本主義という大聖堂は、とても疑わしい基盤に立っている。じぶんが買って見せびらかしている製品を他人が実際に注目して気にかけているという大前提だ。実際に注目されることもときにはあるけれど、気にもとめない場合が多い。人がどれほど気にするかをみんな過大評価してしまっている。これは、ヒトの社会心理の大失敗だ。自然の条件では、みんなは他人の視点から物事を考えるのをかなりうまくやってのける——他人の視点を想像して、何に注目して気にかけるかをよく理解できる。こういう視点どりがヒトは他の動物よりも上手ではあるけれど、完璧にはほど遠い。とりわけ、進化にとって新しい自然界になかった条件下で暮らすようになっているのでなおさらだ。それで、たとえば消費主義に圧倒され、ブランドもの製品がひしめくなかで選択眼を曇らされているわけだ。

大半の製品広告が言わんとすることは、ただひとつのメッセージに収斂する：「みなさんがお買い求めになって見せびらかしたり使ったりする製品に、他人は深く注目していますよ！」一見すると、このメッセージは馬鹿馬鹿しく思える——対人行動としてありそうにないし、他人と話してみればあっさりと反証される。ところが、このメッセージのいろんなバージョンを一日に三〇〇〇回も繰り返して浴びせかけられていると、懐疑心を抱き続けるのはむずかしい。その結果、じぶんが見せびらかす製品を他人がどれほど注目するか過大評価してしまう。いろんな製品をとおして主要な身体的・精神的な特徴を見せびらかそうと無意識につとめているのに、他人はそんなに注目してはいないのだ。一方、ほんの数分ほどの観察と会話であっさり正確に判断できてしまうもっと自然なかたちの特徴誇示に他人がどれほど注意を払っているかとなると、こちらは過小評価してしまっている。

まじめな話、読者のみんなは、じぶんの配偶者や親友がおとついどんな服を着ていたか、具体的に思い出せるだろうか？　上司がどんな種類の時計をつけていたか思い出せるだろうか？　お呼ばれされたご近所さんのダイニングテーブルがどこのブランドだったか、覚えているだろうか？　街角で最後にみかけたフェラーリの運転手がどんな顔だったか覚えているだろうか？『アメリカン・サイコ』の主人公みたいに強迫的な消費者フェティシズムの持ち主なら話は別だろうけれど、ふつうなら、きっと覚えていないはずだ。大半の場合に、知らないヒトが見せびらかしている製品の種類なんてちっとも気にしない。職業的な関心や個人的な関心があれば話は別だ：歯医者はみんなの歯に注目する、趣味で装飾品をつくっている人なら他人のイヤリングを気にとめる。（友達や配偶者の車や衣服なら種類を覚えているだろうけれど、覚えていようといなかろうと、相手の特徴や性格についてはとっくに深く知っている。だから、彼らの製品選択がどんなものだろうと、大して情報をもたらしてはくれない。）

実際、何十年にもわたる社会心理学の研究から、ぼくらは人に会ったときに一握りの基本的な特徴を自動的に気にとめるらしいとわかっている：体の大きさ、体型、年齢、性別、人種、なじみ深さ、血縁かどうか、魅力。また、他に気にとめる項目としては、特殊な生理状態や（睡眠中か、怪我しているか、具合がわるいか、妊娠しているか)、情動(怒り、恐れ、嫌悪、悲しみ、高揚)もある。ヒトの進化史をとおして、こうした項目は人々について気にとめるべきもっとも有意義な事柄だった。なぜなら、じぶんの生存確率と生殖確率を高めるためには相手とどうやりとりすべきかについて、こうした項目から最重要な含意が導きだされるからだ。また、女性にとっては自分の赤ちゃん・姉妹・彼氏・ストーカーを区別するのがつねに重要だ。各人が具体的にどんな毛皮やビーズやボディペイントをつけてるかは気にとめなくても大して重要ではない。重要になるとすれば、せいぜい、他人の社会的地位を見極めようとする場合くらいだ。

実のところ、人々にとっていちばん顕著で意義のある特徴とは、お金で買った製品では信頼できるシグナルを送るのが——もしくは信じやすい嘘のシグナルを送るのが——きわめて困難な特徴にほかならない。見た目の年齢・性別・人種をはっきりと変えてしまう製品・サービスだとか、足の骨折や口腔ヘルペスや基本的情動を偽装できる製品・サービスなんて、そうそう買えるものではない。たるみやしわをとる美容整形手術を一万五〇〇〇ドル出して受ければ、五五歳の女性でも三五歳のような見た目の肌具合になるけれど、首や手に見てとれる実年齢をうかがわせる手がかりを隠せはしない。ホルモン療法や性転換外科手術(およそ一万五〇〇〇ドル)を受ければ、見た目の性別はいくつかの点で変えられるけれど、身長や胴体の形や顔の骨相はほとんど変えられないし、すでに胎児だった時期に性的に分化して成長していた脳もとりたてて変わるわけではない——転換後の性別の人間として有する生殖能力となれば、なおさらだ。こうした状況それぞれで、主要な人間の特徴・情動を識別する対人知覚システムは、そうかんたんにごまかされない。なぜなら、すごく長い時間をかけて精確さに磨きをかけて進化してきたからだ。みんなの対人知覚システムは、相手の体・顔・言語・ふるまいなどから知覚できるありとあらゆる手がかりから吸い取れるかぎりの情報をとても効率よく取り出すことができるようになっている。

どういう層のどんな身体的特徴をもった人間なのか、主要な項目に注目したあとは、相手の精神的な特徴について情報を探り始める。相手の脳のはたらき具合について、ごくわずかな基本事項を知ろうとする。どれくらい知的で精神的に健康なのか？　どんな種類の性格なのか？　しかじかの政治的・宗教的な信条を支持すると発言することをとおして、相手はどんな道徳的美質のシグナルを送っているのか？　ここでも、こうした特徴こそが、相手とのつきあい方・関わり方についてなによりうまく予想してくれる情報をになっている。また、こうした特徴こそ、先史時代から続くふつうのやりとりの様式をとおしてなにより素早く信頼できるかたちで見積もれるよう進化してきた対象にほかならない：あいさつを交わしたり、いっしょに食事したり、おしゃべりに興じたりしているうちにすぐさま確かな評価が下せてしまう。また、こうした特徴こそ、製品のお買い物ではとうてい偽装できない特徴に他ならない——けど、本書では、この先、どうやって製品でこうした特徴を偽装しようとぼくらが試みているかを詳しく述べていく。自己欺瞞に満ちた効果のうすいそうした方法をのちほどじっくり見ていこう。

「対人知覚」に関する近年の研究から、ものの数分ほど相手のふるまいを観察したりおしゃべりしたりするだけで、他人の知性や精神の健康具合や性格について、人はとてもうまく判断できることがわかっている。判断の正確性の測定には、次のような項目を利用する。

- いろんな性格の手がかりどうしがどれくらい整合するか（「合致の妥当性」）
- その特徴判断から、相手の将来の行動についてどれくらい予測できるか（「予測の妥当性」）

正確性は、外向性のように外から目に見える特徴ほど高くなり、神経症といった内的な特徴ほど低くなる（物事を心配したり深く考え込んだり不安に思ったりする傾向）。また、自由で筋書きのない場面（狩猟採集時代の生活集団くらいの少人数でリビングやパーティでおしゃべりしてるときなど）だと個々人の差が表に現れやすいのに対して、社会規範でかたちがかなり決まっている場面（ATMに並んでいるときや軍事パレードで行進している最中など）では個々人の差が抑制される。自由な場面でのふるまいから判断した方が、規範で決まり切ったふるまいから判断するのよりも、正確性は高くなる。また、じぶん一人きりだと相手が思っている場面でのふるまいを観察した方が、人目があって他人に評価されそうな虚偽の人物像（ペルソナ）をつくりあげていないために、より信頼できる情報がえられる。だからこそ、たとえば老婦人を手伝ったり子猫を救ったりしている男性を見かけると女性は魅力を感じるわけだ。まして、まさか人目があろうとはその男性が思っていないならなおさらだ。

性格心理学者のデイヴィッド・ファンダは、対人知覚の現実的な正確性モデルをつくって、こうした効果をたくさんまとめている。彼のモデルでは、大半の性格特徴について情報を得るのに信頼して利用できるそこそこ客観的な行動の手がかりを仮定している。こうした特徴の判断がどれくらい正確になるかを左右するのは、こういう情報をもたらす有意義な手がかりを表現することを他人が言ったりやったりするかどうか、そして、ぼくらがその手がかりに気づいて適切に知覚し判断するかどうかという点だ。こうした性格の手がかりには、人々の話しぶりや動作や服装のあらゆる側面が含まれうる――〔英語圏で〕「ゲーテ」をどう発音するかから、ニール・ゲイマンの漫画をどう論じるかまで、歩く速さからタンゴ・ヌエボを踊るときのエロチックな雄弁さまで、幅広くあらゆることがこれに含まれうる。

また、ファンダのモデルからは、性格を判断したい相手についての情報がかんたんに利用できないとき、その情報がもっと利用しやすくなる対人状況をつくりだすことがよくあるかもしれないという含意がでてくる。たとえば、静かで空調の効いたステーキハウスでは、娘が連れてきた彼氏がどれほど同調性が高く人当たりがいいか（やさしさ・あたたかさ・寛大さ）を判断しがたいかもしれない。だったら、真夏に長時間の家族バーベキューに彼氏くんを招待して、何杯もビールを飲ませてやり、はしゃぎ回る子供だの犬だのフットボールだのまとわりつく虫だので全方面からしっ
ちゃかめっちゃかに責め立ててみればいい。こうした抑制がはずれやすくて困難な状況でまじまじと見定めてみて、彼氏くんがいらいらをつのらせてフットボールを犬にぶつけたり子供にマスタードをぶっかけたりしはじめたら、彼氏くんの同調性レベルはかなり低いとわかる（それに、将来、娘との間に子供が生まれたとき、我が子に短気を起こしやすいだろうともわかる）。その逆に、顔から汗を噴き出し、ビールで真っ赤になり、蚊にかまれ、犬にべろべろなめられながらも、ずっと落ち着いた物腰のままで笑顔をふりまきなにかと気を回しているなら、彼氏くんの同調性レベルはかなり高いとわかる。性格を正確に見定めるこうした場面の文化的進化という切り口で考えると、主要な社会的儀式の場（デート、就職面接、パーティ、晩餐会、休暇、結婚式、ハネムーン）がどうしてあんなにも長時間でストレスレベルが高く、アルコールのような抑制をはずすドラッグをともなうのか説明がつくかもしれない。

多くの精神疾患は、外見やふるまいや会話にもとづいて、ものの数分でかなりかんたんに検知できる。重症な抑鬱をわずらう人たちは、うなだれて悲しそうな顔つきをしているものだし、口調は弱々しく、緩慢で、単調だ。自分の人生と将来展望を低く評価している。統合失調症をわずらう人たちは、「風呂やシャワーで体を洗わず」不潔で、身繕いができておらず、衣服をやたらと重ね着している。彼らの足取りや所作はぎこちないし、しゃべる内容がときどき整合がとれていなくて長ったらしく妄想が入り交

じっている。不安障害、強迫神経症、自閉症、拒食症、発作性睡眠(ナルコレプシー)や大半の性格障害をもつ人たちを特徴づける手がかりも、見て取りやすい。表面的なやりとりからは本当につきとめがたい精神障害は、ほんの一握りだ：サイコパシー、性的障害や性機能不全、一部の中毒がこれに該当する。他人の精神的な健康具合を判断するとき、経験を積んだ大人の大半は、かなり正確にやってのける。現在の精神医学の用語では個別の具体的な特徴を診断できないかもしれないけれど、正常なふるまいと異常なふるまいの基本的なちがいは非常に顕著に見分けがつく。じぶんの生活にとって中心的な役割につくかもしれない相手について判断するときにはとくにそうだ：配偶者候補、友人候補、ビジネスパートナー候補、［我が子の配偶者など］義理の家族となる候補といった相手についてはとてもうまく判断できる。個人的なやりとりを短期的にやっただけではとても検知しがたい障害であるサイコパシーですら、そのサイコパス当人のこれまでの犯罪や素行不良についてあれこれ噂を聞いて検知できることもある。

消費主義の対人判断における若さのフェティッシュ化と知恵の軽視

年を重ねるにつれて対人知覚の正確性は向上していく傾向がある。性格・知性・道徳的価値観を示すいちばん信頼できる標示はどれなのかを、痛い目に遭いながら徐々に学んでいくからだ。年を重ねながら、他人の本当の人となりについて見極めるなによりの助けになる情報がどういう場面で明るみに出るかを学び、第一印象の向こうを透かし見るすべを人は学んでいく。

すると、ティーンエイジャーたちが選ぶデート相手がいつもきまって親の目から見て愕然とするほどのバカと相場が決まっている理由も説明がつく。ティーンエイジャーたちは、情報をいともたやすく手に入れられる特徴（身体的魅力や仲間内での地位）に影響を受けすぎてしまうのだ。これと対照的に、親たちは、堅実性・同調性・情動の安定性・知性といったもっと検出しにくい特徴を見定める経験を数十年にわたって積んでいるし、そうした特徴が人間関係で長期的にもたらす便益も理解している。かつて、人となりを判断するこの能力は、生きる知恵の主要部分をなしていると考えられていた。だが、消費資本主義によって、人となり・知恵・美徳といった概念はいまどき流行らないと思われるようになった。

どうして進化は、ティーンエイジャーたちに分別のある恋人選びの選別眼という武器を装備させてやるのをさぼったんだろう？　一つめの案としては、現代の条件下ではもっと大きな社会的・経済的な便益をもたらしてくれる長期的関係に適したよい相手をみつけるのはへたくそでも、ティーンたちの選別眼は、短期的なつながいという文脈でよい遺伝子をえるようにうまく適応しているのかもしれない。二つめの案としては、今日のティーンたちは、（おそらくは脂肪豊富な食生活のおかげで）先史時代の条件下よりも低年齢で思春期を迎えるようになっているので、かつてとちがって、性愛に関わる心の成長が生理的成長に追いつけなくなっているのかもしれない。三つめの案としては、昔はティーンエイジャーの我が子の恋人選びに親たちはかなり大きな影響をふるっていたので、進化はティーンたち当人ではなく親の選別眼を集中して形成することになったのかもしれない。

どの案が正しいにせよ、二〇世紀中盤までに事態は変わった。知恵のある観察をとおして親たちが下す判断よりも、自分たちの方が消費主義的な特徴誇示をとおしてもっと効果的にお互いの個性を判断できるのだと若者たちに信じ込ませることが、マーケターたちにとって決定的に重要となった。年長世代によってじぶんの仲間や恋人が判断されるのは時代遅れでダサく無関係で偏っていて偏見にもとづいているように思われるようにしなくてはならなかった。この点で、マーケターたちは見事な成功を収めた。

その成功を助けたのが、二〇世紀の二つの主要イデオロギーだ：

(1)「個々人の性格・知性・精神的な健康具合・道徳的価値観は有用な概念であって正確に評価し社会的に議論するに値する」という考え方を、平等主義に反するものとして拒否すること。

(2)「そうした特徴は個人それぞれに備わっていて安定していて（場面や人間関係や年齢をまたいで安定していて）、さらに家族のなかでも安定している（遺伝的な継承をとおして安定している）」という考え方を、環境主義に立って拒否すること。

ぞくぞくするほど反抗的で徹底的に進歩的な考え方として売り出されていたこうした「空白の石版（ブランクスレート）」イデオロギーを若者が奉じることで消費至上資本主義は成り立っている。二〇世紀の大半にわたって、このイデオロギーは心理学・社会科学・進歩的な政治学・自助運動によって正しさを保証されているように思われていた。大衆文化では、「しかじかの性格特徴を見せびらかすようデザインされた新製品を購入するのは、性格特徴が存在し安定していて遺伝しうるという年長世代の時代遅れな信条に対する英雄的な反抗なのだ」と若者たちは空白の石版イデオロギーによって信じるようになった。行動科学では、空白の石版イデオロギーによって、数世代にわたる科学者たちが、個人特徴の心理学や性格研究、知能研究、行動遺伝学など個々人の相違に関わる分野に対して偏見を抱くことになった。その一方で関心が向けられたのが、あらゆる人間で類似しているとされる心理的なプロセスだった：児童発達、社会認知、神経情報処理といったプロセスが注目の的になった。

人格・知性・美徳といった古くさい言葉を広告ではっきり使わないかぎり、若者は特徴を誇示する製品を買ってみせびらかし賞賛することができるし、お互いの特徴についてなすべき判断をくだし、自分たちがもはや特徴をとやかく言わない全く新しい世界に暮らしているかのようにふるまうことができる。特徴談義は地下にもぐることとなり、ブランディングやマーケティングの修辞と記号論のかげにバラバラに隠された。若者にとっては、どの製品がどの特徴を誇示するのかを無意識に識別できる程度に見えるものの、彼らの反特徴イデオロギーがけっして脅かされることがなく、親たちの対人知覚の知恵が自分たちの生活に関連するものにはけっして思えない程度にはとらえどころがないままになっている。たとえば、Dr.Dre のようなラップ音楽のプロデューサーたちは一九九〇年代にこんな金儲けの方法に気づいていた。白人中流階級の郊外暮らしの少年たちに、ラップ音楽を買って再生してじぶんたちのクールさや態度やストリート通ぶり(つう)を（つまり、堅実性の低さと人当たりのわるさと手当たり次第の乱交ぶりを）見せびらかせるぞと信じ込ませてやればいいのだ。白人の少年たちは信じた。そして、親たちの稼いだ金を地元のCD屋のヒップホップ売り場に注ぎ込んだ。親たちは「女の子たちが実際に好むのは、堅実性が高くて人当たりがよくて誠実な男の子かもしれないよ」と懸念したが、彼らは気にとめなかった。だが、DJ Spooky と DJ Spinna と DJ Qualls の区別もつかない有様では、ラップ音楽産業全体もやっぱりマーケティング主導でコストのかかる信頼できない特徴誇示の製品をあれこれと売りつけていることや、我が子が「クールだ」と思っている特徴誇示が実際には恋人候補の女の子たち友人候補や雇い主候補たちにとって嫌悪すべきものになっているということを親たちが主張しようにも、いったいどうやって主張できるだろう？

このように、人間本性の「空白の石版(ブランクスレート)」モデルは、とうてい消費資本主義の原理に挑むどころではなく、消費主義のイデオロギーの岩盤となっている。このモデルは、年長世代が特徴知覚のために蓄えていた知恵を時代遅れでどうでもいいもののように思わせ、若い世代がいだく特徴誇示の欲求のためにはしかるべきモノやサービスを買う必要があると思わせつつ、その一方で、じぶんたちがポスト特徴時代の素晴らしき新世界に生きているかのように若者がふるまえるようにした。なにより重要なのは、出世主義や消費主義によって増幅・外部化しなくても理解されうるくらいにじぶんたちの特徴はじゅうぶんに現実味があって他人に見えるようになっているとみんなが信じにくくした点だ。

消費主義の根本的な妄執

消費主義の要は、みんなが真実を忘れて虚偽を信じることにある。みんなに忘れてもらわないといけない真実とは、お互いの精神的特徴・道徳的特徴を見せびらかしあう方法がとっくに開発済みだということだ。ヒトはすでに何百万年もの時間を費やしておそろしく効果的な方法を進化させてきた。言語・芸術・音楽・気前よさ・創造性・イデオロギーなど、自然にやっている対人行動をとおして、とても上手に自分の特徴を誇示できてしまう。しかも、そういう行動のためには、資格もキャリアも信用格付けも山盛りたくさんの製品も、べつに必要ない。最高に精妙でよく印象に残る製品やサービスは、ＤＮＡによってすでにみんなに備わっている。自然にじぶんの美質を見せびらかし自然に仲間たちに印象をきざみこむ身体的・心理的な適応こそが、そういうモノでありサービスだ。みんなのご先祖たちは、途方もない労力を注いで、友人をかちとり、人々に影響をふるい、配偶者に求愛し、配偶者を選び、子供を育て、お互いに度量の大きさを見せびらかしあう試みを何百万年ものあいだに何十億回と繰り返すことによって、知らず知らずのうちに、この正確な特徴誇示の遺産をつくりあげてきた。これが、進化心理学のメッセージの核心だ：人生でなによりも貴重で複雑精妙ですばらしいものとは、あらゆる人間に共通しているこの生物学的な適応だ——とくに、個々人のちがいをこれほど顕示的に伝える適応はすごい。それなのに、ヒトが奉じるイデオロギーはほぼどれもそろって、この事実を忘れさせようと企んでいる——なぜなら、どんなイデオロギーも、社会に受け入れられたり性的魅力をもったりするためには、ぼくらの体一つと心の他になにか必要だと信じ込ませることで力を得ようとしているからだ。消費主義は、いまやもっとも強力なイデオロギーとなっている。特徴誇示のために人間が自然に持ち合わせている様式をあれほど傲然とさげすみ、ぼくらをあれこれと忙しくさせて——はたらいてお買い物して製品を見せびらかすのにかかりきりにさせて——そんな製品がひとつもなくてもシグナルを送れる事柄を忘れさせているからだ。

それどころか、消費主義は二つの大ウソを推進している。ひとつは、配偶者や友人や家族とまじめな長期的関係を築こうとしているとき、平均未満の能力の持ち主でも、平均以上の製品によってその足りない分を埋め合わせられるという大ウソだ。たしかに、製品によっては、短期的になら個人の欠陥・欠点を隠せるものもある。四七歳の独身女性が配偶者を探しているとして、ボトックス注射を利用して顔面筋を麻痺させてシワを減らしてやれば、年齢をうかがわせる証拠を隠せる。ボトックス注射のおかげで、彼女も三一歳の独身男性とデートにこぎつけて、お相手から二回目のお誘いを受けるかもしれない。ディナーテーブルにともされたキャンドルの明かりのなかで彼女の本当の年齢がもっと見え見えになっていれば、相手の男性は二回目に誘わなかったかもしれない。だが、遅かれ早かれ、実年齢は他の信頼できる手がかりから明らかになっていく：昼間の明かりのなかでみる手や首の肌具合、やがて紹介される彼女の二五歳の娘や四二歳の妹、三一回目の高校同窓会の招待状などなど、手がかりは次々に登場してくる。同じ原則は、身体的外見や見かけの知性や性格や道徳的美質を強化しようとする他のほぼあらゆる製品にあてはまる。特徴強化製品は、短期的には世間の一部をたばかれるけれど、長期的には誰一人としてだましきれはしない。だからこそ、新婚夫婦は、ストレス満載の外国行きハネムーン旅行のあいだに相手の本当の人となりを知って喜ぶよりも失望する場合の方が多いわけだ。

消費主義が推進する二つめの大ウソは、「望ましい特徴を見せびらかすのに、いかなる自然な行動よりもイケてて印象的な方法をいろんな製品は提供してくれる」というものだ。具体的には、消費主義では、よりよい製品ほどいっそう効果的なシグナルとなると仮定されている。製品デザインや機能面でなにか技術的な改善がなされたり、製品のブランドづくりでなにかマーケティングの核心がおきたときには、決まって、シグナルの効力が一段とよくなったと宣伝される。それどころか、みんながあれこれの製品を買う主な理由が基底的な生物学的特徴のシグナルにするためだとしたら、論理的に言って、そのシグナルの効力こそが——とくにブランド認知によってシグナルが送られるときにはなおのこと——最重要であって、通常の用途(衣服・家電・乗り物としての用途)をどれほど効率的にこなしてくれるかという点は二の次の問題でしかない。この事実は、マーケティングの専門家なら一人残らず完璧にはっきり理解している。したがって、消費者に対してマーケティングは精妙な信用詐欺を仕掛けているわけだ:見せびらかし消費のシグナル機能をほのめかさねばならないけれど、その一方で、いろんな製品のシグナル効率を定量的に比較して主張するわけにはいかないし、人工製品と自然の人間行動の比較もけっしてやってはいけない。

なにかの製品がもつ特徴シグナルの効力についてそういう明示的な主張をしてしまったら、あっさりと虚偽が証明されてしまうだろう。たとえば、独身男性に向けたスポーツ車の広告は、「この車を運転していれば、若い美人の注意をうまく引く結果が得られますよ」とほのめかす。しかし、そんなことをはっきりと言葉で主張してしまってはいけない。そんなことをしたら、広告を規制する監督省庁やライバルの製造会社によっていともたやすく反証されてしまう。「このスポーツ車は、価格プレミアムを正当化できるほどオーナーに対する異性の注目を増加させることはない」「無駄に馬力の大きい車を買うよりも、ユーモアのセンスをもっと向上させた方がよほど効果的に異性の注目を増加させる」などと実証的に示すことができてしまうのだ。

このように、消費至上資本主義は、製品がもつ特徴シグナル機能を舞台袖に隠しておかねばならない。スモークがたちこめ、合わせ鏡が目を惑わせ、カーテンとヴェールが幾重にも重なる、グラビア美女と理想の王子様男子しかいない虚構の夢の国に潜めておかねばならない。「この製品で世間での人気や性的魅力が増しますよ」と直接に主張すると、シグナル機能を舞台のど真ん中においてスポットライトを浴びせてしまう。それでは、性能があまりにも厳しく判断されかねない。そうではなく、製品の通常の用途や機能や仕様や新しいところや人気やブランド化などが消費者の意識的な注意を占領してしまわねばならない。地位や性的魅力のシグナルの約束は、ステルス爆撃機のごとく静かに人知れず無意識に忍び込んでいかないといけない。消費者には、こう感じさせないといけない――「広告の言外の含みから製品がもつシグナルの可能性を認識しているのはじぶんしかいない、社会的地位や性的魅力を見せびらかしたいって欲求は主観的には妥当だけれど公にしてしまうと恥ずかしい、この製品の技術的なすばらしさをじぶん個人のかっこよさに転換して社会的・性的な利得をえられるのはじぶんしかいない。」それに、消費者にはこうも感じさせないといけない――「じぶんとこの製品と、あとはそれをみて賞賛するだろう仮想の人たちがからんだシグナリングの陰謀を展開できる、この陰謀はきわどくて他人の領分にずかずか踏み込む独創的な陰謀だし、なんなら資本主義そのものを転覆させようとするものですらある。」

消費者の権利や消費者教育・消費者保護運動ですら、この妄執を促進するのに荷担している。なるほど『消費者レポート』誌はたいへんな骨折りをしてあれこれと客観的な機能や用途や安全性・信頼性を実証的に評価しているけれど、消費者の社会的評判や性的成功度を高めるシグナリングの効率はけっして評価しない。社会科学や消費者研究の手法が進歩してきたおかげで、いまではシグナリング効果の評価もかなりやりやすいだろう。いろんな製品について、その購入・使用・見せびらかしに対してどう反応するか人々に点数をつけてもらって、競合製品どうしで比較したり他に可能な行動と比較したりしてやればいい。

たとえば、『消費者レポート』誌の読者たちに一年に一度のアンケートを依頼するとき、購入したシボレーコルヴェットZ06に何回ブレーキ修理が必要だったか聞くだけでなく、コルヴェットが実際に新しい友人や事業パートナーやご近所さんからのディナーパーティの招待状につながったかどうか、コルヴェットに感嘆した通行人の女性と企まずして性的な関係に発展することになったかどうかも聞けばいい。男性のコルヴェットオーナーが少しばかり女性からの注目を集めることができたとしても、それでは数字の釣り合いがあまりとれない。コルヴェットを選んだことで、これに起因すると考えられる短期的な交際相手の増加が一年あたりに平均で一人だったとしよう。シボレーのコルヴェットZ06（七万ドル）は、これと同等サイズのシボレーマリブセダン（二万ドル）に比べて五万ドルのプレミアムが乗っかっている。そして、どちらも、だいたい五年で廃れるよう設計されている。合理的な車購入者なら、シボレーの価格プレミアム五万ドルで五年のあいだに増やせる性的パートナーとの出会いは平均で五名、つまりは一万ドルで一人という計算だとわかる。これと対照的に、職業的なセックス労働者との性交渉はだいたい二〇〇ドル、つまりは五〇分の一ですむ。一年に一人の性交相手をもたらすコルヴェットの価格プレミアムにお金を払う代わりにマリブを買って済ませて、浮いたお金で週に一人のお相手とことに及ぶ選択肢もあるわけだ。こう考えてみると、コルヴェットの購入に前向きなオーナー候補は、女性がこの車に感じる魅力についてものすごく過大に楽天的か、あるいはものすごく算数がへたくそか、さもなくば、プロより素人女との性交渉の方をずっと強く好んでいるか、そのどれかにちがいない。

あるいは、結婚後の浮気（よくある話）でこの車が果たすと夢想される役割をもっともらしく否定してもらいたい夫が、コルヴェットを熱烈にのぞんでいるかもしれない。たいていの消費者は、人生の大半を結婚してすごす。そうすると、性的魅力を高めると約束する製品を売り込むには、妻の嫉妬レーダーにひっかからないようにかいくぐるしか手はない。だったら、『スポーツ・イラストレイテッド』誌に掲載されるコルヴェットの広告は、こんな風に言うわけにはいかない：「この車であなたの短期的な性交機会は増加しますよ」（とか「これでヤれる！」とか）。かわりに、いくらか技術的な仕様を列挙したり、五〇五馬力エンジンとその主に恍惚の表情で手をさしのべる女性通行人の写真を載せたりはできる。かくして、なんでも真に受ける妻は心配の種が減り、なんでも真に受ける夫は妄想を募らせることになる。

同じようなほのめかしは、女性消費者に向けた広告にも登場する。最近の『ヴォーグ』誌に掲載されたロレアルの「グラム・シャイン・プランピング・リップカラー」という名称の口紅は、「独自のミクロ結晶技術」をうたい文句に掲げ、「べたつかないテクスチャのうるおい保湿調合法が、魅惑の次元と信じられない輝きの健康リップをあなたに」と主張している。息継ぎもせずに科学めいた用語と感覚的な言い回しでまくしたてるこの宣伝文は、もっと正直に書き直せばこうなるだろう：「この口紅を使えば、あなたの色欲ともうまもなく始まる排卵のシグナルをセックスもひさしくごぶさたな倦怠期の夫に送れるばかりでなく、ご近所の男性やご家庭の使用人にも送れますよ。」こんなあけすけな言い方をしてしまっては、何気なく『ヴォーグ』をめくってみた夫や思春期の子供たちを慌てふためかせしまう。それで、結婚生活と家庭の平和のために、主流の媒体に掲載される「趣味のよい」広告は、たいてい製品の宣伝文句の背後に地位追求と発情心をうまく隠している。それで、結婚している消費者たちは夫婦それぞれにシグナリングの力（スリルをもとめているお隣さんやうっとりするほどしなやかな体の小間使いの少年を魅惑するためのシグナリングの力）ではなくて（五〇五馬力だのミクロ結晶技術だのといった）いかにも実用的な品質めあてにプレミアム製品を買っているかのように相手をだましている。例によって、「そんなわけないよ」と否定する余地もあるし適応的な自己欺瞞もはたらくので、人間の社会生活は抜け目ない利己心という渓谷とクレバスのうえをマグレブのモノレールのように軽快に運行できる。なによりも大事なことに口をつぐんだまま、すいすいと進んでいくのだ——わざわざ言わなくても、べつに想像がはたらかないわけではない。

進化心理学者としての視点から見て、まさしくこうやって機能している望ましい適応関連の特徴を見せびらかす自然の適応を忘れさせることで、消費至上資本主義は機能している。消費至上資本主義は、人工の製品がそういう特徴を見せびらかす仕事を実際以上にうまくやっていると思うようにみんなを惑わす。見当違いな記述水準のあやふやな用語（富・地位・趣味）を巧みに語り、これまでの個人差研究で明らかになっているもっとも安定した遺伝性の予測力のある特徴から人目をそらすことによって、みんなが見せびらかせようとしている特徴について混乱させてしまう。プレミアム製品を買って見せびらかせば地位や性的利得の見返りがえられるかのように遠回しにほのめかしつつも、そういう主張をはっきりと言葉にして言い切ることは拒む。そんな主張は実証的に虚偽だと消費者の監視機構に見とがめられても困るし、自分が隠している個人的な動機をあらわにされて誰か大物が怒り出しても困るからだ。かくして生じる最終的な結果は、消費主義の根本的な妄執とでも呼べる――世間のみんなは、ふつうの会話や協力や抱擁をとおして誇示される自然な特徴よりも他人が消費主義的な支出によって購入する人工製品の方を気にかけているのだ。

こんな考え方が妄想まみれだってことくらい、親戚や家族や恋人や仲間や協力者や教師や学生たちと長期的な関係をつづけた大人なら誰だって一目瞭然にわかるはずだ。どんなものでも、長期的な人間関係は、あるときは利害を衝突させ、またあるときは利害を一致させつつ、しかもそうした複雑な利害が時とともにうつろうのを超えて成長し継続する。これが、経済学者のいう動機混合型の反復相互行為ゲームだ。この種のゲームでは、協調と衝突、信頼と裏切り、親密と疎遠のサイクルが繰り返される。こうしたサイクルが製品の購入で影響を受けることなんて、めったにない。それよりも、いろんな種類の議論、説明、謝罪、仲直り、噂話に影響を受ける。どれも、ほんの数十万年ほど前に言語が生まれて以来ずっと人間の社会生活を動かしている要因だ。初対面の誰かにあってほんの数分ていどなら、その相手が消費している場所や小道具や衣装が際立つかもしれないし、富と地位と趣味がかなでる三重奏のバラードや哀歌がいかにも重要に思えるかもしれない。だが、その相手との関係がすっかりできあがったあとでは、そうしたことはみんな意識の後景に退いてしまい、それといれかわりに相手の人となりや行動や言葉や本当に大事にしている人間関係に注意が向けられるようになる。お互いに、相手がつくりあげているセットと舞台にお互いの主人公として等身大のままでずかずかとふみいっていく。友人や家族として、喜びの飛行船にも責務の荷船にも同乗する。そうやって、人間という存在の社会的な次元をいきいきと生きていくようになる。こうした自然に成り立つ心の社会的状態では――ぼくらのご先祖たちが起きて暮らしている間たいていそうなっていただろう状態では――「製品とブランドがものをいう」「製品とブランドこそ人生で切望すべき物事だ」という消費主義の妄想は、自閉症的で子供っぽく、人間らしくなくて存在の根っこを毒すように思える。

第6章　適応度を見せびらかす

Flaunting Fitness

一九九〇年ごろから、人類にとって二つの重大な革命が流血の惨事もともなわずに起きている。ひとつは政治における共産主義の崩壊、もうひとつは生物学におけるシグナリング理論の興隆だ。どちらの革命も、同じ洞察に立脚している：個々人は、集団の善のためにではなく他人になにかを誇示したいときにいちばんよくはたらく、というのがそれだ。この傾向は、生物の進化でも人間の経済でも同じように成り立っている。ニワシドリがせっせと精緻な巣をつくるのも、じぶんに配偶者を引き寄せるためであって、ニューギニアにあるじぶんたちの生息域の美観をよくしようと思ってのことではない。同様に、ウクライナの農民は空腹にあえぐ隣人たちに食料をあたえるためよりも自分たちの地位シンボルを買うためにこそせっせとはたらく。

シグナリング理論の基本的な洞察は、こういうことだ——「動物たちはじぶんについてはたくさんノイズを出しているけれど、外界のニュースはあんまり伝達しない。」ダーウィン以来、動物とは基本的に生存と生殖の機械だということはわかっている。最近、新たにわかってきたのは、動物たちは自己宣伝・自己マーケティング・自己販促をやって生存と生殖の成功を達成している部分が大きいということだ。自己愛（ナルシシズム）はべつに新しくもない。進化の歴史では自己愛なんて当たり前で、たとえばクジャクのオスたちはみんなそろってメスにいちばん気に入られるブランドになろうと悪戦苦闘している。

動物が発するどんなシグナルも——鳥のさえずりも、蛍のひかりも、フェロモンも、求愛ダンスも——シグナルの送り手じしんに関する自己宣伝の情報を伝えているのであって、環境についてなにか有用な情報を伝えているわけではない。動物が送るシグナルの大半は、環境についてはなにも伝えずに、その個体のタイプ（種、性別、年齢）や資質（適応度、健康状態、地位、繁殖力）を伝えている。動物たちのシグナルには、一九五〇年代の自動車広告が好んで掲載した性能や製品仕様の詳細はまったく含まれていない。たんに、じぶんがどんな種類の動物で、相手のお好みの動物としてどれくらいすぐれているかを伝えるだけだ。そういうシグナルを送る相手もごくひとにぎりに絞られているし、理由もほんの数種類しかない——主に、親に世話やエサをねだるためだったり、競合相手（ライバル）に脅しをかけるためだったり、恋人を引き寄せるためだったりと相場は決まっている。シグナルをうまく伝える方法も、お互いに興味のある話題についてかわす会話ではなくて、じぶんの欲求（「エサちょうだい！」）や資質（「ボクはすっごい遺伝子をもってるよ、ぜったいボクを恋人にした方がいいよ！」）について信用できる主張を届けるという方法をとる。

「とてもおなかがすいてるんだよ」「じぶんはすばらしく適応してるよ」と主張するだけならかんたんだ。問題は、そういう主張を信用できるものにする方法だ。これこそ、シグナリング理論が取り組んだ問題にほかならない：「動物たちはどうやってじぶんの主張を裏打ちしているのだろう？」「どうやって信頼できて偽造しにくいシグナルをおくって相手に信じさせているんだろう？」一九七五年に、イスラエルの生物学者アマツ・ザハヴィはこう提案した——コストが高くつけば、資質シグナルの信頼性を保証できるのではないか。彼が考えた「ハンディキャップ原理」によれば、コストのかさむシグナルを発するために多大な時間・労力・各種の資源を無駄につぎこめるのは、高品質の動物にかぎられる。この無駄に使われるコストを彼は「ハンディキャップ」と呼んだ。病気にかかって飢え死にしかけているうえに寄生虫にやられて脳に損傷まであるハトは、一時間に数千回も繰り返して「ボクとつがいになろうよ」ラブソングを歌い続けていられない。したがって、ずっと歌い続けられるのは、病気や飢えなどの不具合・障害のないハトでしかありえない。この理論はしばらく異論と批判で論争の的になっていたが、一九九〇年ごろに生物学者たちがはっきりと理論を理解するようになって、そこからハンディキャップがどう機能するかを実証する数理モデルが発展していった。以降、ザハヴィのハンディキャップ原理は現代の「コスト高シグナリング理論」に拡張された。この理論は、動物コミュニケーションや性選択（性淘汰）や社会的相互行為や人間行動に関する現代的研究の礎となっている。

動物たちが身体的特徴や行動を使って見せびらかしをするとき、そうした特徴や行動をハンディキャップともいうし、コスト高シグナルともいうし、性的装飾ともいう。ぼくが好んで使う用語は、適応度標示だ。第5章で見ておいたように、適応度標示には広告と保証の両方の機能がある：つまり、たんに品質を謳うだけではなく、保証もしている。コストがかさんで産出が難しく偽造困難なら、標示は相手の注意をひきつける。あまりに安上がりで単純でかんたんに偽造できてしまうと、無視されておしまいだ。

クジャクの尾羽は、適応度標示の古典的な例だ。生存のための機能なんてないし、生殖に必須な役割を果たすわけでもない。ただひたすら、じぶんの健康状態や適応度、遺伝子の品質、エサの種や昆虫を探し出す能力やトラから逃げ延びる能力をみせびらかすことでメスを惹きつける役目しかない。これと同じように一目瞭然でわかる適応度標示には、ライオンのたてがみや、ヘラジカの枝角や、ザトウクジラの歌がある。人間の体にだって、健康状態や繁殖能力に関する信頼できる情報を開陳する適応度指標がたくさん見つかる。どれも、配偶者を魅了するよう性選択（性淘汰）によって形成されている部分がある。こうした身体的な資質シグナルには、顔、声、髪、肌、歩き方、身長などがある——それに、女性であれば胸やおしりや腰もシグナルだし、男性であればヒゲや男性器や上半身の筋肉量もシグナルになる。ヒトの精神的な特徴の多くも、適応度標示として進化したのかもしれない。たとえば、言語やユーモアや美術や音楽の能力、創造力、知性、やさしさがそうかもしれない。

シグナリング理論は、自然と文化の両方に当てはまる。クジャクの尾羽は自然がかたちづくった：大きくて左右対称で色鮮やかでコストがかさみ動きがとりづらく維持に苦労し偽造しがたい適応度標示として誕生した自然の産物だ。一方、人間の文化は、ハマーH1のような贅沢品をつくりだした。ハマーも、大きくて左右対称でコストがかさみ動きがとりづらく維持に苦労する。こうした性質があるために、富の指標として偽造がむずかしい——ハマーH1を盗んだところで、ガソリン代や保険の費用をとてもまかなっていられないだろう。

偽造

お金の偽造を考えると、シグナリング理論がもっとわかりやすくなる。偽札作りは一九九〇年代に格段にやりやすくなった。デジタルのカラーコピーやプリンターやスキャナー、そしてコンピュータ・ソフトウェアが登場したおかげだ。こうした技術の登場に対抗して、アメリカ合衆国製版印刷局は次世代型通貨を設計しなおして偽造防止機能をもりこんだ。二〇ドル札は偽造対象としてとくに格好の標的になっている。綿密な検査なしでキャッシャーなどで広く受け入れられる紙幣のなかでいちばん額面が大きいのがその理由だ。このため、新型紙幣の「シリーズ二〇〇四」では、二〇ドル札にいくつか新しいセキュリティ機能が導入されている。たとえば、印刷に使うインクの色を以前より多様にしつつ透かし模様とマイクロ印刷を使うことでコピーやスキャンがきわめて困難になっているほか、向きによって色合いが変わるインクは模倣が難しく、マイクロ印刷で印字されているセキュリティスレッドは紫外線を当てると色合いが変わるし、中央からずれた位置にある大きな肖像はきわめて詳細に描かれていて、識別しやすい一方で模倣はむずかしい。

こうしたセキュリティ機能の共通点は、見るからにコストがかかっていて精巧さが誰にでもわかるという点だ。印刷局が使用している高速回転給紙型沈み彫り印刷機は高価すぎて、典型的な紙幣偽造には使えない——ところが、ひとたび導入されると、二〇ドル札一枚を追加で刷るのにかかる限界コストはたった四セントでしかない。これ見よがしな精密さに関して、マイクロ印刷・セキュリティスレッド・透かし模様・精細な肖像はとても複雑で細かく、精確に模倣しにくい。欧州中央銀行が二〇〇二年一月にユーロ通貨の新札を一四五億発行したときにも、これと同様の偽造防止機能を盛り込み、さらに、いっそう偽造困難な真珠光沢インクとホログラムホイルを使用している。

消費の多くを説明するコスト高シグナリング理論を理解するには、「本物」の製品と「偽物」の製品をどうやって区別しているか考えるのがいちばんの近道だ——そのうえで、どうして真贋を気にかけるのか考えてみるといい。見せびらかしのコストと見せびらかしの精密さの二点は、偽造しにくいシグナルの基本特徴だ。ザハヴィのハンディキャップ原理では、産出コストに注目する。一方、紙幣の印刷機は産出の精密さに注力している。だが、いちばん信用できるシグナルは——そして高級品も——両方を高水準にするし、安上がりに偽造しようと試みる手合いはこの両方を模倣の対象にする。

たとえば、金のネックレスを考えてみよう：その値打ちは、重さと金の純度と職人技の質によってちがってくる。金箔を貼っているだけだったり中が空洞になっている金のネックレスは、純金のネックレスに比べるといかにも偽物らしく感じられる。ただたんに金の原子が少ないせいだ。同様に、一〇kネックレス（アメリカで「本物の金」のラベルを使える最低基準にあたる金四一・七パーセントの含有量）は、一八kネックレス（フランスやイタリアでの最低基準である七五パーセント）に比べると偽物っぽく感じられる。また、へこみや気泡があったり縁の部分がなめらかでなかったり色合いにムラがあったり接合が雑だったりするネックレスも、つくりのよいネックレスに比べると偽物っぽく感じられる。どちらも、偽物はプロの目にはあっさりと検知できてしまう。金の含有量は磁石テストでも査定できるし（金は磁石に引かれないのに対して鉄のような卑金属は多くが磁石に引かれる）、重量テストでも査定できるし（金は密度が高く、卑金属よりだいたい二倍ほど重い）、酸性テストでも査定できる（金は純粋な硝酸に反応しないけれど、濃硝酸と濃塩酸の混合液である王水には溶ける）。鋳造の瑕疵は、一〇倍のトリプレットルーペでかんたんに見つけられる。お手軽にスリルを味わいたければ、磁石と一五ドルのルーペと五ドルで買える硝酸と王水のボトル二本をもって近所のモールの宝石・貴金属を扱うチェーン店に出かけて、一四kの金アクセサリをうたう商品を確かめさせてくれと頼んでみるといい。みんなが友人や配偶者の候補をいわば純金かただの金箔か見極めようとするときにも、まさにこれと同じテストをやっている。べつに磁石やルーペを使うわけではないけれど、無意識のうちに、相手の質を査定するいっそう強力な方法を次々に繰り出している：会話や表情の知覚や人となりに関する推論といった進化がもたらした能力を活用して、相手を品定めしている。

他の例として、ロレックス高級腕時計の偽物を考えてみよう。コンピュータ制御の工作機械、スイス時計の機構、安価なサファイア結晶のおかげで、東アジアの小規模な製造業者でも、高級ブランド腕時計を安くうまく偽造して市場になだれ込ませることができるようになった。ここから、シグナリングの軍拡競争がはじまる：ロレックスが偽造防止の特徴を追加するたびに、ロレックスの偽造業者はそれを複製するうまい方法を編み出し、対抗してロレックスがさらに手を打てば、業者も複製技術を磨いていく。たとえば、ロレックス・プレジデント腕時計の高品質な模造品は、一二〇〇ドルでReplicagod.comで手に入る。かなりよくできていて、三万ドルする本物と見分けがつけにくい。どちらも防水機能があり、スイスETA 25-貴金属製耐衝撃ムーブメント、時計盤にマイクロレーザーで刻まれたロレックスの王冠マーク、一八金本体ケース、傷に強いサファイア結晶、二・五倍の日付拡大表示、ラグの間に刻まれた個体別のシリアルナンバーとモデルナンバー、ルミナックスのアワーマーカー、ねじ込み式の竜頭（りゅうず）チューブについたトリップロックOリングシール、そしてロレックスのブランドを示すホログラムステッカーまで、すべて同じだ。リチャード・ブラウンやジョン・ブロゼックの書いた専門家向けロレックス真贋鑑定ガイドでも読まないかぎり、本物のロレックスと偽物と区別するのはきわめてむずかしい――というより、本物のために二万八八〇〇ドルも余計に払うのを正当化するのがむずかしい。同様の複製品問題には、他のどんな高級腕時計会社も悩まされている。ブライトリング、IWC、オメガ、パティック・フィリップ、TAGハウアー、どこも同様だ。（驚いたことに、これと同様の問題が自動車産業でも興りつつある：中国の自動車メーカー「双環汽車」は、ホンダCR-V、SmartCar、BMW X5に酷似した安価な製品を製造・販売できるようになっている。）同様に、人間の進化にともなって、他人を判断する能力が向上していくと、それに応じて他人を欺く能力も向上し、対人判断と対人偽装の終わることのない軍拡競争が繰り広げられてきた。

本物と偽物がしのぎをけずる軍拡競争は、一世紀以上にわたって、デビアスのダイヤモンド・カルテルをも脅かし続けてきた。次々と模造ダイヤの水準が上がってきたからだ：一九四〇年代には二酸化チタン（合成ルチル）、一九五〇年代には合成チタン酸ストロンチウム（ファビュライト）、一九六〇年代にはイットリウムアルミニウムガーネット（YAG）、一九七〇年代にはガドリニウム・ガリウム・ガーネット（GGG）、一九八〇年代にはキュービックジルコニア（CZ）、一九九〇年代には炭化ケイ素（モアッサナイト）が登場してきた。キュービックジルコニアは見事な模造ダイヤモンドになる。娘のために、完璧な三カラットのブリリアント・カットをほどこしたキュービックジルコニアのネックレスを買ったことがある。近所の宝石・鉱物販売店で、たった四ドルで売っていた品だ。一九九八年に導入されたモアッサナイトはさらにダイヤモンドに類似していて、硬度・密度・輝きが似ているだけでなく、輝度はダイヤモンドにまさってすらいる（屈折率が高い）し、ダイヤが放つ分散光（「ファイア」）でもすぐれている（拡散指標でダイヤにまさる）。モアッサナイトの製造業者であるチャールズ&コルヴァードは、「ダイヤモンドの代替品ではなく」「手ごろな価格の贅沢品というまったく新しい選択肢」としてこれを売り込んでいる。モアッサナイトは「ダイヤモンドがもつ感情の重みなしに、みずからお買い求めくださる女性たちが求める価値と品質とファッションを提供」するのだという。つまり、「感情的な重み」のある男性と婚約しなくても、モアッサナイトの指輪を自分で自分に買い与えられるというわけだ。素人がなにげなく眺めただけでは、ダイヤモンドとモアッサナイトの見分けはつかない。質屋の主（あるじ）にしても、キュービックジルコニアとダイヤモンドを区別する標準的な熱伝導テストを使っている人たちが大半で、それではモアッサナイトとダイヤモンドは見分けられない。モアッサナイトの六方晶系構造が引き起こす微妙な二重の屈折（複屈折）に気づくのは、専門家しかいない。合成コランダムは、宝石商にとっていっそうきつい頭痛の種だ。本物のルビーやサファイアと同じ酸化アルミニウムでありながら、合成コランダムならもっと大きく純粋で（「ダート」も呼ばれる包有物がなく）、しかも色合いにムラがもっと少ない。このように、どんな合理的な尺度で評価してみても、「本物の」ルビーの方が合成ルビーに劣っている。それなのに、ルビーの方が何千倍もコストがかかる。なぜなら、希少なおかげでルビーの方にもっと価値があると考える人たちがいるからだ。宝石製造のこうした進歩をふまえると、生物進化でも、最初はなんらかの質を伝えるシグナルのニセモノとして登場した特徴が、やがて、もとの特徴よりも有用でのぞましいものへと進化していった可能性が考えられる。たとえば、言葉によるユーモアは、自分より年長で身体的に優位な性的競合相手（ライバル）を劣位の若者が模倣してからかう方法としてもともとは進化したのかもしれない——それがやがて、身体的優位よりむしろユーモアの方が魅力でまさるように変わってきたのかもしれない。ちょうど、ダイヤモンドよりもモアッサナイトの方が輝きでも「ファイア」でもすぐれているのと同じことが起きたのかもしれない。

最後に、美術史における真贋問題を考えよう。レンブラントは生涯に七〇〇点の絵画を描いた。そのうち、三〇〇〇点が現存している……薄気味悪い話だけれど、没後ずいぶん経ったいまでも、レンブラントは増殖し続けている。まるでウサギの繁殖なみだ。レンブラントの真作とされる絵画を数百万ドル出して購入したとしよう。ディナーパーティでさんざん見せびらかし、形や陰影の妙を論じて楽しんだとする。そんなこんなのあと、保険会社の専門家が鑑定して、これは一九世紀の腕利き贋作画家のつくった絵画だと判定する。物理的な物体としてはなんにも変わっていないにもかかわらず——形や陰影の妙も相変わらず見事なままなのにもかかわらず――その価値は千分の一に急落してしまうかもしれない。なぜだろう？　もはや「本物」ではないからだ。もはや、「一六〇六年生まれのレンブラント・ファン・レインがキャンバスに描いた真作」という小さなカテゴリーからもれてしまっているからだ。価値は需要と供給で変わる。オランダ絵画の巨匠たちによる真作よりも贋作の方がはるかにたくさん供給されているし、贋作の需要ははるかに少ない。（真贋は配偶者選びでもものを言う。見たかぎり同等な質の配偶者候補が二人いたとしよう。総じて、より質の高い家系の出身者の方が好まれる。つまり、成功していてのぞましい血縁者が連綿と続いている家系の出身者が好まれる。そうした血縁者たちは配偶者候補と同じ遺伝子を一部共有している。だから、配偶者の真の質を保証する遺伝的証拠として彼らは無意識に査定されることになる。）

価値の高い製品のどんな種類でも――紙幣、金のネックレス、高級腕時計、ダイヤモンド、レンブラントの絵画など、どれをとってみても――本物と偽物のあいだ、真性の価値があるものと偽造品とのあいだで果てしない死闘が続いている。本物の製品は、よりいっそう見せびらかしのコストが大きくなり（素材コスト、設備コスト、時間、労力、技術革新）、よりいっそう見せびらかしの精度が高い（左右対称、規則正しさ、複雑さ、〔工作精度のよい〕はまり、仕上げ）。これに対抗して、偽造品の製造業者はもっと安上がりな素材と設備で代替して製造時間と労力のコストを最小限におさえる方法を見つけ出し、高品質なモノの精度とブランディングを模倣しようと試みる。いずれは、偽造品によって本物の本質が明らかになり、本物は苦境に立たされる。消費者たちが、「なんでわざわざ『本物』の製品のプレミアム価格を支払わなきゃいけないんだ？」と疑念を抱くようになるからだ。「四ドルで買えるキュービックジルコニアの石でもたいていの人には見分けがつかないのに、八〇〇〇ドルもする本物の三カラットダイヤモンドを買う理由なんてあるか？」「一〇〇〇万ドルもするレンブラントの真作を気にかける理由なんてあるか、だって高解像度のデジタル画像をダウンロードして近所にあるFedExの支店に二〇〇ドル出してジークレー印刷を依頼すれば、視覚的にまったく区別がつかない絵が手に入るじゃないか」（ジークレー印刷とは、コンピュータで本物のキャンバスにカラーインクで印刷すること）。偽造品によって、本物の製品のコストに大きな割合をしめるものの正体が明らかになる：それは、高級ブランドの利幅、純然たる利潤プレミアム、あるいは詐欺だ。皮肉なことに、純粋に実用的な価値に関しては「本物」の製品の方が「偽物」よりもずっとぼったくり額が大きいのだ。

シグナリング理論は、こうした偽造・コスト・精度・高級ブランディングの問題について考えてみたときにいちばんよく理解できる。どんなコスト高なシグナルに目を向けても、どんな適応度標示に目を向けても、そこに見えるのは、現在進行中の本物と偽物の共進化を写し取ったスナップショットだ。クジャクの尾羽も、ライオンのたてがみも、二〇ドル札も、ロレックスも、時のとまったデザインではない。どれも、時間経過とともにコストを増し、いっそう精密・精緻になっていく。見せびらかされる根っこの性質（適応、健康具合、富、趣味）を所有しないままで、その製品を見せびらかして得られる社会的便益・性的便益・地位的便益をかすめとろうと模倣を工夫する者たちとの競争が、その変化を強いるのだ。

シグナリング、ブランディング、利益

それなりに利益を上げたければ、名目的な機能におわらない特別なシグナリングの価値を製品にもた

せないといけない。もし万人受けするとしたら、その製品は消費者についてなにもシグナルを送っていないことになる。そうなると、たんに機能および／または価格だけにもとづいてお店を回って比較すればすんでしまう。新古典派経済学では、消費者はまさにそうしていると仮定するけれど、現実の企業はどうにかして消費者にそんな比較をさせたくないと考えている。それでは利益ゼロに追い込まれてしまうからだ。

実際の資本主義では、たんなる客観的製品性能だけで競争する事態を避けようと企業は懸命になっている。そこで、企業は広告を使ってシグナリング体系をつくりあげる——消費者が見せびらかしたがっているのぞましい特徴とブランドとのあいだに心理的なつながりをつくりだすんだ。そうしたシグナリングのつながりは、消費者にとって社会的に意味のある仲間集団に広く知られていないといけないけれど、そのつながりに実際の製品が関わっている必要はべつにない。『ヴォーグ』誌の典型的な広告では、たいてい、二つしか掲載しない：ブランド名と誰か魅力的な人物、この二つだけだ。その人が自社ブランドの衣服を身につけていようといまいとどうでもいい。ただの衣服なんて、中国沿岸部の血汗工廠（スウェットショップ）で数週間もあればコピーされてしまう。広告にはブランド名だけがあって他には一行も言葉が書かれていないこともよくある。価格情報も、製品性能も、小売店の所在地も、なんにも書かれていない——合理的な消費の意思決定に役立ちそうな情報がなんにもないように思える。

だが、そこには隠れた合理性がはたらいている。コスト高シグナリングの合理性だ。大半の広告でモノをいうのは、消費者がのぞむ特徴とその企業のトレードマークが入ったブランド名との学習されたつながりだ——これこそが、あらゆる利益のわきでる泉となっている。

そういうつながりをつくりだすのに、有名人によるおすすめがなによりかんたんな方法となる場合も多い：この方法なら、有名人が体現する特徴とその製品ブランドがつなげられる一方で、特徴そのものをずばり言葉で特定する必要がなくてすむ。モンブランの万年筆広告は、ジョニー・デップやジュリアン・ムーアを起用して、広く認知されたこういう役者の賞賛される特徴（クールさ、魅力、知性、ユーモアのセンス、情動の真性さ）とモンブラン万年筆とのつながりを消費者たちの心につくりだせる——しかも、そういう特徴をわざわざ名指さなくていい。こうした広告では、娯楽産業基金の全米芸術教育イニシアティブをモンブランが支援していることをそっと書き添える。そうやって、懐の広さと創造性にモンブランの名前をいっそう結びつけているわけだ。同様の論理は、ケイト・モスを起用して乳がん研究基金への寄付を大きくとりあげたバーバリーの広告の原動力にもなっている。ようするに、あれこれの広告で有名人が起用されるのはたんに知名度のためだけではなく、彼らが持ち合わせていると世間で信じられている独特な特徴のためでもある。そして、古典的な条件付けによる記号の魔法によって、これらが製品そのものに結びつけられる。有名人はべつに気前よさ・懐の広さで世間に知られているわけではないので、企業フィランソロピーのつ**いたて**で地位シグナルを強化してやると、見せびらかし消費について消費者が気分よく感じられる助けになる。

広告を眺める当人は、じぶんが見せびらかせたがっている高望みな特徴とブランドとが論理的・統計的につながっていると信じていなくていい。たんに、じぶんの交際範囲にある他の広告視聴者たちがそういうつながりを知覚するだろうと信じていればいい。タフな男に見られたいとして、べつにハマーH1が本当にタフに見えると信じている必要はない。たんに、自分よりマヌケな傍観者たちが「ハマーH1はタフに見える」と信じてくれていればそれでいい。そうすれば、彼らはハマーの所有者にタフさを認めてくれるはずだ。このように、あらゆる広告には実質的に二種類の受け手がいる：製品を買ってくれそうな候補と、その製品の所有者にいろんな望ましい特徴を認める製品の傍観者候補たちだ。高額で買い手がしぼられる製品ほど、買い手候補より製品の傍観者の方が圧倒的に多くなる。そこで、ＢＭＷの広告の大半は、ＢＭＷ購入者候補を対象にするよりも、ＢＭＷをうらやんでくれそうな人たちを標的にしている。そうやって、ＢＭＷに手が届くほんの一握りの人たちへの尊敬を引き出すわけだ。こう考えると、ＢＭＷが大衆紙にときどき広告を打っている理由の説明がつく。たしかにＢＭＷの買い手候補のターゲット市場にブランドを知らしめる方法としては効率がわるいけれども、ＢＭＷをうらやんでＢＭＷの所有者を尊敬してくれるかもしれない人たちに知らしめる方法としてはとても効率がいい。同社が真の標的にしている人たちはこのことを承知している。彼らもときには大衆紙を手にとって読む。するとじぶんほど成功していないご同輩たちがＢＭＷ ５５０ｋの記号論的な力を理解できるようしっかり教育されているのがわかる。どんなシグナルも、こうやって恣意的な結びつきから常識へと徐々に足場を固めていく。

このシグナリングの論理を忘れると、広告業者もあやまちをおかすことがある。最近、デビアスは独身の働く女性向けにダイヤモンド指輪の広告展開をはじめた。デビアスがやろうとしているのは、新しい社会慣習の導入だ：伝統的な婚約指輪は左手にはめるのに対して、デビアスが売り込もうとしている独身女性向け指輪は「右手用」とされる。そう聞かされると、最初はうまくいきそうな話に聞こえる：かつては、婚約すると、男性はダイヤモンドの指輪を婚約者の女性に贈ったものだ。だが、今日では、お金に余裕のある働く女性には婚約していない人も多いけれど、彼女たちだってダイヤの指輪はお気に召すかもしれない。しかし、シグナリング理論をふまえると、このキャンペーンは逆効果になりそうに思える。婚約していない女性がじぶんでじぶんにダイヤの指輪を買い始めたとしよう。一方、傍観者たちはいちいち指輪をはめているのが右手か左手かを見分けたりしない。すると、給料二ヶ月分をじぶんに捧げてくれるほどじぶんを愛する男がいるということを、もはやダイヤの指輪は信頼できるかたちで誇示してくれなくなる。ダイヤモンドのシグナリングの力は蒸発してしまって、もはや女性の魅力や人当たりの良さやしあわせぶりや誠実さを広告するものではなくなり、ただその女性にダイヤを買えるていどのお金があるというシグナルでしかなくなってしまう。さらにわるいことに、新しく登場してきた合成宝石のモアッサナイトも安価でダイヤと見分けがつかない選択肢として独身女性に売り込まれている。しかも、モアッサナイトのマーケターたちは、「この指輪は右手だけにはめましょう」とも勧めない。三万ドルのダイヤモンド指輪と見分けがつかない三〇〇ドルのモアッサナイト指輪を未婚女性が手にはめるようになったら、婚約カップルはダイヤモンド指輪のシグナリングの力に疑念を抱くようになるだろう。そのうち、指輪からオパールの鼻ピアスに切り替えないともかぎらない。

なんでシグナリングなんかを気にするの？

コスト高シグナリング理論が生物学で重要になったのは、たんに、進化の時間をとおして種々のシグナルがどうしてずっと安定しているのかという技術的な問題をいくらか解決したからというだけではない。この理論に大きな意義があるのは、いろんな種にまたがってシグナリングの多様で大きな便益を明らかにしたためでもある。コスト高シグナリング理論により、シグナリングが機能しうる仕組みがわかっただけでなく、もっと大事な点として、シグナリングをやる値打ちがある理由もわかった。動物がじぶんのいろんな性質・資質を他の仲間たちに伝えるシグナルを信頼できるかたちで送れるなら、それによって、いくつか重要な便益がもたらされる。

第一に、じぶんの資質を伝えるシグナルは、親の養育を引き出せる。将来の生存・生殖がうまくいきそうな見通しの信頼できるシグナルを幼い動物がおくると、親から世話・エサ・保護をもっと引き出せる。そうすることで幼いうちに死んでしまう確率を減らし、健康かつ安全に発達していけば、幼い個体じしんに便益があるし、親の動物にしても、自分たちの遺伝子をいちばん残してくれそうな子供に限りある時間・労力・食料を割り当てることになるので便益がある。「選別的な親の庇護」と呼ばれるこのパターンには、暗黒面がある。近親交配や生まれたときの欠損、成長の遅滞、健康状態のわるさ、行動の不全を示す手がかりを見せる幼い個体を親が養育放棄したり、殺してしまったりする場合があるのだ。人間の幼児が、「ねえママ、こんなことができたよ!」ときゃんきゃん言いながらむずかしいことをやってみせて身体的・精神的な能力を誇示しようとする理由も、おそらくはここにある。人間の幼児たちも、こういう誇示をやってみせれば、親の投資という適応度を促進する見返りが——たとえばごほうびのクッキーとかが——得られることを知っているかのようにふるまうべく進化したのだろう。身体的・精神的な欠陥があるためにこうした質をこれみよがしに誇示するシグナルが送れない子供たちは——たとえばダウン症候群、自閉症、生まれつきの盲目の子供たちは——親からの虐待・養育放棄・殺人にあう確率がずっと高くなる。ヒトの成長・成熟はとくに緩慢なため、人間の親たちによる投資は子供が幼いうちはもちろん、ことによればいい大人になってからも重要でありつづける。このため、子供は親に向かってじぶんのさまざまな質を誇示しつづける。大学を卒業し、うまく結婚し、法律事務所のパートナーになり、かわいらしくて健康な子供をさずかり、その子にもやっぱりクッキーを焼いてやるという誇示を続ける。幼いうちから将来有望な資質を示していながら、のちに死刑囚の仲間入りを果たして期待を裏切った子供は、どんなに不公平で差別的な意思決定に思えようと、親の愛情や投資を失うことになる場合も多い。

資質シグナルは、親以外の親族から世話や投資を引き出すのにも使われることがある。血縁のある親族も部分的に共通した遺伝子をもっているので、利害が一部共通してるかのように行動するよう進化によって形成されている。これを血縁選択（血縁淘汰）という。いちばん「ふさわしい」子供たちに養育の気遣いを割り当てる誘因（インセンティブ）が親にはたらくのと同じように、血縁者もいちばんふさわしい親類に一族としての気遣いを割り当てる。（それどころか、理論生物学者に言わせれば、差別的養育投資は、血縁選択の特殊例にすぎない。）このため、拡大家族の部族でいちばん魅力のある人物は、親戚たちから最大の注目を浴び、なにかと世話をしてもらえる。つまりは、おばあちゃんからいちばんたくさんクッキーをもらい、おじさんからよく仕事を紹介してもらえるのはそういう子だ。この観点から考えると、〔日本ならお盆や正月に〕いつもは離れて暮らす家族が再会する機会をもつのは、遺伝子でつながる血縁どうしで相互に資質の見せびらかしをしているのだと見ることができる。つまり、家族親戚一同集まった場で、それぞれが、恩恵をくれそうな相手に向かって自分の身体的・精神的な特徴のいちばんいいところを見せびらかそうと試みつつ、同時に、どの家族・親戚がいちばんこちらから気前よくしてやる値打ちのある相手か品定めしようともしていると考えられる。まずしい一家なら公園でバーベキューをやるだろうし、お金持ちの一家なら〔リゾート地の〕ケネバンクポートや〔ビーチのある〕バルモラルの邸宅に集まるかもしれないけれど、どちらも、同じような社会的機能が果たされている。格別の恩恵も、希望も、期待も、いろんな資源も、相手の評価に応じて配分される。赤ちゃんなら資質をじっくり品定めして、思春期の子供なら将来の結婚の展望を評価して、年配者なら寿命を推定して、それぞれに応じた配分がなされる。誰もが、値打ちのあるやつだと家族や親戚に見られたがっている――ただし、相手がこちらになにかしてくれそうな場合にかぎって。

さらに、資質シグナルは親戚以外から支援を引き出したり、提携関係や友人関係をつくるのにも使える。血縁集団にとどまらない大きな社会集団で生活し、個体を識別でき、これまでの資質評価ややりとりにもとづいて差別的に相手を支援したり無視したりする動物すべてにとって、これは重要な戦術だ。ヒトのような社会的霊長類では、個体の生存と生殖にとってこうした関係が決定的に重要となる。類人猿の集団で人気のある個体は長生きして大いに繁殖する。一方、つまはじきにされた個体は子供をもたないまま死ぬ結末をむかえる。かくして人間も、じぶんに社会的便益をもたらしうる支援してくれそうな相手や味方になってくれそうな相手や友人になってくれそうな相手に対して、個人の資質を見せびらかそうとする抑えがたい本能を進化させている。これがカリスマ政治のもっとも古い形式であり、派閥主義・排他主義のルーツでもある。ときに、得られる便益が抽象的だったり時間がかかったり間接的だったりすることもある：たとえば、大人になるかならないかの時分の人気がようやく中年期にビジネスの契約をもたらしてくれたりする。だが、多くの場合――とくに先史時代には――便益ははっきりと具体的だし、すぐに得られるし、直接的だ：戦争が起きたり飢饉が起きたり病気になったとき、最初に保護されて最後まで見捨てられないのは、地域の有名人・人気者だ。無敵のアキレスだって、鎧よりも強いとされる皮膚に守られる以上に、手下の兵士たちに守られている。

いま見てきたシグナリングの四つのモードは、重複している場合も多い：親や血縁者にじぶんの身体的・精神的な健康ぶりを見せつけるのと同じ特徴が、友人や配偶者を引き寄せることもよくある。美や心の健康は、広く重んじられる。さきほどの四つのモード以外にも、動物個体は資質誇示によって捕食者を抑止してじぶんを狙わないようにさせたり、寄生生物を抑止して攻撃をとどまらせたり、競合集団を抑止して自分の集団を攻撃しないようにさせたりというかたちで便益を得られる。どの場合でも、じぶんを打ち負かすのは不可能だとまで捕食者や寄生生物や敵対集団に信じさせる必要はない。たんに、他にもっと狙いやすい標的がいると思わせればすむ。捕食者や寄生生物に対する資質シグナリングは、先進国に暮らす現代人にとっては、もはや中心的な関心事ではなくなっている。野生のハイエナやヒヒや蚊などの群れに遭遇することなどめったにないからだ。だが、敵対されかねない集団に対して集団として資質シグナリングを行うのは、ギャングの抗争や民族間対立や国際政治の本質をなしている。この集団的な水準での見せびらかし消費は、人間集団どうしでの資質シグナリングで中心的な役割を果たしている。国家どうしも、社会経済的な強さを見せびらかして競い合う。たとえばオリンピックの設備や空母や有人宇宙飛行や超高層ビルへの無駄な公共「投資」を通じて、そういう見せびらかしをしている。

個人の資質を見せびらかす四つの理由は――親の養育、血縁者の投資、社会的友人、性的パートナーの四つは――好む特徴がたくさん共通している。親も血縁者も友人も配偶者も、みんな、こちらの身体的・精神的な健康を注視する。なぜなら、将来まで生き延びて自分たちが世話した分に見合う適応的な便益をもたらす確率は、健康具合に影響されるからだ。また、彼らはみんな、こちらの身体的な魅力を気にする。なぜなら、いい配偶者を引き寄せて自分たちの遺伝子を残す確率（親や血縁者の場合）や、つながりがあることで自分もよく思われる確率（友人の場合）や、自分とつくる子孫にその身体的魅力を伝える確率（配偶者の場合）に、身体的な魅力が影響することを無意識のうちに理解しているからだ。彼らはみんな、こちらの知性を気にかける。なぜなら、生存と生殖の見込みも親族・友人・配偶者としてのこちらの社会的な価値も母親や父親としての遺伝的な価値も、知性に左右されるからだ。彼らはみんな、こちらの人となりの特徴や道徳的美質を気にかける。なぜなら、これらによって、こちらがなんらかの社会的役割において優しかったり公正だったり勤勉だったりする確率が影響されるからだ。このように、あるタイプの社会関係で重んじられる特徴の大半は、別のタイプの社会関係でも重んじられる。だからこそ、こうした特徴をいろんな社会的対象に向かって一貫して見せびらかそうとする。

体と心のシグナル

本書の分析は、人間の主要な特徴のシグナルを送る製品に関心を集中している――つまり、健康具合・適応度・生殖能力・若さ・魅力といった身体的な特徴や、知性・人となりの精神的な特徴を見せびらかす製品を集中して取り扱っている。見方によっては、この二種類の特徴は、同じ人間の表現型を記述する二つの水準に対応するとも考えられる。体は、他人の知覚に対して現れる物理的な表現型だ――視覚・聴覚・触覚・味覚・嗅覚をとおして他人に知覚される表現型が身体だ。みんなは、衣服や化粧や美容整形や運動器具といった製品を使って身体の見かけをあれこれと変化させて、もっと健康で若く、もっと適応的で、もっと生殖能力がありそうで、もっとのぞましいように見せている。もっと抽象度を上げてみると、心とは、たんに体がやっていることにすぎない――他人に対して現れる行動の表現型が心だ。そして、他人はそれを見て知性や人となりについて判断する。物理的な表現型（体）をよく見せたいと願うのと同じように、行動の表現型（心、人となり）についてもよく思われたいとのぞんでいる。そして、よく思われようとして、教育や慈善活動や旅行や趣味やバンパースティッカーにお金を投じ、実態よりももっとかしこく、もっとやさしく、もっと外向的で、もっと開放的なように他人に思われようとしている。いっそう抽象的な水準に進むと、個人の地位・特権・立場・人気・評判・富は、他人が知覚する社会的な表現型をなしている。この表現型は、生涯つづく人づきあいや会話や売り買いや友人づくりや提携関係づくりや地位追求をつうじて形成されていく。お金を費やして高級品や地位シンボルを手に入れることで、実態よりも評判がよくて人気があってお金持ちらしく見せかけようとするものの、こうした社会的な特徴は身体的・精神的な特徴からかなり直接に現れてくるものなので、本書では、これを最初の二つの水準の文脈で考察する。

身体的特徴についても精神的特徴についても、他人がじぶんを友人・恋人・親戚・同僚としてもっとよく遇してくれるようじぶんの適応度を見せびらかすことに――本当の安定した個人的な資質を誇張することに――関心を寄せている。このことを認める人はめったにいないけれど、他人がやっているときにはほぼいつでもそうと気づくものだ。読者のあなたが、たとえばぼくと同じくコロンビア大学の卒業生だったら、きっとじぶんのことをまじめで勤勉で社会のことを考えている都会風の洗練された知識人だと思っているはずだ。ところが、あなたの性的競合相手(ライバル)にハーバードの出身者が登場すると、相手のことを、うぬぼれた出世主義の偽善的自己愛まみれのインチキ野郎だと思ってさげすむかもしれない。相手もきっと同様だ。じぶんの特徴を見せびらかすときには、ただ自己演出ゲームをやっているにすぎない。ところが、相手にニセモノのシグナルでかつがれているのに気づくと――恋人になりそうな相手や友人や政治家たちにそういうことをされていると気づくと――「こいつは嘘つきの詐欺師だ」と考える。シグナルに関するみんなの自己欺瞞は深く、広く、分厚い。

自己欺瞞があると、しっかりと意識の行き届いた消費者にはそうそうなれはしない。あれこれの買い物をするとき、それを買う理由についてじぶんに嘘をつかないでいる人はめったにいないし、広告のばくぜんとした美辞麗句も役に立たない。次のどちらのスローガンの方が、聞こえがいいだろう?――「ロレアル:あなたにふさわしい製品を」だろうか、それとも、「ロレアル:あなたのカレシにちょっかいをかけやがるあのスタバのくされバリスタ女より若く見せたいあなたに」だろうか? これはどうだろう――「二〇〇六年 BMW 550i:最高のパフォーマンスをいつでも」だろうか、それとも、「二〇〇六年 BMW 550i:四七歳の離婚した歯科矯正医であるあなたの男らしさをおびやかすあのスバルWRXオーナーの若造どものそばかす面にこげたタイヤのにおいをあびせかけたければいつでも」だろうか? こうした製品を購入するとき胸中にある本当の感情やのぞみは、あけすけにするわけにいかない。買えもしないものを買おうとしていることに――あるいはコストに見合わないものを買おうとしていることに――みんなが気づいては困るのだ。考えてみよう:五・四秒で時速六〇マイルまで加速する二〇〇六年 BMW 550iの販売価格は五万七四〇〇ドルだ。一方、四・七秒で時速六〇マイルまで加速するスバルWRX STIの販売価格は三万二四四五ドルだ。差額の二万五〇〇〇ドルに見合うだけの値打ちが、BMWの記章にあるだろうか? BMWの交換用パーツの記章だったら、Autopartswarehouse.comで一六ドル出せば手に入る。これを愛車のスバルにくっつけて、他の歯科矯正医連中をぶっちぎって、さらに離婚調停弁護士に払っている費用のことをひた隠しにしておけばそれで事足りはしないだろうか。あるいは、自己評価や怒りの制御について精神科医に週に一回セラピーをしてもらう費用にその差額を充ててもいいだろう。

ここまで読み進めてくれた読者なら、「生まれてこの方ずっと広告のぼんやりした美辞麗句や仲間の圧力に目をくらまされて非合理な支出習慣にはまりこんでいる適応度見せびらかし大好きな自己愛まみれの消費者」という自己像を受け入れてしまった方が、本書の議論に気分よくつきあえることはお気づきだろう。言い換えると、本書を読み進めていて、不快で休まらない思いをしていたはずだ。実を言うと、科学はときどき心をきずつけるのだ。

適応度シグナリングとしての見せびらかし消費

見せびらかし消費という考えについて、人々の反応はものすごく多様だ。人によっては、人間の経済行動は地位追求や対人シグナリングや性的な誘いに促されているのは見まがいようもなく自明だと考える。そういう人たちには、マルクス主義者もいるし、マーケターたちもいるし、労働階級の原理主義者もいるし、離婚した女性だっている。一方、そんな考え方は恥知らずなまでにシニカルだとみる人たちもいる。この人たちに言わせれば、大半の消費は個人の喜び（「効用」）のためであり、家族の繁栄（「安心」）のためだということになる。こちらの人たちには、大半の資本主義者・経済学者・上流階級の原理主義者が含まれるし、離婚寸前の男性もこちらにいる。こういう意見のちがいは、例や逸話をただだ繰り出しあっても、第一原理から天下り式に論証しても、解消しない。それよりも、心理学を応用してみた方が助けになる場合が多い。そこで、コスト高シグナリング理論に触発されて、同僚のヴラダス・グリスケヴィシアス、ジョシュ・タイバーといった面々が、四つの実験を立て続けに実施した。実験の目標は、コスト高シグナリングがもたらす配偶機会の便益が際だって目立ったり逆にそうでなくなったりしたときに人々が示す消費の意思決定がどう変化するかを見極めることにあった。

最初の実験では、大学生に少人数でラボにきてもらった。学生一人ひとりに、二つの条件の一方をわりふる：「おつきあい」か「非おつきあい」、この二つだ。「おつきあい」条件が割り振られた学生には、コンピュータ画面に魅力的な異性の写真が三枚映し出されるのを見てもらって、いちばんのぞましいと思う写真を一枚選んでもらい、そのあと、その写真の人物とする理想の最初のデートについて数分間かけて作文してもらう。一方、「非おつきあい」条件が割り振られた被験者には、街角の風景写真を眺めてもらい、同じく数分間かけて写真の街角を散歩したりあちこちの建物を眺めたりするのに理想的な天気について作文してもらう。それから被験者全員に、こう頼む――「かりに、そこそこのまとまった額のお金がふってわいたとしましょう（たとえば宝くじに当選して数千ドル懐に入ったりして）。銀行口座に貯金するか、なにか見せびらかせる高級品をいくつかの候補（新しい腕時計、ヨーロッパ旅行、新車など）から選ぶとしたら、どれにしますか、選んでください。」続けて、さらにこう質問する――「一週間あたりいくらか余暇が増えたと想像してください。さて、ボランティア（ホームレスシェルターで働いたり小児科の手伝いをしたり）に何時間使いますか？」結果は、劇的だった：「おつきあい」条件の男性たちの方が、「非おつきあい」条件の男性たちよりずっと多くのお金を使うと答えていた（たとえば貯金ではなくヨーロッパ旅行にお金を使うと回答していた）のに対して、女性では消費の意思決定に「おつきあい」「非おつきあい」の条件が影響していなかったのだ。

コスト高シグナリング理論の観点でいくと、友人や恋人を惹きつけるためには、シグナルはこれ見よがしで第三者が観察できるものでなくてはいけない。そこで、おつきあい条件の効果が、見せびらかしではない消費やボランティアよりもとくに見せびらかし消費に当てはまるのかどうかを確かめたいとぼくの同僚たちは考えた。二番目の実験では、また新たに大学生の被験者を集めて、同じようにランダムに「おつきあい」「非おつきあい」条件を割り振った。それから、一番目の研究のときと同じ見せびらかし消費向きの高級品か、新しく集めた「見せびらかし向きでない」必需品（基本的なトイレ用品や台所てもらう。そして最後に、一番目の研究のときと同じ見せびらかしボランティアか、あるいは見せびらかし向きでないボランティア（公園でゴミ拾いをしたり水を節約するためにシャワーの使用時間を縮めたり）か、どちらかにどれくらい時間を使いたいと思うか学生たちに提示してもらう。今回も、結果は明快だった：「おつきあい」条件の男性たちは、「非おつきあい」条件の男性に比べて、見せびらかし向きの高級品に使うと答えた金額が大きく、見せびらかし向きでない必需品（家庭用清掃用品）に使うと答えた金額は小さかった。そして、女性には消費の意思決定になんら効果は見られなかった。これと対照的に、「おつきあい」条件の女性たちは、「非おつきあい」条件の女性に比べて、見せびらかし向きの社会貢献ボランティア（小児科病院で働くなど）に使いたいと答えた時間が長くなったのに対して、見せびらかし向きでない社会貢献ボランティア（シャワーの時間を縮めるなど）に使いたいと答えた時間に差はなかった。そして、男性ではボランティアに「おつきあい」条件の効果は見られなかった。つまり、異性とのおつきあいを考えると、ただたんに全体の消費支出や社会貢献ボランティアを増やすのではなく、見せびらかしに向いた消費や見せびらかしに向いた社会貢献ボランティアだけを増やすわけだ――つまり、人目にふれるコストのかかる誇示として機能する行動が増えるのがわかる。

ちょっと意外なのは、おつきあいを意識して呼び水（プライミング）が入っても、男性は見せびらかし向きの慈善活動は増やさないし、女性は見せびらかし向きの消費を増やさないという点だ。もしかすると、おつきあいの呼び水（プライミング）が入った男性が好む見せびらかし慈善活動は、英雄的なものにかぎられるのかもしれない（たとえば、見知らぬ人がおぼれかけているところを救助するなど）。そこで、三番目の研究では、また新規に学生を集めて、二番目の研究の実験手順にひとつだけ変更を加えた。二番目で用意したのと同じ見せびらかし消費（新しい腕時計や新車）にお金を使うか、それとも、もっと気前のいい見せびらかし消費（キャンパス内のブースで自然災害の被災者に寄付したり病気の子供を支援する公開オークションで高額をつけたりといった消費）にお金を使うか、選べるようにした。また、二番目の研究で用意したのと同じ見せびらかし慈善活動（ホームレスシェルターではたらくなど）に時間と労力を使うか、それとも、もっと英雄的な行為（火災が起きているビルに飛び込んで立ち往生している人を救助したり、見知らぬ人を襲っているクマの注意を自分に引きつけたりといった行為）に時間と労力を使うか、選べるように変更した。予想どおり、おつきあいの呼び水（プライミング）が入った女性は対照条件の女性に比べてもっと多くのお金を気前のよさシグナリングの見せびらかし消費に使うと回答したし、おつきあいの呼び水（プライミング）が入った男性は対照条件の男性に比べて英雄的な人助けをやるという回答が多かったが英雄的でない人助けに差は出なかった。また、女性では、おつきあい条件が英雄的行動に効果はみられなかった。さらに、大勢の相手と短期的な性的関係をもつことにいちばん関心が強い男性では、おつきあいの呼び水（プライミング）が入ったあとに気前よさシグナリングの見せびらかし消費と英雄的慈善行為の増え具合がいちばん大きかった。このことは、男性がコストのかかる配偶シグナルにこうした行動を使っているというとくに強固な証拠になる。

　おつきあいについて考えると男性で英雄的な人助けが増えるのだとしたら、男性による他の種類の慈善活動もおつきあい動機で増やせるかもしれない——英雄的行為だけではなく、自分の優位性や指導力を誇示できる慈善活動も増やせるかもしれない。そこで四番目の研究では、また新たに学生を募って、おつきあいの呼び水（プライミング）が入ったグループとそうでないグループにわけ、地位の低い活動（一番目の実験で用意した五種類の活動）か、もっと社会的な格の高いもの（「メイク・ア・ウィッシュ」基金でハリウッド有名人といっしょに不治の病にかかった子供のためにボランティア活動をしたり、有名人とホワイトハウス要人の会談を調整したりといった活動）か、それとも社会的な力をふるう活動（敵対的な群衆に対して演説をしたりリスクの大きい公的な抗議運動を率いたりといった活動）か、どれをどれくらいやりたいと思うかたずねた。男性も女性も、おつきあいの呼び水が入った条件では社会的な格の高い社会貢献活動への関心がわずかに高くなった。ところが、おつきあいの呼び水が入った条件で社会的な力をふるう社会貢献活動への関心が上回ったのは、男性だけだった。しかも、この効果がいちばん大きくなったのは、異性とのつきあいに対する動機が非常に高く複数の相手と関係をもちたい意欲がもっとも高い男性の場合だった。

近年、おもしろい論文がでた。著者のジル・サンディとブラダス・グリスケヴィシウスと共同研究者たちは、こうした効果をさらに四つの研究で再現している。複数の相手と性交しようとする意欲がきわめて高い男性が、「おつきあい」の呼び水（プライミング）の影響をもっとも強く受けるという発見に触発された彼らは、「社会-性目録」という尺度を使って短期的な性的つきあいへの関心を計測している。一つめの研究では、多人数との性的交際を求める男性は上司よりも恋人候補に好印象を与えるために友人から流行の衣服を借りたいと思うという傾向が強かったのに対して、多人数との性的交際をそれほど求めない男性はむしろ上司に好印象を与えようとしたのがわかった。また、女性ではちがいが見られなかった。二つめの研究では、多人数との性的交際を求める男性を、魅力的な女性八名の写真を見てもらうグループと魅力的な建築物八点の写真を見てもらうグループにわけ、他の学生たちが見せびらかし消費の例に該当すると判定された品目（デザイナー・サングラスや精巧なカーステレオ）にどれくらいお金を使いたいかたずねた。すると、女性の写真を見た男性たちの方が、見せびらかし用途に向かない品目（低価格のジーンズやトースターオーブンなど）よりもそうした品目に使いたいと答えた金額が高かった。多人数との交際をそれほど求めない男性や女性では、「おつきあい」の呼び水（プライミング）効果は見られなかった。また、「物質主義」の計測に標準的に使われるアンケートの回答結果からは、見せびらかし消費は予測されなかった。三つめの研究では、「おつきあい」の呼び水（プライミング）が見せびらかし消費に及ぼす効果が現れるのは、恋人候補の状況設定が長期的な関係ではなく短期的なセフレとなっている場合にかぎられるのがわかった。四つめの研究では、ポルシェ・ボクスターを運転する男性の方がホンダ・シビックを運転する男性よりも魅力的だと女性に評価されるのは短期的なセフレとしてであって、結婚相手の候補として魅力的になるわけではないとわかった。女性を男性が評価した場合には、運転する車の種類による影響は見られなかった。この最後の研究はとくに興味をそそる。というのも、この研究からは、見せびらかし消費をする男性に女性が魅力を感じるのは、よい遺伝子を求めるときであって、よい資源（リソース）を求めるときではないとうかがえるからだ（遺伝子なら一回つがえば手に入れられる一方で、長期的な結婚では男性の富が重要になる）。

最後に、進化心理学者のマーゴ・ウィルソンとマーチン・デイリーによる研究では、「おつきあい」の呼び水（プライミング）が女性よりも男性で強く経済行動に影響することが確証されている。彼らが関心をよせたのは、人々の「割引率」だ。明日、ほんの数ドルばかりもらえるのと、何日も先の将来にもっと多額のお金がもらえるのと、どちらがいいか選択するときに、どれくらい我慢ができるかを決めるのが割引率だ。まず、ウィルソンとデイリーは、標準的な経済的選択尺度を利用して二〇〇名ほどの被験者の割引率を計測した。次に、前もって非常に魅力的か魅力的でないと判定された自動車の写真か恋人候補の写真を被験者たちに見てもらう。最後に、被験者それぞれの割引率をふたたび計測し、写真を見たあとで割引率が変わったかどうかを調べた。すると、非常に魅力的な女性の写真（Hotornot.com から手に入れた写真）を見た男性たちは、もっと高い割引率に切り替わっていた――お金に関して前より辛抱ができなくなっていたのだ。車の写真を見た男性たちでは、割引率への影響が見られなかったし、男性の写真を見ても女性の割引率は変わっていなかった。（なお、非常に魅力的な車の写真を見た女性たちは、変わらないどころかむしろ割引率を下げていた――そういう車を買うためにお金を貯めるのに適した経済的にもっと合理的な態度だ）。ようするに、魅力的な女性を見た男性たちの方が、とにかく短期的に手に入れられるお金を手に入れるようにずっと強く動機づけられたわけだ。おそらく、そうすることで、魅力的な恋人候補に対する見せびらかし消費にそのお金を使えるからだろう。

こうした九つの研究は、ぼくの言わんとする要点を見事に支持している：消費であれ慈善活動であれ、人間の経済行動の多くは、恋人候補や他の社会的パートナーたちにじぶんの個人的資質を見せびらかすコスト高なシグナリングの動機にうながされている。そうした動機は、ごく具体的に細やかに調整されている。体系的な性差が見られるし、恋人を得る機会らしきものがあるとそれに影響される。「おつきあい」の呼び水（プライミング）が入った男性たちは、見せびらかし向きでない行動ではなくとくに見せびらかし向きの行動をとる。「おつきあい」の呼び水（プライミング）が入った女性たちは、贅沢品への支出ではなく慈善的な支出を選ぶ。「おつきあい」の呼び水（プライミング）が入った男性たち、とくに多人数との性的交際をのぞむ男性たちは、英雄的で社会的な格の高い社会貢献行動や社会的な力をふるう社会貢献行動をとくに選ぶ。このように細やかに調整されたパターンをとる行動は、一般的な興奮や刺激の副作用として生じるとは考えにくい。過去数百万年にわたる進化をとおして、特定ののぞましい特徴の信頼できるシグナルとなるコスト高でリスクのある行動によって恋人や友人を惹きつけるように形成された複雑な設計特性をもつヒトの見せびらかし心理が、こうした行動パターンから明らかになる。

第7章　誇示的な浪費・精度・評判

Conspicuous Waste, Precision, and Reputation

コスト高シグナリング理論は、人間行動について、ほどよく偏執狂めいた視座をもたらしてくれる。シグナリングで考えると、どうしても物事に疑いの目を向けずにいられなくなるのだ。身体的・精神的・社会的な優位性を主張する生き物がヒト以外に本当にいるのかどうかについて、あらためて生き生きとした懐疑精神をかきたてられる。コスト高シグナリング理論を知ると、人生に自信をなくしてしまう――人生は、定番の恋愛コメディというより、フィルムノワールとスパイ物とSFの合体作に似ているように思えてくる。一九世紀のアメリカ公使エリアス・ルート・ビードルは、「世の中でなされる仕事の半分は、物事を実態とちがうものに思わせるための仕事だ」と持論を述べた。突き詰めていくと、コスト高シグナリング理論がもたらす知見は、エリアスの意見に「なるほどそうですね」とうなずく程度ではおさまらない。

ヒトには派手に自分を誇示する本能がある一方で、「これくらいが最適だ」と加減したり「これくらいに抑えておこう」と節約したりする本能もある。我らがご先祖たちが効率的に狩りや採集をする方法や取引で利益を上げる方法やうまく道具をつくる方法の選択をするとき、こうした性質が導きの糸となった。ソーンスタイン・ヴェブレンが『有閑階級の理論』（一八九九年）でぼくらの自己誇示本能を分析したのは有名だけれど、それほど知名度のない別の本『職人技の本能と産業技芸』（一九一四年）では効率性追求の本能も検討している。この効率性追求の本能は、いろんなシグナリング・システムの評価にも応用できる。こうした本能があることで、他人が多大な出費をするまでもなく他人を正確に判断できたらいいのになぁとぼくらは思う。あんなにたくさんの物質とエネルギーと時間とリスクをシグナルにかけて多大な出費を他人がしなくてすんで、他人がわざわざハンディキャップを背負うことなくすむならその方がいいのにと思う。普遍的な欺瞞以外の選択肢が壮大な無駄遣いしかない、このコスト高シグナリングの悪夢から抜け出る方法はあるだろうか？

一九九〇年代前半のほんの数年間、このジレンマへの答えを「インデックス」の理論がもたらしてくれるかもしれないと生物学者が考えていた時期があった。理論的に言うと、インデックスとは、コスト高にならずに完璧に信頼できるシグナルのことだ：ある生き物の隠れた特徴が、他の生き物に観察できる手がかりのわかりやすい性質と100パーセント相関するのがインデックスだ。インデックスは、ニュートン物理学や発達生物学のもたらす基礎的な制約を利用することで信頼できるものになりうる。たとえば、ある動物の体の大きさは、その個体がもつ遺伝的資質や体の状態や年齢のインデックスではないかと考えられた。なぜなら、突然変異した体調の悪い生まれたばかりの動物は、たくさん食べて急速に平均より大きい体に成長できるわけがないからだ。この観点でいくと、グッピーの平均体長が三センチのとき、四センチのグッピーはかなりすぐれたグッピーにちがいないし、ブラキオサウルスの平均体長が二〇メートルのとき、二五メートルあるブラキオサウルスはかなりすぐれたブラキオサウルスにちがいない。

だが、インデックス理論はやがて生活史(ライフヒストリー)理論に取って代わられた。生活史理論とは、生涯のいろんな時期ごとにちがったパターンで資源やエネルギーや時間を成長や行動に割り当てるのを研究する理論だ。生活史理論からは、信頼できるとされるインデックスであってもつねに虚偽の余地が残るだろうと考えられる。いま、ある動物がいちばん適応度の高い配偶相手を選ぼうとしたりいちばん適応度の高い子供に資源を投資しようとしたりしているとしよう。この動物は、隠れた資質の手がかりとしてお互いの体長に注意を払うよう進化しているとする。すると、配偶相手や子供は体のいろんな部位を大きく長くするためにエネルギーを割り当てるように選択がかかる。これによって、自分にふさわしい交配や親の養育が手に入る。横断面がいちばん小さいおかげでいちばん安上がりに伸ばせる体の部位（首としっぽ）は、進化の時間で急速に長くなっていく。こうして、わかりやすい体の大きさ（体長）と実際の遺伝的資質・体の状態・年齢との相関はだんだん弱まっていく。こうして生まれるのが、やたら尾の長いグッピーや首としっぽが長いブラキオサウルスだ。生活史理論の実証的なテストからは、このようにある成長パターンから別の成長パターンへとエネルギーが進化において割り当て直されるのは、かなり達成しやすいらしいことがわかっている。それどころか、どんな個別のインデックスをとってみても、その信頼性を保証できる「発達上の制約」が生き物にかかっている例は多くない。進化はあまりにも強力かつ利口に制約を迂回して信頼できるインデックスを信用できない広告に変えてしまう。こうやってインデックスの信頼性を容赦なく損なってしまうはたらきは、文化水準でも生じる。紙幣や高級腕時計やレンブラントの絵画などの偽造で例証したとおりだ。

信頼できるインデックスと実績バッジがある世界で暮らすのを想像してみると、理解が早い。この世界では、本は表紙を見れば判断できるし、人物は顔を見ればわかり、製品は目に見える単純きわまりない手がかりで判断できる。子供たちは、ごく一握りの大事な格言を学習することで繁栄できる：「大きいことはいいことだ」「痛みなくして得るものなし」「あの親にしてこの子あり」「力は正義」「実践を重ねれば完璧になる」。子供たちは、金ぴかなものがなんでも黄金だとはかぎらないとか言葉より行動が雄弁に物語るといったことを学ぶ必要はない。どこを見ても永遠不変の真理しかないこの世界では、子供たちは永遠にずっとだまされやすく無垢なままでいられる。

コスト高シグナリング理論は、基本的に、ぼくらがそんな世界なんかに暮らしていないというわるい知らせだ。なぜなら、生存と生殖のために他を欺く誘因(インセンティブ)はあまりに強く、そして、新しいかたちの欺瞞をつくりだす適応的プロセスは――遺伝的進化、文化的発明、個人の即興芝居は――あまりにも迅速でそこら中に蔓延しているからだ。いい知らせもある。シグナルコストの特定条件下でなら、シグナルの信頼性が成り立ちうるのだ。

動物の一般的なエネルギー予算（食べた物のカロリー）や生態的な資源（脅しや格闘によって手に入れた交配テリトリー）といった観点でみたコストがシグナルコストに含まれうるのはまちがいない。エネルギー予算や生態的な資源は、いくつかの点でお金に似ている。こうしたお金めいたコストがきわめて高くなるとき、コスト高シグナリング理論はソーンスタイン・ヴェブレンのいう見せびらかし消費の理論にほとんどそっくりになる。『有閑階級の理論』で、ヴェブレンはこう論じた――贅沢品やサービスをお金持ちが手に入れるのは、もっぱら富を誇示するためであって、じぶんのしあわせを増すためではない。最高級製品を買うお金持ちは、その高価格がコストではなく便益だということを理解している。高価格であればこそ、もっと貧しい買い手は同じ製品に手が出せない。このため、所有者の富と趣味を示すものとして製品の信頼性が保証される。お金持ちが iPod をほしがるのは［＊1］じぶんの頭のなかでいい音を響かせたいからではなくて、他人の頭のなかに好印象をつくりだしたいからだ。ヴェブレンは「見せびらかし消費」という用語をこの手のコストがかかる誇示すべてに当てはめた。製品を入手し、使用し、誇示する主な機能が持ち主の個人的特徴・富・地位のシグナルを第三者に送ることにあるなら、どんなものでもヴェブレンは「見せびらかし消費」に数えた。コスト高シグナリング理論は、このヴェブレンの洞察を生物学の世界にただ一般化した理論だ。ヒトも含めていろんな動物たちがじぶんの手が届くかぎり最高に高くつくシグナルを見せびらかすのを観察する。そのシグナルが、クジャクの尾だろうと、ハマーH1だろうと、区別はしない。どちらの場合にも、信頼できるシグナリングのためには、なんらかのこれみよがしな「誇示的浪費」が必要になる――なんら物質的な便益をもたらさないかたちできわめて目にとまりやすい資源の浪費が必要になる。無駄遣いではあっても、これによって、浪費している当人がそれほどの資源を無駄にできる能力と意思を持ち合わせているというシグナルが送られる。

ただ、「コスト」という言葉はときに誤解をまねく。それに、金銭的なコストの生物学版に限定されるわけでもない。シグナル・コストには、動物個体の時間（なにかをするのにかかる時間）という観点でみたコストもあるし、注意（いま進行中のタスクに割り当てられている意識の割合）、精励（適格なシグナルを育てたりつくりだしたりするのに投入した品質管理システムの割合）、身体的リスク（負傷したり死んでしまったりする確率）、社会的リスク（虚偽がばれたときに恥をかいたり罰せられたりする確率）もある。こうしたコストの場合、コスト高シグナルにはこれ見よがしな無駄遣いの必要がないかもしれない。そのかわりに、誇示的な精密さ（時間・注意・精励によってのみ達成できるもの）や誇示的な名声・評判（社会的

＊1　原書出版当時はそうだったかもしれない。いまならiPhone Xかアップルウォッチの最高級バージョンだろうか。

制裁を受けかねない状態）が必要となるかもしれない。

誇示的な浪費や誇示的な精密さによって信頼性を保証するシグナルは標示（インジケータ）と言える。そうした浪費や精密さから動物個体の遺伝的資質や表現型の状態が明らかになるなら、適応度標示になっている――つまり、その個体の適応度を明らかにしたり、その種が自然界で生きる生態的条件のもとでうまく生存して繁殖する統計的な傾向を明らかにするものとなっている。クジャクの尾羽という適応度標示は、誇示的な浪費による部分もあるし（尾羽は大きくて重い）、誇示的な精密さによる部分もある（きめ細やかに成長した羽は巨視的に見ると放射状に対称となっていて、もう少し近くに寄って見ると等間隔に目玉模様が並んでいて、さらに細部に目を向けると虹色の光沢を見せる）。

人間が設計した製品の大半は、誇示的な浪費と誇示的な精密さのなんらかの割合で組み合わせている。ハマーH1 SUVは誇示的な浪費がはげしい（重量は七八五〇ポンドあり、一ガロンあたりでおよそ一〇マイル走る）。その一方で、誇示的な精密さはほんのわずかしか示さない――それどころか、しばらく走ると修理が必要になる程度の設計・製造の精密度しかない（『消費者レポート』の信頼性評価によれば、故障はよく起こるそうだ）。レクサスLS 460セダンは、誇示的な浪費という点ではハマーほどはげしくない（重量は四二四〇ポンドで、一ガロンあたり約二〇マイル走る）。だが、誇示的な精密さという点ではずっとまさっている（部品どうしのはまり、仕上げ、機能、信頼性、高級感）。

指標以外でも、多くの動物は適応度や地位の「バッジ」を進化させている。バッジは、誇示的な浪費や精密さではなく、誇示的な評判によって成立する。バッジは、それにふさわしいと社会に認められる持ち主にとっては成長させて維持するのはかんたんかもしれない。だが、相応の資質がない個体が見せびらかそうとすると、無視や追放といったかたちで他の個体から社会的制裁を受けやすくなる。たとえば、アシナガバチのメスのあいだでは、顔面のマーキングが地位バッジとして機能する。地位の高いメスほど、口の上に黒い斑点をたくさんつけている。この斑点の数は、頭の広さ・体の大きさ・戦闘力と高い相関を示す。生物学者のエリザベス・ティベッツ（ミシガン大学）とジェイムズ・ダール（サイモン・フレイザー大学）が地位の低いメスに塗料で斑点を描き足してみたところ、そうしたメスたちは支配的なハチたちからとても激しく攻撃されるのがわかった。このように、黒い斑点はつくりだすだけなら代謝面で安上がりかもしれないけれど、地位バッジを裏打ちするだけの戦闘力を持ち合わせていないハチが偽装してもきびしい社会的制裁を受けてしまう。これに相当する人間のバッジには、たとえばイギリスの学校におけるネクタイや、軍隊のメダル、ギャングの入れ墨などがある――どれも、相応の裏打ちがないのにバッジを誇示すると、追放から殺害までのさまざまな制裁を呼び寄せてしまう。

信頼できるシグナルとしてバッジが機能するには、持ち主が本当にそのバッジにふさわしいかどうかを定期的に他の個体によって確認されないといけない。これは、バッジの「維持コスト」と解釈できる。ただし、そのコストを担うのは、持ち主というよりバッジを見る側の個体たちだ。持ち主以外の個体たちは、ニセモノ・偽造・ズルがないか確かめる手間をとらねばならないし、ズルが発覚したらその持ち主にしっかり制裁を加えて、地位の高いバッジをつけようとするのを思いとどまらせるほどのコストを地位の低い個体に予想させねばならない。ここから、信頼性に関わるべつの問題が生じる：ズルを検出して罰するのは、個体それぞれにとっては不都合ではある（なぜなら時間とエネルギーとリスクのコストがかかるので）けれど、集団にとってはいいことだ（それによってバッジの信頼性が保たれるので）。すると、厳密に言えばこの検出と制裁は利他的行動にあたる。こうした社会貢献の利他行動が集団内で維持できるのは、バッジの確認役とズルの制裁役がシグナリング・システムの警護によって社会的・生殖的な便益をえる場合だ。ところが、システム全体は、正直なバッジ保持者、詐欺師、警官役、警官役を賞賛する者、警官の取り巻きのあいだで複雑な権力と利害のバランスが成り立つかどうかに依拠している。もしその集団で適正なバランスが成り立っていれば、バッジはきわめて信頼できる効率的で安上がりな適応度シグナルや地位シグナルなどになる。ところが、集団のメンバーたちがバッジ確認役やズルの制裁役に高い社会的地位や友人関係や配偶機会といった報酬を与えなかったら、システムはあっけなく崩壊してしまう。

人間が設計した製品の大半も、ある程度まで地位バッジに依拠している。その名は「ブランド」だ。ふつう、ブランド名やロゴはそれほど浪費に依拠しない（小さくて平らだ）。それに、精密さもそれなりでしかない（ごく単純な字体や意匠を使っている）。だが、商標法や企業弁護士、貨物検査官によって猛烈に保護されている。あの中国ですら、ブランド品偽造業者の大半は偽造ブランド名を少し本物と変えて、真っ向から商標を侵害するのは避けている。たとえば、プラダならぬ「プラディ」の衣服、Panasonic ならぬ “PenesemiG” のバッテリー、Puma ならぬ “Pmua” のシューズが、そうやってつくりだされている。バカみたいなブランド名でも、積極的に宣伝を展開してニセモノを取り締まれば成功できる（たとえば、アクセンチュア、バボラ（スポーツ用品）、ボング・ウォッカ、Intellocity、Kork-Ease（女性用サンダルなど）、Phat Farm などがそうだ）。大事なのは、ブランドが消費者に認識できるかどうか、製品品質のなんらかの部分とプラスの相関があるかどうか、法律や社会的制裁による後ろ盾を得ているかどうか、それがすべてだ。バッジを育成し認識し正確さを裏打ちする遺伝子を広めることによって進化がシグナリング・システムとしてバッジをもたらすのと同じように、企業も消費者にブランド認知を促進してブランドとプラスの連想をつくりだしブランド偽造に不寛容をつらぬくことによって、ブ

比較の基盤	誇示的な浪費	誇示的な精密さ	誇示的な名声
コストのかたち	物質、エネルギー	注意、技能	ズルの処罰
シグナルのかたち	物質の品質	情報、ブランド	認知
典型的な手がかり	大きなサイズ	少ない誤差	大量販売
	コストのかかる素材	正確な設計	独特なデザイン
	表面積	対称	典型性
	はかなさ	信頼性	流行している
	規模	複雑精緻	人気
誇示する側の情動	気前よさ	自負	虚栄心
見る側の情動	畏敬	魅了	親しみ、羨望
賞賛の言葉	びっくり、たのしい	細やか、しっかりしてる	有名な、流行ってる
元素	金（時計）	シリコン（チップ）	ネオン（サイン）
食べ物	フォアグラ	寿司	プライム・リブ・ステーキ
時計ブランド	フランクミュラー	スカーゲン	ロレックス
衣服	クロテンのコート	イッセイミヤケのドレス	アルマーニのスーツ
自動車ブランド	ハマー	レクサス	BMW
住宅設備	居間、玄関ホール	台所、庭	外壁、郵便番号
学歴	オックスフォード M.A.	MIT 物理学 Ph.D	ハーバード MBA
都市	ロサンゼルス	シンガポール	パリ

ランドの資産価値を築き上げる。認知・連想・信頼性に関わる事情は、ブランドよりも上の水準にある企業やコングロマリットの名称でも（トヨタ自動車）、ブランド内の製品名でも（カムリ）、そっくり同じだ。

上記の表では、シグナリング原則としての誇示的な浪費、誇示的な精密さ、誇示的な名声それぞれについて具体例を示している。

どの例も、議論の余地がある。というのも、実際の製品がこの三つの原理に依存する割合はさまざまだからだ。とくに、大半の場合、製品が成功するには、効率よく機能できるだけの最低限の精密さがあることを示さないといけない。ハマーといえども、試験走行を走りきる程度には走れないといけない。ロサンゼルスといえども、通勤に一日二四時間もかかったりしないように道路を整備していないといけない。ただ、こうした精密さは、どれも、誇示的な精密さである必要はない――実用に必要な範囲で収まっていれば事足りる。また、大半の製品は、それとわかるなんらかのブランディングがなされていないといけない。そうでないと、ありきたりのコモディティにとどまらない価格プレミアムがつかないし、製造業者・流通業者・小売業者に利益をもたらしてくれない。他のシグナリング原則が機能しているなら、誇示的な浪費も必須ではない。製品によっては、やりすぎなほどの規模や素材の無駄遣いがなくてもほぼ純粋に誇示的な精密さとブランディングだけで品質を保証するものもある。たとえば、スカーゲンのブランド腕時計はステンレス鋼の非常にうすく簡素なケースと精密なクォーツ・ムーブメントと控えめなブランディングを使っている。

もちろん、シグナルの信頼性がとるかたちは誇示的な浪費・精密さ・名声だけで語り尽くせるわけではない。他に、誇示的な希少性もある：ピンクダイヤモンド、レンブラントの絵画、月の石、ダイアナ妃のドレスなどがそうだ。風変わりなペットに入れあげるマニアのあいだでは、希少性はとても重視される。そのため、科学文献で新種が報告されると、コレクターたちが高プレミアムの珍品を手に入れようとしはじめて、その新種の絶滅リスクが増大する――インドネシアのロティ島で発見されたマッコードナガクビガメがその一例だ。国際ペット市場で二〇〇〇ドルで取引されるようになり、絶滅寸前になった。また、誇示的な年代もの（希少性と相関することも多い）も同様だ：ローマ時代のアウレウス金貨、室町時代の侍の刀、グーテンベルク聖書がそういう年代物にあたる。だが、こうした物珍しいかたちのシグナル信頼性が当てはまるのは、たいてい、独特な高級品の専門的オークション市場でのことで、主流の消費者向け製品のデザインやマーケティングには当てはまらない。

さまざまなシグナリング・システムの相対的な有効性と道徳性

シグナルを送る側、受け取る側、集団、ひいては生態環境の視点からみて、どのシグナリング原則にもそれぞれ独自の長所と短所がある。こうした区別は重要なのに、見過ごされていることが多い。たとえば、暴走する消費主義に対する社会主義的な批判や環境保護主義的な批判がいちばんよく当てはまるのは、粗雑なかたちの誇示的な浪費だ。そういう浪費は、たしかに物質やエネルギーを金持ちで独占して貧しい人たちを閉め出し、生態系に大きな影響を与える（資源とエネルギーを必要とする）。H1ハマーに比べて、iPod nanoが対象となると社会生態学的な批判を言うのはむずかしくなる。昔の貴族と比べて、いまの新興成金（ヌーボーリッチ）は、べつに消費主義から自由になっているわけではない。ちがうのは、誇示的な浪費より誇示的な精密さと名声の方を好む点だ（つまり、〔英語の慣用句で言う〕「鈍感でがさつ」よりも「生活のもっとすてきな品々」がよしとされる）。環境保護意識の高いドレッドヘアの菜食主義者（ヴィーガン）は、身なりの整ったサッカーママたちとくらべて、べつに資本主義に対して超然としているところがちがうわけではない。ちがうのは、彼らが好む誇示的な名声・評判の種類だ：成長ホルモンをたっぷり与えられ乳腺炎にかかって膿がでている工場畜産の牛からとられた牛乳をかけてケロッグのフロストフレークを食べるよりも、シルク社のオメガプラスDHA豆乳をかけてネイチャーズ・パス社の「オーガニック・ジンジャー・ジン・グラノーラ」を食べるのが彼らのお気に入りだ。宗教カルト「サイエントロジー」の信者は、二八万ドルも払って「集中訓練（インテンシブ）」と講座を受講して「レベル8」の地位になろうとする。こうした信者たちは、「ビバリーヒルズに暮らしてジラールペラゴ高級スイス時計に二八万円もかけるような精神科医どもよりじぶんの方が精神面で上等だ」と思っているかもしれない。だが、どちらも誇示的な名声を追い求めている点は変わらない。たんに、その名声の種類がいくらかちがうにすぎない。こんな風に、信頼できるシグナリングにいろんなかたちがあることを認識しないまま消費至上資本主義について論じていても、迷子になってしまうことがある――そして、みんながそれぞれに好んでいるシグナリング手法は、そもそもシグナリングだと当人が認識していないものだったりする。

トーマス・マルサスは、「人間の人口は、通例、環境がになえる生産力に釣り合うまで増加する」と考えた。資源がかぎられたマルサス式の世界だったら、この億万長者のようにヨットで豪遊して大量のエネルギーを独り占めしてしまうと、他の人たちにはエネルギーが回ってこなくなる。だから、貧しく飢えている人たちが豪華ヨットみたいな誇示的な浪費を目の当たりにするとだいたい腹を立てるものだし、それで社会主義革命を要求したり（一九世紀版の反応）、もっといい抗うつ剤を要求したりする（二一世紀版）。ヴェブレンの『有閑階級の理論』は、誇示的浪費を風刺する長大な批判の書ではあっても、なぜそうした浪費が美的に気に触るものに感じられる心理的な理由を検討してはいない。一九一四年の『職人気質の本能』[＊2]では、その空所を埋めるべく、こう仮定をおいている――数千年にわたって道具づくりの技術革新をつづけたヒトは、効率的な道具・計画・生活様式を好ましく思う根深い直観を進化させてきたのだ――ヴェブレンはそう考えた。この考え方では、誇示的な浪費におぼえる美的な嫌悪感は、この職人気質の本能が反映したものということになる。みんなが本能としてそなえている職人気質は、設計の精密さや機能の効率性を重んじるとされる。ヴェブレンが思い描いたテクノクラートのユートピアでは、心正しい技術者たちが腐敗したマーケターや投資家連中を権力の座から追い落とし、適正な大きさと浪費を最小限におさえた製品を世に送り出し、人々はそれをよろこんで歓迎する。

だが、シグナリング理論の観点で考えるなら、この職人気質の本能は、たんにシグナルに関する優先事項が誇示的浪費の場合とちがっているだけだと解釈できる――職人気質で重んじられるのは、誇示的浪費ではなく誇示的精密さを判断するときに当てはめられる優先事項だ。ヴェブレンが思い描いたテクノクラートのユートピアは、国際モダニズム・ミニマリズム・テクノフェティシズムをとおして二〇世紀のあいだに先進国ではかなりの程度まで実現された。これにより、ヴィクトリア朝様式の装飾のような誇示的浪費は放棄され、かわりに、デザイン・形式・機能性の誇示的精密さが重んじられるようになった――これを体現するのが、フランク・ロイド・ライトの住宅建築であり、ノルの家具であり、モバードの腕時計であり、アップルのコンピュータだ。お金持ちはいまでも高価な家具を買っているが、なぜコストがかかるかといえば、デザイナーが何時間もかけて新しいかたちのイスを開発しようと苦心し、その新しいデザインを実現するには機械工が新しい政策手法を編み出さねばならないからであって、木彫り職人が何時間もかけてマホガニーにロココリバイバル様式の花模様を彫り込まなければならないからではない。

二〇世紀に誇示的な浪費から誇示的な精密さへと転換がなされたおかげで、いくつもいいことがあった。この転換によって、デザイナーたちは考えうるあらゆる製品デザインの広大な空間を探索するのにもっと創造力を発揮できるようになった。しばらくの間とはいえ、金ぴか時代のグロテスクな濫費ぶりの評判は地に落ちた。「小さきは美し(スモール・イズ・ビューティフル)」の環境美学にいたる道が開かれた。巨大なモノ(列車、戦艦、摩天楼)の技術者たちから小さなモノ(電子機器、生物工学、ナノテク)の技術者たちへと地位がゆずら

＊2 *The Instinct of Workmanship.* 邦訳はない。

れることにもなった。消費者が製品のつくり・仕上げ・信頼性・機能性・新規性を評価することも増えた。誇示的な浪費はいまもごく一部では好まれている（アメリカ、ロシア、サウジアラビア）。だが、それ以外の土地では誇示的な精密さの方が偏愛されている（日本、韓国、香港、ヨーロッパ）。

だが、誇示的な精密さにしても、誇示的浪費と同じくらい馬鹿げたかたちの消費主義の暴走につながることがある。消費者向け製品の基本機能が安定して変わらず、そしてカタチは機能にしたがうとすると、モダニストのデザインはあらゆる製品カテゴリーですぐさま最適なデザインに落ち着いていたはずだ――理想のイス、理想の車、理想の住宅がデザインされていてしかるべきだ。もっと言えば、完璧な職人技・品質・信頼性に体現される誇示的な精密さを消費者がもとめているのだとしたら、あらゆる製品はもう何十年にもわたって効率よく機能しているはずだ。壊れてダメになることもなく、ちょうど遺伝子が生物としての遺産として引き継がれるのと同じように、世代をまたいで資本としての遺産として受け継がれていてよさそうなものだ。だが、そんなシステムが実現していたら、経済は壊滅していただろう。そのうち、誰もなにも買わなくてすむようになってしまっただろうからだ。これが、一九五〇年代のビジネスマンにとっての悪夢だった。そして、悪夢は解決された――投資家・マーケター・政治家たちが明示的におおいに策を練って、計画的な陳腐化と技術のニセ進歩を繰り返すいろんなやり方を考案することで、解決された。これをジャーナリストのヴァンス・パッカードが『かくれた説得者』[＊3]（一九五七年）、『地位を求める人々』[＊4]（一九五九年）、『浪費をつくり出す人々』（一九六〇年）[＊5]といった著作で検討したのは、いまも読者に記憶されていることだろう。

モダニストの美学を徹底すれば、自動車のどんな機能をとってみてもその機能に役立つ最適なデザインのかたちはごく狭い範囲に収まるとすれば、そして、じぶんたちが新車を今後も売り続けたいなら、とるべき道は一つしかないと企業は気づいた――とどまることのない技術革新により次々と登場する新機能をあれこれと搭載して毎年のニューモデルを「改良」していくしかない。誰でもよく知っているように、改良に次ぐ改良の連続で、自動車のモデルはものの数年で「時代遅れ」になる：空調（一九五八年）、パワーウィンドウ（一九四八年）、パワーステアリング（一九五一年）、クルーズコントロール（一九五八年）、三点シートベルト（一九五九年）などが次々に追加されていった。もっと近年だと、運転席のエアーバッグ（一九八〇年登場）で満足していた心配性のドライバーたちも、いまでは後席エアーバッグ（一九八七年）、助手席エアーバッグ（一九九五年）、膝高エアーバッグ（一九九六年）、ウィンドウバッグ（一九九八年）、第二世代エアーバッグ（一九九八年）を搭載すべく次々に更新していかないといけないような義務感を覚えている。ぼくが乗っている一九九七年製トヨタランドクルーザーには、二つしかエアーバッグがついていない。それに比べて、二〇〇七年製ＢＭＷ ７５０Ｌｉには八つもエアーバッグがついている。我ながら非合理とは思うけれど、あれに比べると自分の車はいかにも心許ないように思ってしまう――とはいえ、うちのランドクルーザーの方が、重量はまさるし、車高も高いんだけど。

このように、誇示的な精密さによる消費主義シグナリングにより、製品特性や機能の急速な普及が後押しされる。そうした機能は、ささいな技術革新だったりニセモノの革新だったりすることも多い。これにともなう浪費は、ふつう、単一の製品のなかでははっきりとわからない。だが、消費者が生涯のう

＊3　林周二＝訳、ダイヤモンド社、一九五八年。原書は *The Hidden Persuaders*.
＊4　野田一夫・小林薫＝訳。ダイヤモンド社、一九六〇年。原書は *The Status Seekers*.
＊5　南博・石川弘義＝訳、ダイヤモンド社、一九六一年。原書は *The Waste Makers*.

ちに次々と更新していく時代遅れになった製品をぜんぶ足しあわせてみると、深刻なものになる。トヨタ・ランドクルーザー（車両重量 五七〇〇ポンド）を一〇年ごとに買い換えるのではなく、トヨタ・プリウス（車両重量 二九〇〇ポンド）を三年ごとに買い換えていったとしたら、ドライバー人生五〇年のあいだに、合計二万八〇〇〇ポンドではなく四万八〇〇〇ポンドもの自動車用原材料を消費することになる。たとえその新製品の方が運転距離単位でみた環境コストが低く抑えられているとしても、継続して買い換えていくのがいつでも理にかなっているとはかぎらない。同様に、ぼくと同世代の消費者なら、きっと、（これまでに）二台くらいのレコード再生機、八トラックプレイヤー、カセットプレイヤー数台、何台ものCDプレイヤー、いろんなiPodを消費してきたはずだ。どれも、誇示的な精密度は大したものだったから、きっといまでもその役に立ってくれるだろう……家のどこかから探し出せるならだけど。

誇示的浪費から誇示的精密さに転換したのは、消費がじょじょに物質的でなくなっていったことを反映している。しだいに、物質ではなくデザインによるシグナル、大きさではなく精巧さによるシグナルで、卓越ぶりを示すように変わっていったことが、ここに反映している。携帯電話はものすごく小型になっているので、もはやいい大人の男性が手にとって使うと、まるでおとぎ話の小人さんの道具を巨人が不器用な手で操作しているかのように感じられる。もしもiPod nanoの刷新がこのまま続いて二〇四五年に第二三世代モデルが発売されたら、ミリ単位の体積にまで小型化して耳たぶに装着する方式のなっているかもしれない。ぽろっと床に落としてしまったら、うっかり吸い込んでしまったりペットのシーズー犬がなめとってしまったりしないように気をつけなくてはいけなくなりそうだ。誇示的な精密さは、視覚でとらえられる限界や手で操作できる限界へと急速に近づきつつある。

だが、こうした製品の脱物質化には、錯覚の部分もいくらかある。つまり、資本の割り当てを製品そのものからその設計開発や製造設備に移して集中させるように変わっているのだ。パソコンに使われるマイクロチップは、それ自体のサイズは一センチ平方におさまっているかもしれないけれど、一〇〇万平方フィートの工場を一〇億ドルかけて建設してようやく製造できる。その一角には、一〇万平方フィートの「クラス1」超清浄エリアも必要とされる。製品そのものの品質を見てもわからないけれど、みんながふだん使っている製品の誇示的な精密さを実現するためには製造能力や専門知識に企業が資本投資しないといけない。みんなが製品に払っているお金には、その分が含まれている。企業は、製品そのものにとてつもない資本を投資しているわけではない。設備や知識に投資した結果、めざましい規模の経済が実現できる。というのも、いったん集中した製造設備をつくってしまえば、そのあとはいろんな製品を製造するにあたって限界コストはとても低く抑えられるからだ。

　誇示的な名声・評判は、いっそう極端にすすんだ消費の脱物質化をみせている。評判・名声の領域では、製品によるシグナリングの信頼性は、（誇示的浪費のように）もはや製品そのものに投下された資本にも依存していないし、（誇示的精密さのように）デザインと製造に投下された資本にも依存していない。製品の評判とブランド資産は、製品の物質的なかたちにではなくて、消費者たちと観察者たちの脳のなかにある。彼らの脳も、鉄鋼やシリコンと同じ程度に実在している。ただ、脳の方はふつうの物質のように直接操作できないので、感覚を通してふれるしかない：つまり、広告、製品展示、オピニオンリーダー、模倣、口コミなど、現代のマーケティングが手にしているありとあらゆる武器をつかって感覚にとどけるしかない。

　二〇〇六年に『インターブランド』はコカコーラの「ブランド資産」が六七〇億ドルに達したと報じた――この額は、他のどんな企業よりも大きい。マーケター以外の人たちにとって、ブランド資産（消費者のあいだでブランド名が認知されていることの価値総額）という概念は、たいてい、抽象的すぎて意味不明に聞こえる。だが、マーケターたちにとってはとてもありありと感じられる実証的な意味がある――つまり、この地球上の九四パーセントの人間が「コカコーラ」を認知していて、その製品に「プラスの反応を示す」おかげで、消費者たちは物質的には同等のブランドのない飲料に比べてコカコーラ製品には価格プレミアムを支払ってくれる。地球上に人口は六五億人いるわけで、コカコーラは一つの頭脳あたり平均一〇ドルのシェアを有している。つまり、同社が何十年にもわたって年間二〇億ドルもの広告費を投じてきたことで、〔消費者がその製品を好ましく感じる〕製品認知の傾向がつくりだされ、いま文字通り一人の頭脳あたり約一〇ドルの価値をもつにいたっているわけだ。他の上位ブランド一〇社も――マイクロソフト、IBM、GE、インテル、ノキア、トヨタ、ディズニー、マクドナルド、メルセデスも――二〇〇六年現在のブランド資産が二一〇億ドルを上回っている。言い換えれば、一人の頭脳あたり三ドル以上の製品認知傾向がある。こうした傾向は、ぼんやりとしてとらえどころがなさそうに思えるかもしれない。だが、何十万人ものマーケティング・広告の業界人のキャリアを支える程度にはじゅうぶん実在している。神経経済学という新しい科学分野が進歩し、もっと洗練された脳画像化手法を使って、いろんなブランドや製品に対して消費者の脳のどの部位が反応するかつきとめられるようになれば、ブランド資産のような概念もいまほど謎めいたものには思われなくなっていくだろう。

コスト高シグナリング理論により、ブランド資産はシグナルを受け取る側の頭脳に（他人が製品を消費しているのを観察する人たちに）その大半が存在しているという事実がはっきりと浮かび上がる。きわめてブランド資産の大きい高級ブランドは（たとえばルイ・ヴィトン、グッチ、シャネル、ロレックス、エルメス、ティファニー、カルティエ、ブルガリ、プラダ、アルマーニといったブランドは）この点を完璧に理解している。こうした企業は『ヴォーグ』や『GQ』に広告を展開する。そのねらいは、たんにお金持ちの顧客候補に情報を届けることだけではなく、そうした顧客候補たちに、『ヴォーグ』や『GQ』を読んでいるそれほどお金のない人たちもこうしたブランドを認知し、他人がそうしたブランドを見せびらかしたときには尊敬してくれると保証することにもある。だからこそ、典型的な高級品広告には、とても魅力的なモデルがまるで富豪の女相続人のようないでたちをして、不満げに読者をさげすんでいるかのような表情を浮かべていたりする。この手の広告は、「これが買い！」「さあ買いなさい！」なんて言わない。語るのは「この製品を買って見せびらかせば、他人は女神のごときあなたを前にしてじぶんが醜く劣った存在だと感じること請け合いですよ」ということだ。

シグナリング原則としての誇示的な名声・評判には、他とちがう道徳的批判・美学的批判が向けられる。ブランディングを批判する人たちが指弾するのは、製品による物質の浪費ぶりでもないし、技術フェチめいた無用な機能・特性の氾濫ぶりでもなく、その不公平な社会的比較の効果だ。ブランドのついた製品を手に入れると、消費者はじぶんの地位や性的魅力や洗練具合が高まったように感じる——突き詰めれば、こうした感覚は抑圧的か自己妄想かのどちらかになる。製品の見せびらかしを見た人たちがその人にもっと高い地位を認めると、じぶんたちは劣っているように感じられるので抑圧的だし、そうではなく、見せびらかしを見た人たちがそんな高い地位を認めなかったら見せびらかしている当人は独りで勝手に妄想をしていることになる。どちらの場合でも、ブランディングは不公正・不道徳に思える——社会的地位のゼロサムゲームに人間の労力・注意・虚栄心を浪費しているように思える。

一方、それ以外の切り口で見ると、誇示的な名声・評判はシグナリング原則としてすばらしく効率がいい。生態系への負担はごくごくかるいものですむ。他人の頭脳に影響を及ぼすのに利用されるのは、かろやかな情報とメディア技術だからだ。広告は、目に向けて放たれる光の粒子や耳向けて送り出される音波にすぎない。そうした光や音をつくりだすには、とても効率のいいメディアが使われる。出版・ラジオ・テレビ・インターネットといったメディアは、そんなにたくさん化石燃料を燃やすわけでもないし、タテゴトアザラシを棍棒でどんどん殴り殺して狩猟するわけでもない。誇示的な名声・評判の原則は、消費至上資本主義の核心をなす機能を正直に認めている——じぶんの個人的資質を他人に向けて見せびらかして上下のちがいを感じさせるのが、その機能だ。そして、そのおかげで、マーケターや消費者は、他人や環境にそれほど副次的ダメージを与えずにこの機能を実現できる。

自己誇示を果てしなく追い求めるのをいつか人々がやめることはなさそうに思える。共産主義やヒッピーのユートピア主義の失敗を見れば、これはあまりに明白だ。(ソビエト連邦のミハエル・ゴルバチョフやローリングストーンズのキース・リチャーズは、いまやどちらもルイ・ヴィトンの鞄の広告に出演している。)だが、自己誇示の様式はかなり柔軟に融通が利く。歴史上のいろんな時代や文化で、見せびらかしに関わる規範がさまざまにちがったかたちに発展してきたことから、それはわかる。だとすると、いつの日か、自己誇示はいまの反社会的で無責任で信頼の置けない誇示的浪費・誇示的精密さ・誇示的評判から変化して、もっと向社会的で堅実で信頼の置けるかたちに移行するかもしれないし、しかも、そこでもなお、人々が生計がたてられるかもしれない。

第8章　体の自己ブランディング、心の自己マーケティング

Self-Branding Bodies, Self-Marketing Minds

体は、生存と生殖のための実用道具だ。だが、同時に、みんなそれぞれの遺伝子のパッケージと広告でもある。何世紀も前からずっと、体をまじまじと観察した人たちなら、あらゆる動物と同じく人間の形態も適応度標示のショウケースだということを理解している。すぐれた遺伝子、すぐれた健康状態、すぐれた生殖能力を体のいろんな特徴をとおして人間がどうやって見せびらかしているか理解すれば、みずからをマーケティングする心が消費行動をとおしてじぶんをどうやって見せびらかしているか、もっとよくわかる。

世間の知恵では、美女と美男の美は、健康と生殖能力を広告している。古代ローマの滑稽劇作家のプブリリウス・シュルスに言わせれば「うるわしい外見は、言葉なき推薦状である」そうだし、ゲイのアイルランド人作家オスカー・ワイルドが言うには「外見で判断しないのは、考えの浅い人間だけだ」そうだ。とがった顔つきでおなじみのモダニストダンサー、マーサ・グレアムの所見では、「体は嘘をつかない。」クジャクには尾羽があり、ライオンにはたてがみがある。そして、ヒトには、放っておけばボサボサになる頭髪もあれば大きな白目のある宝石のような目もあるし、表情ゆたかな顔面もあるし、

プルンと肉感的な唇もあるし、華麗に器用な動作をこなす手もある。ダーウィンが認識していたとおり、こうしたヒトの特徴はすべて性選択の結果だ——何世代にもわたるみんなのご先祖たちは、性的なパートナーに見てとれる若さ・健康・適応度・生殖能力の信頼できる手がかりを好んできた。さらに、性別それぞれに、独自の豪華な適応度標示があれこれとそろっている。男性にはヒゲや大きな顎や大きな上半身の筋肉があるし、他の類人猿たちより長くてずんぐりしたペニスもある。女性にはかなり大きな乳房や臀部があるし、他の類人猿たちより細い腰もある。こうした性別特有の標示がようやく成熟を迎えるのは、思春期になってから、つまり恋人市場でじぶんの適応度を広告するのに適した時期になってからだ。

こうした人間のいろんな特徴がたしかに適応度標示として機能していることを、過去一五年で進化心理学者たちは立証してきた。（いかにも当たり前の話に聞こえるかもしれないけれど、当たり前に聞こえる話にしっかりした実証的論拠を見つけ出すのがいつでもかんたんとはかぎらない。）こうした体の特徴がヒトでは独自に増幅・強化されていて、性的シグナルとして重視され、性的な求愛行動においていっそう顕著に誇示されていることを支持する強固な証拠がいまではそろっている。そうした特徴のなかには、性的興奮にともなって充血するものがある（唇や乳房や臀部やペニス）。こうした特徴は目立つしセクシーだ。コストがかかり複雑で、生存能力と生殖能力の偽造しにくいシグナルとなっている。男性向けの視覚ポルノでも女性向けの物語形式のポルノでも、こうした特徴が関心の焦点になっている。年をとったり体の調子がわるくなったり飢えたりすると、頭髪はつやをなくし、顔は肉や皮が垂れ下がり、唇は薄くなり、皮膚はたるみ、手はふるえるようになる。男性の場合、ペニスや筋肉や顎は小さく縮んでいく。女性の場合、乳房や臀部は小さくしなびていく。両親が実のきょうだいやいとこどうしだった場合、遺伝的な近親相姦により、子の健康や生殖能力や魅力は低下する。ひどい外傷を負った場合、それによって体のかたちの対称性がくずれたり動きがぎこちなくなったりする。こうした特徴は、体で示す適応度標示でもあり体の適応度を示す標示でもある。

こうした標示の信頼度がいちばん高くなるのは、適応度が「中」から「下」のときだ。みんなの高校時代の同級生で魅力の高かった上位二〇パーセントに比べて、アン・ハサウェイやウィル・スミスのような超魅力的な映画スターたちは、必ずしも健康や生殖能力ですぐれているとはかぎらない。それでも、みなさんの魅力的な同級生たちも、超魅力的な映画スターたちも、まずまちがいなく、魅力度下位二〇パーセントの同級生たちよりも健康で生殖能力でまさっている。体の美しさに魅かれるのは、ちょうど、体の醜さや非対称性や病気やハンディキャップや外傷・負傷に嫌悪を覚えるのとコインの裏表をなしている。美しさを強化する製品を買うとき、みんなはたいてい欠陥・欠点を隠そうとしている――ウェブサイト「ひとには相談できない恥ずかしい問題」(Embarassingproblems.co.uk) であれこれと議論されている体の症状が、まさにそれだ：にきび、口臭、でべそ、疱疹、フケ、性器の感染症、毛ジラミ、勃起不全・不能、失禁、ペニスのかゆみ、いびき、チック、静脈瘤、イボ――こういうものをどうにかしようとして、みんなはあれこれの製品を買い求める。

それどころか、ヒトの体に関わる現象の幅広さを考えると、いったい共通点になにがあったのかなかなか思い出せなくなってしまう。みんなにとっては、適応度標示だけが顕著に目立つからだ。親戚でいちばんブサイクな男性と女性をそれぞれ思い浮かべて、デイヴィッド・ベッカムや女優のエリザベス・ハーレーと比べてみるといい。肝臓・結腸・舌・眼球・睾丸・卵巣の構造や生理機能が実質的に同一だとは、とても想像しがたいはずだ。人間の遺体をプラスチック処理したグンター・フォン・ハーゲンス博士による展示会「ボディワールド」に訪れた八〇〇万の来場客の一人だった読者なら、皮をはいで筋肉を細かく分離し臓器を一つ一つ分解する前にどの人体が性的に魅力的だったか思い出せなくなる経験をしたのを思い出せるのではないだろうか。二〇〇四年に中国で処刑された三四〇〇人の一人だったとしたら、腎臓や肝臓や心臓や角膜の価格に読者の性的魅力はほとんど影響していないはずだ。きっと、シンガポールの裕福な実業家のなかには、偏見に惑わされずに買い求めた角膜でしあわせにものが見える生活を楽しんでいる人もいるだろう。

解剖用遺体の取引（医学校向けや外科手術訓練セミナー向けの遺体の取引）では、医学教育訓練イノベーション社（ＩＭＥＴ）のような大企業は、「ティシューバンク」のサプライチェーンに入ってきた遺体が美女美男だろうとブサイクだろうと気にしない。とにかく、頭部には標準価格五五〇ドル、片足まるまる一本で八一五ドル、背骨なら一五〇〇ドル、胸部なら三七五ドルを払う――あとは、空輸費用がかかるだけだ。ときに、FedEx の仕分け設備で荷物が破裂して開いてしまうことがある。そんなときに、従業員は「むっ、この生首はなかなかそそる顎のラインしてるねえ。眉もりりしくて高貴な感じじゃねえの」なんて言ったりしない。ただただ胸くそ悪い骨入り解凍人肉ボールでしかない。ＩＭＥＴトップのオージー・パーナが『ハーパーズ』のインタビューに答えて語っているように、「みなさんの首が乗っているその胸部は、たんに肉と骨でしかありません。私にとっては、製品ですよ。」あるいは、ストア派哲学者のエピクテトスが一九〇〇年前に書き記しているように、「きみは人体を持ち運ぶ小さな魂だ。」

こういう陰気な話をして、読者の実存というボートを揺すぶりたいわけではない。ただ、全体としてどの人の人体も実のところ非常に似たり寄ったりで、本質的にはささやかでしかないちがいにみんなして大騒ぎしているということを思い起こしてほしいだけだ。背が低く栄養不足の佝僂病で体がゆがみしらみにたかられ放題だった中世の農民にとって、いまのみんなは華麗な天使のように見えるだろう。好色なチンパンジーにとっては、みんなは青白く腕が短くて顔がひらたい化学療法患者のように見えるはずだ。サーベルのような牙をもった剣歯虎の目には、きっとみんなはよだれがとまらないほどおいしそうに見えるだろう。国際バイオメトリック工業会の会員は、個々人を区別して自動的に認識する信頼度の高い方法をみつけるとなれば、かなりの苦労をしなくてはならない。典型的に、個人の生体認識には皮膚（指紋・手のスキャン、走査反射率波形）・顔・光彩・声から精密かつ複雑でほぼランダムな表面パターンをとりだして測定する必要がある。ヒト以外の種や生物測定機械にとって、ヒトの個人差はそれくらい微妙なものだ。

だが、数千世代かけてこうした個人差がヒトの集団全体で平均的にならされ積み重ねられると、これらが進化でもたらす帰結は途方もなく大きくなる。ＤＮＡ配列のささやかなちがいから、タンパク質にはじまり細胞から組織・器官そして身体にいたるまでの段階で微妙なちがいが生じ、そしてそれがさらに生殖の成功度の平均レベルでさまざまなちがいをもたらすことになる。こうした一見するとつまらないちがいを気にとめるようにヒトは進化してきた。なぜなら、進化の長期的な視野では、微妙なちがいがものすごくものを言うからだ。

周知のとおり、いろんなモノやサービスは身体の外見を改善するとうたって売り込まれている。そうした製品のなかでもとりわけ人気があって目立つ例は――衣服や美容整形やフィットネス産業は――何千もの研究者たちが分析対象にしてきた。いまとなっては極端にもほどがある例でなければ人も驚かないし、消費主義の奥深くにどれほどの自己愛がひそんでいるかを思い出すきっかけにもならない。そういう例を少し挙げてみよう。ひとつは、「バストアップ」チューイングガムがある。東京に本社をおく企業B2Upの製品で、日本の女子中高生を対象にマーケティングされている。含有成分のフィトエストロゲンにより胸の大きさ・かたち・固さが改善されるとうたっている(Bustgum.com参照)。もうひとつは、「エクストリーム・メイクオーバー」というリアリティTV番組だ。番組では、希望者を募って脂肪吸引・豊胸手術・鼻の整形手術・腹部・腹壁形成術(タミータック)、運動生活訓練・衣類の格上げ更新をやらせ、その様子を撮影する。

トライアスロンの隆盛

一九七〇年代にジョギングが流行して先進国を席巻すると、ランナーたちはマラソンで競い始めた。ボストンマラソンのはじまりは一八九七年からだが、年一回開催のマラソン大会が新しくあらゆるところで開かれるようになっていった：ニューヨーク(一九七〇年)、ベルリン(一九七四年)、シカゴ(一九七七年)、ロンドン(一九八一年)。世界最大規模のニューヨークマラソンは、いまでは参加ランナーを毎年三万七千人に制限している。

だが、適応度標示の観点で考えると、こうしてマラソンが栄えることで、新たな問題がもちあがってしまった：マラソンはかんたんすぎるのだ。一五歳から四四歳までの人ならほぼ誰でも、だいたい六ヶ月にわたって着実に訓練を重ねればマラソンを走りきれる。四二・一九五キロのマラソン完走は、もう大して特別なことではなく、人に言ってもとりたてて尊敬されないし、プロ以外のランナーにとってマラソンで優勝するのは不可能になってしまった。さらにわるいことに、マラソンのために鍛えても、あまり見た目のいい体にはならなかった。長距離ランナーはやせぎすで筋張った体になる：男性だと上半身の筋肉が減るし、女性だと胸とおしりが薄くなるうえに生殖能力も落ちる。男女どちらも、性ホルモン水準が低下し、性欲が減退する。それに、マラソンを走るのはあまりに安上がりなので、すぐれた富の標示にもなってくれない：競い合う必要があるのは、八〇ドルのランニングシューズだけだ。

アマチュアができる運動競技として、なにか別のかたちが必要だった――マラソンよりも強靱で肉付きがよく生殖能力の高い肉体が有利になる競技、しかも、もっとお金のかかる装備が必要な競技だ。かくして一九七七年に生まれたのが、ハワイのアイアンマン・トライアスロンだった。トライアスロンでは、二・四マイルの水泳にはじまり、一一二マイルの自転車走をこなし、しあげに二六・二マイルのマラソンを走る。この競技で有利になる肉体は、上半身が強靱で（水泳のために）、下半身が強靱で（自転車のために）、しかも脂肪が蓄えられている肉体だ（水中で凍えてしまうのを防止し、長時間のエネルギーを供給できるように脂肪が必要となる）。アマチュアのあいだでも、そういう体をつくりあげた人が有利になる。今日、トライアスロンで本気で競い合うとなれば、少なくとも五〇〇〇ドルを装備や器具に使わないといけない――たとえば、「ブルーセブンティ・ヘリックス・フル」のトライアスロンウェットスーツに五五〇ドル、スコット「CR1プラズマプロ」トライアスロン用自転車に三八〇〇ドル、さらに、特別なエネルギーバーや電解質飲料も買わないといけない（マラソンとちがって、トライアスロンは競技中に燃料補給が欠かせない）。このため、トライアスロンの評判はすぐさまマラソンをしのぐようになった。トライアスロンの方がマラソンよりも時間がかかり、もっときつく、競争もはげしくて筋肉ももっと必要になり、いっそう訓練が求められ、しかもお金もかかる。太古のご先祖たちがおくっていた生活でも、長距離を歩いたり走ったりする有酸素運動の能力と、しとめた獲物の肉や採集した食べ物や重たい赤ちゃんを持ち運ぶ強靭さのバランスが必要だったという点で、トライアスロン競技者の肉体は、健康で生殖能力の高い人間らしい外見を性的に好ましく思うように進化した条件によりよく合致する。

トライアスロンは、とめどない特徴見せびらかしの古典的な事例だ。たんに高水準の身体的な適応度が求められるだけでなく、高水準の富・鍛錬の努力・勤勉さも必要となる。マラソンと比べて、トライアスロンは一般的な健康状態・強靭さ・生殖能力の性的な好みにもよりよく合致した肉体をもたらす。トライアスロンがマラソンに取って代わった顛末は、主要なシグナリング原則を例証している：強いシグナルが弱いシグナルを駆逐するのだ。

顔の生殖能力標示と化粧品

本書の中核をなす主張の一つは、「半ば無意識に、個人がもつ特定の特徴の対人的・性的な魅力を高めようと試みて、みんなはいろんな製品を買っている」というものだ。適応度標示として機能する一部の身体的な特徴（乳房・臀部・頭髪）、女性が性的に魅力がある外見を見せびらかす特徴についてはほぼ謎はない。だが、それ以外の身体的特徴は、男女どちらの性別でももっと微妙でわかりにくい適応度標示として機能している。それに、そうした身体的特徴は、人目があるところで見せびらかされがちで、お金で手に入れた製品で強化されることが多い。たとえば、女性の化粧品は美の本質についてたくさん教えてくれる：女性の顔面にある特定の特徴は、適応度・若さ・生殖能力の標示としてどのように機能しているのかは、化粧品を考えるとよくわかる。

化粧品が使われるのには進化論的な背景がある。大半の霊長類の種では、性選択で顔の外見が非常に重視されるのだ。そのわけは、大半の霊長類がきわめて社会的な生き物で（他の個体が目を向けている先や、顔の表情から読み取れることを気にかけ）、しかもきわめて視覚を重用する点にある。このため、典型的に、ばかばかしいほど誇張された性的魅力の特徴をもつオスを霊長類のメスは選択する。顔全体が視覚的に目立つよう進化している場合もある。たとえば、白黒コロバス猿やシロガオサキやブラッザグエノンがもつ白黒模様の顔は、明暗を強く対比させている。目も、目立つように進化しているかもしれない。たとえば、ハナジログエノンやシロエリマンガベイやメガネラングールでは、目のまわりに強く白黒を対比させた模様が入っている。顔面の皮膚や体毛にきわめて濃い色彩を進化させてきた種もある。たとえば、ウアカリの鮮やかな赤い顔やクチヒゲタマリンの鮮やかな青い顔がそうだ。こうした色彩がもうちょっと薄い種もあって、たとえば、ゴールデンモンキーはパステルブルー、雲南ゴールデンモンキーはパステルピンクだ——逆に、けばけばしい色彩に進化してきた種もある。たとえば、マンドリルの鮮やかな赤と青の鼻がそうだ。他の霊長類に目を向けると、派手なヘアスタイルの持ち主もいる。たとえば、エンペラータマリンには立派な口ひげがあるし、ワタボウシタマリンはふさふさのモヒカン頭をしている。顔の特徴を誇張している種もあり、たとえば異様に大きな鼻の持ち主や（テングザル）、立派な頰の持ち主（オランウータン）、とがった頭頂部の持ち主（ゴリラ）がいる。

どの場合でも、霊長類のオスの方が独特で極端な外見をしている。これは、顔に表れる適応度標示に対してメスの方がいっそう強くえり好みをしてきた進化の歴史を反映している。これと対照的に、ヒトの場合、性選択は男女それぞれの顔の特徴にほぼ同程度の影響をおよぼしている。その結果、男性は「テストステロン化された」特徴があるし（眉毛・顎・鼻はしっかりと目立ち、彫りは深く、目は小さくて、ヒゲがある）。女性の特徴はこれと大きく異なって、「エストロゲン化された」特徴がある（男性より大きくて目立つ目、男性よりぷりぷりした唇、すべすべでなめらかな肌)。

女性の顔の魅力を示す手がかりの多くは、女性の遺伝子品質を信頼できるかたちで明らかにする一般的な適応度標示として機能するばかりではなく、その女性の生涯や月経周期で生殖能力がいちばん高くなっているかどうかを明らかにする生殖能力標示としても機能している。〔他の霊長類とちがって〕ヒトの女性には独特なところがある。それは、生理的に生殖能力がさかんになる数年前の十代半ばから性的に活発になる(脂肪の少なかった我らがご先祖たちの食生活だったら、通例、十代の終盤に性的に活発になっていた)し、生理的に生殖能力がなくなったあとも(閉経後も)長らく性的に活発でありつづけるという点だ。それに、月経周期をとおしてずっと性的に活発で、排卵前の生殖能力のピーク時にだけつがうわけではない点も独特だ。妊娠しない時期にもセックスをすることによって、ヒト女性はじぶんや子供に対して男性からの助力・世話・投資を一貫して引き出せる。だが、これは男性にとっては問題をつくりだす:限られた資源(リソース)の投資先に、じぶんといろんなカノジョ候補と我が子とされる子供たちがあるとき、じぶんの生殖成功度を上げる確率を最高に高める投資機会をどうやって選べばいいのだろう?つまり、本当に生殖能力があって妊娠できる女性と、未成熟だったり閉経済みだったり生理中だったりすでに妊娠中の女性とを、どうやって見分ければいいのだろう?

女性の年齢を見定めるとき、相手が生殖能力のピークである若い成人だという顔や体の手がかりにじっくりと注意を払うように、ヒト男性は進化しているようだ。たいてい、女性の生殖能力は一〇代後半から急速に高まっていき、二〇代中盤でピークをむかえ、三〇代にじわじわと下降していき、四〇代序盤でほぼないにひとしい状態に達する。このため、先史時代の男性が、生殖能力のまだない女の子や生殖能力をなくした女性に性的魅力を感じてすてきな恋愛関係を楽しんだとしても、彼の不適応な好みを受け継ぐ子孫を残すことはほぼなかっただろう。十代後半から三〇代中盤の生殖能力のピークにある女性にいちばん性的魅力を覚えた先史時代の男性は、若くても性的に成熟して生殖能力のあることを示す手がかりを好む傾向を受け継ぐ子孫たちをより多く残した。

進化上の対抗戦略として、女性たちは未熟な子供の時期に生殖能力の手がかりを発展させ、年を重ねて閉経を迎えたあとまでそうした手がかりを維持するよう進化した。配偶相手の男性からもっと注意と投資を引き出すためだ。先史時代なら、出生証明も運転免許証もなかったし、女性の実年齢をうかがわせる客観的な証拠をあれこれともたらす誕生日パーティもなかった。このため、女性は二〇代から六〇代にかけてずっとじぶんの生殖能力を生理的にも行動でもいつわるように進化していておかしくない。これに対するさらなる対抗戦略として、男性は見せかけだけの生殖能力と本当のピーク生殖能力をもっとするどく知覚して区別する方法を進化させた——それに、本当に生殖能力のあることを示す手がかりには性的な衝動を覚えるように進化している。たとえば、ビル・クリントンがモニカ・ルインスキーとことに及んだとされる一九九五年の時点で、モニカ（一九七三年生まれ）は二二歳で生殖能力のピークにあったのに対し、ビルの妻であるヒラリー・クリントン（一九四七年生まれ）は四八歳、生殖能力はほぼないに等しかった。

生殖能力をいつわる目的に幅広い年齢層で使える方法は、生殖能力を示す顔の手がかりを増幅する化粧品を利用することだ。ぷるぷるした唇、大きな目、目立つ頬骨、なめらかでつやつやした肌、ふさふさで輝くような頭髪、ごく少なめな顔面の体毛といった手がかりを、化粧品で強化するのだ。（こうした特徴のどれをとってみても、たんに生殖能力のピークにある女性をもっと若い女性やもっと年配の女性から区別するだけでなく、ヒトの女性を他の類人猿からも区別している。）ほぼどんな文化でも、女性は化粧品する。

を使って、二〇代中盤の生殖能力のピークにある女性ならではの特徴にじぶんの顔の特徴を似せようと

たとえば、目の大きさ・白さ・〔白目と虹彩の〕色合いの対照ぶりは、二〇代中盤に生殖能力のピークを迎えたあとに下降していく傾向がある。このため、アイライナー、アイカラー、マスカラ、ブロウペンシル、目薬の「バイシン」を使って、女性たちは目を大きくて澄みきっているように見せたり、瞳孔・虹彩・強膜〔白目〕・まつげ・肌・眉毛の明暗対照を強めたりする。（ほぼあらゆる雑誌・広告・ポルノ画像で、フォトショップで画像を加工して女性モデルの強膜〔白目〕を白くしている。）唇の厚み・赤み・突き出し具合は、生殖能力標示として二〇代中盤にピークを迎える。このため、女性はリップライナー・リップカラー・リップグロス・リッププランパーを使って唇を大きくあざやかに見せかける。いわゆる「頬骨」（と呼ばれてるけれど本当は頬骨に重なるエストロゲン化された脂肪がつまった部位）の隆起と丸みは、年齢とともに小さくなっていく傾向があり、その上に重なる皮膚はしだいに血管膨張による赤みをなくしていく。そこで、女性たちは頬紅や陰影の化粧を使って頬骨を際立たせる。（モデルや女優の多くは、頬の上部に小さなシリコンパッドを埋め込み頬の下部から脂肪を除去して頬骨をいっそう際立たせている。）女性の顔面の皮膚は半透明で輝きがありムラがなくすべすべしているが、三〇代中盤からだんだんこれが失われていく。そこで、女性たちはファウンデーションやパウダーを使って色素や肌理（きめ）がもっと均一なように見せかけ、シワを隠す。頭髪のあつみや長さ、色の鮮明さやツヤは二〇代中盤でピークを迎える。そこでピーク後の女性たちが利用するのが、ボリュームをふやすシャンプー、輝きを強めるコンディショナー、白髪染め、ハイライト、付け毛、カツラだ。これらを利用して、生殖能力ピーク時の頭髪を模倣する。その一方で、顔面の毛は脱毛剤で少なく抑える。顔面の毛は、閉経後にエストロ

ゲンが急減しアンドロゲンが増加するのにともなって増加していくのだ。

『カバーガール』のパット・マクグラスのような最高のメイクアップ・アーティストがこういう若さや生殖能力の特徴を強化する効果をもたらす技能は精妙そのもので、なんとなく眺めただけでは化粧品が使われているとは気づかないほどだ。この技能のおかげで、モリー・シムズやクイーン・ラティファが『カバーガール』の広告に登場すると、化粧に気づかないほどごく自然で若々しくさんざんと輝くばかりでいかにも生殖能力があるように見え、たいていの女性読者は一目見て「じぶんは格下だ」と感じ、同じくらい超絶に生殖能力がありそうな外見になりたいと渇望せずにいられなくなる。(もっときれいになれないものかと模索している女性にとっても、もっときれいな相手はいないかと出会いを求めている男性にとっても、美貌と生殖能力のつながりは通常意識されない。ただこのつながりをあたかも理解しているかのようにふるまうように進化しているだけだ。)

一見すると化粧は文化によってまちまちでたまたましかじかのやり方になっているだけのように思える。だが、化粧の選択は見かけよりずっと恣意的でない。なるほどたしかに、古代エジプト人たちは液体のアイライナーではなくてコールを使って目が大きく見えるようにしていたし、ファウンデーションではなくメスデメットを使って肌の肌理をもっと均質なように見せていた。だが、どちらの場合も、エストロゲン化や若さにあふれた性的成熟度や生殖能力を示す顔の手がかりを誇張したのであって、隠したわけではない。いろんな文化に共通して、人々は化粧にいろんな成分や含量や絵の具や下塗りを使ってきたし、化粧品の使い方やスタイルやパターンもさまざまだ。それでも、どの事例をみても、目が黄色く濁って小さいように見せる化粧や、唇が薄くて生気に欠けるように見せる化粧や、肌をシワだらけあばただらけに見せる化粧が女性たちのあいだで広く使われている文化は見つからない。

あらゆる化粧のねらいが、若さや生殖能力の誇張効果にあるために、化粧品のマーケターや製品開発者になるのはとてもむずかしい。なぜなら、化粧品そのものの一般的な機能面の技術革新で利益をあげるのはあまりにむずかしいからだ。まがいものでなく「傷を治す」医薬品なら、食品医薬品局（FDA）に認可を受けてから特許をとって利益をあげられる。だが、たんに「外見を強化する」だけの化粧品は、医薬品と同じような証拠をもとめる認可基準や法的保護が適用されない。そのかわりに、化粧品ブランドはおたがいに差別化するために、パッケージや価格設定をとおしてさまざまな層の女性に訴えかけるしかない。年齢や豊かさや（実際にどれほど多人数と性交渉するかはさておき）見た目の性的可用性[*1]といった尺度でさまざまにわかれる層におうじて、ブランドをつくっていくのだ。たとえば、「ウェットアンドワイルド」（Wet 'n' Wild）のブランドは地位が低く性的魅力を前面に出したい十代に訴えかけるのに対して、資生堂ブランドは地位が高くて若い働く女性で職場のセクハラを抑止すべく慎み深いイメージを演出したい人たちに訴えかける。近年、化粧品はもっとこまやかなライフスタイルのちがいに応じてブランドを差異化するようになっている：伝統的なロマンティシズム（シャネル、ロレアル、ランコム）か、臨床的な意味での貞操（クリニーク、オレイ、プリスクリプティブ）か、環境にやさしい自然主義（ボディショップ、アヴェダ、Ecco Bella）か、はたまたメトロセクシャルな都会風（DuWop、NYX、スマッシュボックス、アーバンディケイ）か――。女性たちは、じぶんの個性をいちばんうまく表現してくれると思うブランド製品を手に入れるために高い価格プレミアムを支払う――さまざまなブランドからでている製品どうしの化学的な相違はほぼないも同然だし、男性の恋人候補たちはEcco Bellaのちょこんとなった四角っぽくて黒い容器でおなじみのリサイクル可能なチューブの口紅が環境を意識していることを暗示していることや、アーバンディケイの円筒形の派手なチューブの口紅が先鋭なポストゴス・グラマーを暗示していることなんてまったく見当もつかないのだが。

体の適応度シグナルから、心の適応度シグナルへ

ここまで述べてきた化粧の分析を誤読してしまう人もいるかもしれない――「男性より女性の方が身体的な適応度の手がかりを偽造しがちなんだな」と思う人がいたら、それは誤解だ。実際には、男性のファッションモデル、チッペンデールのダンサー、アスリート、ボディビルダー、兵士、警官、髭もじゃでごつい体格のフィールド人類学者、アナボリックステロイド・バイアグラ・ロゲイン（育毛剤）の利用者にも、化粧品と同様の分析ができる。身体的な外見にうぬぼれるのは、男女わけへだてない悪徳だ。ただ、男性がいろんな製品を使って増幅・誇示する身体的特徴は女性とちがうだけのことだ。たとえば、男性は筋肉の量を増やそうとして超プレミアム価格の持続放出プロテインパウダーを買う。「シンサ6」のようなこの手のプロテインパウダーが広告で大写しの写真に使う筋肉たっぷりの男性の上体は、ゲイ向けポルノにでてくるたいていの男性の体よりもアツい。男女どちらも、コスト高シグナリング原則の誇示的浪費（女性なら頬骨・髪の量・臀部の誇張、男性なら身長・筋肉量・精力の誇張）や誇示的精密さ（顔や体の左右対称、均整、なめらかさ：できるだけ少ないシワ、コブ、皮膚のシミ・斑点：身だしなみや衣服）を利用している。

だが、こういう体の外見を誇張・強化するとうたう製品を買った消費者の多くは、落胆を味わう結果

＊1　sexual availability：ようするにセックスできそうかどうかということ。

になる。若さ・健康・生殖能力・適応度は、実はとてもでっちあげにくい。なぜなら、人々は数千年かけて眼識がとてもするどく進化しているからだ。ぼくらの知覚システムは、社会的成功・生殖の成功にとってなにより重要なタスクをこなし、自分にとってきわめて重要な他人の身体的特徴を品定めするときに、最大限に正確さとするどさを発揮するよう進化している。青果コーナーにならぶメロンをパッと見ただけでは熟しているかどうか見分けがつかないかもしれないけれど、ナイトクラブで出会ったあれこれの恋人候補のなかで誰が「ぴったり」か（したがって生殖能力にすぐれ遺伝的な突然変異がより少ないか）見分けられる。

『ワールド・オブ・ウォークラフト』でタフに見せる

大規模多人数参加型オンラインゲーム（ＭＭＯＧ）の仮想世界ほど、消費者自己愛が明瞭に見てとれる場はない。ＭＭＯＧは、人間の行動を研究するのにうってつけの自然実験になってくれる。たとえば、『ワールド・オブ・ウォークラフト』（ＷｏＷ）というＭＭＯＧのプレイヤーは全世界でおよそ九〇〇万人いる。販売元はビザール・エンターテインメントだ。ＷｏＷでは、プレイヤーは仮想のキャラクターをつくる。選べる種族は一〇種類（人間、ドワーフ、ノーム、オーク、血のエルフなど）、選べるクラスは九種類ある（戦士、シャーマン、ローグ、ハンターなど）。キャラクターたちは、三次元の仮想世界を駆け回り、チームをつくり、モンスターどもと戦い、アイテムを交換し、キャラクターのレベルを上げていく（レベル一からはじまり七〇までいける）。レベルはゲーム経験の量しだいだ。オンラインのプレイヤーたちは、お互いのキャラクターが高精細に鮮明な色彩で描画されるのを目にする。このため、じぶんのキャラクターの視覚的な外見や所有アイテム（とくに武器と防具）は、ゲームコミュニティ内での誇りと社会的地位の主要な源泉となっている。

同僚のザック・メンデンホールは、ＷｏＷにおける見せびらかし消費を分析するにあたって、いろんな武器のオークション市場価格に着目した。それぞれの武器はゲーム関連の属性がいろいろとゲームデザイナーによって設定されている。たとえば、典型的に敵に与える「一秒あたりのダメージ」や「耐久力」（どれくらい使うと壊れてしまうか）、「クリティカルストライク発生率」（とびきり大きなダメージを与える確率）といった属性がさまざまに設定されている。こうした数値属性でゲーム内での各武器が実際にどれだけ使いやすいかは完全に決まる。その一方で、見た目がかっこいい武器とそうでない武器もわかれる。他のプレイヤーたちにいっそう強い印象を残す武器とそうでない武器があるわけだ。こうした外見の属性は、「レア度」ごとに色が決まっていて、白（よくある）、緑（あまりない）、青（レア）、紫（「伝説級」つまりきわめてレア）にわかれる。たとえば、紫の剣の方が、緑の剣よりも大きく、風変わりで、独特になっている。また、紫の剣の方が客観的にすぐれた武器でもある（一秒あたりダメージも大きく、耐久力があり、他になにか役立つ性質も備えている）。だが、ぼくらが知りたかったのは、武器のレア度そのものが、プレイヤーの社会的地位の源泉になっているのかどうか、レア武器に価格プレミアムを支払うのだろうか、という点だった。

ＷｏＷのゲームに関連するオンラインチャットで、プレイヤーたちはよく名指ししてレアで地位の高い武器を話題にして、あれをもっている、あれがほしい、あれをみたことがあるぞ、と議論している。たとえば、ＷｏＷのならではの隠語で、こんな会話がかわされたりする：

"Whodi, 411 flash, u c that l70 pally in SM wiht Catacysm's Edge?"
"NFW. IIRC, it does l38 dps? WEG. Better than my vendor trash"
"=:-D. OMG, sick wep, sick tank! If he got torqued, I would shit a cold purple Twinkie. *g* L8R"

ふつうの言葉に訳すと：

「よお、ちょっと面白いネタがあんだけど。あのレベル七〇パラディンが噂の紫レベル剣のカタクリズムズ・エッジもってスカーレット・モナストリーを走り回ってるの見た？」

「ありえねえ。確か、あの剣って一秒一三八ポイントのダメージだろ？（ニヤリと邪悪なほほえみの表情）俺のくっそ安いノーマル武器よりいいじゃん」

「（おののいた不気味な笑い顔）すげえ。マジつえー。体がふるえあがるレベルでつえー。そいつ怒らせたら俺やばくて漏らす（笑い）またあとでな。」


メンデンホールとぼくは、ごく単純な近接戦用「マレー」タイプの武器（剣、斧、ダガー）に関心を集中させた。検討したのは、ほぼあらゆるプレイヤーが好む緑・青・紫のレア度だ。こうした武器は、WoWのオンライン市場をとおして他のプレイヤーによるオークションにかけて需要と供給により決定された価格で売ることもできるし、ゲームデザイナーが設定した販売価格で非プレイヤーキャラクターに売ることもできる。ぼくらが分析したのはこういう取引だ。三〇九点の具体的な武器モデルの標本がえられた。どの武器モデルも、世界中で何千人ものプレイヤーたちに所有されている。（計量化しにくい特別な力があって天文学的なオークション価格がついているスーパー武器二点は除外した——「ナイトブレード」ダガーと、「ブリンクストライク」の二つだ。）見せびらかし消費効果により、武器のレア度はゲーム内販売価格よりもオークション価格の方に大きな影響をもたらすと予想された（オークション価格はかっこいい外見の武器にプレイヤーが払おうとするプレミアムを反映するのに対して、ゲーム内価格は武器の客観的な属性を反映する）。

調べてみると、予想通りだった：武器レア度の方が、WoWゲーム関連の武器属性よりもはるかに大きな影響をオークション価格におよぼしていた。実に、価格差の三三パーセントがレア度で説明される。オークション価格の中央値をみると、緑の武器なら一五七銀貨、青なら二九二三、紫なら一万一〇九九だった。これと対照的に、武器のゲーム内販売価格は九五パーセントが一秒あたりダメージの性能で説明され、レア度はまったく寄与していない（販売価格の中央値は緑が九〇、青が一一〇、紫が四六七だった——一秒あたりダメージ性能で調整するとレア度によるちがいはまったくなくなってしまう）。このように、武器の数値属性をそろえて調整してもなお、WoWのプレイヤーたちは大きくてかっこよくて風変わりな外見の紫レア度の武器にならだいたい一〇万銀貨のプレミアムを払う意欲がある。こうしたかっこよさの見せびらかしが機能するのは、大半のレア武器がオークションで入手されるのはなくて、地位の高い熟練プレイヤーになることで獲得されるからだ。そういう熟練プレイヤーになろうとすれば、競合ギルドの幾多の仲間たちと首尾よくクエストを数百時間もこなしていかなくてはいけない。

こういう仮想世界の見せびらかし消費を分析する利点は、高級品になにか隠れた品質や実用的な利便があるおかげで価格プレミアムが正当化されていると論じるぐじゃぐじゃした余地がないところだ。BMWなら、「高級車にはハンドルさばきや運転しやすさに関して計量化しがたい部分があるのです」と主張できるかもしれない。だが、『ワールド・オブ・ウォークラフト』の紫武器のプレミアム価格はそんな風に主張しても説明できない。武器の数値属性はブリザード・エンターテインメントが公開して利用できるようにしてくれているからだ。武器がゲーム内で客観的にどれくらい役立つのかは、そういう数値でぜんぶ説明される。このオンラインゲームでは、ただ他人にかっこよく見えるためだけに人々がものすごいコストを支払う現場をとらえることができた。ぼくの考えでは、こうした効果は現実世界でもいたるところにある。高級品には隠れた品質や性能の便益があるとされるものの、それはおうおうにして錯覚だ――たんに消費者自己愛にふけるのを消費者が合理化するぼんやりとした理屈でしかない。

身体的なものが精神的なものになる

大半の動物は、体の外見を行動でほとんど制御していない。毛繕いして羽毛や毛皮を清潔にしておくことならできるけれど、いろんな種・性別・年齢・形状・色・表皮の質感は選べない。少なくとも一〇万年前に人間が体の装飾を発明していらい、人間が体をさまざまによそおう方法はますます劇的なものになっていった。部族社会の人々は動物の仮面をかぶるし、イギリスの公務員は女装する。子供たちはおめかしで遊ぶし、フロリダの高齢になったドンは子供がよろこびそうな色の服装をする。『ワールド・オブ・ウォークラフト』や『セカンドライフ』のような仮想現実世界で人付き合いすることが増えるにつれて、外見は本人の身体特徴で制約されなくなっていく一方で、心理的な特徴で制約されるようになっていく。たとえば、美的な好みや理想の自己イメージに制約されるようになるわけだ。仮想現実のユーザーたちは、まもなく、思うがままにじぶんのアバターをつくれるようになる。「ミニ・毛（マオ）」そっくりなアバターやボトックス注射器そのもののアバター、カマキリの足が生えたカンタロープ、真珠のネックレス、ナイジェラ・ローソン、イアン・M・バンクスの小説『代数学者』にでてくる邪悪なアーキマンドライト・ルセフェラスなどなど。こういう自作アバターからは、ユーザー本人の外見についてはなにもわからないけれど、その人の心理についてわかることは多い。アバターは、消費主義のかなめは物質的なモノの所有ではなくて個人のいろんな資質を見せびらかすことなのだとまざまざと証明してくれる。だが、見せびらかされる資質の種類はかぎられている。次章では、そうした資質を分析しよう。

第9章　中核六項目

The Central Six

通常、ヒトは共通しておよそ五〇兆個の細胞それぞれに染色体二三対をもっている。骨は約二〇六本、筋肉は六四〇個ある。脳はだいたい三ポンド（約1・36kg）、皮膚は六ポンド（約2・72kg）だ。みんな、だいたい六億回呼吸して死を迎える。ぼくらはみんな同じひとつの種だ。それでいて、一人ひとりのちがいはおそろしく大きい。みんな、おたがいの体のちがいをあれこれと気にとめるだけでなく、心のちがいもあれこれと気にとめる。なぜなら、ウィリアム・ジェイムズがかつて述べたとおり、「人間どうしのちがいはほんのわずかなものだが、わずかなちがいがきわめて重大なのだ」

一世紀にわたる心理学の研究で、人間行動を予測し人間どうしおたがいに際だって目立つ六つの尺度がある。この六つの心の特徴は、計測したときにすぐれた信頼性と妥当性があり、遺伝的に継承され、生涯にわたって安定していて、さまざまな場面・領域（学校・職場・余暇・消費・家庭生活）で行動を予測するし、さまざまな文化をまたいで普遍的だ。それどころか、多くの動物種でも普遍的に見られるらしい。この「中核六項目」それぞれで相手がどんなスコアになっているかわかれば、人となり・能力・美質・悪癖についていろんなことが推測できる。

それに、このあとに続く章で見ていくように、これら六つの特徴は消費主義を理解する上で絶対に欠かせない項目でもある。なぜなら、みんながいろんなモノ・サービスを購入してはおたがいに見せびらかそうとしているのは、この六つの基礎的特徴だからだ。

「G」は一般知性(general intelligence)を表す。中核六項目の一つめがこれだ。別名、「かしこさ」「頭脳」「一般認知能力」「IQ」ともいう。一九〇四年にチャールズ・スピアマンが要となる研究を世に出してからほどなく、知性は心理学でいちばんよく研究されもっとも確立された特徴となった。知性が高いほど、人生のあらゆる領域で平均的な成功度は高くなると予測される:学業・仕事・お金・配偶・子育て・身体の健康・心の健康は、知性が高いほど良好になる。知性が高ければ、さまざまな不運も回避すると予想される。たとえば、交通事故にあったり牢屋に入れられたり、薬物中毒になったり、性感染症にかかったり、離婚したり、陪審義務を負ったりしにくくなる。知性は、これまで研究されたあらゆる文化で男女両方にとってもっとも性的魅力を発揮する特徴だ。友人・学生・教師・同僚・上司・従業員・同居人に世間が求める特徴でもある。とくに、同じ小隊の戦友には高い知性がのぞまれる。知性はいまだにイデオロギー的な論争の的になっているけれど、その理由も、知性の予測力があまりに高いうえに個々人での分布があまりに不平等だからだ。第11章では、知性がどのように計測され知性からなにが予測されるか、もっと詳しく述べよう。

この数年ほど、ぼくはアルバカーキを走る自動車のいろんなバンパースティッカーのメモをとってきた。いろんな人が思い思いに車につけているバンパーステッィカーは、中核六項目のとびきり極端な例を広告しているように思える。こうした項目がそれぞれどういう意味なのかつかむにはバンパーステイッカーが役立ちそうだ。平均より高い知性・平均より低い知性を広告していると思われる例をいくつか見てもらおう：

《高い一般知性》

- 話しかけるなら勉強オタク（ナード）っぽくたのむ（Talk nerdy to me）
- フォックスニュース世界を生きるＰＢＳ頭脳（A PBS mind in a Fox News world）［＊1］
- うちのボーダーコリーの方がおたくの優等生くんよりお利口だぜ（My border collie is smarter than your honors student）
- Sane, paululum linguae latinae dico（「もちろん少しはラテン語できますとも」）
- 精神錯乱は控えめに（Eschew obfuscation）
- バンパーステッカーにおさまるようなのは哲学じゃない（If it fits on a bumper sticker, it's not a philosophy）

《低い一般知性》

- ママがぼくは特別だって言ってる（Mommy says I'm special）
- 当方犬学生（Collige）
- 舌ピアスはしゅごいアホっぽいんらから（Tongue pierthing ith thtupid）
- アインシュタイン級のでかマラ、馬並みの頭脳（I'm hung like Einstein and smart as a horse）

＊1　ＰＢＳは公共ラジオ局で、保守系のフォックスニュースと対極的。

• フリスビーがだんだんでかくなってるのなんでかなって思ってたらゴツンとひらめいた（I wondered why the Frisbee was getting bigger, then it hit me）

中核六項目の残る五つは、「ビッグファイブ」の性格特徴だ：開放性、堅実性、同調性、安定性、外向性。この五つが発見されたのはもっと近年になってのことで、だいたい一九八〇年ごろにさかのぼる。人間の性格研究でふたたび活発にとりあげられるようになった。ビッグファイブは、人間の行動傾向にみられる主要な個人差を明瞭かつ効率よく描き出してくれる。それに、心理学やマーケティングで人間の性格を記述する他の方法とくらべてずっと信頼できるし、妥当でもある。一般知性と同じく、ビッグファイブ特徴は生活のいろんな領域をまたいでいろんな種類の人間関係でかなりうまく行動を予測する。知性と同じく、ビッグファイブも遺伝的に継承されうるし、生涯にわたって安定していて、文化をまたいで普遍的だ。知性と同じく、ビッグファイブも社会的パートナーや性的パートナーを選ぶときに顕著にものをいう。ビッグファイブはそれぞれ頭文字をとってO、C、A、S、Eで表せる。何種類かある性格調査アンケートで信頼できる計測結果がえられる。

Oは「経験への開放性」（openness）のOだ：好奇心、新しいもの探し、心の広さ、文化・アイディア・美への関心を意味する。開放性からは、情動的な感受性、社会的寛容さ、政治的リベラリズムが予想される。開放性の高い人たちは、複雑さや新規さを追求する傾向があり、変化や革新を受け入れやすい。平凡で予想どおりの決まりごとよりも壮大な新しいビジョンの方を好む。開放性の低い人たちは、単純さと予測しやすいことを求め、変化に抵抗し、伝統を尊重する。〔開放性の高い人たちよりも低い人たちの方が〕たいてい保守色が強く、精神が閉じていて、慣習的で、権威主義的だ。安逸に物事ににぶいままですごすことを気にしない。Oの高い人たちは新しいへんてこな新興カルトに参加しがちなのに対して、Oの低い人たちは祖父の時代から変わらない確立されたカルトにしたがう傾向がある。後者が各種の組織宗教をなしている。開放性は知性とプラスの相関を示す（けど、高い相関ではない）。その一方で、特定タイプの精神疾患とも相関している。たとえば、双極性障害（「躁鬱病」）や穏やかな統合失調症（「精神分裂症」）と相関している。

ここでも、いろんな水準の開放性を広告していると思われる本物のバンパーステイッカーをいくつかごらんいただこう：

《高い開放性》

- 現実をうたがえ（Question reality）
- 自由を合法化せよ（Legalize freedom）
- 俺のカルマでおまえのドグマをひき殺しちまったぜ（My karma ran over your dogma）
- 教会をさぼって失礼。黒魔術やったりレズるのにいそがしくって。（Sorry I missed church. I was busy practicing witchcraft and becoming a lesbian.）
- 現実とはピザ配達の子がでてくるところ。（Reality is where the pizza delivery guy comes from.）
- 乱雑で風変わりなのが好み（I like it sloppy and weird）
- If u c4n r34d thls u r34lly n33d t0 g37 l4ld〔If you can read this you really need to get laid「もしこれが読めるならマジで〔女と〕ヤる必要があるぞ」〕

《低い開放性》

- 大いに楽しめ、罪人ども。（Live it up, sinner）
- ヒッピーは黙ってろ。（Shut up, hippie）
- アメリカへようこそ。ここでは英語を話します。学ぶか回れ右すること。（Welcome to America. We speak English. Learn it or leave）
- ステレオタイプは人生を楽にする。（Stereotypes make life easier）
- もし人が動物を食べるのを神がお望みでなかったなら、肉でおつくりになったはずがない。（If God didn't want us to eat animals, he wouldn't have made them out of meat）
- 銃を禁止すれば両手を使うようになるだけ。（Gun control means using both hands）
- 「汝〜なかれ」のどこがわからないって？（What part of "Thou shalt not" don't you understand?）

Cは「堅実性」（conscientiousness）のCだ：自己管理、意思力、信頼性、一貫性、頼りにできるかどうか、信用できるかどうか、たのしみを後回しにできるかどうか、という特徴だ。堅実な人たちは、長期的な目標を追求する。約束をまもり、やると誓ったことをやりとげ、衝動や悪癖に抗う。中国語で言えば、堅実な人たちは強固な「关系」（guanxi；関係、人脈）をつくる傾向がある——強固で信頼できる社会ネットワークをつくる傾向がある。計画をたてるのが好きで、なんでもうまく整理し、完璧をもとめ、物事を達成することを強くのぞみ、一度にひとつのタスクを集中してこなす方を好む。堅実性が低い人たちは、思いつき・なりゆきまかせや混沌と心地よく付き合える傾向がある。物事や人や達成水準が「最適」でなくて「間に合う」程度なのを受け入れる。また、進行中のタスクを気楽にあれこれと切り替える。他方で、堅実性の低い人たちは、欲求や野心の水準が低い。堅実性が高いと、学校や仕事に遅れず休まず通い、割り振られた宿題や仕事を期日どおり終わらせ、仕事の人間関係で協調的で、市民活動に参加すると予想される。健康的な食生活を送り、習慣的に運動し、薬物中毒を避け、健康を保つと予想される。知性とならんで、堅実性は雇用主がなにより求める二大特徴の一つだ。他方で、堅実性が高いとしっかりと避妊すると予想されるため、現代世界では自然選択でかなり不利になる。堅実性が極度に高くなると、強迫神経症の色合いを帯びてきて、やたらと手を洗わずにいられないといった行動をとる。一方、堅実性が極度に低くなると、後先を考えない衝動性〔疾患〕の色合いが濃くなり、犯罪歴が長くなったりする。低い堅実性は、精神疾患の主要な二つの尺度の片方と控えめに関連している：それは「外在化」尺度だ。これは、子供時代の「行為障害」(非行)、大人の「反社会性障害」(サイコパシー)、「薬物乱用」(アルコール中毒や薬物中毒)と関連している。

堅実性の高い水準・低い水準を広告するバンパーステッカーをいくつか：

《高い堅実性》

- 電話切ってさっさと衝突しやがれ (Get off the phone and crash already)
- イエスさまならウインカーを使っただろうよ (Jesus would have used his turn signals)
- できるからってすべきとはかぎらない (Just because you can, doesn't mean you should)
- 働けば働くほど運がよくなる (The harder I work the luckier I get)
- 夢に締め切りをつけると目標ができる (A goal is a dream with a deadline)
- おまえが思ってるほど警察は面白がってくれねえよ (The police never think it's as funny as you do)

・今日とは、おまえが昨日のうちに予定を立て忘れた明日のことだ（Today is the tomorrow you forgot to plan for yesterday）

《低い堅実性》

・どんな瞬間もケツに火がついてるように生きろ（Live every second as if ass is on fire）
・整理された家は無駄にした人生の証（A clean house is the sign of a wasted life）
・きらいなことで成功するより大好きなことで失敗したい（I'd rather be a failure at something I love, than a success at something I hate）
・土曜に朝なんてあったの？（Saturday has a morning?）
・盗んだ車みたいに運転しな（Drive it like you stole it）
・贈り物を用意し忘れたときにはいつだってオーラルセックスが妙案（Oral sex is always a great last-minute gift idea）

Aは「同調性」（agreeableness）のAだ：あたたかさ、やさしさ、共感、感情移入、信頼、従順、慎み、慈愛、おとなしさ。聖人は同調性がとても高いし、サイコパスは同調性がとても低い。同調性が高い人たちは調和をもとめ、他人の要望に合わせて調整し、衝突が避けられるなら自分の意見は内心にとどめておく。同調性が低い人たちは栄光や悪評をもとめ、じぶんの要望をとおし、強硬に意見を表明する。同調性はたんに性格特徴として受け取られるだけでなく、道徳特徴としても受け取られる。同調性の高い低いは、〔道徳的な〕「よい」対「わるい」、「利他的」対「利己的」、「おとなしい」対「攻撃的・

積極的」に対応する。(性格心理学者たちは、いろんな特徴についてよしあしを判定しているように聞こえるのをいやがるので、こういう道徳的な言葉を避けようとする。)同調的な人たちは、長期的な性的パートナー、友人、親戚、義理の家族、同僚、ベビーシッターとしてとても感じのよい人になる。このため、他人の同調性は重んじられることが多い。

ゲーム理論で考えると、同調的な人は恩には恩を返してくれるいい相手になるし、公共財にもよりよく貢献してくれる。なぜなら、同調的な人は我が身だけでなくみんなの福祉(「主観的効用」)を重視するからだ。他方で、同調的でない人たちは他人を社会的・性的に利用することも多い。このため、同調的でない方が進化の上では大きな便益があり得る。とくに男性ではそうだ。(だからこそ、大半の野性動物はかなり同調性が低いし、他の家畜化された種と同じくヒトの大半は野性動物よりずっと同調性が高い。)同調性の低い人たちは冷たく、よそよそしく、攻撃的で、いらいらしやすく、利己的で、傲慢だ。同調性の高い人たちにくらべて、嘘をつきやすく、ズルをしがちで、盗みをよくはたらき、レイプしやすく、ひとを殺しやすい。彼らのモットーはこれだ:「よくわからないときは、とりあえず盗んどけ。」堅実性が低い場合以上に、同調性が低い場合の方が、精神疾患の外在化尺度に関連が強い(非行、サイコパシー、アルコール中毒、薬物中毒)。それに、他人に大きなコストを押し付ける悪質な行動とも関連が強い(乱交、不倫、妻への暴力、児童の性的虐待、乱暴な運転)。同調性と堅実性のどちらも、大人になり始めた時期から中年期にかけて向上する。その一方で、外在化(の精神疾患)は減少していく。

皮肉なことに、同調性の低い頭脳明晰な人たちは、芸術や科学で最高に革命的な創造的貢献をすることが多い。なぜなら、世界にじぶんの足跡をのこすことをのぞむ一方で他人が慣習的に正しいと思い込んでいることを気にかけないからだ。世間にみせる人格の同調性が低く思える人たち(したがって対人的な支配力が強くタフな独立精神をもつ人たち）を考えるときには、ヨシフ・スターリンやディック・チェイニーを思い浮かべるだけでなく、エリザベスI世やアイザック・ニュートンやフランク・ロイド・ライトやアイン・ランドやジェイムズ・B・ワトソンやマーガレット・サッチャーやクインティン・タランティーノやコメディアンの（『ラリーのミッドライフ★クライシス』[＊2]で知られる）ラリー・デイヴィッドや（Jesus Is Magic で知られる）サラ・シルバーマンのことも思い浮かべてほしい。また、同調性が低い「ワルの」少年・少女たちの方が、「いい子の」少年・少女たちより性的魅力が高いこともある。少なくとも、短期的な交際相手としては魅力的にうつることがある。彼らの方が断定的で自信に満ちていて相手をぞくぞくさせ、横柄だと受け取られるからだ。

同調性を広告するバンパーステイッカーをいくつか：

《高い同調性》

- 無差別の親切と無分別の美を断行（Commit random acts of kindness and senseless beauty）
- 共存（Coexist）
- イエスさまが誰を爆撃するというの？（Who would Jesus bomb?）
- 他人が単純に生きられるよう単純に生きろ（Live simply that others may simply live）
- 全世界にさいわいあれ、例外なく。（God bless the whole world. No exceptions）
- 怒って問題が片付いたためしがあったかね？（Has anger solved your other problems?）

《低い同調性》

• おまえがクソ野郎で残念だ（You suck and that's sad）
• 狙撃手：わざわざ走らんでいいぞ、わざわざヘトヘトになってから死ぬこともないだろ（Sniper: Don't bother running, you'll just die tired）［＊3］
• これが読めるってことは、俺のキルゾーンに入ってるってことだ（If you can read this, you're in my kill zone）
• 忘れるな：奪うのが先だぞ、それから燃やせ。（Remember: Pillage, then burn）
• はいはい俺のトラックですがなにか。おまえの車を出す助けなんぞしてやらんよ。（Yes, this is my truck. No, I won't help you move）
• 最初の手で成功しなかったときはマーケティングのせいにしろ。（If at first you don't succeed, blame marketing）

（低い同調性のカテゴリーはずば抜けて事例が豊富だ。おそらく、こうしたバンパースティッカーが煽り運転を抑止したり路上の口論を防いだりするためだろう。）

Sは「安定性」（stability）のSだ。とくに、情動の安定性を指す。安定性が高いということは、〔いろんな状況にあわせて〕適応できる、感情を抑えられる、成熟している、ストレス耐性があるということだ。安定性が高い人たちは、立ち直りが早い：たいていいつも楽観的で、穏やかで、ゆとりがあり、

＊2　原題は *Curb Your Enthusiasm.*

＊3　『スターウォーズ』にでてくるボバ・フェットの台詞 "You can run, but you'll only die tired" をもじったもの。

挫折や失敗からすぐに立ち直る。安定性が低い人たちは、神経質だ：不安で、物事を心配し、自意識が強く、憂鬱で、悲観的で、すぐ怒りやすく、すぐに泣いてしまうし、挫折や失敗からなかなか立ち直れない。安定性の低さは、精神疾患の「内在化」尺度に対応する。これは、悲嘆・苦悩（重度の鬱、気分変調、一般化された不安障害）と恐怖（各種の恐怖症、パニック障害）に関連している。高い安定性は、一般的な精神の健康と一般的な幸福感と正の相関を示す。これには、仕事の満足感や結婚生活の満足感も含まれる。それどころか、先進国では、所得や中核六項目の他のどの特徴よりも情動の安定性から全体的な人生の満足度が予想される。

安定性を広告するバンパーステッィカーをいくつか：

《高い安定性》

- やってみて成功しなかったら成功の定義を変えちゃえ。（If at first you don't succeed redefine success）
- さまよっている人がみんな道を見失っているとはかぎらない。（Not all who wander are lost）
- 人生で最良のものはものじゃない。（The best things in life are not things）
- 笑ってやりすごせ。（Smile and let it go）
- きみをしあわせにするのは人生の仕事じゃない。人生をしあわせにするのがきみの仕事だ。（It's not life's job to make you happy; it's your job to make life happy）

《低い安定性》

• 眠れない。ピエロが俺を食いに来る。(Can't sleep. Clowns will eat me.)
• 拳銃ちらつけせてやりゃあ泣き言は片付くぜ。(It's not whining if you wave a handgun)
• 樽いっぱいに猿がいたっておもしろくなんかねえよ。怖いって。(A barrelful of monkeys would not be fun. It would be horrifying)
• なあ、人生の明るい方を見ろってどっちのこと?(Tell me, where is this bright side you speak of?)
• がんじがらめに縛られたヒモから抜け出ようとしても無意味な日だってある。(Some days it's just not worth gnawing through the straps)

Eは外向性(Extraversion)のEだ:どれくらい人懐っこく、社交的で、話しやすく、おもしろく、表現が達者で、断定的で、活発で、興奮をもとめ、対人的に自信をもっているかを表す。外向的な人たちは人と交わる。内向的な人たちはひとりぼっちだ。カール・ユング以降、ほぼすべての心理学者たちは外向性が個人差の重要な尺度だという点に同意している。内気さは、低い外向性と低い安定性の組み合わせだ。外交的な人たちは、より高い活力も示す。つまり、活発さ・力・支配・自信の水準が高い。彼らはさまざまなプラスの情動を示し、他人を信頼して他人とはたらくことを好み、指導力を発揮するのを楽しみ、体を活発に動かすことを好む。パーティーによく通い、お酒をよく飲む。性に関しても冒険を好み伝統にとらわれない。低い外向性は、たんに内気さと関連しているだけではない。社会的に受け身の姿勢と関連していて、社会的地位の追求心の水準は低い。外向性の低い人たちは、プラスの情動を抑制する傾向があり、ひとりではたらく方を好み、身体的に受け身でいる方を好み、他人をあまり信頼せず、指導的な役割をもとめる傾向があまりない。外向的な人たちの方が活発でより多くの人と出会うため、友人や性的パートナーもより多くなる傾向がある。

高い外向性・低い外向性を広告するバンパースティッカーをいくつか：

《高い外向性》

- 物理法則や法の執行でもなければ、俺はとめられない。(If it weren't for physics and law enforcement, I'd be unstoppable)
- たのしすぎてうんこもれそう (I'm having so much fun, I could poop)
- わがカルト集団、入団希望者募集中 (My cultlike following is now accepting applications)
- 知らない相手のキャンディがいちばん甘い (Strangers' candy is the sweetest)
- アドレナリンこそわがドラッグ (Adrenaline is my drug of choice)

《低い外向性》

- やあ、おたくの「オフ」ボタンはどこかな？ (Hi. Where's your off button)
- ネコがしゃべれたとしても、しゃべらないだろう。(If cats could talk, they wouldn't)
- 持ち前の人間不信がきみのおかげで強化されてる (You are reinforcing my inherent mistrust of strangers)
- 鷲は群れない (Eagles don't flock)
- 共感は苦手でね。皮肉で手をうってくれないか？ (I'm not good at empathy; will you settle for sarcasm?)

GOCASE（「ゴーケイス」と発音）なんて、馬鹿げた頭文字言葉ではあるけれど、この中核六項目を覚えるのには役に立つ。一般知性のGと「ビッグファイブ」の五項目（O、C、A、S、E）をあわせてGOCASEだ。この六項目は、対人判断ヒューリスティックだと考えられる：つまり、誰か新しい相手と顔を合わせたとき、こんな風に自問できる——「この人、人類のこの一事例は、「よし」案件だろうか、「なし」案件だろうか。」「よし」案件ならもっとやりとりを続けてどんな人かさらに探るべきだし、「なし」案件なら丁重にやりとりを切り上げてこれにて失礼と申し上げるべきだ。パーティで見知らぬ人と出会ったら、中核六項目のGOCASE特徴で判断してみるといい。六項目で共通点がじゅうぶんにあれば、たいてい、その相手はもっと会話をしてみる値打ちがある。同じことは、お隣さんや雇用主になるかもしれない人物やデート一回目の相手、親戚一同の集まりで顔を合わせたまたいとこなどにも当てはまる。どの場合にも、安定性の欠如（神経症の兆候）があっても知性がふつうより高ければ埋め合わせになるし、外向性の欠如（人見知りや内気）があっても同調性がふつうより高ければ（心が暖かければ）埋め合わせになる。中核六項目でもとりわけ社会的地位をよく予測する項目（知性、堅実性、外向性）が非常に高い人に出会うことはめったにない。この三つがすべて高スコアの人はたいていやすやすと成功をおさめて地位を高めるので、ぼくらのような一般人とやりとりする機会なんてめったにないのだ。（オプラ・ウィンフリー、トニー・ブレア、アーニー・ディフランコ、エルトン・ジョン、ジュディー・フォスター、デンゼル・ワシントンといった面々を思い浮かべてほしい。）この逆に知性・開放性・堅実性・同調性・安定性がそろってとても低い人にもめったに出会わない。そういう人はとっくに死んでしまっているか、セキュリティ厳重な精神病監獄に入れられているか、シークレットサービスのエージェントたちに保護されている。

こうした特徴の大半は普遍的に認識され重んじられる。消費者行動をシミュレートするコンピュータ・ゲームの『シムズ』にも登場するほどだ。『シムズ』には五つの性格尺度があり、中核六項目の一部によく似ている：

- 「遊び好き」か「まじめ」か（これは開放性の高低に近い）
- 「きれい好き」か「だらしない」か（堅実性の高低に近い）
- 「社交好き」か「内気」か（外向性の対人的側面の高低）
- 「活発」か「怠惰」か（外向性の快活さに関わる側面の高低）
- 「親切」か「無愛想」か（同調性の高低）

エレクトロニック・アーツのゲームデザイナーたちは、性格心理学の文献をあまり読んでいなかったかもしれないけれど、どうやら直観で人間の対人的なやりとりと消費の好みの原動力となる個人差がどういうものかわかっていたようだ。（デザイナーたちはシムズの特徴に安定性を含めていない。とても安定性が高いシムズたちがいたとしたら、物質的・社会的な状況がどうだろうととても幸福になってしまう。所得や消費や社会的なネットワーキングをつうじてじぶんのシムズたちをしあわせにするのがこのゲームの目的なのに、これだとその作業をまるごと短絡して近道できてしまう。）

人間のあらゆる文化は、こうした特徴をあらわす自前の言葉をもちあわせているようだし、配偶者や友人やビジネスの連携相手を選ぶときにこうした特徴を重んじているように思える。たとえば、なん世紀にもわたって、中国社会では人の評判を左右するのは二つの主要属性でありつづけている：「面子」(mianzi) と「连」(lian) だ。「面子」は人の地位・特権・「顔」を他人がどうとらえているかに関わる。面子には、通常、当人の一般知性と外向性が反映される。「面子」を失うと、権威や尊敬や影響力が失われることになる。「连」は、人の道徳的美質を他人がどうとらえているかに関わる。通常は、当人の堅実性と同調性を反映する。「连」を失うと、信頼と他人が知覚する美質が失われる――社会的な関係や仕事の関係が契約法ではなく道徳的な評判にもとづいているとき、この喪失はひどい帰結をもたらしうる。

性格特徴は、たんに人間の文化をまたいで存在しているだけでなく、動物種にも広くみられる。生物学者デイヴィッド・シンは、強気か内気かの基本的な気質尺度がイカにも識別できることを示している。この特徴は、おおざっぱに言って、外向性と安定性の組み合わせで、捕食者の脅威に対する反応を予測する際に穏当に強い遺伝的継承可能性を示す。性格特徴は脳がますます大きく進化し対人的なやりとりがますます複雑になるのにともなって徐々に差異化がすすんだようだ。サミュエル・ゴスリングによれば、ハイエナには信頼できる点数化が可能な性格尺度がいくつかある：自己主張・押しの強さ（低い同調性に類似）、興奮しやすさ（低い安定性に類似）、人間に対する同調性（高い同調性に類似）、社交性（高い外向性に類似）、好奇心（高い開放性に類似）、この五項目だ。これだけでなく、家畜化された犬がビッグファイブ特徴のうち四つに類似するものを見せることもゴスリングは示している――活力（外向性）、愛着（同調性）、情動の反応しやすさ（低い安定性）、知性（開放性／知性）の四つだ。ゴスリングによれば、ヒトは他人のビッグファイブと同じくらい犬のこうした特徴についても同じくらい信頼できる評価が下せる。また、ビッグファイブは犬以外に五種のペット動物にも当てはめられるようだし（ネコ、フェレット、ウサギ、ハリネズミ、馬)、ヒト以外の四種の類人猿にも当てはめられるらしい(ゴリラ、オランウータン、チンパンジー、ボノボ)。このように、ビッグファイブは少なくとも一三〇〇万年にわたって存在してきた見込みが高い(あらゆる類人猿のいちばん最後の共通祖先にさかのぼる)。もしかすると、一億二五〇〇万年までさかのぼるかもしれない(あらゆる哺乳類の最後の共通祖先にまでさかのぼるかもしれない)。性格尺度のなかには、脊椎動物と無脊椎動物の分岐にまでさかのぼるかもしれないものもある。これだと、だいたい六億年さかのぼることになる。

ビッグファイブはどうやって発見された?

たいていの人たちにとって、一般知性というと、人間どうしのいろんなちがいのなかでもまぎれもなく重要な尺度に聞こえる。一方、ビッグファイブ性格特徴は、なんだか気まぐれに選んだ浅薄なものに聞こえなくもない。「これも性格の特徴だ」と次々に提案されてはゴミ箱行きになった概念は心理学の歴史にいくらでもあるし、いまなおますます増え続けている。そういうゴミ概念よりもビッグファイブの方が現実味と予測の妥当性があるとどうして確信がもてるのだろう? アリストテレスの学生だったテオプラストス(紀元前三七一年~二八七年)は三〇種類の性格タイプについて本を一冊書いている。ペルガモンのガレノス(紀元一三〇年~二〇〇年)は、四種類の体液(多血質、胆汁質、粘液質、憂鬱質)に対応する四種類の性格尺度を述べている。中世から啓蒙時代にかけて、ヨーロッパではこの考え方が性格の理論を支配することになった。一八世紀哲学(イマヌエル・カント)や一九世紀心理学(ヴィルヘルム・ヴント)まで、その影響は長くつづいた。

二〇世紀の性格心理学は、もっと洗練された方法と統計学を発展させて、人間の個人差を特徴づけた。それでも、数十年にわたって、性格尺度の数や本質について合意はできあがらなかった。一九四〇年代に、レイモンド・キャッテルが六つの性格尺度を提案したかと思ったらマイヤー＝ブリッグス・システムは四つの尺度を提唱した。一九七〇年代に、ハンス・アイゼンクは三つの尺度を主張した。こうしたモデルはしだいに廃れていった。ビッグファイブにはこういうモデルよりもっと長持ちする力があると考えるべき理由があるのだろうか？

ビッグファイブ理論が他とちがうのは、数十年かけて徐々に実証研究を積み上げながら文献レビューによる合意を築いて台頭してきた点だ。五つの尺度は誰かひとりの研究者のお気に入り理論からでてきたものではない。一九三六年に、ゴードン・オルポートヘンリー・オドバートは人間の性格を記述する英語の形容詞を四五〇〇〇語も集積した。のちの研究者たちは、この大量の形容詞どうしで似かよっている意味はおよそ五つの尺度に還元できることを見いだした。これと同じビッグファイブ尺度を一九五四年〜一九六一年にはじめて実証的につきとめたのは、アメリカ空軍の二人の研究者だった（アーネスト・テュープスとレイモンド・E・クリスタル）。二人は、いろんな人々の大規模標本八つから得た性格データを分析してビッグファイブを導きだした。彼らの結果は、一九六三年にさらにべつの大規模標本を使ってウォレン・ノーマンが再現した。一九八一年には、指導的な性格研究者四人（アンドリュー・コムリー、ジョン・ディグマン、ルイス・ゴールドバーグ、ナオミ・タケモト＝チョック）が、合意に達した――ビッグファイブは実証的な性格研究を要約するのに信頼できる方法だ。

一九八〇年代に、ビッグファイブ・モデルはこれまでのモデルにとってかわる見込みの確かなモデルとして心理学で広く受け入れられていった。当時使われていたほぼすべての性格の計測でこの五つの因子が頑健であることをポール・コスタとロバート・マクレーが見いだした。一九八五年に彼らは五大因子性格目録を公表した。それ以後、こうした計測法を洗練させ続けている。一九九〇年代に、ビッグファイブの因子それぞれが個々人で時間をとおしてきわめて安定していることを証明した。たとえば、ビッグファイブ性格質問を各国語に翻訳して中国・ドイツ・ヘブライ・韓国・日本・トルコの被験者に実施したところ、やはり五因子が見いだされた。また、いろんな文化をまたいで、女性はつねに同調性と堅実性で男性のスコアを上回る一方で安定性では下回っている。

厳密に言うと、ここではちがう二つの五因子性格理論をひとまとめに扱っている。ルイス・ゴールドバーグのビッグファイブ・モデルには知性（本書のいう開放性）、堅実性、同調性、情動の安定性（本書のいう安定性）がある。これに対して、コスタとマクレーのネオ五因子モデルには、開放性、堅実性、同調性、神経質（本書のいう低い安定性）、外向性がある。

ビッグファイブの専門名称は、ちょっとばかりわかりにくく聞こえるかもしれない。だが、どの因子も日常の会話で使う同義語が何百とある。これこそ、一九三六年のオルポートとオドバートの形容詞リストの要点だ：ビッグファイブ性格特徴は人間の生活にとってあまりに重大なので、他人についてあだこうだと論評して噂話をするときに使える言葉が多種多彩につくりだされているのだ。性格心理学では、これを語彙仮説と呼ぶ：自然言語の性格語はすでに非常に正確に人間の変異の真の尺度をとらえている。それどころか、人間の行動にみられる変異でいままでご先祖たちの言語でまだ気づかれずにいて言い表す言葉がないものがあったならおどろきなのはたしかだ。

言葉の話はさておき、ビッグファイブのスコアがどうなっているかわかれば、その人とどうやりとりすればいいのかについて役立つ情報がたくさんえられる。ルイス・ゴールドバーグの主張によれば、人と顔を会わせたときにみんなが自問する基本的な質問はごく一握りだという：

(1)おもしろいか（開放的か）、つまらないか
(2)信頼できるか（堅実か）、あてにならないか
(3)いい人か（同調的か）、ひどい人か
(4)正気か（安定しているか）、どうかしているか
(5)支配的か（外向的か）、従属的か

もっと言えば、うちのボーダーコリーのジェニーをアルバカーキの公共の犬用公園につれていったときには、そこで新しい犬を見かけるたびに、これとそっくり同じことを自問する——とくに、三番と四番だ。ピットブルを見かけたら、きっとひどいやつでどうかしてるだろうとわかる。なぜなら、ピットブルは何世代もかけて闘犬の獰猛さのために選別を重ねてきた犬種だからだ。だからこそ、ピットブルが違法とされるわけだ（オーストラリア、イギリス、フランス、ニュージーランド、フロリダ州マイアミで違法となっている）。また、『オニオン』紙はこんな見出しで読者をひと笑いさせてくれる——「勇敢なピットブル、はるばる二〇〇〇マイルを旅して主人を噛む」（二〇〇二年四月一七日）。その一方で、ほかのボーダーコリーをみかけたときには、きっといい子で堅実だろうとわかる。明敏で高潔な飼い主にそっくりだ。

中核六項目の選好

知性とビッグファイブには注意すべき重要なちがいがある。知性に関しては、たいていの人は友人・恋人・味方には平均より頭脳明晰な人を好み、平均よりおろかな人を好まない。社会ネットワークのあらゆるニッチにIQ一六〇の持ち主がいてうれしいという人はあまりいないだろうけれど、みんな、じぶんのIQ水準がどうであろうと、たいていの人はIQ八〇の友達よりはIQ一二〇の友達をのぞむものだ。通常の知性の範囲内なら、一般的に高いほどよいし、社会的にも性的にも高い方が重んじられる。このため、Gには強いかたむきがある：誰もがGをのぞむし、誰もがGを見せびらかしたがる。他人をだまして利用してやろうというときだけは、知性の低い人たちとやりとりするのを好む――詐欺にかけてやろうとか、誘惑してやろうとか、相手の資源（リソース）を盗んでやろうとか、相手と戦争をしようというときには、知性が低い相手をのぞむ。

一方、ビッグファイブ性格特徴では、選好はもっとさまざまに異なる。一般に、人はじぶんと性格特徴がよく似ている相手を好む。開放性が高い人たちは、同じく開放性が高い人と交際したり、結婚したり、友達になったり、いっしょにはたらいたりする。そうすることで、前衛的な科学・文化・美学についてたのしくおしゃべりできる――ノーベル賞やブッカー賞やターナー賞やマッカーサー賞を今回は誰が受賞したのどうのという話に花を咲かせる。開放性が低い人たちも、同じように開放性が低い人を好む。そうすれば、上から目線の芸術家きどりのメトロセクシュアルな知識人どもがいかに宗教や伝統や文明そのものをダメにしているかとたのしく語らえる。同様に、同調性が高くておだやかな人たちは、好む。一方、同調性が低くて押しの強い人たちは、同類どうしで紛争地帯でつるんだり犯罪仲間になったりロビイストの会議で顔をあわせたりする。外向的な人たちはパーティで似た者どうしの群れをつくっているのを見かけたりするし、一方、内向的な人たちは自宅にこもったり図書館でおたがいいくつかテーブルをはさんで静かに読書にふけったりする。

人の自尊心は、ふつう、他人が社会的に重んじる特徴を追跡する。高い知性と高い身体的魅力は自尊心を高める傾向があるのに対し、逆にこの二つが低いと自尊心は低くなる傾向がある。なぜなら、他人は高い知性と魅力を重んじるものだからだ。同様に、大半の人が大半の場面でビッグファイブのどれかが極端に高かったり低かったりするのを好んでいれば、まさにそういう極端なビッグファイブ特徴をもつ人は逆の極端な特徴をもつ人にくらべてずっと高い自尊心をもつことになるだろうと予想できる。心理学者のリチャード・ロビンズと同僚たちは、三二万六六四一人が参加した大規模オンライン調査を実施した。彼らの調査結果によれば、自尊心はビッグファイブ特徴それぞれとプラスの相関を示す：開放性（r=.17）、堅実性（r=.24）、同調性（r=.13）、安定性（r=.50）、外向性（r=.38）。それ以前になされていた九件の研究も、自尊心が情動の安定性（しあわせ、不安・心配・憂鬱からの自由）で相当に予測され、堅実性と外向性によってほどほどに予測される一方で、開放性と同調性では予測が一貫しないのを見いだしている。これら一〇件の研究からは、人々が通常、高い水準の安定性・堅実性・同調性を他人がそなえるのを好む一方で開放性と同調性への選好は一貫しないらしいとうかがえる。のちの研究では、高水準の堅実性・安定性・同調性の方が低い水準よりも「正常」だと考える一方で開放性の水準がより低い方が「正常」だと考えていることを示している。まとめると、こうした研究からは、他人の堅実性・

同調性・安定性・外向性は低いより高い方が好ましいという社会的な選好があるのがうかがえる。

社会的選択の領域によっては、ビッグファイブのどれか特定の特徴が平均より高い方が好まれたり低い方が好まれたりという偏りがある。マイクロチップ工場の管理職は、従業員に堅実性・同調性・安定性が高い人たちをのぞむ一方、創造的な広告チームは、開放性と外向性が高いメンバーをほしがる。ビッグファイブ特徴の選り好みは、場面しだいで「この方がいい」「いや、こっちの方がいい」と逆転しうる。衝動にまかせて動くおおらかな人は短期的な恋人には魅力的だけれど、長期的な配偶者として子供の世話や住宅ローンの支払いに責任をもってもらうなら堅実性の高い人の方が好まれる。知人のビッグファイブ特徴については、みんな、好悪の入り交じった思いをもっているかもしれない。どの特徴であれ、高いにせよ低いにせよ、なんらかのコストと便益をあわせもっているものだからだ。外向性の高い友達は、さらに友達を増やすのを楽にしてくれるけれど、こっちの恋人を誘惑するおそれも大きい。同調性の高い同僚は、いっしょに働いていてだいたいいつも心地いいけれど、職場環境の安全性改善をもとめてストをやるときには軟弱すぎてあてにならないかもしれない。

人間の社会的知性の多くは、他人をビッグファイブの特徴で「この人はこのタイプ」「この人はあのタイプ」と見分けて、この場面でこの課題をこなすにはどのタイプがいちばん役立つだろうかと判断するのに使われている。夫婦セラピストに相談したい？　同調性が高い人を選ぼう。ボディガードが必要？　逆に同調性が低い人にしとこう。ラスベガスで独身者限定の乱痴気パーティに誘う友達が必要？　堅実性が低いヤツがいれば大盛り上がりだ。

同じように、相手の望みや場面に応じてじぶんを他人にどう見せるかの比重をさまざまに変える誘因（インセンティブ）もある。夫婦セラピストだって、ひったくりにハンドバッグをもっていかれそうなときには凶暴なまでに同調性低くふるまわないといけない。税理士だって、ベッドで退屈すぎると夫に不満を抱かれていれば、陽気で堅実性の低い自由な女みたいにふるまう必要がある。これが「印象操作」の本質だ。印象操作は、子供時代から思春期にかけて人間が習得する必須の対人技能だ。みんな、みかけのビッグファイブ特徴を臨機応変にあれこれと変えて提示する。ふつうの大人は、この技能をうまく学んで、一日に何十回と場面や相手や目標に合わせてじぶんの特徴誇示を調整する。（自己監視という性格特徴のスコアが高い人たちは、自己提示する性格を自己監視して、これを社会的環境の関数としてさまざまに変える傾向がとくに強い。）ビッグファイブ特徴は生涯にわたって安定している。安定していると言っても、それは、あらゆる場面で一貫したふるまいを予測できるからでなく、いろんな場面でその人を知ることができれば、ビッグファイブでその人のふるまいをだいたい予測できるからだ。

みかけの性格がいちばん劇的に移り変わるのが情動だ。なにか社会的な脅威があって同調性が下がって見える必要がとつぜん生じたら、知覚・認知・行動の機能をがらりと特別なモードに切り替える。これが怒りだ。怒りは、押しの強さ・攻撃性・恐ろしさを一時的ながらも信頼できるかたちで急上昇させる。恋人の気を引くために開放性をふだんよりずっと高く見せかける必要が急にできたときには、愛情という機能モードに突入する。この情動状態は、活力を高め、新しいものの追求心を強め、文化・詩・音楽・美術への関心を高め、人間どうしのやりとりに関わる情動の機微や宇宙の存在の謎への好奇心を強める。どれも、一時的ながらとてつもない増幅だ。求愛の誇示行動が首尾よく任務達成となれば（任務は交尾から結婚までさまざまだけれど）、恋に落ちた状態は雲散霧消し、いつもの状態にもどる。ふつうの人なら、開放性はずっと低い水準になる。みかけの性格がこれほど劇的ではなく変わることを、気分（ムード）という――気分は情動より長続きする一方で、強度は情動ほど極端に変わらない。怒りっぽい気分になると安定性が下がる。気まぐれな気分になると、堅実性が下がる。

このように、情動や気分という短期的状態から、ビッグファイブ尺度という長期的特徴まで、持続期間には連続的なちがいがある。情動研究の視座から見ると、性格特徴はたんに特定の情動状態をより頻繁に経験しやすくなる安定した傾向のことでしかない。一方、性格研究の視座から見れば、情動はたんにみかけの性格特徴を一時的に変化させることでしかない。

情動状態と性格特徴とで持続期間が異なることから、当然、他人を品定めする方法もちがってくる。誰かと一度きりの短期的なやりとりをするときには、相手のいまの情動状態により多く注目する。もう二度と来ることのなさそうなお店でちょっとだけ日用品を買いたいときには、そのときいちばん機嫌のよさそうな（みかけの同調性が高い）レジ係を選ぶかもしれない。これなら、長期的に安定した同調性水準をわざわざ判断するにはおよばない。一方、誰かと長期的な関係をもとめているときには、その人の安定した性格特徴にもっと注意を払う。地元の有機食品生協によく通うなら、いつみても同調性の高いレジ係をひいきにするかもしれない。そのレジ係だって、ときには機嫌のわるい日があるだろうけれど、それでもその人を選ぶ。人生でなにより大事な関係はだいたいこういう繰り返しやりとりをする長期的な関係なので、こういう文脈では人の安定した性格の判断を気にかける。

じぶんの「ビッグファイブ」を計測してみよう

いまでは、自己評価基準を使ってビッグファイブをそこそこ正確に計測できる。一分ほどの作業だ。心理学者ベアトリス・ラムスタインとオリバー・ジョンは二〇〇七年にビッグファイブの判定基準を公表した。「BFI‐10」というたった一〇項目の質問表だ。こんなごく簡略な質問項目のスコアでも、二月をはさんで二回調べたときにかなり信頼できるのをベアトリスとオリバーは見いだした（二回のテストの相関はおよそ.84だ）。また、もっと項目の多い正確判定基準のスコアときわめて高い相関を見せる（およそ.82）。

「BFI‐10」判定基準を、ちょっとだけ見やすく整えて掲載する。ぜひ、試してスコアを調べてほしい。

以下に並んでいる文を読んで、じぶんの性格を言い表す文としてどれくらいふさわしいか、それぞれに1から5の点数をつけてほしい。点数の意味は次のとおり：

1＝強く反対する
2＝少し反対する
3＝賛成でも反対でもない
4＝少し賛成する
5＝強く賛成する

■「じぶんのことをこういう人だと思う」――

#1. 能動的な想像力をもちあわせている。……………［　］
#2. 芸術への関心はほとんどもちあわせていない。……［　］

#3.　ていねいな仕事をする。……………………………［　］

#4.　なまけがちだ。……………………………………［　］

#5.　一般的に信頼できる。………………………………［　］

#6.　他人の欠点を探しがちだ。…………………………［　］

#7.　ゆったりしていて、ストレスにうまく対処できる。………［　］

#8.　すぐにくよくよする。……………………………［　］

#9.　外に出かけるのが好きで、社交的だ。……………［　］

#10.　遠慮がちだ。………………………………………［　］

では、スコアの出し方を披露しよう。1番と2番の項目は開放性に関わる。3番と4番は堅実性、5番と6番は同調性、7番と8番は情動の安定性、9番と10番は外向性に関わる。各ペアごとに、奇数番号のスコアから偶数番号のスコアを引き算する。それが、ビッグファイブそれぞれに対応するじぶんのスコアだ。スコアは-4（とても低い）から+4（とても高い）までの幅がある。ゼロがだいたい平均にあたる。

たとえば、1番の「能動的な想像力をもちあわせている」に「少し賛成する」と答えたなら、「4」と書いてあるはずだ。また、2番の「芸術への関心はほとんどもちあわせていない」に「強く反対する」と答えたなら、「1」と書いてあるはずだ。次に、奇数番号のスコア(4)から偶数番号のスコア(1)を引く。すると4－1＝3となる――平均はゼロで上限は4点だから、開放性がかなり高いと出たわけだ。

ビッグファイブ項目はそれぞれベルカーブをなしている

人間の知性の分布がベルカーブになることは、誰もがご存じのとおりだ。大半の人たちは、中央つまりＩＱ一〇〇の近傍に集中する。ＩＱスコアが平均から離れていくとすぐにこの分布は先細っていくので、お馬鹿さんも天才もめったにいない。たいていの人は、恋人や友人や同僚を探すとき、分布の両端はあまり気にかけないけれど、分布の中央近辺にいる他人は区別する。一般的に、ＩＱ九五よりは一一五の方が好まれる。ＩＱ一一五くらいなら、既存の問題を解決する助けになってくれるだろうし、新しい問題を創出することはそれよりちょっと少なそうだからだ。

ＩＱほどよく知られてはいないけれど、ビッグファイブ性格特徴も同様のベルカーブ分布をなしている。大半の人はそこそこ同調性がある――場面によっては心温かい親切をすることもできるし、またちがう場面ではいじわるな利己性を発揮することもできるけれど、総じてそれなりに親切なところとそれなりに利己的なところが入り交じっている、みんなが人間らしいと認識する状態になっている。徹頭徹尾いい人も徹頭徹尾ひどい人も、同程度にめったにいない。

中核六項目がそれぞれベルカーブをなしているのは、まぎれもない実証的発見だ。連続的に変異する生物学的特徴のほぼすべてがベルカーブをなしているのは事実だけれども、連続的に変異せず離散的な特徴もたくさんある[＊4]。そこに関与しているのは、遺伝子の固有な賦活パターンで、それによって質の異なるさまざまなことが生じる：神経細胞か筋肉細胞か骨細胞か。脳か心臓か太腿か。男性か女性か。性的に未成熟な子供か性的に成熟した大人か。芋虫かチョウチョか。生殖できる女性か妊娠中の女性か、などなど。生物種がこういう独自な「変異形」をもつのはかなり広く見られることだ：いろんな社会的・性的・生態学的な役割ごとに特別な形態や状態があるのはめずらしくない。もちろん、生物種そのものからして、もっと大きな規模でのいろんな変異形で、種をまたいで生殖できないというかたちで質的に区別されている。

このため、人間のいろんな性格も離散的カテゴリーにわかれていてもおかしくなかった。たとえば、ユングのいう「元型（アーキタイプ）」のような「子供」「永遠の少年」「英雄」「大いなる母」「賢明な老人」「トリックスター」などにわかれていてもよさそうなものなのだ。だが、こうしたカテゴリーはたんに人生の典型的な段階にすぎず、個別の性格タイプとはちがう：ユングのいう「子供」はずばり子供だし、「永遠の少年」は自己愛の強い思春期、「英雄」は高リスクな高い地位の追求をとおして生殖の成功機械をもとめている独身の若い男だし、「大いなる母」は成熟した女性、「賢明な老人」は成熟した男性だ。「トリックスター」はたしかに性格の標本ではあるけれど、規則をやぶったり社会規範に違反したりして低い堅実性を示すのに加えて、平均より高い知性と開放性、平均より低い同調性を見せているだけだ。（マーケターのステレオタイプがこのトリックスターの元型をそっくりなぞっているのに注目してほしい。）他にも興味深い性格特徴はあるけれど、対応するユングの元型や離散的性格カテゴリーはこれといって見当たらない——たんに、それぞれの特徴ごとに連続的な正規分布がみられるだけだ。

この単純な事実には、マーケティングにとって深い含意がある。というのも、マーケットのセグメント分類で使われているさまざまな性格タイプは大半が錯覚だからだ。時代遅れなマイヤー＝ブリッグスの二項対立分類（感情か思考か、判断か知覚かといった二項対立の組み合わせで性格をわける分類）は、基礎をなす特徴が正規分布しているとすれば機能するわけがない。また、消費者行動の人口統計に関わる特徴（年齢・性別・民族）をわけるけれども、その多くはようするにいろんな集団が中核六項目それぞれの平均スコアでいくらか異なっているだけの話だとすれば、こうした人口統計の範疇も消費者を特徴づけるのに使うと根深い誤解のもとになる。たとえば、女性より男性の方が攻撃的に見える製品デザインに好意的な反応を見せたとして、マーケット調査に携わる人たちはそのちがいを性別そのものによると考えたくなるかもしれない。だが、男性と女性では同調性の平均水準が異なる。おそらくこのことが攻撃的に見える製品への反応に影響している。性別そのものではなく、同調性の性差が、消費者の反応をつきうごかしている要因かもしれない。どちらが事実なのかを知るのが重要だ。なぜなら、同調性は連続的だけれど性別は二項対立だからだ。男性の同調性分布は、女性の同調性分布と大きく重なる。このため、消費者の同調性水準を計測した方が、性別をたずねるよりも、彼らの反応をずっとうまく予想できるかもしれない。同じ懸念は、マーケットをいろんなセグメントにわける他のどんな規準にも当てはまる。国籍・地域・言語・文化・社会経済的な地位・階級・教育水準は消費者行動をできるかもしれない。でも、それは、こうした項目が中核六項目と相関しているからであって、これらが直接に行動を引き起こしているからではない。だとしたら、伝統的なマーケット・セグメント分類のカテゴリーをたよるよりも中核六項目を計測する方が行動をうまく予測する上でいつでももっと効果を発揮するはずだ。

＊4　たとえば身長は連続的な値をとる。たとえば175cmと176cmのあいだには、175.2cmだの175.43699932だの、いくらでも中間の値がある。一方、この後に例示されているように、男性か女性か、神経細胞か筋肉細胞か骨細胞かは、連続的ではなくて「あれかこれかそれか」という離散的なちがいだ。

中核六項目はかなり独立している

驚いたことに、中核六項目はおたがいにあまり相関していない。それどころか、項目どうしはほぼ統計的に独立している：相手の中核六項目のどれか一つがわかったとして、そこからは他の特徴についてほぼなんの情報もえられない。人々が六項目すべてをそれぞれちがうかたち、それぞれちがう行動や製品購入で見せびらかすよう動機づけられているわけが、このことで説明される。

唯一の大きな例外が一般知性で、開放性とささやかながら正の相関を示す：頭脳明晰な人たちは、新しい経験・旅行・文化・美学に平均より強い関心を示す傾向がある。その逆に、文化に携わる人たちや開けた精神の持ち主は、平均より頭脳明晰な傾向がある。このため、大学街はよそより文化的な施設にめぐまれている傾向がある。だが、正の相関といってもささやかなものなので、頭脳明晰でも伝統的な人たちも大勢いる。こういう人たちは、軍事産業複合体で技術者として働き、三〇年前と変わらずクラシック・ロックを聞き、四〇ギガバイトもの野球統計を知っていそうだ。同様に、開かれた精神の持ち主でへんな考えや経験を愛し新奇なものを探し求める一方で頭脳はあまり明晰でない人たちもたくさんいる。この手の人たちは、ファンタジー小説や自己啓発本や栄養補助食品や顔ピアスやエンヤの音楽や非進化心理学の学位や「ホメオパシー」を称するありとあらゆる製品のマーケットをかたちづくっている。それどころか、新しもの好きと頭の弱さが組み合わさっているおかげで、彼らはきわめて利益をあげやすいマーケット・セグメントとなっている。

中核六項目がお互いかなり独立しているという事実は、みんなが思い描く社会的ステレオタイプの多くに背反する。大学院生の知り合いがいる人なら高い知性と高い神経質（低い安定性）はお互いについてまわるのだと結論するかもしれない。でも、その結論はちがう。人口全体を平均で見るかぎりはそうだ：知性の低い人たちも同じくらい不安で憂鬱になる。グリーンピースの運動をしているリベラルの知り合いがいる人なら、高い開放性と高い同調性はお互いについてまわるのだと決めてかかるかもしれない。でも、そうでもない：人によっては、SMプレイの危険なセックスに新しいにもほどがある経験をもとめる場合もあるし、犯罪集団や政治的テロリズムや化粧品マーケティングのキャリアに新しい経験をもとめる人たちだっている（『ファイト・クラブ』のタイラー・ダーデンを思い浮かべるといい）。中核六項目のどれか二つのペアに正の相関があるのをいかにも立証しそうに見える社会的ステレオタイプには、きまって、同じ特徴ペアに負の相関があるのを立証しそうに見える社会的ステレオタイプがべつに見つかるものだ。

ステレオタイプにそまった二項対立は無数にあるし、微妙な機微もついてまわる。そのため、ほぼどんな性格特徴だろうとなんらかのタイプにぴったり合いそうに思える。だが、そうしたタイプは錯覚だ。すでに見たように、人間の性格特徴の組み合わせがつくりあげる空間には、統計学者のいう多変数正規分布がある：どの尺度をとってみても、ベルカーブをなしていて、大半の人たちは平均の近傍に集中していて、しかも、それぞれの尺度はお互いに独立している。中核六項目を考えると、それぞれに三つだけ水準があるとしたら（低い・平均・高い）、可能な組み合わせの数は三の六乗で七二九とおりある——星占いやユング派精神分析や大半のマーケット・セグメント分析が典型的に仮定しているタイプ数をずいぶん上回る数だ。

中核六項目を越えて?

明らかに、人間本性を特徴付けるいろんな個人差を中核六項目が汲み尽くすわけではない。美質や悪徳、価値観や関心事、政治的・宗教的な態度、趣味や技能、精神疾患や中毒症状も考慮にいれないといけない。だが、これらの多くすら、中核六項目でかなり強く予測できる。これらは相関していて、しかも、驚くほど相関係数が高い場合も多い。

たとえば、近年もてはやされている新種の知性の多く〔社会的知性、情動的知性、創造的知性〕は、ようするに一般知性+ビッグファイブ特徴のなんらかの組み合わせにつきる。発達心理学者や霊長類学者たちが研究している社会的知性とは、〔他人の〕視点をとったり対人戦略を考えたりする能力を指す。だが、これは一般知性と外向性に同調性〔共感が利得をもたらす〕か非同調性〔他人の利用が利得をもたらす〕を加えた組み合わせでかなり予測されるように思える。自閉症の人たちは、知性はほんのわずかに平均を下回っているだけだが、典型的に外向性と同調性はひどく低下している。同様に、情動的知性とは、他人が表出する情動を知覚したり、情動を手がかりに自分の思考・問題解決を導いたり、情動の本質や社会的機能を理解したりじぶんの情動を適応的に制御したりする能力のことをいう。だが、情動を知覚したり理解したりする能力は一般知性と強く相関するし、情動的な自己制御は堅実性・安定性と強く相関する。最後に、創造性研究によれば、短期的な創造的知性は基本的に一般知性プラス開放性にひとしい一方で、長期的な創造的達成も堅実性〔勤勉に働くことや向上心〕と外向性〔能動的な他人へのはたらきかけや社会的なネットワーキング〕で予測される。グレン・ゲアとぼくの共著『配偶知性』〔*5〕

では、性的な求愛行動と対人関係に関わる「配偶知性」の尺度を立てている――だが、社会的知性・情動的知性などの複数種類の知性を提唱する人たちとちがって、同書では、「配偶知性は一般知性とビッグファイブのどれかとかなり強く相関するだろう」とはっきり論じている。

　性的特徴も、中核六項目でうまく予測される。スティーブ・ギャングスタッドとジェフリー・シンプソンが発展させた「社会的な性行動傾向（ソシオセクシュアリティ）」は、性行動の乱交傾向を示す指標だ。「無制限の」性行動傾向をもつ人（乱交傾向が高い人）は、性的パートナーが多く、頻繁に行きずりの関係をもち、不倫・浮気率も高い。また、この人たちは外向性が高い傾向もある。こうした特徴が極度に強い人たちは、「ライフスタイル」に参加する傾向がある――ライフスタイルとは、合意のうえで多人数と交際し、パートナーを交換したり開放結婚したりするコミュニティで、代表格は「国際ライフスタイル協会」だ。社会的性行動傾向が強く、開放的で、衝動的で、利己的な人たちは、時間とエネルギーを「子育て労力」よりも「配偶労力」に投資する傾向がある：つまり、この人たちは既存の関係でできた子供を育てることよりも優先して、つねに新しい性的パートナーを追い求めているわけだ。他方で、「制限された」社会的性行動傾向をもつ人たち（純潔・貞操を重視する人たち、結婚生活に満足している人たち）は、性的パートナーの数が少なく、不倫・浮気率が低く、堅実性と同調性が高く、開放性と外向性は低い。社会的性行動傾向が高い人たちは、低い人たちのことを抑圧され殊勝ぶっている連中だと考え、「お堅いやつめ」「この堅物が」「淑女ぶりやがって」「清教徒か」「偽善者どもめ」とさげすむ。一方、社会的性行動傾向が低い人たちは、高い人たちのことを「尻軽」「あばずれ」「淫売」「ヤリチン」「さかりのついた犬」と

＊5　*Mating Intelligence.* 邦訳なし。

非難する。(当然ながら、じぶんの配偶者・友人・隣人が誇示すべき社会的性行動傾向の最適水準については、なにかと意見の相違がある。)

また。中核六項目は社会的・政治的・宗教的な態度もかなりうまく予測する。リベラルは保守派よりも平均でわずかながら頭がいいだけだが、開放性は顕著に高く(新しいものや多様性に関心が強く)、堅実性は顕著に低く(伝統的な社会規範にあまり固執せず)、同調性は顕著に高い(共感をもつ範囲が広く「涙もろい心」の持ち主)。保守派は開放性が低く(伝統主義的で外国人嫌悪が強く)、堅実性が高く(家族の価値を重んじる道徳主義、強い義務感・公共心をもち)、同調性は低い(自己利益と国の利益を頑としてゆずらない姿勢をとる)。だが、伝統的な左派 - 右派の政治的スペクトラムはひとつの尺度にすぎないのに対して中核六項目には六つの尺度があるため、人間の政治的態度をもれなく正確に記述するには中核六項目の方がすぐれている。たとえば、一九六〇年代の新左翼は一九三〇年代の旧左翼より基本的にはより開放的(自由思考的)だ。ファシストは、基本的に保守派よりさらに低い知性と低い安定性(より強い恐怖心・悲嘆・不安・神経症)をもち同調性はなおいっそう低い(いっそう頑固で無情で自己利益と自国利益をさらに強く支持する)人たちと考えられる。リバタリアンは、基本的にリベラルよりも知性が高く、堅実性が少しだけ高く(社会的互酬性と労働倫理に忠実で)、同調性は低く(誇示的な共感の見せびらかしをきらい)、外向性はさらに低い(他人との関わりにおいて我が道をゆく)。

中核六項目は非常に頑健な実証的発見ではあるものの、個人差に関する研究はいまも進行中で、これからなにか意外な発見があるかもしれない。一般知性が精神多様性の領域で予測力の女王という地位から追いやられることはまずありそうにない。だが、ビッグファイブがもっとすぐれた性格変異のモデルに取って代わられる日もいつかやってくるかもしれない。それを左右するのは、遺伝学の新発見(「ビッグファイブはそれぞれ異なる遺伝子の集合に左右されるのか？」）、神経科学の新発見（「ビッグファイブはそれぞれ異なる脳システムに立脚しているのか？」）、進化心理学の新発見（「ビッグファイブはそれぞれ異なる適応機能に役立っているのか？」）だろう。どうして進化において二つや三つや八つや五〇コではなく五つの主要性格特徴が遺伝性の変異として維持されてきたのか、その理由をもっと明瞭に理解する必要がある。答えのカギは、先史時代の部族社会において人間の社会的戦略が何通りに適応的に変異しえたのかという点にある。数人の研究者が、進化論的性格心理学という新分野でこの問題を懸命に追求している。だが、当面は手持ちのモデルとしてビッグファイブがいちばんすぐれている。ここから先は、このモデルでどれくらいやれるのかを見ていくとしよう。

第10章　消費者が見せびらかし、マーケターが無視する特徴

Traits That Consumers Flaunt and Marketers Ignore

こうした中核六項目についてみんながそろって正直だったら、デートも人付き合いも仕事も、ずっと単純だろう。額に六つの数字を入れ墨して六つの特徴それぞれでじぶんの百分位を表示しておけばいい。そうしたら、合コンでお目当ての相手との話はずっと早く進む。じぶんが重視しているスコアが低すぎる相手や高すぎる相手は即座にお断りすればいい。大統領選挙の討論も両候補の特徴の百分位スコアをカメラで大写しにしてやれば一分でおわる。どちらの候補がバカすぎなのか（あるいは賢すぎるのか）すぐさま見てとれるし、ビッグファイブ特徴それぞれについて、高すぎたり低すぎたりしていないか確認して投票を決められる。

ざんねんながら、みんながこうした特徴スコア入れ墨をいれたとしても、きっと信頼できないだろう。人は、自然とついつい特徴をごまかしてしまうだろうからだ。特徴誇示としてのバンパーステッカーを考えてみよう。金属板と反射ガラスのなかにすっぽり収まっている他人の心の特徴は、そうそう見定められるものではない。そのため、運転手たちはバンパーステッカーという四ドルで買える特徴誇示を車に飾り付けて、たった三インチ×十インチのラミネート加工プラスティック板でおのれの魂を開陳

しようと試みる。でも、そのバンパースティッカーが運転手の本当の心の特徴を性格に反映している保証なんてありはしない。販売しているコンビニ店員だって、ものの一分でできる「ＢＦＩ・10」性格調査項目のスコアがどうなっているか確認もとらずにあっさりバンパースティッカーを売ってしまうだろう。高い堅実性や高い同調性を表すのにちょうどいいバンパースティッカーをこっそり万引きする輩すらでてくるかもしれない。経済学者たちは、こんな風に信頼できないシグナルを表す用語をもちあわせている――その名も、「チープトーク」だ。バンパースティッカーは、なんの信用もない約束、証拠ぬきの主張だ。おもしろいかもしれないけれど、バンパースティッカーにもとづいて友達や恋人を選ぶ人はいないだろう。

　そこで、入れ墨やバンパースティッカーみたいなチープトークを見せびらかすかわりに、みんなはコストのかかる製品を買って見せびらかす。「きっとこれなら信頼できるかたちでじぶんの重要な特徴を裏打ちしてくれるはず」と思ってそうするわけだ。数万ドルと四年の歳月を学業に費やして誉れある大学の学位をとる人は大勢いる。でも、特徴に関してその学位が含む情報は、二時間でできるＩＱテストを超えるものではない。いい信用スコアを築くためだけにわざわざクレジットカードの借金に大きな利子を払う。住宅ローンを組む必要があるときにじぶんの堅実性を信用できるかたちで誇示するためだ。公衆のなかで携帯電話ごしに大きな声で知り合いと噂話をえんえんとやっては、外交的な人だと信用できそうに見せかける。なかには、『ハーパーズ』や『ワイアード』や『プロスペクト』を定期購読してコスモポリタンな文化的洗練ぶりという開放性を見せびらかす人たちもいる。さらには、何十億もの人たちが、毎日お祈りをして週に一度は教会に通ってはコストのかさむ坊主階級を支えてやり、じぶんの道徳的美質を見せびらかしている――堅実性、同調性、保守主義を誇示するためだ。

こうした製品に共通しているのは資本コストが先行投資されるという点だけではない。しかるべき性格特徴をもちあわせていない場合には適切に利用するのが難しいところも共通している。どうにかうまいことケンブリッジ大学にもぐりこめたとしても、課題のエッセイや個人指導や授業参加や成績まではごまかせない。所得水準だけはアメリカンエクスプレス・プラチナカードの資格を満たしていても、支払いを堅実に積み重ねていないと信用格付けは下がる。『プロスペクト』（イギリスでいちばん知的な雑誌）を定期購読していても、新しいアイディアに開かれた人間でなければ雑誌の中身について知的な会話を交わすことはできない。短気で怒りっぽいサイコパスは、週一回の教会礼拝に通って忍耐力と同調性を限界まで試す礼拝と儀式に耐えられない。

このように、社会的にこのうえなく重要な製品は、お金だけで手に入れて見せびらかすことがかなわない。みんなは、富以外に当人についてたくさんのことを知りたがるからだ。こうした製品の多くは伝統的な小売商品という意味での製品らしくも見えない。ケンブリッジの学位、すぐれた信用格付け、「もののわかった知識人」や「教会に通う気前のいい人」という地域での評判――どれひとつとして、ショッピングモールで買えないけれど、どれもお金を必要とする。このあと続く四つの章では、中核六項目のなかでも消費行動を理解するのに最重要な四つの特徴をみていこう。安定性と外向性もおもしろいのだが、中核六項目をすべて同じように詳しく分析するのは骨が折れる。このあとの章で四つの特徴が理解できれば、考え方はつかめるはずだ。

車の選択で中核六項目はどう露わになるか

中核六項目の特徴を消費者が見せびらかそうとする方法がさまざまあるなかで、きわめて高くつく方法の一つが、自動車のブランドと機能の選択による見せびらかしだ。少なくとも、半ば無意識の水準では、車の購入者は自動車メーカーの広告で宣伝されるみかけの「ブランド性格」とじぶんの性格特徴とを合わせようとする。また、購入者は中核六項目で形成されたじぶんの願望や不安をふまえてなにより大事そうに思える機能を追求する傾向もある。下記に列挙するのは、中核六項目それぞれの高い水準・低い水準と結びついているように思える自動車ブランドと機能の一覧だ。（たんにぼくの印象とステレオタイプにすぎない。各項目には議論の余地があるし、例外もたくさんある。大半の製品と同じく、どのブランド性格や自動車の機能が実際に中核六項目のどれと結びついているのかを確かめるのにいいデータはなさそうだ。）

《高い知性》

- お気に入りブランド：アキュラ、アウディ、ＢＭＷ、レクサス、インフィニティ、スマートカー、スバル、フォルクスワーゲン
- お気に入りの特徴・機能：最大限の価値、複雑な制御系、読書灯、ヘッドルーム、発音しにくいブランド名および／またはモデル名

《低い知性》

- お気に入りブランド：キャデラック、クライスラー、ドッジ、フォード、GMC、ハマー
- お気に入りの特徴・機能：巨大な車体、低額の頭金、ディーラーの融資、サイズ対信頼性比率の高さ

《高い開放性（リベラリズム、奇抜さ）》

- お気に入りブランド：ロータス、ミニ、サイオン、スバル
- お気に入りの特徴・機能：奇抜なデザイン、外国車、最低地上高（地面から車体の底面までの高さ）、ムーンルーフ、若者人気

《高い堅実性》

- お気に入りブランド：アキュラ、ホンダ、レクサス、ボルボ、トヨタ
- お気に入りの特徴・機能：信頼性、チャイルドロック、盗難防止アラーム、日中走行時のライト、燃費効率

《低い堅実性》

- お気に入りブランド：フェラーリ、ジープ、三菱、ポンティアック
- お気に入りの特徴・機能：クルーズ・コントロール、カップホルダー、高い加速性能

《高い同調性（親切心、穏やかさ、利他主義）》
- お気に入りブランド：アキュラ、大宇、ジオ、起亜、サターン
- お気に入りの特徴・機能：環境に優しい設計、ハイブリッドドライブ、友人の引っ越しを手伝える荷台、笑顔のように見えるフロント部

《低い同調性（高い攻撃性、支配）》
- お気に入りブランド：ＢＭＷ、ハマー、マセラティ、メルセデス、日産
- お気に入りの特徴・機能：馬力、トルク、威圧的なサイズ、威嚇的なデザイン、革シート、あざ笑うようなフロント部

《高い安定性（高い幸福度、自尊心）》
- お気に入りブランド：アキュラ、ポルシェ、サイオン
- お気に入りの特徴・機能：元気なデザイン、ごきげんな排気音

《低い安定性（高い不安度、神経症、心配）》
- お気に入りブランド：フォルクスワーゲン、ボルボ
- お気に入りの特徴・機能：安全性、エアーバッグ、アンチロック（ABS）、電子的安定制御、延長保証

《高い外向性》

- お気に入りブランド：アストンマーチン、ＢＭＷ、フェラーリ、ミニ、ポルシェ
- お気に入りの特徴・機能：コンバーチブル（オープンカー）、高出力サブウーファー、バニティ・プレート、スキーラック、ジェームズ・ボンド映画で登場

《低い外向性》

- お気に入りブランド：アキュラ、ヒュンダイ、レクサス、サーブ、スバル、ボルボ
- お気に入りの特徴・機能：色つきの反射ガラス、中立的な塗装、落ち着いた内装

定量的な証拠こそないけれど、明らかに特定の中核六項目の特徴と結びつくことをねらっているブランドがある。たとえば、スバルはアメリカ科学振興会の年次大会のスポンサーとなっていて、知性の高い消費者に愛顧されようと明らかにねらっている。

ブランドによっては、極端な特徴と結びついているものもある——たとえばＢＭＷは高い知性、低い同調性、高い安定性、高い外向性を暗示しているように思える。これら四つの特徴それぞれで、極端なスコアになっている人が人口の三分の一ずついるとしたら、ＢＭＷはその市場セグメントを三分の一の四乗、つまり顧客候補の実に八十一分の一にせばめていることになる。このように、強いブランド性格は消費者にもっと独特な特徴シグナルの見せびらかしを可能にする一方で、その会社の市場シェアを制限してしまうかもしれない。これと対照的に、オールズモビルは主にひとつの極端な特徴と結びついている（平均より年齢が高く、したがって開放性は平均より低い人たち）。このため、オールズモビルは自動

車購買層の三分の一にしか候補をせばめていない。

音楽の好みとウェブページで中核六項目を広告する

わずかながら例外もあり、製品選択が入れ墨やバンパーステッカーのようにチープトーク特徴として機能する場合もある。たとえば音楽の好みは中核六項目の非常に信頼できる指標として機能するように思える。性格心理学者のピーター・レントフローとサミュエル・ゴスリングは、近年の研究でおもしろい報告をしている。レントフローとゴスリングは、人々が音楽の好みを自称することで他人にビッグファイブ特徴をすばやくかんたんかつ正確に伝えている方法を調査した。それまでの研究でも、性格特徴と音楽の好みが総じて相関していることはわかっていたし、人々が（会話や個人ウェブサイトやiPodのプレイリストで）性格特徴を誇示していることもわかっていた。レントフローとゴスリングはさらに音楽趣味で伝えられる豊かな性格情報を分析した。ある研究では、六〇名の大学生に参加してもらって、オンラインのチャットシステムを通して六週間にわたっておたがいに質問をしあってもらい、会話のさまざまな話題を記録している。すると、音楽はチャットの話題でいちばんよくでてくることがわかった——映画や本やＴＶ番組や衣服やスポーツよりも人気のある話題だったのだ。

また別の研究では、レントフローとゴスリングは、七十四名の大学生にビッグファイブ性格質問票に回答してもらってから好きな曲の上位十曲を挙げてもらった。各学生のリストにある十曲をＣＤに一枚ずつ収録して八名のリスナーに聞いてもらい、その選曲をした学生のビッグファイブ特徴を判定してもらった。リスナーによる判定と学生の自己申告はビッグファイブ特徴のうち四つで有意だった：開放性

(+.47)、外向性(+.27)、情動の安定性(+.23)、同調性(+.21)。(こうした相関は低く思えるかもしれないけれど、選曲した学生についてリスナーには他になんの情報も与えられていなかったことをふまえると、大したものだ：写真や動画もなく、年齢・性別・人種についてもなにも知らされずに判定してこの相関がでている。)この精度をもたらしているのは、選曲者の好む音楽ジャンル(情動の安定した学生はカントリー音楽を好んだ——少なくともテキサス出身の学生はそうだった)と、曲の具体的な音響的特徴だ(外交的な学生はエネルギーと熱狂と歌唱が多いと評価される音楽を好んでいた)。さらに、音楽の好みで伝達される性格情報は、人々の写真や短い記録動画から検知できる性格情報(堅実性と外向性を示すのにすぐれる情報)をうまく補完していた。

音楽の好みからは一般知性も明らかになるようだ。伝統的な「トップ四〇」ラジオ局、ポップ音楽、イージーリスニング音楽は、ベルカーブの中央に訴えかけるよう設計されている。オルタナティブ音楽とクラシック音楽は、基本的により知的な音楽だという含みがある——「聞くのがむずかしい」音楽という含みがある。このため、人数は少なくなるものの明敏な市場セグメントに訴えかける。旋律構造と音階、音色の豊かさと種類、リズムの入り組み具合と種類、歌詞の語彙と比喩に関して、複雑な音楽となっている。この音楽の複雑さゆえに、リスナーに求められる音響知覚・注意・短期記憶は多くなる。そのため、知性が低いリスナーは圧倒されてしまったりストレスを感じてしまったり不可解だと思ってしまう。こうして、レーナード・スキナードやハンナ・モンタナよりもバルトークやビョークによる音楽を好むという自己申告をとおして、より高い知性がある程度の信頼性をもって誇示されうるわけだ。

たとえば、顔写真と好きな曲上位十曲リストしか載せていないMySpaceの自己紹介欄でも、中核六項目をほどほどに正確に見積もることができる。わざわざ他の製品をあれこれ購入するには及ばない。

ツンとすました顔写真を載せているゴスの女の子がレイジ・アゲインスト・ザ・マシーンやナイン・インチ・ネイルズやマリリン・マンソンを好きだと書いていたら、おそらく、堅実性・同調性・情動の安定性は低い。しっかりした身なりで愛想笑いを浮かべた男の子がジャーズ・オブ・クレイやマーシー・ミーやサード・デイ（キリスト教ロックグループ）を好きだと書いていたら、きっと、その逆の特徴の持ち主だ。（この二人をウィネベーゴのキャンピングカーに閉じ込めたら、おもしろいリアリティTV番組ができそうだ）

入れ墨やバンパースティッカーによる誇示ではうまくいかないのに、交友（ソーシャル）ウェブサイトで自称しているだけの音楽の好みが特徴誇示として機能するのはどういうわけだろう？　その信頼性のカギを握るのは、好きだと自称しているバンドについてメールやインスタントメッセージであれこれと質問すれば、ハッタリがあっさりばれるということだ。たとえば、ビョークが大好きだと自称している人が他のビョークファンとFacebookでメッセージのやりとりをはじめたとしよう。ビョークがどんな人でその音楽がどんなものなのかよく知らなかったり、ビョークの突拍子もなくて壮大な神のごとき天才ぶりに対して、信頼できる情動的反応や美的な反応を示さなかったら、他のファンたちはすぐさまウソを見抜いてしまう。彼女のラストネーム（Guðmundsdóttir）を綴れなかったり、「彼女のCDでいちばん踊れるのはVespertineだよね」などという意見を述べたりすれば、信用をすっかり失ってしまう。中核六項目の見せびらかしとして、Facebookのウェブページに書き込んだ音楽の好みの方が、車に貼り付けたバンパースティッカーよりもずっと信頼できる。なぜなら、ハイウェイで片側に寄せて信条・欲求やアイスランドのボーカリストに関する見解を問いただすより、Facebookページにメッセージを送る方が、ずっとかんたんに相手が誠実かどうかたしかめられるからだ。心理学者のシミン・ヴァジン、サミュエル・ゴスリングらはさらに研究を重ねて、個人ウェブページの内容を見れば他人の性格を驚くほど正確に判定できるのを確かめている。

マーケターたちはどうして中核六項目を無視するのか

驚いたことに、たいていのマーケターたちは中核六項目が消費行動がどれだけうまく予測できるかまったく知らない。消費行動に関する典型的な教科書では、個人差について大きなセクションを割いている割に、一般知性やビッグファイブ特徴についてなにも論じていない。そのかわりに取り上げられているのがさまざまな「要因」で、消費の意思決定に影響するかもしれないとされている：富、時間、知識、態度、価値観、自己像、動機などがそこでは扱われている。こうした要因すべてにわたる個人変異を中核六項目が効率よく予測するという事実は、いまだに知られていないか、無視されている。一般知性は、ときに「認知資源」と名前を変えて教科書にでてくることがある。だが、通常の解釈では、この用語が意味するのは、その場のいろんな物事に注意をそらされずに集中する能力のことだ。知性が富と知識を予測することは無視されているし、ビッグファイブ特徴で態度や自己像や動機が予測されることも同様に無視されている。マーケターたちは、総じて「人口統計の変数」に注意を向ける――年齢・性別・民族・社会経済的な地位といった変数に注意を向ける一方で、そうした要因が中核六項目と相関している点は考慮しない。

学術的な消費行動研究でも、中核六項目は同様に無視されている。この分野の主要な学術誌三誌――『マーケティング』(Journal of Marketing: JM)、『マーケティング研究』(Journal of Marketing Research:

JMR)、『消費者研究』(Journal of Consumer Research; JCR)——では、総計六四〇〇本の論文をこれまでに掲載している。そのうち、性格に言及しているものですら約六〇本しかなく、性格の五因子モデルや具体的なビッグファイブ特徴のどれかに言及しているものは三本しかない。消費者の知性の個人差となると、いっそう関心は薄い。JM、JMR、JCRの掲載論文で一般知性またはg因子またはIQに言及しているものはただの一本もない(一九八四年のJCR掲載論文一本は「認知能力」に言及しているが一般知性因子という考えは却下している)。特徴(形質)・遺伝学・遺伝可能性への言及も同じくらいまれだ。三誌の掲載論文で、製品品質について企業が消費者にシグナルをおくる方法を論じるときにコスト高シグナリング理論を使っているものは一握りしかない。しかも、消費者がじぶんの特徴について他人にシグナルを送りうる方法を論じたものは一つもない。さらに、JM、JMR、JCRの論文は見せびらかし消費、ヴェブレン、社会的地位、地位財(後述)にほぼまったく言及しない。

二〇〇二年のレビュー論文でマーケティング教授ハンス・バウムガートナーはこんな所見を述べている:

> 性格研究はながらく消費行動研究で周縁的な役割を演じてきた。性格の諸問題を直接に取り扱った研究はごくわずかで、消費者の性格を調査したものがあったとしても、総じてその視野は狭く、すでに多数の因子がひしめく性格尺度にもうひとつ計測法を発展させて付け加える研究であったり、特定の特徴がなんらかの人間関係におよぼす穏当な効果を考察する研究であったりする傾向にある。

基本的に、消費者研究は性格心理学で次々になされてきた発見に追いついていないか、ビッグファイブ特徴が消費行動と自己誇示にどれほど強力に影響するかを認識していない。

消費者研究の論文の多くは、こう仮定している——消費者たちはたんにじぶんの「アイデンティティ」や「自己スキーマ」に合致する製品を好んでいて、「ブランド性格」とじぶんの「消費者性格」が等しくなるように行動しているのだ。消費者がじぶんの人格的なアイデンティティに合う製品をのぞむのは、「関係品質」の問題だと通例考えられている（消費者は、あたかもひとつの人物であるかのようにブランドを扱うというのがその考え方だ）。消費者による戦略的な特徴シグナリングの問題だとは考えられていない（じぶんの特徴に関する情報を他のナマの人間に開陳するべく消費者がブランドを選んでいるという考え方がとられていない）。こうした考え方だと、同調性の高い消費者が同調性の高い製品（やさしく親切そうに見える製品）を好むのは、同調性の高い友人を好む対人行動のばかげた副作用ということになり、じぶんの同調性を他人に見せびらかす理にかなった信頼できる方法とは考えられない。

消費者研究者のなかには、消費者が製品選択をとおして他人に「じぶんののぞむアイデンティティを伝えようと」奮闘しているのを認識している人たちもいる。とくに、製品の「アイデンティティの際立ち」（特徴シグナリング力）が高い場合はそうだ。この洞察が核心をなしているのが、「消費者文化理論」だ。この理論では、消費者が製品選択をとおしてじぶん個人や集団のアイデンティティを作り出して誇示する社会的・文化的・象徴的・美的・儀礼的な方法に力点をおく。消費者文化理論は、通例、特定の市場・下位文化（サブカルチャー）・イデオロギー内での消費者アイデンティティを計量的観察で調査する。だが、この理論には科学的な観点で深刻な欠点がいくつかある：消費者個々人の「アイデンティティ」の本質についてあやふやな点（見せびらかされる具体的な特徴が漠然としている）、集団の「アイデンティティ」（階級・年齢・性別・民族）が実際に果たす機能についてはっきりしない点、人間本性と対人的なやりとりに関する進化論的な洞察に敵対的な点。また、消費者文化理論は消費者研究の他の主要パラダイムとの共通基盤をうまく見つけられていない：合理的選択理論、認知心理学、実験デザイン、計量分析と共通の土台がないという問題点もある。

ここにある問題の一端は、「実用本位」製品と「快楽本位」製品と「地位」製品という人工的な区別にある。実用本位製品は実用的な効用だけで評価される斧のような製品、快楽本位製品は主観的な快楽で評価されるアイスクリームのような製品、また、地位製品は地位シグナリングの力だけで評価されるダイヤモンド・イヤリングのような製品とされる。この区別は当てにならない。なぜなら、すでに見ておいたとおり、利益になるあらゆるブランド製品は必ず誇示的な浪費・精密さ・名声のどれかを含んでいるし、すべて含んでいる場合だってあるからだ。製品がこの三つの要素のどれを備えているか見れば消費者にはその製品が特徴をうまく見せびらかしてくれるかどうかわかるし、こうした要素は製品を買ったり使ったり見せびらかしたりしてしあわせをおぼえる消費者の経験とまじりあう。また、表向きの効用は、使う人が経験するその製品の精密さ・名声と混じり合ってしまう。地位製品の概念は、知性シグナルとしての製品にはとてもよく当てはまる（なぜなら大半の人はＩＱベルカーブで低く見られるより高く見られる方をのぞむので）。だが、ビッグファイブ特徴のシグナルとしての製品にはしっくり当てはまらない（ビッグファイブ特徴のどのくらいの水準が最適なのかあまり合意がないからだ）。

このように、市場と消費行動に関する現行の研究は、その大半が時代遅れの理論と信頼できない発見のごたまぜに依拠している。一般知性がもつ強力な効果は、その因果的な結果・実証的相関・政治的に正しい婉曲語法のかげに隠れてしまっている：教育・階級・社会経済的な地位・消費者の知識・「認知資源」をとりあげつつも、一般知性そのものを避けて通っている。階級・人種・宗教が消費者の意思決定にもたらす影響をじぶんたちは研究しているのだとマーケターたちが考えているとき、実際には知性の効果を研究している。知性は実はさまざまな階級・人種・宗教によって平均スコアが異なるからだ。同じく、こうした相関や婉曲語法のかげに、ビッグファイブの強力な効果も隠れてしまっている：態度・動機・自己像・価値観・ライフスタイル・文化が語られる一方でビッグファイブは語られていない。マーケターたちは性別・年齢・政治信条の効果を研究しているつもりだが、実は開放性・堅実性・同調性・安定性・外向性の効果を研究している。ビッグファイブ特徴も、男女・老若・リベラルと保守によって平均スコアが異なっているのだ。

こうして不正確な方法で消費行動の個人差を理解しようと試みるのがマーケティング教授やコンサルタントの間で好まれているのには、主な理由が2つある。第一に、中核六項目を認めるのは、マーケターたちにとって政治的に正しくなく、社会的に居心地がわるく、ひどい恥になる。彼らの大半は企業の世界でもっともリベラルで進歩的で創造的な人間だと自負しているからだ。それでいて、マーケターたちは人口統計上の集団（年齢・性別・民族・階級・国籍）に関しては驚くほどあっさりと人々をステレオタイプ化する。たとえば、近年出た消費行動の教科書では、「ドイツ人は非常に野心的で成功指向で競争心が強い」「フランス人は新しさと優美さを追求する」「中国人は自民族中心主義の傾向がある」「メキシコでは、締め切りは融通が利きやすい」「プロテスタントやカトリックに比べてユダヤ教徒はリベラルで民主的、柔軟で合理的、物事をなしとげる動機が強く、熱狂的で社交的かつ情動的、いらいらしやすく物事に急いていて、喜びを後回しにする傾向が強く、政治的にもっともリベラル」などと書かれている。おそらくマーケティングは、国籍・宗教・階級・性別によるあからさまなステレオタイプ化が黙認される最後の学術分野なのだろう。マーケターたちは、こうした集団がしかじかの価値観・規範・

文化をたまたま身につけたのだといつでも主張できるからだ。

「人口統計上の集団がさまざまに異なる消費の好みや行動をもつのは心理学的特徴の分布がさまざまに異なっている」と主張する方が、マーケターたちにとっては社会的にもイデオロギー的にもずっと気まずいのだろう。想像してみよう――アジア系アメリカ人とイギリス系アメリカ人のちがいが、アジア系アメリカ人の平均IQがわずかに高いことですっかり説明がついたらどうだろう。「ジェンダー役割」による消費行動のちがいが同調性のちがいに帰着していたらどうだろう。「異文化論的な」消費行動のちがいが国別にみた開放性や堅実性の平均スコアの微妙なちがいにつきていたとしたらどうだろう。いつも使っている人口統計的／文化的な変数と中核六項目を同時に計測してみて、年齢・性別・人種・階級・宗教・国籍の関数として中核六項目の平均と変異が一貫して異なっているのがわかったりすれば、広報・渉外部にとっての災厄だろう。こうしたことが明らかになれば、現代アメリカ生活の中心的な知的タブーに背くことになる――集団間の有意味な心理学的相違を語るというタブーをおかしてしまう。さらにわるいことに、いつも使っている人口統計的／文化的な変数よりも中核六項目の方がうまく消費行動を予測するのがわかれば、「人口統計学は宿命だ」と考える標準的なリベラルの「空白の石版（ブランクスレート）」説に疑いの目が向けられることになる――個人の遺伝的特徴よりも集団の一員としての社会化されたアイデンティティの方が人間行動を予測するという考えが疑わしくなる。

また、マーケターたちが中核六項目を認めると、集団のステレオタイプ化（別名「市場セグメント分析」）は、いっそう困難になるだろう。さまざまな集団や文化によって異なる消費性向は、変異が切れ目なくつながっている特徴がつくる六次元の空間で部分的に重複するクラスタとして標示されねばならなくなる。表面的な一般化をするかわりに、マーケターたちは実証的に信頼できる妥当な道具を代表的な人口標本に当てはめることでさまざまな集団の性格プロファイルを計測しないといけなくなる。もちろん、基本的な人口統計データ（年齢・性別・人種・階級）を収集するのに比べてこれは高くつく——だが、見当違いな製品デザインや見当違いなマーケット戦略に比べて、長期的にはずっと安上がりになるはずだ。

第二に、最新の心理研究が生み出してくれている単純で安定していて進歩的なモデルにもとづけば、マーケティングはもっとずっと単純で安定して進歩的な知識分野になるはずだ。だが、消費者研究で非常に引用されやすい革新的発見によってテニュアを確保したいビジネススクールの学者にとっては、そんな事態は困りものだ。それに、流行の新しい消費者性格テストと市場セグメント分析技法で顧客を獲得したがっているマーケティング・コンサルタントにとっても、やっぱりこれはまずい。知性研究と性格研究でなされてきた大量の実証研究と頑健な理論にあまりしっかりと結びつけてしまうと、革新的な新しい著書や動画や訓練セミナーを展開する余地がほんのわずかしかなくなってしまう。

科学史家のトーマス・クーンが指摘したように、ひとたび科学で必勝の方式が見つかると——予測可能で累積的な進歩の方法が見つかると——その方法は「パラダイム」の地位につく。パラダイムが順調にブイブイ言わして発展しているときには、通常科学がなされ、過激な「パラダイム転換」は成功しにくくなる。さもありなん、といったところだろう：ある領域で既知の事柄が増えれば増えるほど、その領域に関するランダムな新アイディアが正しくなる見込みは下がる。生き物が複雑になればなるほど、ランダムな突然変異がその適応度を高める見込みは下がる。社会が複雑になればなるほど、大きな政治革命がみんなの福祉を改善する見込みは下がる。

だが、消費者研究に携わる人たちは、じぶんの最新仮説を「これこそ革新的なパラダイム転換ですよ、これでコンサルティングの顧客はライバルに対して大きく有利になりますよ」と喧伝して利益をえることが多い。絶え間ないパラダイム転換のメリーゴーランドを回して顧客を幻惑しお金を出してもらい続けるには、まがい物でない安定した統一パラダイムをもたらしそうな新顔の理論がもしも現れたらゆりかごにいるうちに殺しておかないといけない。これもひとえにコンサルティング業界みんなのため、というわけだ。しっかり確立された心理学の理論や概念をマーケティングが忌避する経済的な理由がここにある。科学精神をもって市場調査に関わる人間なら、間違いなく、中核六項目を使って消費者の好みを深く理解する好機を歓迎するだろうし、きっとこれに人口統計の情報を組み合わせるはずだ。ところが、一般知性とビッグファイブ性格特徴の概念はすでにみんなが利用できる公共領域（パブリックドメイン）にあるので、特許モノの新しいビジネスモデルや他のかたちの知的財産にそうかんたんに転換できない。これでは、新しく企業をつくって流行らせてどこかに買収してもらえない。

マーケターが中核六項目を見過ごすのには、知的理由もある：しっかり確立された科学理論は、しばらくたつとつまらなくなってしまう。実際、国際知性研究学会の大会にあまりしょっちゅう参加しすぎるのが危険なわけもここにある：おきまりの一般知性のおきまりの計測でまたひとつ人間行動の予測を他の概念・理論よりうまくやれたという話を次から次へと聞くはめになる。同じことは、性格心理学の学会にも言える：大半の報告は、またしてもビッグファイブで人間行動の変異の大半がどんな風に理解できるかつきとめました、というネタばかりだ――なにか新しい計測法ではじめてこういう変異がとらえられるようになりました、というのも含めて。中核六項目は、次から次へと個人差研究の信頼性と妥当性を示してくれる――まじめな心理学者ならちょっと退屈してしまう状況だけれど、大半の人はこれでよしと満足する。なぜなら、なるほどたしかに科学的進歩が累積的になされているとわかるからだ。

他方で、安定していたるところに及ぶ中核六項目の影響力に、マーケターは憤慨する。毎日みんなが使っている方法、いやそれどころか去年じぶんが使っていた方法で消費者の変異を記述し続けたところで、個人の栄誉にもならないし企業どうしの競争で有利にはたらくわけでもないからだ。マーケターたちがのぞんでいるのは、新しい秘密のネタだ：革新的な新手法で人口を切り分けて、広告キャンペーンと新製品ラインで最適に標的にできる、そういうネタが彼らののぞみだ。中核六項目は、そういうのぞみをかなえない。中核六項目はどれも連続的な正規分布だし、過去二十年にわたって心理学者によってしっかり解明されているし、既存の質問票で信頼性と妥当性のそろった計測ができるし、いまや常識だからだ。中核六項目は熱狂をもたらしてくれない。ただ正確性だけだ。流行の最先端でもない。ただ頑健なだけだ。

マーケターたちがとくに気に入ってるのは、なにやら不可解な知識を必要とする特定領域にごく限定された個人差の計測だ。マーケターたちは、「個人主義 vs. 集団主義」や「抽象的な思考スタイルか連想的な思考スタイルか」といったものを計測していろんな国籍のちがいを特徴づける。「男性らしさ vs. 女性らしさ」や「ジェンダー役割順応性」を計測して、性差を特徴づける。「制御の所在」が内部か外部かを計測して宗教的なちがいを特徴づける。こうした領域固有の尺度なら、人生をおいしく複雑にしてくれる。それに比べて、こんな風に言われてもうまみがない――「集団主義」や「準拠集団の強さ」とは基本的に堅実性の問題で、「抽象的思考スタイル」とは一般知性のことで、「内在的な制御の所在」は他人への活発なはたらきかけに関わる外向性の側面によく似ているし、「男性らしさ」とは同調性・堅実性が低くて安定性が高いことを意味する場合が多い。

個人個人のマーケターは消費者の好みをとらえる頑健で正確なモデルをつくって自社が売り上げと利

益を最大限に増やせるようにしたがっているんだろう、と思う人がいるかもしれない。でも、それはまちがいだ。マーケター個々人の社会的・性的・キャリア上の誘因(インセンティブ)は、かっこよく流行に乗った冴えてる人間になることにある。この誘因(インセンティブ)は、企業の利害関係者の金銭的利害とあまり合致していないことが多い。それどころか、広告の先進的な経済理論によれば、マーケティングと広告の中身は大半が無関係らしい。中身ではなくて、企業がマーケティングで出費するコストは、その大半が従業員候補・投資家候補・競合企業にみずからの金銭的な強さのシグナルを送る方法であって、実際に消費者を魅了する方法ではない。企業による誇示的浪費としての広告というこの理論は、これまで何度となく見てきたコスト高シグナリング理論と同じ論理にしたがっている。この理論が正しいとすると、マーケターたちの本当の機能は消費者を理解して彼らに影響を及ぼすことにあるのではなく、高い給料をもらってたっぷり物議をかもして、製造ラインから遠く離れておくことにある。

第11章　一般知性

General Intelligence

ヒトの知性には、パッとみただけだとすこし混乱してしまう二つの側面がある。ひとつは、普遍的な側面だ：心理的な適応としての知性はあらゆる正常なヒトに共通している。ここでいう知性には、言語を習得する能力、道具を使う能力、他人の考えや望みを理解する能力も含まれる。一方、個人差の側面もある：ヒトに普遍的な能力もスピードや効率は個々人で異なるし、進化の上で新奇なものや直観に反する物事や技能を習得する能力も異なる。たとえば、幾何学の定理を証明する能力や生涯にわたって一夫一婦をつらぬく能力は、個々人で異なる。知性が普遍的だということは、正常な成人ならだれでも、生存・人付き合い・配偶・子育てをこなすすばらしい心的能力を備えているということだ。一方、知性が個々人で異なるということは、こうした課題をうまくこなす人もいればへたくそな人もいるということだ。

一般知性（別名ＩＱ、一般認知能力、ｇ因子）は、人それぞれに異なる知性を計量する方法だ。これまでに心理学で発見されてきた心の特徴は数あれど、一般知性ほど頑健に確立され、予測にすぐれ、遺伝的に継承されやすいものは他にない。正式なＩＱテストで計測した場合でも、くだけた会話や観察で品定めした場合でも、信頼できる個人差を示す人生のさまざまな重要領域すべてにおいて、知性は客観的な実績・学習能力を予測する。

一般知性をめぐっては、皮肉な状況がある。知能が人それぞれで異なりいろんな領域で一般性があり人生で重要だということを、平均的な知能をもつふつうの人たちは認識している。ところが、教育のあるエリートたちは、いまなお一般知性という概念そのものにしつこく敵対していて、知性が人それぞれにちがうことも一般性があることも重要だということも否定する。エリート大学の教授連や学生たちは、とりわけこの偽りの謙虚さを示しがちだ。彼らは、並外れて知性の高い人たちとしか付きあわない。そのせいで、知性のベルカーブの全体像が彼らの参照枠に入ってこない。ぼくが前に会った理論物理学者はこんな風に言っていた――どんな人間でも超ひも理論や量子力学が理解できますよ、しかるべき教育機会さえあれば。もちろん、こういう科学者たちはIQ一四〇以上の物理学者とばかりおしゃべりしている。どうやら、用務員や床屋や自動車修理工も人間だということをすっかり忘れてしまっているようだ。そのおかげで、彼らは一般知性に有意なちがいなんてないんだという妄想に安住して、凡人の嫉妬を遮断していられる。

ぼくの専門分野ですら、進化心理学者は心理的適応としての一般知性をそれじたいとして理解しそこねているきらいがある。一般知性のことを、特定の心的器官やモジュールや脳領域や機能かなにかだと誤解していることもよくある。だが、大半の知能研究者はそう考えず、一般知性は個人差の構成概念だとみる――つまり、「健康」「美」「地位」のような〔いろんな要因が組み合わさってできあがる〕構成概念の仲間だと考える。健康は、体の器官ではない。いろんな器官の機能的効率を統計的に分析することで見えてくる抽象的な構成概念、あるいは「潜在的変数」だ。すぐれた遺伝子、よい食生活と運動があれば、いい心臓・肺・抗体が生み出されるし、生命維持に必須な循環器系・呼吸器系・免疫系の効率はプラスの相関を示す傾向にあり、結果として一般的な「健康」因子がもたらされる。同様に、美はクジャクの尾羽のような単一の性的装飾とはちがう。美も、顔や体のいろんな性的装飾（目・唇・肌・頭髪・腰・おしり・脚に加え、全体的な肌の質・髪の状態・筋肉の張り・脂肪の最適な量と分布など）を分析したときに見えてくる潜在的変数だ。同様に、一般知性も心の器官ではなくて、いろんな心の器官（記憶・言語能力・対人的な知覚力・実践的技能の学習速度・音楽の適性など）の機能的効率を分析したときに見えてくる潜在的変数だ。

一般知性は、遺伝子の質（有害な突然変異が多すぎないこと）や表現型の状態（健康で有能な脳をもっていること）を示すとてもすぐれた一般的指標になっているようだ。だからこそ、ふつうの人たちの幅広い標本全体で、一般知性は次の項目と正の相関を示す：

- 脳の全体的な大きさ（構造ＭＲＩで生きている人を計測したときの大きさ）
- 特定の皮質領域の大きさ（外側・内側の前頭前野や後頭頂葉などのサイズ）
- 特定の神経化学物質（Ｎ-アセチルアスパラギン塩酸など）の脳内濃度
- 子供のときに大脳皮質がもっとも分厚くなる年齢
- 基本的な感覚運動タスクをこなす速さ（たとえば点灯したボタンをできるだけ速く押すタスクなど）
- 神経繊維がインパルスを腕や脚へ伝達する速さ
- 身長
- 顔や体の左右対称

- 身体的な健康
- 寿命
- 男性の場合、精液の質（精子の数、濃度、運動性）
- 心の健康（統合失調症。外傷後ストレスその他の精神機能障害の発症率は〔知性が高いほど〕低くなる）
- 恋愛対象としての魅力（少なくとも長期的な関係の場合）

たとえば、ぼくは二つの研究に携わったことがある。ひとつは知性と脳の大きさの関係、もうひとつは知性と体の左右対称の関係を検討する研究だ。心理学者のラース・ペンクといっしょに調べたところ、一般知性（信頼できる妥当なＩＱテストで計測したもの）と脳の容積（ＭＲＩ脳画像化で計測したもの）の関係をとりあげている先行研究は一五件あった。それをすべて見直したところ、九三五人の正常な成人のうち、一般知性は脳の大きさと＋.43で相関していた――以前から知られていた知性と頭部全体の大きさの相関（約＋.2）より、ずっと高い。また、双子と家族のあいだで脳の大きさがどれくらい遺伝されうるのかをとりあげている研究八件も検討した。正常な成人二、四九四名の標本全体で、平均遺伝率は.91だった――他のどんな人間の特徴（たとえば身長）も、これを超える遺伝率は示していない。成熟した成人の知性で見いだされた.5から.7の遺伝率よりもさらに高い。（遺伝率は、ある特徴の個人間のちがいのうち個人間の遺伝のちがいで説明できるものの割合を計測したもの。このため、〇から一の値をとる。）近年の双子研究では、知性と脳の大きさにプラスの遺伝的な相関があることもわかっている。このことは、多くの遺伝子が知性と脳サイズの両方にそろってプラスまたはマイナスの影響を及ぼしていることを意味する。言い換えれば、脳が大きければ大きいほど知性も高くなっている相関は、同じ環境要因（栄養、教育）が脳サイズや知性を助長したり阻害したりしているだけが理由ではなくて、同じ遺伝子がその二つをともに助長したり阻害したりしているからでもあるのだ。このように、一般知性と脳サイズはきわめて遺伝率が高く、しかも、特徴（形質）の水準でも遺伝子の水準でもほどほどに相関している。これは、知性が生物学的な基盤に深くねざす真性の個人差だと示唆する証拠になる。

これと別の研究では、心理学者マーク・プロコシュ、ロン・イェオとぼくとで、知性とからだの左右対称ぐあいの関係を研究している。男子学生七十八人に参加してもらって、デジタル式ノギスで体の十ヶ所の左右対称性を測った（かかと回り、ひじ回り、耳の幅、耳の高さ、指の長さなど）。生物学では、体の左右対称性を体の健康度・状態。遺伝子の質・適応度を示す指標によく利用する。また、学生たちそれぞれに五つの精神テストを受けてもらった（レイヴンのマトリクスというすぐれた知性テスト一つ、語彙知識にもとづくすぐれた知性テスト二つ、そして信頼性は高いものの知性の尺度としてはあまりすぐれていない数記憶のテスト二つの計五つ）。すると、知性を測る精神テストですぐれているほど、そのスコアと個人それぞれの体の左右対称性との相関が高くなるのがわかった。ロン・イェオと共同研究者たちによる他の研究では、体の左右対称性が高いほど、神経発達障害（精神遅滞など）や精神疾患（統合失調症など）のリスクが低くなっていることもわかった。このことから、精神テストが一般知性の計測に近づけば近づくほど、一般的な健康・適応度・遺伝子の質の計測に近づくことがうかがえる。ここでも、知性は体の発達と脳の性能という有機的プロセスに深く関連したまぎれもない生物学的特徴にみえる。

一九七〇年代に、知性研究を批判したレオン・カミンやスティーヴン・ジェイ・グールドといった人たちは、いくつも激烈な批判を執筆して、「知性は他の生物学的特徴となんら相関していない」と主張した。身長・体の健康・心の健康・脳の大きさ・神経の伝達速度などと知性は相関していないというのが彼らの言い分だった。その後、山のように大量の研究が蓄積され、彼らのまちがいが明らかになった。今日、一般知性は遺伝学から神経科学、ひいては創造性研究にいたるまで、幅広い実証研究のおりなすウェブの中心に一般知性は定着している。だが、反知性のドグマはいっこうに弱まっていないし、リベラルなエリートたちのあいだではいまもこれ見よがしにＩＱが批判されている。じぶんの同調性と開放性を示すお上品な指標に利用されているのだ。

だが、知性の概念がこうしておおっぴらに非難されていても、資本主義的な教育と職業の上昇志向をうながす知性準拠の普遍的な実力主義崇拝が弱まることはなかった。標準化されたテストで我が子がいいスコアをとり、高得点が必要なエリート大学に入り、エリート大学卒の資格をもとめるキャリアに就けば、どんな親も誇りに思って胸があたたかくなるものだ。反知性ドグマを唱えていようと、恥ずかしくなるほど愚かな行いを政治家がしでかせばリベラルなエリートは不機嫌顔でこれを非難するし、正常値を下回るＩＱをもつ殺人犯に死刑を科すのは非人間的だと言うし、ＩＱに有害な影響をもたらす含鉛塗料や出産前の習慣的飲酒はよくないと批判する。グールド仕込みの知性嫌悪症をもちながらも、重要な政策問題となれば、認知の健康度を測る数値や重要な説明変数として一般知性の概念をもちだしてくる。

学位偏重

きっと、こういう話を聞いたことがあるはずだ――「ＩＱテストはいまや時代遅れで偏見に染まっていて使い物にならないと広く考えられている」「一般知性より認知能力の方が大事だ、社会的知性や実践的知性や情動的知性、創造性、知恵のような特徴もあるのだ。」こうした主張の出所をたどるとたいていハーバード大学やイェール大学の心理学教授たちにいきつくのには目を見張る。ハーバードといえば、ハワード・ガードナーの本拠地だ。彼は、八つの「複数知性」を提唱している（言語的知性、論理・数学的知性、空間的知性、音楽的知性、身体運動的知性、対人的知性、個人内知性、博物的知性）。また、イェール大学といえば、情動的知性を提唱するピーター・サロヴェイの本拠地だし、最近までは三種類の知性（学術的知性、社会的知性、実践的知性）を唱えるロバート・スタインバーグもここを本拠にしていた。（公正を期して言うと、対人的知性・社会的知性・情動的知性にはたしかになんらかの利点があるとぼくも考えている。ただ、これらは中核六項目をこえる独自の尺度ではなくて、一般知性と他の特徴とを社会的にのぞましいかたちで組み合わせたものに思える。たとえば、同調性、堅実性、外向性といった特徴のどれか（またはすべて）と一般知性の組み合わせのように思える）

ＩＱで選別されたエリート用の学費の高い大学に所属する研究者たちが誰よりもＩＱテストに懐疑的なのは偶然だろうか？　そうではなさそうだ。大学が提供しているのは、コストがかさみ時間がかかり信頼性のあまりない知性標示製品だ。この製品は、安上がりで手早くすんで信頼性でまさるＩＱテストともろに競合している。大学は、いまや学歴重視ビジネスに従事している。ハーバードとイェールが売っている「学位」という名のきれいに印刷された紙切れは、およそ一六万ドルする（学費と部屋代と食費に一年あたり四万ドル、それが四年間つづく）。学位をとるには、それなりの水準の堅実性・情動の安定性・開放性をコースワークで示さないといけないだけでなく、なにより、ＳＡＴスコアと高校時代の成績にもとづいて入学を認められるだけの知性ももちあわせていないといけない。つまり、ハーバードの学位は基本的にＩＱ証明書だ。

エリート大学としては、競合相手によってじぶんの値打ちを下げられたくはない。知性見せびらかし市場をコモディティ化してコスト下落圧力をかける安くて早いＩＱテストとの競争を受けてじぶんたちの高価なＩＱ保証書が値打ちを落とさないようにしたいとのぞんでいる。このため、エリート大学は知性テストと愛憎入り交じった偽善的な関係を結んでいる。一方ではＩＱタイプのテスト（ＳＡＴなど）を利用して学生を選別してじぶんたちのＩＱ保証書の妥当性と信用を維持している。だが、もう一方では、「ＳＡＴはＩＱテストではない」という教育テストサービス社（ＥＴＳ）の主張に賛同しつつ、社会的地位・性的魅力・就職をめぐる競争でＩＱテストによってじぶんたちの学位が置き換えられうることはないと猛然と否定する。ざっくばらんな会話中に相手の出身大学をたずねるのはかまわないがＳＡＴやＩＱのスコアに言及するのはいけないという社会規範の維持にこうした学校の同窓会も懸命になっている。二回目のデートで、「ハーバード・ヤードのサトウカエデは秋学期になるとすごくきれいなんだよね」と語るとき、その人が言わんとしているのは「ハーバードに入れるくらいぼくのＳＡＴスコアは高かったんだよ（八〇〇点満点のだいたい七二〇点）、だから、ＩＱだって一三五は超えてるし、それに、単位をとっていける程度に堅実性も情動の安定性も知的な開放性も高いよ。ついでに言うと、木の種類もちゃんと見分けられるし」ということだ。情報の内実は同じだけれど、ただ、サトウカエデがどうのと言えば詩的に聞こえてＳＡＴやＩＱスコアを口にすると粗野に聞こえるというちがいはある。

ここでものを言っているのが既得権だ。これには、大学にかぎらず、テストサービス事業の既得権も含まれる。アメリカ最大の知性テスト機関は教育テストサービス社（ＥＴＳ）だ。ＳＡＴ、ＬＳＡＴ、ＭＣＡＴの実施母体にあたる。ＥＴＳは民間団体で二五〇〇名の従業員を抱える。そのうち、二五〇名がＰｈ．Ｄだ。明らかな独占状態にあり、しかも規制を受けることもなく、理事会にしか説明責任を負っていない。ESTは名目上ではテストの妥当性を最高水準にするための組織を謳っているが、「人種的・民族的・性別的・社会経済的な偏見から自由な」テストをつくりだすようきびしい法的な圧力も受けている。これはつまり、ETSは事実上不可能なことをやらなくてはいけなくなっているということだ。このとおりにやろうとすれば、ETSは一般知性を評価して大学での成績を正確に予測しなくてはいけない。大学での成績を予測する最良の指標はいまだに一般知性だからだ。だが、知性テストはいまなおアメリカでは政治的な炎上案件なので、ETSとしては、じぶんたちの開発している「適性」テストや「到達度」テストは一般知性のテストではないという立場をとるしかない。さらに、「バイアスがかかっている」と批判されるのを避けるために、さまざまな民族集団・性別・階級できっちり同じスコア分布を出さなくてはいけない――こうした集団ごとに一般知性の分布がいくぶん異なっているとしても、そうしたちがいが出てはいけないのだ。このため、テストが一般知性の指標として正確になればなるほど、いろんな集団別にバイアスがかかっているように見えてくるし、政治活動家たちからの批判の矢面にさらされることにもなる。他方で、テスト結果がいろんな集団の別なく平等になればなるほど、テストは一般知性の指標として不正確になってしまい、大学での成績をうまく予測できなくなってしまう。そうなれば、どうにかして最良の学生を選別しようとしている大学からの批判の矢面にさらされることになる。アメリカの認知実力主義からくるこうした偽善・タブー・制約を前提に、ETSはできるかぎりの最善をつくしているのかもしれない。だが、部外者にしてみれば、「ETSが高等教育で果たしている役割はたんに学生を選別する門番だけではなく批判の緩衝材でもある」と理解しておく方が有益かもしれない。ETSは、IQテスト論争という手榴弾に我が身を投じて部隊の戦友たち（エリート大学）を守っているのだ。

大学の学位が基本的にIQ保証書として機能しているとすると、卒業生が学んだ平均的な知識よりも平均SATスコアの方が学位の社会的地位や経済的価値をうまく予測するはずだ。IQ保証の学位は経済学者の言う地位財にあたる――競合する他人よりその持ち主が優れていることを示す方法になっている。地位財は、とめどない地位競争の暴走につながることがよくある。ひとたび、アイビーリーグの学部卒が広まってありきたりになり、傑出ぶりのバッジとして使いにくくなると、地位をめぐって競争する人たちはさらに高みを目指してアイビーリーグのMBAやMDやPh.Dをとろうとしはじめる。さらに、MBAが広まってありきたりになれば、これも傑出ぶりを見せつけにくくなってしまい、「それなら」とさらに取りにくい「トリアム・グローバル・エグゼクティブMBA」を狙いはじめるかもしれない。トリアムは上級管理職四〇名のエリート集団を対象にしたコースで、ロンドン・スクール・オブ・エコノミクス、ニューヨーク大学スターン経営大学院、パリのHEC経営大学院の他、極東や新興経済国を回って研鑽を積む。費用は八七、〇〇〇ドルだ。

イギリスの大学では、これほど標準化テストに依存していない。そのかわり、イギリスの入学者選考制度は大半が一八歳の学生が難関の「Aレベル」コースの標準化テストで獲得したスコアを頼りにしている。このコースは、アメリカの大学なら二年生向けコースに相当する。また、オックスフォードやケンブリッジは面接できびしい質問を浴びせかけて応募者の頭脳と神経を試す。たとえばこういう質問だ:

- 世界中の水のうち、何パーセントが牛の体内にありますか?
- あなたとは、あなたの身体でしょうか?

- ロシアは、とにかくばかでかすぎるせいで民主主義に向かなかったのでしょうか?
- なぜ、顔の中心部にひとつだけ耳があるのではなく、両側にあるのでしょうか?
- 運命論ってどう思います?

こうした質問は、SATと同程度の信頼性・妥当性で知性を測るものではないかもしれないけれど、応募者がどれくらい流暢に言葉をあやつれるか、どれくらい創造的か、背景知識はどれくらい持ち合わせているかを面接官はおおよそつかめる。こうした制度の結果、イギリスでもエリート大学の学位は知性の保証書として機能している。

いまアメリカ国内では、ロッシュビル大学やベルフォード大学など、三〇〇をこえる「ディプロマ・ミル」(信用のないオンライン大学)が運営されている。こうしたディプロマ・ミルは、学位偏重のたまものだ。ディプロマ・ミルは、「生活経験・職業経験」にもとづいて七日間で学士号やMBAやPh.Dを授与してくれる(「もう知ってることで学位をとろう!」)。入学要件もないし、出席・授業・小論文・テストもない。たとえば、ベルフォード大学だと「博士号の完全パッケージがたった五四九ドル(送料無料)」だそうだ。これには、学位一つと写し二点の他に、優秀賞一つに優等証明書、雇用者向けの教育証明書四通がついてくる。とれる専攻分野は、航空宇宙工学、臨床心理学、歯内治療学などがある。当然、マーケティング専攻もある。たいてい、ディプロマ・ミルはなんらかのフロント組織からの認証を得ていると主張する。そうした組織の一つに「オンライン大学国際認証機関」がある。ここは、アメリカの教育省が承認する十九の認証組織ではない。一九八〇年から一九九〇年代前半にかけて、FBIの「ディプロマ詐欺対策作戦」タスクフォースが、こうしたディプロマ・ミルの多くをつぶしていった。

だが、いまや取り締まりはなされていないも同然で、しかもウェブのおかげで発展途上国のもっとマヌケなキャリア主義者からかんたんにお金をせしめられるようになった。こうしたカモたちにとっては、五四九ドルでPh. Dがとれるというのはなかなかの大金で、かえって信用がおけそうに聞こえるのだ。また、Bogosphd.com や Noveltydegree.com といったオンラインの紛失学位再発行サービスを通じて販売されるニセ学位が人気を博しているのも、学位偏重の産物だ。約五〇ドル（二日以内に発送する料金込み）で、どんな大学のどんな学位でも依頼でき、じぶんの名前を印刷した高品質六〇ポンド羊皮紙の学位証明書に金箔の標章をエンボス加工したうえ、立派な額に入れてもらえる。学位のレイアウトはどこの大学でもおおよそ標準どおりになっている。このため、二〇ドル札よりずっとかんたんに偽造できてしまう。大学名が最上段に配され、なにか文章が続き、卒業生の氏名と学位が記され、またなにか文章が続き、末尾に判読しにくいなにかの署名でしめくくられる。

高等教育の機能を資格認定と考える説〔「シグナリング」説〕に対して、「人的資本」説もある。ゲイリー・ベッカーのような経済学者をはじめ、大半の大学教授がこちらの支持者だ。人的資本説の起点は、バートランド・ラッセルのこんな洞察にある――「凡人の意見は愚かだが、自力で考えたときの愚かさよりはずっとマシだろう。」人的資本説によれば、知識の文化的伝播によりみんなはもっと賢く利口になる。そうした知識をみんなの頭脳にダウンロードするのは教育の責任であり、知識を得たみんなは雇用主にとって価値が高まり、もっと高い給料を稼げるようになるという。言い換えると、教育とは経済的な自己投資だというわけだ――〔学校に通う〕何年かは賃金を得られないのと引き替えに、あとで〔それを補ってあまりある〕もっと高い賃金をもらえるようになる。しかも、これはかなり安全な投資で、脳損傷や早発性痴呆症でもないかぎり損はしない：ベン・フランクリンが言うように、「財布をすっからかんにして頭蓋のなかに押し込めてやれば、誰もこれを盗めはしない。」

人的資本説の主張によれば、実際に教育は潜在的な素質を現実の技能と知識に転換することによって学生に「付加価値」をもたらしていて、そのおかげで学生たちはよりよい従業員、よりよい市民になり、社会にもっと役立っているのだという。この説の問題点は、キャリアに関連する技能や事実を学ぶならもっと効率のいい方法があるというところだ：本を読んでもいいし、ドキュメンタリーを見てもいいし、専門家と話をしてもいいし、個人教師を見つけてもいい。映画『グッド・ウィル・ハンティング』で、その名がタイトルになっている独学の天才ウィル・ハンティングはハーバードの学生をこう言ってこき下ろす：「おまえらが十五万ドルも払って受けた教育なんて、公立図書館で夜間利用料一ドル出せば頭に入れられるだろうよ。」一八六九年から一九〇九年までハーバードの学長をつとめたチャールズ・ウィリアム・エリオットもこんな具合に認めている。「幅五フィートの棚に並んだ本で第一級の教育は手に入る」――ただし、幅五フィートといってもそこを埋め尽くす本はしかるべきものでないといけない、たとえばエリオットみずから編集した『ハーバード・クラシックス』全五〇巻でないとダメだ。自宅学習が大変な隆盛を見せているところを見ても、学習、とくに学部以下の教育水準に達するにはべつに認可された学校を頼らなくてもすむことに多くの親たちは気づいているようだ。

大学のライブ講義は、出席一時間あたり約一〇〇ドルかかる。しかも、資格のない大学院生や付属学部が担当していることも多い。全米で尊敬されている教授たちによる名講義の録画を「ティーチング・カンパニー」社のDVDで見るなら、一時間あたり約六ドルですむ（たとえば、「実存主義と人生の意味」の二〇時間講義なら七〇ドルだ）。あるいは、一年あたり五五〇ドル払えば、「コムキャスト」から四五〇ものTVチャンネルを見られるようになる。アルバカーキですら見られるし、番組も多種多様に揃っている――ノンフィクションのドキュメンタリー・チャンネルは二十二もある。ディスカバリーチャンネル、ディスカバリーヘルス、ナショナル・ジオグラフィック、ヒストリー・チャンネル、サイエンス・チャンネル、ミリタリー・チャンネル、バイオグラフィー・チャンネル、ヒストリー・インタナショナル、BBCアメリカなどなど。さらにいいことに、イギリスに住む人なら、年間二〇〇ドルの受信料を払えば、BBC1、BBC2、チャンネル4のすぐれたドキュメンタリーが毎晩見放題だ。

従業員が一人前に仕事をこなせるよう訓練するのに高等教育がいちばん効率的な方法ではないことを企業も理解している。だからこそ、アメリカでは企業が年間一〇〇億ドル以上も社内訓練に投じている（一方、高等教育の年間出費は二〇〇〇億ドルだ）。たとえば、「フォーチュン五〇〇」企業の四分の三がFranklinCoveyグループから社内訓練を購入している（二〇〇七年の売り上げ：約二億八〇〇〇万ドル）。同社は、スティーブン・R・コヴィーが一九八九年にベストセラーの『七つの習慣』のあとに設立した会社だ。これと対照的に、ハーバードが学部生の学費から得ている正味の実入り（名目コストから金融面の支援をさしひいた分）は二〇〇四年現在で六〇〇〇万ドルだ。

資格認定説では、じぶんの才能――とくに知性・堅実性・開放性――を広告する信頼できる方法として、高等教育は経済的な意味であまり付加価値を提供していないかもしれないと考える。教育に関するこれ以外の見解も、高等教育の付加価値とされるものに懐疑的だ。そうした説に、「倉庫」説がある。大衆向け公教育はたんに働く親たちのかわりに安く子供の世話をしているだけだとこの説では考える。また、「順応」説では、学校は子供を社会化して信頼できる政治的に平穏な賃金奴隷に仕立てあげると批判している。どの批判にもそれぞれ長所があるし、これほど多くの学生が現実の技能・知識・洞察を必要とする難しいコース（たとえば外国語やスタジオアート・音楽や物理学や生物科学・行動科学）よりも正しいイデオロギーにかなった態度を見せるだけで通れる楽なコース（たとえば人文学や社会科学）を好んでいる理由も説明してくれる。大半の学生はじぶんの平均成績（資格認定のゴール）を最大化したがっているのであって、難しく直観に反する人生に関連した素材の学習量（付加価値のゴール）を追求しているわけではないのだ。

この一見するとだらしない戦略は、大半の学生にとって理にかなっている。それどころか、いまなお根強い衒学好みのおかげで、いかにもキャリアに関連のなさそうな学位にむしろ高い経済的価値が与えられることも多い。スタンフォードのロースクールは、法律学を専攻にした州立大学出身者よりもアイビーリーグで歴史学を学んだ学生の方を好んで迎え入れるかもしれない。ＢＢＣは、ノッティンガム大学でメディアスタディーズを修めた人間よりもオックスフォードで英文学を修めた人間を採用することが多い。学んだ中身がほとんど「その進路に」関係なくて非常に選別のきびしい学位の方が、中身は関係あってもそれほど選別が厳しくない学位に勝ることはよくある。こうした優先順位のつけ方は、べつに非合理でもない。一般知性は仕事の業績を非常にうまく予測できるので、ＩＱ保証なしにただしかじかの内容を丸暗記しているよりも内容に関係ないＩＱ保証書がある方が雇用主や大学院にとってずっと価値がある。これを踏まえると、高等教育の他のいろんな不可解な側面も謎が解ける。たとえば、二〇世紀序盤にはよくこんなことが言われた。「紳士はラテン語を知っていなくてもよい。だが、少なくとも忘れていなくてはいけない。」少なくとも、ウォールナット高校（オハイオ州シンシナティ）でぼくにラテン語を教えてくれた先生たちは、ウェルギリウスなんぞを読む勉強が必要な理由を進んで語ってくれた：ラテン語の語源や接頭辞・接尾辞になじんでおけばＳＡＴの語彙テストでいい点がとれるようになるぞ。コスト高シグナリングがはたらいているのがおわかりだろう。何千人ものティーンエイジャーたちが三年間を費やしてとっくの昔に絶滅した言語を学習してIQテストでないフリをしたIQテストでいいスコアをとろうとしている。そして、いいスコアをとる目的は、さらに四年と数千ドルを費やしてIQ保証書でないフリをした大学の卒業証書を手に入れることにある。

想像してみよう。たとえば有酸素運動の持続力のような身体的特徴を見せびらかそうというときに、コストのかかるまわりくどい方法を使ったとしたらどうだろう？　持久力を見せびらかすだけなら、ただ裸足・裸体で五マイルの荒れ地を走って、誰かに Accusplit Survivor II ストップウォッチ（小売価格八・九八ドル）で測定してもらえばすむ話ではある。だが、それではあまりに無骨で粗雑で品格もないというのであれば、たとえば大理石を輸入して高さ三〇〇フィートのジッグラトを建設するのにまずは二〇年かけてもらい、それから一時間で上って下るのを四十回繰り返せる実力をみせてもらう方がずっといいだろう――なんなら、刺繍入りのシルク製ローブを羽織って黄金製の聖火トーチをかかげて走ってもらえばさらにいい。二五〇名からなるマーチバンドに演奏もしてもらおう。かくして、中世風の衣装と懐古的な聖歌にほろ苦いシジフォスの象徴をもつジッグラト昇降のすばらしい文化伝統のできあがりだ。おまけに、経済にもいい。親たちは、我が子がジッグラト昇降儀式に参加する費用の捻出に二つめのローンを組まねばならなくなるだろう。もしも誰かが「こんな儀式はやめよう、持久走能力なんてそのへんの荒れ地を走ってストップウォッチで計ればすむじゃないか」などと提案すれば、大理石の輸入業者や衣装の仕立て業者や音楽隊メンバーたちは、猛烈な勢いで非難を浴びせるだろう。ジッグラト制度にはいくらか非効率な部分もあるのは彼らも認めるかもしれないけれど、「ジッグラトの階段を人間工学的に最適化したり、聖火トーチを軽量なプラチナ製に変更したり、音楽演奏をトロンボーン演奏ロボットに置き換えたりすれば非効率を減らせられる」などと論じはじめるだろう。現代の高等教育は、このジッグラト昇降みたいなものだ：ばかばかしいほどの金額と時間を投じて保証している知性と性格特徴は、他の手段を使えばはるかに信頼できるかたちで安く簡単に計測できる。ソーンスタイン・ヴェブレンは、この点のほとんどを一九一四年の著書『アメリカの高等教育』（*The Higher Learning in America.*）で完璧に明快に説明している。だが、例によって、ヴェブレンの洞察はいらだちまじりに評価され、すぐさま忘れ去られてしまった。

その他の知性標示

知性を見せびらかすためにみんなが買い求める製品は、べつに教育の証明書だけではない。消費主義というプリズムをとおして複雑に屈折した知的自己愛は、見せびらかしに利用できる多種多様なモノとサービスの虹をつくりだす。ニュース雑誌やノンフィクションの本を買っていまどきの話題を仕入れる人たちもいるし（ディナーパーティですてきなおしゃべり相手という印象を残せるように）、ケーブルテレビの受信料を払ってディスカバリーチャンネルを見る人たちもいる。なんなら、Grundig Satellit 800 Millennium の短波ラジオ（「最新情報に敏感になろう！」）を五〇〇ドルで購入して、取捨選択されないまま外国ニュースを聞いてもいい。社会人教育クラスをとって、ピアノ演奏や油絵や家具づくりやワイン・テイスティングや広東語会話など、知性を必要とする余暇活動を学ぶ人たちもいる。Xlibris を利用して自費出版をする人もいる（いま Xlibris は Author Solutions の子会社になっている）。あるいは、高級文化の品々を収集する目利きになる人もいる。たとえば、二〇〇一年七月にサザビーのオークションでジェイムズ・ジョイス『ユリシーズ』の「エウマエウス」の草稿を八六万一二五〇ポンドで落札した人物のように。

見かけの知性を増幅すると宣伝されているモノやサービスは、人間の生活のありとあらゆるところに見つかる。親たちは、我が子の誇示的な認知スキルを増幅しようと、いろんなIQ育成おもちゃを買い与えたり、私立校に通わせたり、余暇の読書をさせたり、音楽レッスンを受けさせたり、教養のための遠足に行かせたりする。成熟した大人の場合、信用できる知性の水準を見せびらかすのを主な機能としているのが、ニュースやいまの出来事についていくことだったり、話のネタになる小説や引用しやすいノンフィクションを読んだりすることだったりするのだろう。もっと年配の大人だと、アリゾナ州ツーソンのアカデミービレッジで「知的隠退生活」を送る人もいる。(「探究心旺盛な頭脳に隠退生活はありません、さらに学習し探求し共有し成長する時間が増えるのみです。」)また、旅行客に熟年層が増加し、しかも裕福で洗練されるのにともなって、知的な自己研鑽と自己誇示の風変わりな生活規則の新しいニッチ市場が開けてくる。「スミソニアン博物館修学ツアー」や「ファーホライゾン考古学・文化旅行」もあるし、あるいはマーティン・ランドール・トラベルは「カタルーニャ美食めぐり」や「通のためのウィーン」や「中世ノルマンディ」といった小グループ文化ツアーを提供している。

知性標示製品の多くは、難解な知識と専門的な細かい仕様明細を身につける必要がある。天文学を身につければ、あれこれと専門知識をひけらかしたり無数の銀河に対する驚嘆の念をとうとうと語ったりできる。できれば、円筒部の直径六インチで「フェザータッチ」焦点調節をそなえた最高級品の一四〇APO屈折望遠鏡で眺めたいところだ(テレスコープ・エンジニアリング・カンパニーから四、七五〇ドルで販売されている)。いやいっそ開口部四〇〇mmのC400クラシカル・カセグリン式望遠鏡(タカハシから五万ドルで販売中)がいいだろうか——これなら、一〇〇億光年先のクエーサーだってきれいに撮影できる。こうした望遠鏡は、天文学知識を見せびらかすための小道具になっている。同様に、ガイガーカウンター内蔵の「ガンマ・マスター」腕時計を実用的だと思う消費者も、まずいないだろう。いるとしたらホーマー・シンプソンかジェイムズ・ボンドくらいだ。だが、この腕時計があれば、とくとくと放射線について語れる――「一時間あたり一〇〇〇マイクロシーベルト以上のガンマ放射線にさらされると、自然の適応度標示の質を劣化させる突然変異が引き起こされやすいんですよ」……

かつては単純だった製品ですら、いまでは複雑な機能をそなえて信頼できる知性標示になっている。この多機能化（フィーチャークリープ）（操作方法や機能の数が増えたり複雑になったりしつづけること）を突き動かしているのは、新製品モデルに去年のモデルとのちがいを出さなくてはいけないという事情もあるけれど、それだけではなく、認知能力の上限ぎりぎりにある製品を無意識に求める消費者の欲求もある。認知能力を要する製品は、信頼できる認知的な見せびらかしとして機能してくれるのだ。一例としてミシンを考えてみよう。ミシンの象徴ともいえる「シンガークラス二〇一」（一九三九年～一九五〇年代）は金属製の黒い本体をもち、可動部は二〇個ほどで、変速ペダルスイッチがついていた。これと対照的に、蛇の目ミシン工業から最近でた「メモリークラフト一一〇〇〇」ミシン（メーカー希望小売価格七五〇〇ドル）は、基本的にコンピュータ制御の卓上裁縫ロボットだ。操作には七・五インチのＶＧＡタッチスクリーンを使う。本体にＵＳＢポートがあり、自宅ＰＣからJEFフォーマットの刺繍デザインを取り込んで、一ギガバイト内蔵メモリ上でこれをコピー・ペースト・反転・サイズ変更・回転できる。そうやってデザインを設定したら、今度は一分あたり最大八〇〇針の速度で模様を縫い上げていく。デザインは最大で八インチ×一一インチまで対応している。また、あらかじめプログラム済みの刺繍パターンが三〇七通り用意されている他に、三種類のレタリングフォント、三〇種類のボタン穴パターンもある。基本的な裁縫作業にはかんたん・直観的に使えるけれど、機能をすべて使いこなそうとすれば並外れた知性が必要になるだろう。

もっと大胆なテクノ熱狂家だと、プライベートパイロットの資格をとったりする。飛行機の免許をとるには、知性の試される地上訓練（フライト計画の立案、航法、航空力学、航空管制規則、気象理論など）をこなし、飛行訓練をやりぬき、しかも飛行機のレンタルに一時間あたり約一〇〇ドルを支払わないといけない。二〇〇〇〜三〇〇〇時間の飛行実績をもつプライベートパイロットがいたら、その人はきっときわめて知的で堅実で情動も安定していると確信をもてる。ここにも進化がはたらいている：知性に欠け勤勉さも足りないパイロットは、ボックスキャニオンに衝突して墜落死してしまう。

おそらく、純粋きわまる知性標示製品は、広義の戦略ゲームだろう。トランプを買う人もいるし、碁盤やチェス一式を買う人もいるし、ウィル・ショーツのクロスワードパズル目当てに『ニューヨークタイムズ』を購読する人もいる。一九九七年にゲイリー・カスパロフがＩＢＭのディープブルーに僅差で破れたときには、破れたとはいえ、駒の配置を一秒間に二億とおりも分析するコンピュータの能力と互角に渡り合うカスパロフの専門知識と直観は見事なものだった。いま、あの技量を模倣したければ、チェスベースから販売されているディープシュレッダー九（ＣＤ－ＲＯＭ版五〇ドル）で訓練できる。このソフトウェアは、これまでのグランドマスターたちがやってきた二七〇〇万もの試合にアクセスできる。近頃は、公共交通機関を利用する通勤客のあいだで数独パズルが流行っている。数独は、もしかするとこれまで発案されたなかでいちばん純粋でいちばん公開的な分析的推論能力の見せびらかしかもしれない。クロスワードとちがって、数独には言語の背景知識はいらない。チェスとちがって、ひとりでやれる。しかも、衆人環視のなかで携帯電話ごしにおしゃべりに興じるのとちがって、知性が必要だ。

能動的にオンラインで株式取引をするデイトレーディングとなると、知性標示ゲームとしていっそう困難で掛け金も高くなる。合理的な投資家なら誰でも知っているとおり、株式市場の動きは事実上ランダムにひとしく、いちばん信頼できる長期的な投資先は、年間経費〇・五パーセント以下のインデックスファンドとされる。市場を出し抜くのはむずかしい。なぜなら、巨大投資銀行はインサイダー情報を利用し、高給を払って専門家を雇い、何百もの変数を分析して自動的に取引するソフトウェアを使えるからだ。個人投資家によるオンライン取引は毎回一〇ドルほどかかる。このため、能動的な取引の期待収益はマイナスとなる。それでも、多くの投資家たちは独自のリサーチで市場を出し抜こうと試みている。なぜだろう? なぜなら、スリル満点の知的ゲームだからだ。独自リサーチにもとづいてリスクの高いきわめてレバレッジのきいたポジションをとってお金をもうけ続ければ、他の連中がお金を失ったのはリサーチや分析や判断や偶発事態コントロールが劣っていたからだという話になる。ちょうど、ポーカーでまんまとブラフに成功するようなものだ。頭脳と胆力で他の連中を打ち負かすわけだ。能動的な株式取引をとめどない強欲とマッチョな攻撃性(低い同調性)の症状に他ならないと考えずに、コストとリスクの高い知性標示でもあると考えるべきだ。

マーケターたちは、製品に知性シグナリングの力があるかどうかを消費者に伝える方法について、直観を発達させている。ただ、「知性」「知能」から連想される含みには難があるのでこの単語そのものは広告コピーでめったに使われない。好んで使われる婉曲語法が「スマート」という接頭辞だ。たとえばこんな風に使われている:

- 「スマートフード」:フリトレーが販売する白チェダーチーズフレーバーのポップコーン。

- 「スマートウォーター」：」グラソーの電解質を強化したボトル入りの水。
- 「スマートスタート」：ケロッグの朝食シリアル。
- 「スマートカー」：三気筒一リットルエンジン搭載の小型欧州車。
- 「スマートマネー」：個人ファイナンス雑誌。
- 「スマートバー」：先端的なシカゴのバー兼ダンスクラブ。
- 「スマートパーツ」：ペイントボール関連製品のオンライン小売業者で、「Exoskin ニーパッド」や「イオンXEガン」などを扱っている。「気楽にペイントボールをはじめたいプレイヤーが手を出せる価格帯で真の電動空気銃性能をお届けする」と謳う。

もっと微妙なところでは、iPodやBMW 500iはどちらもiの一文字を入れてユーザーの知性（インテリジェンス）を暗示している。たいていのマーケターは、富・地位・趣味趣向・階級・教育と知性とを混同しているし、賢い消費者がじぶんの賢さを見せびらかそうとしている固有の製品特徴を理解していない。テック系ガジェットに熱を上げる男性たちは、製品の技術仕様を有用な性能としてとらえずに、いかにも印象に残る語り口でIQを見せびらかしながら語れるかっこいい仕様だととらえている。ところが、マーケティングに携わるタイプの人たちはこの点を理解していない。「スマートフード」ポップコーンの袋は、いったん開けてしまうと、もうふつうの人間ではぜんぶ食べきるまで手放せない。すると、そもそも袋を開封しないでおくことで食塩が引き起こす高血圧を回避するところにじぶんの知性を見せびらかす機会ができる。iPodは、「一六〇GB」だの「MPEG-4」だのの意味を説明する機会をもたらす（ちゃんと意味を知っているなら）。BMW 550iは、脳みそをこってりしぼる面倒なiDriveシステムや備え付けのiPhoneドックを使いこなすところを見せびらかす機会や「ダブルVANOS無段階可変制御バルブタイミング」だの「サーボトロニックバリアブルレイショパワーステアリング」だの「ダイナミックオートトレベリングXenonアダプティブヘッドライト」だのの意味を説明する機会をもたらす。こうした製品のどれをとってみても、消費者は——こうした製品の場合、たいてい男性の消費者は——認知的複雑性のニオイをかぎつける。ユーザーは「こういう機能はかっこよく聞こえるぞ」と考える。これをおおざっぱに翻訳するとこうなる——「こうした機能はぼくの一般知性を恋人候補や友人に見せびらかすように話題にできるぞ、連中はぼくの神がかった技術通ぶりにひざまずくだろうな。なにしろ、あの『アイアンマン』並みの知識だからな。」

知性を標示する製品でじぶんの地位を押し上げる方法として最後に紹介するのは、他人の知性を借りるという手だ。典型的な方法は、すごく希少で非常に高い知性をもつ職人を雇って、最高に複雑で新しい特注品をつくってもらうことだ。たとえば、中世イスラーム世界の支配者や聖職者や貿易商が地位をめぐって競うときには、きわめて複雑な抽象的装飾をもつ建築を依頼した。とくに好まれたのが「ギリフ」模様だ（幾何学的な星と多角形のつくるパターン）。どうやら、ギリフの意匠をどんどん複雑にしていく競争が果てしなく激しくなっていったらしく、一五世紀には、イスラーム世界の頭領たちはほぼ完璧な準結晶のペンローズタイル模様をつくるまでになっていた。その一例が、イランのイスファハーンにあるイマーム廟だ。こうしたパターンは非常に複雑で意匠の考案に知性を必要とする。そのため、ヨーロッパの数学者たちが再発見するのは一九七〇年代のロジャー・ペンローズを待たなくてはならなかった。精緻で創意あふれる特注品は、購入者に地位をもたらす。なぜなら、どんな文化でも知性の分布がベルカーブをなしているために、そうした製品を設計するのに必要な天才は希少で、非常に需要が多く、そのため非常に高くつくからだ。じぶんがパトロンとなれる最高の天才に特注品を依頼する価値を富豪たちはいつでも認識していた。

知性向上を謳う製品

見かけの知性をいろんな方法で強化すると謳う製品には、またちがう種類もある。知性は若い成人期にピークを迎える傾向がある。この時期は社会的野心や配偶者獲得の努力が最高潮となる時期でもある。かくして、若者たちは音楽や美術やユーモアで創造性をほとばしらせるわけだ。こうした分野はどれも新たな問題解決ですばやく機転を利かせる腕前が必要となる。このため、知性を向上させると謳う製品は、知的な地位や創造性をいっそう高くしたいと熱望する若者にとりわけ求められる傾向がある。

こうした知性向上製品には、人間が先史時代から備えている頭脳を現代生活のさまざまな課題に適応させる助けとなる多種多様な思考補助も含まれる。たとえば、判断・意思決定の補助（計算機、表計算ソフト、期待効用理論）、時間割り当て補助（腕時計、カレンダー、日記）、コミュニケーション補助（地図、本、電話、メール、PowerPoint）、社会的互酬補助（お金、送り状、小切手、デビットカード）などがそうだ。こうした製品は、認知にとっての松葉杖のようなものだ。

また、人間の心的能力を通常よりも向上させるのを狙った製品もある。たとえば、「モーツァルト効果CD」コレクションは、こんな風に謳っている――「名高いカリフォルニア大学アーバイン校で実証済みの計測可能なIQ増幅を達成する助けとなります」。また、「ベイビー・アインシュタイン」や「頭脳派赤ちゃん（ブレイニー・ベイビー）」ブランドもこれと同様の主張をしていて、ビデオ・音楽・本・おもちゃ・ゲームの製品ラインから認知的な便益をえられると称している。これほどあからさまに謳ってはいないものの、積み木遊び（レゴ、ケネックス、エレクター、ブリオ）、想像を駆使した社会的遊び（プレイモービル、イマジナリウム、クラニアム）、ゲーム遊び（ThinkFun, University Games, Imaginext, Harvard, Edu Science）といったさまざまな製品は、子供の認知発達を促進すると数十年にわたってずっと示唆しつづけている。ニンテンドーDSの『脳トレ』[＊1]は、記憶練習、パズル、算数によって脳の機能を向上させると主張している。「ハッピーニューロン」や「マイ・ブレイン・トレーナー」といったウェブサイトも同様のサービスを提供している。こうした製品はすべて、おおよそ、心のスーパーチャージャーとして売り出されている。

知性向上製品には、ドラッグもある。二十世紀の学生たちは、試験のために詰め込み勉強をするとき前世代の精神活性ドラッグを利用した（カフェイン、ニコチン、コカイン）。今日、オンラインゲームのプレイヤーたちは感覚運動的な反応能力を高め戦術的な注意力を維持すべく、新世代の「エナジードリンク」や「スマートドラッグ」を好んで利用している（タウリン、朝鮮人参、イチョウの葉、クレアチン）。ホワイトカラーの専門職だと、処方薬も利用している。たとえばプロビジル、リタリン、Adderall（アンフェタミンの製品名）を利用して、知性と注意力を向上させている。

新しい「トランスヒューマニスト」運動は、知性強化製品が長期的にもたらしうるさまざまな結果についてとくによく考えて楽観的に見ている。哲学者のニック・ボストロムとデイヴィッド・パースが創設した「世界トランスヒューマニスト協会」は、こんな風に提唱している：利用できるさまざまな技術

＊1　『脳を鍛える大人のDSトレーニング』：英語タイトルは *Brain Age*。

によって――延命技術、サイバネティックス、遺伝子工学、幹細胞、ナノテクノロジー、認知強化といった技術によって――みずからの身体能力・精神能力を拡張する基本的な道徳的権利が人々にはある。だが、こうした技術が消費者向け小売市場に登場したとき現れそうな行動面の問題に、トランスヒューマニズムはまだ取り組んでいない。すぐさま思いつく予想はこんなものだ：プラセボ効果しかもたらさない商業化したトランスヒューマニスト製品であっても、初期に飛びつきたがる人たちは知性と開放性の標示として手に入れて見せびらかすだろう。一〇テラバイトしかない最初期のナノ神経インプラントが実際に消費者を賢くするかどうかは問題にならない。そのインプラントが高価で一握りの人間しか利用できずしっかりマーケティングが展開されて明確なブランドがつくられさえすれば、信頼性に限度はありつつも高い知性を示すコスト高の誇示的なシグナルとして売れるはずだ。

第12章　開放性

Openness

経験への開放性は尖った特徴だ。開放性は最高にすばらしいと思う人もいる一方で、嫌悪感を催す人も多い。進化において、開放性がどこからどうやって登場したのかはよくわからない。開放性がもたらす危険は過小評価されることが多く、開放性を予測する環境変数は奇妙なまでに凡庸だ。だが、創造性・求愛行動・文化進歩では、めざましいほど重要となる。

開放性スペクトラムのどのあたりに位置している人でも、じぶんより開放性の低い人は退屈でつまらなくて慣習的で体制順応的に思えるし、じぶんより開放性の高い人は過激で奇妙で混乱と問題のもとで危険を感じさせるように思えるし、いっそ精神疾患にすら思えることもある。開放性の水準は人それぞれでさまざまだし、その結果として、家族・友人・恋人にもとめる開放性の度合いもやはり人それぞれとなっている。このため、開放性をいつわるインセンティブは知性の場合ほど強くはない。実際よりも開放性が高いように見せかけたとして、じぶんより開放性が高い人たちの目には一時的に魅力が高まって見えるかもしれないけれど、その一方でじぶんより開放性が低い人たちの目には魅力が薄れて見えることになる。すると、差し引きの正味で社会的・性的な人気は変わらない。それどころか、開放性がべルカーブで分布しているために、開放性の平均水準から離れていくほど、魅力を感じてくれる人は少なくなっていく。

このため、開放性に関しては、消費者はかなり信用できる安上がりで信頼性の高い開放性バッジを見せびらかすことがある。また、消費至上資本主義は、開放性尺度の全域にわたって、消費者の要望に答えている。きわめて開放的な都市もあれば（バンクーバー、アムステルダム、バンコク）、それほど高くない郊外もある（バージニア州ラングレー、ロンドン南西部のウィンブルドン、ヨハネスブルクのサントン）。開放的な地域社会もあれば（ゲイや大学院生がおおっぴらに生活しているところはどこでもそうだ）、もっと精神的に閉じた地域社会もある（心臓外科医が住んでいるところはどこもそうだ）。きわめて開放的な音楽ジャンルもあれば（インディーズ、オルタナティブ、ジャズ、ワールドミュージック、ヒップホップ）、もっと伝統的なジャンルもある（ポップ、カントリー、ゴスペル、古典的ロック）。より開放的な文学ジャンルもあれば（現代文学、ＳＦ、エロ）、より保守的なジャンルもある（ロマンス、ミステリー、軍記物、ファンタジー）。きわめて開放的な雑誌もあれば（『シード』、『ワイアード』、『プロスペクト』、『アイコン』、『ハーパーズ』、『アンジップト』）、もっと主流派の雑誌もある（『タイム』、『マネー』、『スタッフ』、『現代キリスト教女性』）。アメリカの大学だって、きわめて開放的なところもあれば（リード、ハンプシャー、バーナード）、ずっと開放性の低いところもある（プリンストン、ウェストポイント、シタデル）。あらゆる種類の製品のあらゆる市場で、開放性の高い人たちは見知らぬものに囲まれて「これぞじぶんの居場所」と感じるし、あまり開放的でない人たちは心地よくくつろいでいるところをゆすぶられたくないとのぞんでいる。

なぜ寄生虫が開放性を低下させるのか

こんなそそる新研究がある——ある意外な環境要因で、個人や社会の開放性・外向性・個人主義・自由主義のスコアが低くなるというのだ。その要因とは、寄生虫感染リスクだ（あるいは「寄生虫量」）。ニューメキシコ大学の生物学者コーレイ・フィンチャーとランディ・ソーンヒル、ブリティッシュコロンビア大学のダミアン・マレーによるこの研究は、開放性の本質がどういうもので開放性が個々人で異なる理由はなぜなのかを明らかにしている。

彼ら科学者チームはこう推理している。現代の公衆衛生と医療が行き渡る前は、ヒトが病気にかかったりなくなってしまったり不能・不妊になってしまったりする最大の原因は、寄生生物だった（口語では寄生虫を「ムシ」というが、専門用語では「病原体」という）[＊1]。体の大きさに何十種類もの小さな寄生虫と絶え間ない生物学的な戦争状態にある。ここで大きな問題となるのが、寄生生物は——ウイルス・バクテリア・原虫・蠕虫は——ずっと体が小さくてしかも短命なので、非常にすばやく進化できてしまうという点だ。ヒトのように体のもっと大きな宿主たちよりもずっと急速にこうした寄生生物は進化してしまう。寄生生物には、ヒトの内蔵に住む何百兆もの微生物も含まれる。こうした微生物たちが総体としてもっている遺伝子はヒトゲノムより一〇〇倍も多様だ。だが、こうしたエイリアン生物たちの多くは、健康と生殖に有害な効果を及ぼす進化上の敵でありつづけている。

＊1　英語では、口語で〝germ(s)〟と呼び、専門用語で〝pathogen(s)〟と呼ぶ。

これに対抗して、脊椎動物は生物化学兵器による防衛体制を進化させてきた。宿主の生涯にわたって、体内に危険な寄生生物が侵入してきたら識別して攻撃をしかけるのだ。適応的な免疫系と呼ばれるこの防衛体制を主に構成しているのは、血液中とリンパ系にある二兆ものリンパ球だ。リンパ球の総重量は、人間の脳ほどもある。個々人のリンパ球は、その人が暮らす地域の住人によく寄生している特定種類の寄生生物を撃退するよう学習する。これにより、すでに遭遇したことのある寄生生物の免疫学的な記憶ができあがる。(免疫をつける予防接種は、たんに、新種の病原体を安全で不活性な形態にして人に接触させることで、その病原体をリンパ球に学習させているだけだ。)別の親族集団・氏族・部族・民族集団・人種の出身の人たちは——ほんの数マイル離れたところで暮らしていても——別種の寄生生物たちの宿主となっているかもしれない。そうした寄生生物は、宿主に伝わり感染して病気にする少しちがった方法を進化させているかもしれない。

このように、部外者となにかやりとりをすれば、新種の寄生生物に感染されるリスクが高まる。これまで暮らしてきた土地に適応している免疫系では、そうした寄生生物を撃退するのが難しいかもしれないのだ。寄生虫量が大きくなればなるほど——つまり地域集団の生活をとりまくいろんな寄生生物の数・種類・深刻度が増大するほど——感染リスクは高まるし、いっそう強くよそ者に警戒した方がよくなる。そうなると、人々はさらに先手を打って「心理的免疫系」を発達させて、潜在的な感染源となるよそ者に口・鼻・生殖器・肌を近づけないように避ける方がよくなる。他の集団との接触をずっと強く忌避する方がよくなるわけだ。たんによそ者を避けるだけではない。よそ者の食べ物・衣服・住居・動物・社会慣習・衛生に関わる習慣・浄化の儀式も避けるべき対象になる——寄生生物を伝達するおそれがあるものならなんでも避けた方がよくなるのだ。言い換えると、寄生生物のリスクが高い地域に暮らす人たちは、よそ者嫌いになって（外部集団を恐れて）自集団中心主義をとる方が（自分たち内部集団だけに閉じこもった方が）便益になるわけだ。（この効果はとても頑健で、仮想世界ですら起こる。たとえば、『ワールド・オブ・ウォークラフト』で二〇〇五年九月に「血液崩壊」感染症が広まる事件が起きて、ひどい騒動になったことがある。自分のキャラが感染してしまったプレイヤーのなかには、わざとこの病気をゲーム世界の人口密度が高い地域に広めるいやがらせをはじめる人たちが現れ、一部のサーバーではキャラクターの半数が殺される事態となった。プレイヤーたちは大きな都市を避けることをすぐに学習した。）

他方で、寒冷地や乾燥地など、寄生生物の伝播が困難な環境では、寄生虫量は低くなり、伝染病リスクも部外者とのやりとりのコストも低下する。外部集団の人間とやりとりすると適応度が向上するため――新たに交易の機会が生まれたり、新たな資源・知識・発明・配偶者・友人・味方・遺伝子を得る機会ができたりするため――寄生生物リスクの低い地域の人たちは、よりコスモポリタンな態度でふるまうことでこうした便益を利用するよう進化したり学習したりする方がよくなる。集団としてよそ者嫌いや自集団中心主義にならないよう学習または進化する方が得策になるのだ。また、個々人としても、いっそう開放的で外向的になった方がよくなる。なぜなら、開放性が高いと、新しいアイディア・経験・場所・文化を模索するよう促されるし、外向性が高いと、新しい恋人・友人・味方を探し求めるよう促されるからだ。

近年、フィンチャー、ソーンヒル、シャラー、マレーが立て続けに見事な論文を発表して、こうした予測を確証している。彼らが使った手法はごく単純だ：世界から九八の地域（国と都市国家）を選び、それぞれについて医療記録を調べ、人間の生殖適応度を下げることがすでにわかっている九種類の寄生生物の患者数をまとめたのだ（九種類の寄生生物による病気は次のとおり：リーシュマニア、住血吸虫、リパノソーマ、マラリア、フィラリア、ハンセン病、デング熱、腸チフス、結核)。次に、こうして得られた寄生虫量の計測から、さまざまな地域の政治的・社会的態度とビッグファイブ性格特徴が予測されるかどうかを調べた。

たとえば、二〇〇八年にシャラーとマレーが出した論文では、寄生虫量の高い地域ほど開放性と外向性が低くなっていると主張している。寄生虫量がすでにわかっている九八地域のうち、三三地域、五〇地域、五六地域を分析している先行研究の論文三件から、シャラーとマレーはビッグファイブ性格特徴の平均スコアを収集した。寄生虫量のデータと性格特徴のデータがそろっている地域は七一あり、そのなかでもっとも寄生虫量の高い地域ではたしかに開放性と外向性の平均スコアが他より大幅に低くなっているのを彼らは見いだしている。三つの先行研究でビッグファイブ特徴のスコアを平均できる地域(いちばん正確な推定ができる地域)は二三あり、ここでは相関がかなり強くなっている：寄生虫量と開放性の相関は-.6で、外向性もだいたい同様の相関だ。年間平均気温・赤道からの距離(絶対緯度)・平均寿命・一人あたりGDP・政治的態度(個人主義か集団主義か)で統制しても、こうした相関は変わらなかった。シャラーとマレーの提案によれば、こうした性格特徴の変化は、相補的な三通りのかたちで生じるという：性格の根底にある遺伝子が世代をまたいで進化論的に変化するというかたち、個人の発達において性格に関わるさまざまな遺伝子の表現に環境の影響が及ぶというかたち、そして／あるいは、対人的なやりとりを統べる規範が歴史的な尺度の時間で文化的に変化するというかたち、この三通りだ。

さらに二〇〇八年にでた別の論文では、フィンチャー、ソーンヒル、シャラー、マレーが「個人主義 vs. 集団主義」尺度のデータを分析している。この政治的態度の尺度は、これまでに異文化心理学・政治心理学で丹念に研究されている。集団主義者ほど、内集団と外集団とをきびしく区別し、知らない人間や外国人との接触に慎重になり、伝統と体制順応を強く重んじる。比較的に「集団主義的」な文化の例を挙げると、中国やインドの他、中東やアフリカの国々が該当する。一方、比較的に「個人主義的」な文化の例としては、合衆国、西欧諸国、とくにスカンジナビア諸国がこれに当たる。フィンチャーたちは、先行研究四件から個人主義／集団主義の平均スコアに関するデータを集めた。四件の先行研究で扱っていた地域のうち、寄生虫量がわかっているのはそれぞれ六八、五八、五七、七〇地域だった。九八地域全体で、集団主義の数値は寄生虫量と強く相関していた（相関は.44から.59の範囲）。さらに、およそ一世紀前の記録上の寄生虫量ではいっそう相関が強くなった（相関は.63から.73の範囲）。（これは理にかなっている：現代の公衆衛生と医療のおかげで寄生虫量が急減しても、それに応じてある地域の集団主義水準が変わるのにはタイムラグが生じやすい。）先行研究からさまざまな文化をまたいで集団主義を予測するのがわかっている四つの変数を統制しても――平均寿命、人口密度、一人あたりGDP、経済格差を示すジニ係数を統制しても――寄生虫量は集団主義をかなり強く予測した。（アメリカでは、「集団主義的」な人は共和党支持、キリスト教原理主義、軍隊支持、そして／あるいは反移民となり、一方の「個人主義的」な人は民主党支持、世俗的、国際主義的、そして／あるいは人種差別反対となる。イギリスの場合、集団主義者は保守党支持かかつての労働党支持、英国教会かムスリム系で、王室支持、そして／あるいは反欧州連合となり、個人主義者は自由民主党か新しい労働党を支持し、世俗的で、BBC2やチャンネル4を見て、欧州連合を支持する。）

寄生虫リスクは、開放性・外向性・個人主義の個人差を同じ文化内でも予測するだろうか？　もっとはっきり言うと、「アメリカの共和党支持者とイギリスの保守党支持者があういう価値観をもっているのは、合理的な政治的信条の関数としてではなくて、無意識のうちにじぶんの免疫系が弱いと評価しているためなんだろうか?」近年の研究によれば、どうやらそうらしい。進化論研究者のダン・フェスラー、デイヴィッド・ナヴァレット、マーク・シャラーによれば、「病気に対する自覚的な脆弱性」によって――つまり風邪や感染症や伝染病にどれくらいかかりやすいと当人が判断しているかによって――その個人の外国人嫌いが予測される。また、寄生虫や感染症の症状をうつした写真を見ると、少なくとも一時的に外国人嫌いが強まるのもわかっている。最後に証拠として提示したいのは、妊娠中の女性に関する事実だ。妊娠初期の三ヶ月に女性の免疫系は適応的に弱まる。胎児が異物として排除されないようにするためだ。妊娠初期三ヶ月の女性は、外国人嫌いが強まる。まるで、免疫系が弱まっているために外部者がもたらす新しい感染症をしりぞけるのに手間取るのを無意識のうちに理解しているかのようだ。もっと一般的に言えば、免疫系がもっとも強くなる若い青年期に人々の開放性・外向性・個人主義はピークを迎える傾向にあり、健康具合が低下する中年期に次第に弱まっていく。

こうした研究からは、寄生虫量・免疫系・性格特徴・政治的態度には驚くほど強いつながりがあるのがうかがえる――こうしたつながりは、開放性の本質、開放性に個人差や文化差がある理由、消費者が無意識のうちにじぶんの開放性の水準を見せびらかそうとする方法について、深い含意がある。こうしたつながりは、経済政策・政治政策にも意外な含意をもたらす。たとえば、民主主義・科学・世俗主義・平和・異民族どうしの調和・自由貿易・発展途上国での観光旅行を推進するのに最善の方法は、医療と公衆衛生を改善して地域の寄生虫量を減らすことかもしれない。外国政策ツールとして、もしかすると予防接種と蚊帳の方が外交・貿易協定・経済制裁・借款・戦争・プロパガンダよりもずっと強力かもしれない。「国境なき医師団」やビルとメリンダの夫妻が創設したゲイツ財団の方が、国連やWTO

や世界銀行よりも効果的に途上国の文化的自由化を推進しているのかもしれない。実際、ランディ・ソーンヒルの主張によれば、この寄生虫退治による自由化こそ、アメリカやヨーロッパで二〇世紀に起きたことに他ならないという。たとえば、ベビーブーマー世代はたんに広範におよぶ幼少期の予防接種の恩恵を受けた最初の世代であるだけでなく、人種間の寛容〔人種をまたいだ交際〕、国際主義、開放性、個人主義が急に激増した最初の世代でもある。その盛り上がりぶりは、たとえば公民権運動、平和運動、「新左翼」、サイケデリック革命、セックス革命、「自分（ミー）」世代というかたちで現れている。保守反動は、ディスコ時代の陰部ヘルペス流行や、なにより一九八〇年代のエイズ危機の恩恵を受けた。これらによって、伝染病に対する脆弱性が高まったと誰もがとらえるようになったのだ。

四種類の嫌悪感

ここまで見てきたように、開放性が低いと、見知らぬ人や集団や食べ物や衛生習慣から新しい感染症をうつされるのを避けるという生物学的な便益がある。こうした便益は、たんに新しくて風変わりなものから冷静に計算高く距離をおくだけで得られているわけではない。奇妙で異様なものに腹のそこから嫌悪感を覚えることも一役買っている。開放性をよく理解したければ、嫌悪感の性質を考えると助けになりそうだ。

進化心理学者のジョシュア・タイバーの主張によれば、ヒトは三種類の嫌悪感をもつ。一つ目は寄生虫に対する嫌悪感。これは感染症から我が身を守ってくれる。二つ目は性的な嫌悪感。これは血縁が近すぎる相手や遺伝子の質が低すぎる相手との性交渉から我が身を守ってくれる。三つ目は道徳的な嫌悪感で、これは地域社会の規範や社会契約を軽視する自分勝手な相手から我が身を守ってくれる。どのタイプの嫌悪感も、それぞれに引き金となる刺激は異なる（腐肉、好色なきょうだい、サイコパス）。それに、引き起こす行動もちがっている（嘔吐、性交渉の忌避、〔開拓時代の西部で行われていたような〕私的な司法）。

ぼくの考えでは、嫌悪感にはさらに四つめのタイプもある。「文化的な嫌悪感」とでも言えそうなもので、これは、みんながさまざまな心理的な脆弱性を抱えているために危険となりうる感染力のあるミームとの接触から我が身を守ってくれる。たとえば、一九三〇年代ベルリンの現代美術や一九六〇年代テキサスの絞り染めTシャツに開放性の低い人たちが覚えた嫌悪感が、このタイプの嫌悪感だ。過激な保守系トークショー司会者が利用しているのもまさにこの種の嫌悪感で、この手の人たちは、たんに病原体や近親相姦やサイコパスに脅威を覚えるだけでなく、危険なまでに魅力的で記憶に残りやすく他人に伝えやすく精神病を誘発しやすいと思ったアイディアにも脅威を覚える。保守系トークショーの司会者たちは、こうしたアイディアの保有者たちを、いかれたリベラルのゾンビ野郎として描き出す。じぶんたちには制御できないイデオロギーの疫病に汚染されたリベラルゾンビどもは感染が拡大する前につぶさねばならん、というわけだ。

じぶんの免疫系が脆弱なのを（無意識に）理解している人たちは――病人・老人・妊娠初期三ヶ月の女性・寄生虫量の多い地域の住人は――典型的に、寄生虫に対する嫌悪感をいっそう強く経験する。同様に、じぶんの精神的な健康が脆弱だと無意識に理解している人たちも、文化的嫌悪感をいっそう強く経験するし、開放性は低下する。ビル・オライリーのような保守系TV司会者がなにか新しいアイディアに痛罵を浴びせているのを耳にしたときは、複合免疫不全症候群に相当する認知的な不具合を発症しているんだと想像してみるといい。（複合免疫不全症候群にかかった「バブルボーイ」ことデイヴィッド・ヴェッターは、屋内の殺菌プラスチックテントに閉じこもって暮らすしかなくなってしまった。そうしないと、ふつうの人たちならなんともなく払いのけている病原菌で死んでしまうのだ。）幅広い新奇なアイディアをまともに考えてしまうと正気が保てなくなることを、オライリーは正しく直観しているのかもしれない。（あるいは、オライリーのイデオロギー的な防衛陣は調整が狂っていて、イデオロギー的な感染に対して警戒しすぎてしまっているのかもしれない。つまり、アレルギー性喘息のような自己免疫疾患に相当する心の状態になっているのかもしれない。）

じぶんの免疫系がいかに強いかこれ見よがしに見せびらかす行動は、いろんな文化でかなり広く見られる。とくに、寄生虫量が多い地域では、多くの部族で、青年たちがみずから体に傷をつけたり入れ墨をいれたり強制的な性器切除を受けたりして感染の危険に身をさらし、そうした外傷があってもぶじに生き延びられるほど免疫系が強靱だと示している。（イタリアのアルプス山中で一九九一年に発見された五三〇〇年前の遺体「エッツィ」ことアイスマンには、五七個の入れ墨があった。）健康で活力あふれる若い男性・女性なら、寄生虫量が多い地域に暮らしながらもきれいに治ったキズあとが体中にあれば、その人の健康は非常に頑健だと示す信用できる証明になる。適応的な免疫系をつくるリンパ球の数と効率の個人差と顕微鏡サイズの寄生生物と殺菌もされない器具による自傷とコスト高シグナリング理論とにつながりがあることを、まわりの恋人候補や友人たちは意識して理解はしていないかもしれない。だが、貧弱・病弱な人間ではそれほど多くのキズを負いながら健康で活力あふれる姿を見せるはずがないだろうと、無意識のうちに品定めできる。W・D・ハミルトンやアンダース・モラーのような生物学者たちの主張によれば、他の多くの動物種でも、性的な接触が寄生虫への抵抗力の指標として進化してきているという。

アメリカのティーンエイジャーたちのあいだでは、リストカットという現象があって、子供がそんなことをやっていると知った親や医師たちは驚き、困惑する。だが、これも、この種の儀式的な自傷行為の一例かもしれない。リストカットをする当人が自殺する意図をもっていることはめったにないが、感染につながる場合はよくある。リストカット以外に社会的な地位を引き上げる方法がほとんどない子供たちは、「こうすればかっこよくなれるんだ」とよく口にする。ほぼあらゆる人間行動と同じく、リストカットにつながる環境的リスク（貧困・失業・子供を気にかけない親・児童虐待・失恋）とリストカットの意識的な動機（「悲しかったので」「さびしかったので」「呆然と感覚をなくしていて」「喪失感のせいで」「疎外感を感じて」「途方に暮れて」）は、その行動の進化論的な起源や隠れた適応的機能とほとんど関連していないのかもしれない。関連があるとすれば、じぶんが親や恋人にとって社会的に際立った存在になったり仲間内での地位を上げたりするのに有効な、ハイリスクな最終手段にリストカットがなっている場合くらいしかないだろう。入れ墨やイヤリングやボディピアスなどのみずから肌に傷をつける行動も、免疫系の強靱さを見せびらかす信頼できる方法として機能しているのかもしれない。もちろん、免疫系の強靱さを見せびらかそうとする人間の本能からリストカットやボディピアスが生じたと主張するのと、こうした行動が道徳的にすぐれているとか医学的に推奨できるといった主張をするのは別の問題だ。

先進国では、寄生虫の感染をあまり恐れなくてよくなっている。だが、ミーム感染はいっそう恐れなくてはいけなくなっている。そこで、じぶんの環境にいる病原菌に我が身をさらすかわりに、先進国ではじぶんの環境となっている文化に心をさらして、ミームたちの猛攻を受けても正気を保っていられるかどうかを見極めている。ティーンエイジャーや若者が、じぶんのMySpaceウェブサイトで[*2]音楽・本・映画への関心を綴って公開しているのを見かけたら、コスト高シグナリングの原則がまさにそこではたらいているのを考えてみるといい。大量のデスメタルやチャック・パラニュークやデビッド・リンチ映画を浴びながらメールやインスタントメッセージでまともな会話ができるくらい正気を保っているなら、その人は開放性と精神病への耐性を信用できるかたちで証明してみせている。そこで主に危険なのは、その手の極端な文化形式に最近触れたばかりだとしたらこれから二〜三ヶ月ほどでだんだん精神病の症状があらわれてくるかもしれないという点だ。だから、リンチの『ブルー・ベルベット』（一九八六年）を長年愛好している人は、最近『インランド・エンパイア』（二〇〇六年）に熱狂するようになったばかりの人よりも安全パイだとみていい。

極端なアイディアでも、精神病耐性が強い人たちには最小限の危険しか及ぼさないかもしれない。そういう人たちは、非常に開放的なふるまいを見せることができる。だが、同じアイディアでも、耐性がもっと弱い人たちには正真正銘の危険となるかもしれない。そういう人たちは、開放性を最小限に抑えるしかない。こういう突拍子もない推測がいくらかでも当たっているとしたら、開放性が低い人たちは似たものどうしでつながって、じぶんたちの正気を守ろうとするのを選ぶだろう。じぶんたちの精神病耐性をおびやかさないコミュニティ・仕事・ライフスタイル・恋人・友人・製品を探し、新奇なものよりおなじみのものを、革新的なものより伝統的なものを、とっつきにくいものより予想がつきやすいものを好むはずだ。購入するモノやサービスには、物質的にも習慣的にもしっかり重みのあるものを好む

＊2　いまならFacebookやTwitterあたりで。

一方で、認知や想像には負担が軽くてすむものを好むだろう。居住地に選ぶなら知識をかろんじるコミュニティが気安くていいとみる：田舎の町や地方都市の民族的に均質な郊外、たとえばインディアナ州のインディアナポリスやドイツのアウグスブルクあたりがいい。進歩的で多文化的な巨大都市は、彼らにとってはこわすぎる。買い物をするなら全米チェーン店だし、食事をとるならチェーン店のレストランを選ぶ。その地域だけの個人経営店はとっぴすぎてどんなものか予測しにくいからだ。「深刻な文化」にふれるのはできるだけ避けて――つまり、奇妙で感染の恐れがあるミームとの接触は最小限にとどめて――余暇はおきまりのTVシリーズやラブコメやアクション映画や恋愛小説・軍事スリル小説や地域の新聞紙や伝統的宗教行事に費やす。こうして、開放性の低い人たちはミームを寄せ付けない繭に包まれて、心を乱す考えや不穏な人との出会いをできるだけ避けながらずっと暮らしつづる。彼らにとって、吟味されることのない安逸な人生は……精神病を避けるいちばんかんたんな方法だ[＊3]。

なぜ誰も彼もが最大限の開放性を望むわけではないのだろう？

開放性は、いくつかの点で危険な特徴だ。行動があまりに奇妙・新奇になりすぎると社会的な恥をかくことになることがある。不適応なミームに脳が感染することにつながることもある――ニセ情報、バカなイデオロギー、陰謀論といったミームに感染しかねない。カルト教団に入信してしまったり、美術学校に入学してしまったり、サンタフェに移住してしまったりしかねない。

たとえば、開放性は創造性と強く相関している一方で、精神病（現実理解の喪失）とも相関している。こうした相関を研究するために、共同研究者のイラニット・タルとぼくは、ニューメキシコ大学の学生二二五名に、中核六項目の計測といっしょに、言語的創造性のテスト六つと絵画的創造性のテスト八つをすべてやり終えてもらうよう頼んだ。六つの言語的創造性テストには、こんな質問がでてくる：「空に浮かぶすべての雲からものすごく長いヒモがぶらさがっているのを想像してください――何百フィートもあるヒモです。ここから、自然と社会にどんな含意が生じるでしょうか？」とか、「人間以外の動物でいることがどんな感じなのか、一日だけ経験できるとして、どんな種類の動物になりたいですか。また、その理由はなぜでしょう？」また、八つの絵画的創造性タスクでは、四つの抽象画を描くように言われる（たとえば、「まざりもののない濃厚なダークチョコレートの味わいを表す抽象的なシンボル、模様または構成を描いてください」）。学生の回答は、四名の専門家によって創造性を独立に評価された。専門家による評価はかなりよく一致していた。

また、学生は統合失調型障害（統合失調症の穏やかなかたち）のいろんな症状を経験したことがあるかどうかについて、七四項目の質問にも回答した。統合失調型障害のある人たちは、「陽性」症状（妄想、幻覚、他人がじぶんの心を読めると信じる、奇妙な言動）と「陰性」症状（情動に起伏がない、友人が少ない、社会不安、妄想症）の両方をもつ傾向がある。たとえば、次のような陽性症状の質問の多くに「はい」と答える人たちは、統合失調型障害のスコアが高くなる傾向がある：

- じぶんの考えを大声で話す声をよく聞く。
- じぶんがとても奇妙な人物だと考える人たちがいる。

＊3　ソクラテスの「吟味されることのない安逸な人生は生きるに値しない」をもじっている。

• テレパシーは存在すると思う。
• じぶんの外見が奇妙なのでときどき人にまじまじと見られることがある。
• 体の一部に現実感がなくなったりつながっていないように感じたりすることがある。

（こうした質問のほんの一握りにだったら、大半の学生が「はい」と答える。もし読者もそうだったとしても慌てなくて大丈夫。）

すると、開放性は一般知性と統合失調型障害の陽性症状にほどほどの相関を示すのがわかった（それぞれ.30と.29）。開放性は言語的な創造性と絵画的な創造性を予測する（.34と.46）。また、知性も言語的創造性と絵画的創造性をともに予測する（それぞれ.35と.29）。統合失調型障害は、創造性をほんの微弱に予測するが、開放性で調整すると、創造性をまったく予測しなくなる。このように、創造性をいちばんよく予測するのは開放性質問への陽性の回答であって、統合失調型障害の質問の回答ではない。

ここから得られる含意はこうなる――哲学者たちが数千年にわたって思弁をめぐらせてきたとおり狂気と創造性にはつながりがあるが、そのつながりをとりもっているのは開放性だ。開放性は創造性にとってプラスになる一方で、開放性が極端に高くなるとしだいに精神病の色合いを強める。だが、精神病がなんらかの創造性をはたらかせているわけではない。たんに有害な副作用でしかない。この点も、とても高い開放性はやばいゲームだということを支持するさらなる証拠になる。開放性がきわめて高いと、創造性で高い見返りがえられるかもしれないが、精神の健康には破滅的な効果を及ぼすかもしれない。複雑でメディアがたっぷりある社会では、おそらく、きわめて精神の健康にすぐれた人たちしか高水準の開放性をもちながら心の均衡を保っていられないのだろう。

ここでひとつ大事なことを思い出しておきたい。開放性は情動の安定性とプラスマイナスどちらの相関も示さないのだ。高い開放性は、穏やかな統合失調型障害と関連している一方で、低い安定性は神経症と関連している——つまり、不安・心配・鬱との関連がある。ここで大胆に推測してみると、高い開放性に高い安定性と高い知性が組み合わさると、高い創造性と高い対人的魅力が生じるのではないだろうか。その逆に、高い開放性に低い安定性が組み合わさると、精神疾患のリスクが高くなるのだろう。

どれくらいの開放性なら平気?

こうした発見から浮かび上がる仮説は、きわめて思弁的ではあるものの、思考を刺激する：人々は、じぶんの精神の健康具合を保証するものとして——とくに、統合失調型障害や統合失調症などのさまざまな精神病に対する抵抗力の保証として——開放性を見せびらかしているのかもしれない。統合失調症は青年期の初期に発症する傾向があるため、思春期の子供や若者にとっては精神病に対する抵抗力があることを誇示するのが重要になる。たとえば女性なら、相手が十七歳のときに恋に落ちて二人の子供を授かったあとで、彼が二十三歳くらいから統合失調症を発症して心を衰弱させていくのを見たくはないだろう。そこで、思春期の子供は火遊びをして、精神病への抵抗にすぐれていなければ精神病を誘発しそうないろんなアイディア・経験・ドラッグに手を出す。あれこれと極端なものに触れてじぶんを試してみて、ときには判断を誤って本当に精神病になってしまうこともあるけれど、大半はそうならない。若者はヘンテコな音楽や頭がウニになるような本や濃密な映画や超絶暴力的なゲームや強力な幻覚剤を平然と経験できることに大いに誇りをもつものだ。「かっこいい(クール)」とは、こうした経験をあれこれやりながら精神がゆるがないでいられるということだ。もっと年を重ねた大人でも、精神病を誘発しそうな日常生活のいろんなやっかいごとのキツさを誇張してうれしがったりする——たとえば、飛行機の便が遅れたとか退屈きまわるパーティを「とんでもない悪夢で、あやうく発狂しそうになった」などと語ったりする。

娯楽産業は、きわめて開放性の高い消費者向けに精神病を誘発しかねない多種多様な製品をこれでもかと提供して、期待に応えている：クエンティン・タランティーノやデイヴィッド・フィンチャーの映画、ジェフ・ヌーンやサルマン・ラシュディやアーシュラ・ル゠グインの小説、ベックやトリッキーやゴリラズの音楽、フーコー、デリダ、ボードリヤールに関する講義、アムステルダムのブラウン・カフェやテキサス州オースティンの水キセル・ラウンジ、ラスベガスでの休日、バーニングマン・フェスティバル、ホイットニー・バイエニアル展覧会のアート、スペイン・イビザ島でのレイヴ、バンクーバー発シドニー行き航空便エコノミークラス中央座席で十八時間フライト。独身の若者なら、こんな経験をたっぷり立て続けにやれば、精神病の水準が高まるか仲間内での社会的地位と性的魅力が高まるかのどちらかになるだろう。(これまでの研究によると、こうしたストレスの大きい出来事が生活で起こっても、完全な統合失調症を引き起こすことはないものの、統合失調症の遺伝リスクがすでにある人たちだけでなくそうでない人たちですら、精神病の症状が増加しうるようだ。)

きわめて開放度の高い人たちは、新しい経験・文化・人々・つきあい・規範・アイディア・世界観・美術・音楽・性行為・ドラッグに我が身を投じる。おぞましい適応不全につながるミームに感染することもある：占星術だのホメオパシーだのサイエントロジーだのを信じてしまうことだってあるかもしれない。そうなれば、オープンマリッジ運動に参加してたいていは離婚にいたったり、〔覚醒剤の〕メタンフェタミンにハマってしまったりする。そうなれば、精神病を引き起こしてしまうだろう。あるいは、離婚とメタンフェタミンの両方をやってしまうかもしれない。その場合、配偶者を殺害してしまうかもしれない。奇妙な新アイディアに文化的嫌悪感が生じることで、開放性が低い人たちはたんに精神病から我が身を守っているだけでなく、不適応なミームからも我が身を守っている。なるほどこういう人たちは有用な新アイディアをすぐさま採用しないかもしれないけれど、同時に、自殺カルトに参加してしまうこともない。平均で見てこれまでほどほどに生殖の成功をもたらして時間の試練に耐えた伝統によって、彼らの行動はうまく制約されているのだ。

かくいうぼくの開放性スコアはとくに高い。このバイアスがかかったせいで、本章の話ぶりが、いかにも高い開放性の方が生物学的に適応していて心理学的に健康で道徳的にすぐれているかのように聞こえてしまったかもしれない。知性が高いのはほぼいつでもいいことだ。生活のほぼあらゆる領域でよりよい実績を予測する。だが、誰もが高い知性をもてるわけではない。大半の人たちは、脳の機能を乱す変異があまりに多すぎるからだ。これと対照的に、開放性が高いと、リスクとコストが高まり、不適応になることも多い。高い開放性が得になるのは、環境がとりわけ安全で〔寄生虫量が少なく有害なミームの比率が低くて〕、しかもじぶんの防衛システム〔免疫系と心の健康〕がたまたまとくに強力な場合にかぎられる。それ以外の場合には、〔高い開放性を発揮して新奇なあれこれを試すことで〕危ないことに手を出すのは控えて安全側に寄せた方が賢明だ。

開放性がもたらす恥や危険のコスト

開放性がもたらす危険は、精神病だけではない。ぼくの経験では、開放性が高いと、恥をかく場面にいきつくことがよくある。その結果としてじぶんの社会的・性的な地位が低下したり我が身の安全が脅かされたりするかもしれない。きわめて開放性が高い人は、〔ヘビメタバンドの〕グワァーのライブに参加して模造の血液を全身にぶっかけられて会場をあとにしてまもなく殺人狂かなにかだと警官に誤解されてしまうかもしれない。サンフランシスコの国道一〇一号線から降りたところにあるサバイバル・リサーチ・ラボの巨大火炎放射ロボットの違法パフォーマンスに参加して火傷を負ったり聴覚障害を起こしたりするかもしれない。カラウィーン・モスクでうっかりイギリス人のカノジョとキスしてしまったばかりに、激怒した寺院の守衛にフェズの通りを追いかけ回されるかもしれない。わるくすると、進化心理学者にだってなりかねない。そうなれば、たいていは無職になったり迫害されて追放の憂き目に遭ったりする。

新しい経験への開放性は、身体的な危険や中毒につながることすらありうる。新奇な運動競技を追求する人たちは、ありきたりなスポーツをあらかたやりつくしてしまって、「エクストリーム」スポーツに手を出すかもしれない――〔高所からパラシュートをつけて飛び降りる〕ベースジャンピングや、氷上バイクレースや、K２登山や、ヘリ・スキーといったスポーツだ。（開放性が低い人たちは、こうした冒険のパロディで応酬する。「エクストリームアイロン」や「エクストリームクロケット」なんかを繰り出してみせる。）新奇な文化を追求する人たちは、安全な旅行先にあらかた行きつくしてしまったあげくに、アフガニスタンやルワンダを観光する無茶な旅行に乗り出すかもしれない。新奇なセックスを追求する人たちは、安全でありきたりな異性間のセックスに飽きて、男女両方を相手にしたり、乱交に及んだり、獣姦をやってみたり、フェルチ[*4]をやってみたり、スヌードル[*5]を試してみたり、顔面騎乗したり、連結69花かんむり[*6]などなど――もっとあれこれご存じの向きもありましょう。

同様に、きわめて開放的な男性は、なにかにつけてあまりに枠をとりはらって考えてしまうかもしれない……「社会的なタブーなんざ知ったことか、等身大リアルドールでえろいことしたら楽しいかもしれんぞ。六五〇〇ドルもするけれど、なんたって、生身と同じ寸法と重量で外見もリアルだし、シリコン製の肉感と合成頭髪で、関節付き鋼鉄骨格のおかげでどんなポーズも思いのままにとらせられるし。顔や体型だって別れたカノジョそっくりにカスタマイズできるっていうし。」だが、クローゼットからリアルドールの首がうっかりのぞいてしまってそんなものを所持しているのがバレてしまったら、その先、カノジョができる見込みはとても薄くなってしまうかもしれない。性癖に関してあまりに開放性が高すぎることがこういう消費購買をとおして人目にあらわになると、思いがけず裏目にでてしまうかもしれない。

開放性がきわめて高い消費者たちは、とても金になりやすい。なぜなら、きわめてだまされやすい場合がちょくちょくあるからだ。たとえば、平均より開放性の高い人たちは、補完医療や代替医療の主な

＊4　性的パートナーの女性器から射精済みの精液をすすりとる行為のこと。
＊5　男性の同性愛者がやるプレイ。お互いに男性器の皮に自分のモノを突っ込む。
＊6　原語は daisy chaining で、多人数で互いちがいに性器をくわえあってつながる。

市場となっている。彼らなしに、こういう商品の市場は成り立たない：

- 耳点セラピー（外耳の鍼治療）
- バッハ・フラワー・エッセンス（食べられる野生の花のエッセンス）
- 結腸洗浄（何ガロンもの温水を肛門チューブ経由で結腸にポンプで送り込む）
- イルカセラピー（イルカとの接触で「エネルギー転移」を受けて感情が癒やされると称する）
- ガーソン療法（大量の果物ジュースを飲み、さらにコーヒー浣腸を行う）

こうした例が突拍子もないものに聞こえるようなら、次の点をぜひ考慮に入れてほしい。〔よく知られている〕ホメオパシーや風水や伝統的漢方医学にしても、魔術的思考にもとづく他のモノやサービスにしても、効果を示す証拠がない点はこれらと大同小異だ。本物の病気を患っている人たちを効果が実証されている証拠にもとづく医療から遠ざけてしまうとすれば、こうした製品はすべて危険だ。

開放性、新奇性、ファッション

開放性の低い消費者たちは、昔ながらの機能とデザインをもった昔ながらの製品で満足している。モノを売り込む相手としては手強い。なぜなら、彼らは新しさを新しさだけで評価しないからだ。今風の装いをせずにユニフォームを着てなにも不満をもたない：学校の制服、スポーツのユニフォーム、軍隊のユニフォーム、ビジネススーツ、ゴルフウェアを喜んで身にまとう。美容室で「あのヘアスタイルで」と注文せずに、床屋に通う。マーケティングがかもしだすシズル感に対して、「そんで肝心の肉はどこよ?」と訊ねる。とめどなく昂進する消費主義のゲームに対して彼らが本能的に示す反応は、ゲームにのることなくありきたりの日常生活をおくりつづける、というものだ。

開放性の高い消費者たち相手の方が、ずっと儲けになる。なぜなら、〔海のものとも山のものともつかない新しいモノを先んじて試す〕アーリーアダプターであり、新しい流行を追いかける人たちだからだ。彼らは、モノやサービスの新奇性を利用して、じぶんの開放性を見せびらかす。その開放性は消費主義にとって決定的に重要だ。というのも、新奇なモノ・流行り・ファッションを追い求めるように駆り立てる原動力がこの開放性だからだ。この点についてこの素晴らしい洞察を述べたのがブルックス・スティーブンズだ。スティーブンズは第二次世界大戦後に計画的な陳腐化の概念を発展させた。継続的に製品の革新を繰り返して、「ちょっとだけ新しくてちょっとだけよくなったものを、必要になるよりちょっとだけ早く手に入れたい」という消費者の欲求から利益を上げられることにスティーブンズは気づいた。彼がデザインした製品は――「ローン・ボーイ」芝刈り機、「エヴィンルード」船外モーター、「ハーレーダビッドソン・ハイドラグライド」バイクといった製品は――一九五〇年代の現代的な進歩指向の消費者に対して地位的な必需品としてささいな技術的改善を喧伝した。こうした製品は開放性の高い人たちを魅了した。若くて粋な都市生活者たちだ。

計画的な陳腐化は、一九三〇年代から一九七〇年代にかけての産業デザイン黄金時代の核心を占めていた。毎年、前衛的なスタイルの新製品が発表され、そのたびに前年のモデルはもはや見せびらかそうにも陳腐になってしまった。ヴァンス・パッカードが見抜いたとおり、確立された製品分野で毎年のように本物の技術革新をもたらすのは不可能だ。そこで、計画的な陳腐化を実施するにあたって重視されたのは機能でなくデザインだった。企業は「実用性の計画的な陳腐化」ではなく「欲求の計画的な陳腐化」を追求しなくてはならない（つまり、機能しなくなったから新しい製品に乗り換えるのではなくて、流行でなくなったから古いものを捨てて新しいものに乗り換えてもらわないといけない）。スティーブンズのひらめきは、自動車、住宅、衣服、家具など、産業デザインのありとあらゆる分野に広まった。開放性標示としての製品の新しさの方が堅実性標示としての製品の実用性や信頼性にまさると消費者に納得させれば、はるかに頻繁に消費者がモノを買ってくれることを、企業は学習した。こうして、この数十年にわたって、目もくらむような美学的な革新が続き、きわめて開放性の高い人々は熱狂し、それほど開放性が高くない人々は大いに困惑している。

第13章　堅実性

Conscientiousness

堅実性というビッグファイブ性格特徴には、〔道義的な〕裏表のなさ、信頼性、〔行動の〕予測しやすさ、言動の一貫性、期日を守ることといった特徴が含まれる。堅実性からは、社会規範の尊重や責任感、約束や契約を履行する見込みの高低が予測される。一世紀前なら、世間では堅実性を指して「誠実さ」「一本筋が通っていること」「信用」「道徳神経」と呼んだことだろう。堅実性とは、主として、衝動的で近視眼で利己的な大脳辺縁系の本能に対して前頭葉が強制する抑制的な自己制御のことだ。今日、マーケターたちは年長世代の堅実性を融通の気かなさ・古くささ・抑制・ダサさというとらえ方で提示して、衝動的な若者たちに訴えかける。ある意味で、彼らは正しい。というのも、トレードオフがあるからだ。堅実性は子供の頃は平均的に低く、年を重ねるにつれてゆっくりと成熟していき、思いつきや楽しいことやロマンスを抑制する傾向がある――つまり、堅実性は短期的な交配を抑制する。短期的な交配によって、若い男性は生殖成功度を最大限に高める傾向があるし、若い女性は妊娠して独り身のままほっておかれる傾向がある。

伝統に目を向けると、堅実性の低さにはいろんな呼び名がある：「信用ならない」「アテにならない」

「衝動的」「軽い」「だらしない」「怠け者」「不平家」「穀潰し」「革命家」――。権力のあるエリートは、信頼できる奴隷・農奴・労働者を好むため、総じて、文明は若者・野生的なもの・衝動的なものを馴致して成熟した堅実で勤勉な人間にすることに腐心する。植民者の奴隷所有者は、奴隷にムチをうって「性根をただす」ことでいっそう堅実にする。工業化時代の学校教師は、労働者階級の生徒に対して欠席・遅刻せず通学したり暗記したり宿題をやったりするよう求めて堅実性を高める。伝統的に、エリートたちは、全寮制学校や軍役や一夫一妻制によって子弟を社会化して堅実性を高めようとする。

堅実性には性格特徴として異例なところがいくつかある。〔現代のように〕大規模な社会で複雑な分業をする生活とちがって、狩猟採集生活には債務や責任を計画して記憶しておくことはそれほど必要でなかった。そのため、堅実性の平均的な水準が高くなったのは最近になってのことで、おそらくは国・地域によってその度合いもまちまちだろう。農業や牧畜のような活動が興隆してはじめて、我らがご先祖たちは高い堅実性に特徴的な不安混じりの強迫感と未来志向を必要とするようになったのだろう。この一万年ほどで、こう自問して人間は繁栄するようになった:「畑はじゅうぶん耕しただろうか?」「種はちゃんと早めにまいたっけ?」「羊が一匹はぐれてないか?」「いとこはあのオリーブの代金を払ってくれたっけ?」「二十年後にも必要となる技能を子供たちにちゃんと教えているだろうか?」こんな具合に、堅実な中年たちはまんじりともせずあれこれ思いめぐらせて夜明けを迎えるようになったわけだ。

大人になってからの年月の大半を、人々は世間に向けて高い堅実性をよそおうとして苦心をかさねる――堅実性がきわめて高いことは、教育者・雇用主・同僚・医師・徴税人・高利貸し・子供・親・友人・作物・家畜に好まれる。現代の消費主義市場では、堅実性標示として機能しうるありとあらゆる種類のモノ・サービス・活動をそろえて世間の要望に応えている。

手入れの大変な製品

伝統的な経済学では、消費者はじぶんの安楽と余暇を最大化しようと試みると仮定する。だとすると、人々は世話や手入れや修理ができるだけ少なくてすむ製品の方を好むはずだ。だが、そうした製品では、堅実性標示として役に立たない。死にやすい観賞魚、汚れのつきやすい明るい色の衣服、すぐにホコリまみれになってしまう装飾のついた家具、光沢塗装の自動車、高価で水やりがかかせない芝生を買う方がずっといい。「なんで？」――なぜなら、堅実性が低い人たちでは、こういう製品をしっかり維持できないからだ。じぶんで水槽の硝酸塩テストをしないだろうし、衣服の洗濯も、家具のほこり取りも、自動車洗浄も、芝生の水やりもしないだろう。手入れをうっかり忘れてしまったり、使用人が忘れてしまったりして、外観が悪化してしまう。

世の中には、定期的な手入れが欠かせない製品をむしろ好む人たちがいる――この原則は、よく経済学者に見過ごされたりマーケットに利用されずにいたりする。コスト高シグナリング理論とだいたい同じで、一見すると合理的に筋が通っていないように思えるのだ。たしかに、堅実性の見せびらかしも含めて、どんな性格の見せびらかしであろうと、そこに投入する時間と労力を最小限にすませる方をどんな消費者だって好むだろう：近道を探したり、時間の節約法を考えたりするはずだ。だが、社会的シグナリングの全体水準では、手入れがかんたんすぎる製品は堅実性標示としての価値を失ってしまう。それでは、地位と評判が失われてしまう。「堅実な人物に思われたい」と願っている人たちは、そうした製品を購入して見せびらかさなくなってしまう。たとえば、オーク材のフローリングはいまでも木調プラスチック加工フローリングより評判がいい。なぜかと言えば、ひとつには、毎日の拭き掃除と月に一度の「マーフィーオイルソープ」モップがけが必要な上に、定期的に電動サンダーで仕上げをやり直さなくてはならず、おまけにこの機械がたてる騒音たるや熱帯魚ならストレスで死んでしまうレベルだからだ。（ここでも、例によっていろんなシグナリング戦術どうしのトレードオフがはたらいている。）また、新技術やデザインの革新によって住居の床面積1フィート平方あたりにかかる掃除・手入れの手間が少なくなると、それに合わせて、人々は床面積を広げて家事にかかる骨折りの総量を維持し、世間の評判を変わらず受けられるようにする。

堅実性標示を手に入れるよう駆り立てられることで、大半の製品カテゴリで一種の「手入れ量保存則」が生じる。現代アメリカのメガキッチンはその格好の例だ。キッチンを大幅に改修するとなると、いまだと平均で五万ドル以上のコストがかかる。その大部分を占めるのが、一風変わったカウンター用素材や専用設計の収納設備、最高級の機器一式を揃えるための費用だ。そういうキッチン用品・設備を買いそろえられる高給取りカップルの共稼ぎ世帯が実際にキッチンを使って調理する時間がとれることなんて、めったにない。だが、それでもいざ必要とあらば堅実なディナーホストや親として理論上は自家製クッキーを焼いたりできることを見せつけたいと彼らはのぞんでいる。自炊する機会が少なければ少ないほど、調理と支度にかける潜在能力を見せびらかすために費やすキッチン空間とお金は大きくなる傾向がある。ぼくの母方の祖母バージニア・ベイカーが十二人の子供たちに日に三度の食事を用意するために使えたキッチンの広さは七×一四フィートで、設備と言えばバーナー四つのコンロとミキサーくらいだった――食材準備だけに使うアイランドも、フードプロセッサーも、生ゴミ粉砕器（ディスポーザー）も、食洗機もなかった。今日、郊外に暮らす多くの家族が見せびらかしている調理設備は、動物園に宿営する軍団一つをまるまる食わせられるほどの能力がある。こうした設備一つ一つどれをとってみても、そのデザインに「手入れ量保存則」を体現している。自動洗浄オーブンや拭き掃除のかんたんなバーナーが発明されるやいなや、レンジメーカーは清掃しやすい白磁の外装から清掃しにくいステンレススティールの外装に切り替えた。触れればすぐに指紋まみれになるし、飼い犬がなめたりすればはっきりと跡が残ってしまう。べつに、主婦を多忙なままにしておこうという家父長制の陰謀がはたらいたわけではない。キッチンを誇らしげに見せびらかす郊外家族が、「手入れがまったく不要なコンロなんて堅実性標示の力もなければ栄誉もない」という直観をはたらかせた結果だ。そんなものよりも、レストランの従業員が毎晩清掃しないといけない設計の「業務用」コンロを手に入れる方がはるかにマシなのだ。

堅実性を見せびらかす方法は、なにも手入れにものすごく手間のかかる製品にかぎらない。誇示できるほどに壊れやすいものを使ってもいい。不可逆的なエントロピー崩壊を起こしやすいモノ——たとえば破損しやすいモノ——ならなんでもこの用に足りる。なぜなら、堅実性が低いほど注意を怠りやすく、モノを壊しやすいからだ。ガラス製のヴィンテージものクリスマスオーナメントを一家四代にわたってずっと維持していれば、およそ一世紀にわたって毎年のように堅実にクリスマスツリーを飾り立ててはツリーを処分しオーナメントを保管してきたことが立証される。同様に、おんぼろでもしっかり使えるアンティーク家具が家中に満ちあふれていたり、クローゼットを開ければ繊細なのに破れていないランジェリーがいっぱいだったり、(このあと見るように)多種多様な気むずかしいペットを健康なまま飼っていたりしても、主(あるじ)の注意深く行き届いた管理ぶりが見る者に伝わる。

堅実性標示としてのペット

小まめな手入れが必要な家財は、見事な堅実性標示になる。ペット産業はそうした家財の一大供給源となっている。熱帯魚の家庭用アクアリウムを考えてみよう。グーラミ、ラスボラ、テトラを数匹入れた二十ガロンほどのささやかな淡水アクアリウムを維持するとなれば、こまめに飼育法を遵守しなくてはいけない。毎日エサをやらなくてはいけないし、週に一度は水を部分的に入れ替えて水作プロホースとバケツで砂利の掃除もしないといけないし、アンモニア・亜硝酸塩・硝酸塩・pHレベルの水質テストも必要だ。月に一度は水槽にこびりつく藻をけずりとってきれいにしたり、フィルターを交換したりしないといけない。しかも、犬や人間とちがって、こちらがなにかマズいことをやらかしても、魚は不満を訴えてくれない。ただ死ぬだけだ。そうなったら、罪悪感にさいなまれながらFacebookで「熱帯魚喪失に苦しむ人たちの互助会」に参加するはめになるかもしれない。こうした手間をかけて購入から六ヶ月後もちゃんと熱帯魚たちを生かしておけたなら、高水準の堅実性の持ち主であることを立証できる。魚がなにを求めているのかなんてなかなかわかるものでもないしあちらから要望を伝えてくれるわけでもないし、日々の生活で魚の世話どころでないやっかいごとだって起こる。それでも見事に堅実に魚たちの世話をやりぬいた人なら、友人として、恋人として、親として、きっと堅実につとめてくれるだろうと予想できる。実際、家に植物のひとつもなければペットもいない若い独身男性は、「しっかり君」を探し求めている若い女性にハズレだと思われて当然だ。そういう男性は、堅実性が未検証か（植物やペットを世話したことが一度もないか）、それともテストに失格したか（世話をさぼって枯らしたり死なせたりしてしまったか）、そのどちらかだ。

犬となると、いっそう大変だ。そのため、ペットとして評価が高い。犬種によって、飼い主が見せつけられるこだわりどころもちがってくる。薄気味悪いほど利口な犬種（ボーダーコリー、ジャーマンシェパード、スタンダードプードル）は、欠かさず相手をしてやったり認知的な負荷の大きい運動をさせてやったりしないと、ノイローゼになってしまう。お利口とはおよそ言いがたい犬種（シーズー、ブルドッグ、アフガンハウンド）は、つねに飼い主が警戒していないと「ダーウィン賞」［*1］受賞級のバカをやらかして死んでしまう。小さなおかざり犬（マルチーズ、ペキニーズ、パピヨン、ヨークシャーテリア）は、毎日小まめに毛繕いをしてやって、散歩するにもずっと注意を払ってやらないと、水に濡れた毛ボコリみたいにぺしゃんこになってしまう。攻撃的な犬種（ローデシアン・リッジバック、ロットワイラー、ドーベルマン・ピンシェル）は、徹底して服従訓練を施してやらないと、ご近所の子供をかみ殺してしまう。そうなれば裁判沙汰で財産を失うはめになる。（アフリカライオンを殺すよう育種されたローデシアン・リッジバックは、近所の飼い猫たちにとっても脅威となる。）

ほぼどんな犬種でも、それぞれに独特な非常に手のかかる特徴を備えているし、どんな犬でもエサやり・シャワー・散歩・獣医の診察を欠かさずやらないといけないし、綱につないだりフェンスで囲ったりして物理的に動きをしっかり制限しないといけない。このため、これみよがしにしっかりとエサを与えられ毛繕いがととのい訓練が行き届きノイローゼの気配がまったくなくてちゃんと生きてる犬を連れ

---

*1　一種のブラックユーモアで、バカなことをやって死んでしまったり生殖能力を失ってしまったりしてじぶんの劣った遺伝子をみずから抹消した人におくられる賞。

て散歩している独身者は社会的・性的に人気が高くなるわけだ。〔犬の世話なんて楽勝だという向きには、ぜひ、アフリカン・グレイパロットの飼育に挑戦していただきたい。〕

本物の生き物では維持するのに場所とお金がかかりすぎるという場合には、堅実性標示として人工のペットが購入される。日本人はとくにそういう代替品の発明に長けている。女子高生に人気だった初代「たまごっち」〔電子的ポケットペット〕にはじまって、その後、マイクロベイビーズ、ネオペッツ、ナノ・パルズ、ぷかぷか・ウォーターエンジェル、ズーズなどが幅広く展開されている。たいていの電子ペットは、数時間ごとにいろんなボタンをクリックして世話をするというばかばかしいほど大変な手間がかかる。だが、まさにそれこそがねらいだ：きちんとエサをやってかわいがらないとムカつくほどあっさり死んでしまうために、飼い主が堅実でないとたまごっちが一ヶ月生き延びることなんてかなわない。

他の生物種を家畜化・栽培植物化することと人間の堅実性進化とのあいだには、お互いを強め合うフィードバックループがはたらいてきたのかもしれない。新しい研究によれば、少なくとも五万年にわたって、どうやら人間はさまざまな「前家畜化」プロセスによって植物や動物の進化を形作ってきたらしい。本式の家畜化・栽培植物化がはじまったのは、少なくとも一万一千年前にさかのぼるようだ。ヒト以外の生物種に手間をかけるために必要となるさまざまな認知・情動の負担により性格特徴としての堅実性の進化が形作られて、その結果としてヒトの堅実性が他の霊長類よりも平均的に高くなった可能性もある。「生態系エンジニアリング」や「ニッチ構築」を行う種の大半は——環境を形成することでじぶんたちの生態的ニッチをつくりだす種の大半は——〔そうでない種よりも〕堅実性が高く進化しているように思える。ダムをつくって小さな湖をうみだすことで家族を栄えさせるビーバーたちは、なかなかの勤労倫理を示す。これと同じく、より高い堅実性が有利にはたらく選択圧が、一万年ほど前に人間による家畜化を大いに進展させる下ごしらえを用意したのかもしれない。犬（護衛と狩り）、ヤギ、羊、牛、ひょうたん（容器用）、イチジク、バナナ、小麦、稲、トウモロコシ、キビ、ひまわり、カボチャ、キャッサバ、クズウコンの家畜化・栽培植物化がさかんになされる準備を整えたのが、より高い堅実性の進化だったのかもしれない。生物種それぞれでかける手間の種類もちがってくるし、堅実性の土台を必要とする異種への共感も必要になる。こうした堅実性は、何千年にもわたって、恋人候補・友人候補に広告する値打ちのある特徴となってきた。ヤギたちの群れを病気や怪我から守って飼育する手腕で堅実性を誇示できないなら、かわりに、「ぷかぷか・ウォーターエンジェル」を買えばいい。ロボットがもっと大衆化したときには、完全に自律的なロボットよりも、ある程度の世話と手間を要するロボットの方を消費者たちは好むようになるだろう――つまり、信用できる堅実性誇示になるロボットを好むはずだ。だからこそ、ファービーやロボラプター、ＡＩＢＯ、Ｐｌｅｏといった共感を引き出すおもちゃロボットの方が太陽光発電の芝刈りロボットよりもよく売れているのだ。

収集

堅実性が極端に高くなると、次第に強迫神経症めいた行動が現れる。消費者の行動では、これは収集というかたちをとる。こうした人たちは、これと決まった範疇の製品を大量に入手するのに加えて、同好の士どうしでそうした収集品について知的に専門知識を駆使して議論する。ウィリアム・ジェイムズが一八九〇年に書いているように、収集は「その人のアイデンティティを表現する。」「自己とは、当人が自分のものと呼ぶモノの総体だ。」だが、収集と一口に言っても中核六項目の特徴をひとしく表現するわけではない。いっそ有害なまでに高い堅実性がなにより顕著に表れるのは、お金をつぎ込んで品々を手に入れ、きちんと整理して陳列し、収集品の手入れを日課にして欠かすことがないふるまいだ。天井知らずの収集癖は、天井知らずの消費主義の理想だ。e - ベイで「収集品」のセクションにおもむけば、想像しうるありとあらゆる範疇でモノを集めて執着する活動に誰でもすぐに参加できる：消防士の記念品、「砂漠の嵐」作戦の軍用品、ディズニーグッズ[*2]、ペッツ・ディスペンサー[*3]、スノーグローブ、『バフィー：恋する十字架』アクションフィギュア、船舶の装飾品、映画で使われた刀剣の模造品、ヴィンテージもののペットフード広告、ヴィンテージものの送気管カバー、エロ絵はがきなどなど。

だが、傍目には強迫的な収集も、本人にとっては合理的な投資戦略だったり、熱中していることにどうしても欠かせない道具や素材の入手だったりする。イメルダ・マルコスがマラカニアン宮殿に収集した二七〇〇足もの靴コレクションを思い浮かべると、フィリピンの貧しい人々になりかわって義憤を覚える。一方、これまでにぼくが購入してきた中古本もだいたい同じくらいの数に上るけれど、その数々を思い浮かべて感じるのは篤実な研究者としての自負心だ。誰だって、じぶんのキャビネットに陳列した貴重品にはなにかしらの合理化ができるものだ。

個人的な身だしなみ

「個人ケア部門」こと美容産業は、「身体的な魅力を強化する製品を扱っているだけだ」とよく誤解されている。だが、ひと目見れば「ああ、これは堅実性表示だな」と腑に落ちる側面もたくさんある。

日々、みんなが髪の毛にやっていることを考えてみよう。他の哺乳類とちがって、人間の頭髪は生えてからだいたい五年ほど伸び続けて抜け落ちる。人間はそんな頭髪をいじりまわす。切らずに放っておけば、髪は腰のあたりまで伸びる。遺伝的な証拠から、どうやら、この革新はおよそ二十四万年前に進化したようだ。研究者のなかには、こうして持続的に伸びる髪の毛はじぶんの身だしなみを整える能力と他人に毛繕いをしてもらう能力を示す信頼できるシグナルとして進化したと主張する人たちもいる。一昔前の博物館では原始時代の人類と言えば髪の毛ボサボサの穴居人を紹介していたものだったけれど、そんなステレオタイプとちがって、我らがご先祖たちは、自尊心を持つあらゆる哺乳類と同様に、せっせと髪の毛をととのえていろんな髪型にしていただろうと考えられている。

流行りのヘアスタイルは、歴史と文化で劇的に異なる。だが、一つの共通分母をもつ傾向がある：それは、しっかりと手入れが必要になるという点だ。手入れの方法はさまざまだ。こまめに剃ったり切ったり切りそろえたり洗ったりコンディショナーを使ったりかたちを整えたり編んだり逆毛立てたりジェルを使ったり染めたりパウダーを使ったり装飾したりと、実に多岐にわたる。海兵隊の教練を担当する軍曹は、週に一度は髪を切って刈り上げた短髪マッチョスタイルを維持しないといけない。長く伸ばした髪を波打たせたチアリーダーは、毎日しっかりとコンディショナーを使ってブラシがけをして、さら

＊2　Disneyana：ネズミやアヒルの意匠をあしらった公式販売グッズにかぎらず、アニメのセル画なども含む。

＊3　Pez dispencer：キャンディが入った筒状の商品で、キャラクタの頭部をあしらっている。日本では森永が販売している。

に髪を編み込まないといけない。男性の企業重役は、毎朝顔ぞりを欠かせない。そうしないと、マーケティング部門のもっと「クリエイティブな」連中の同類だと誤解されてしまう。無精ひげが許容されるのは、投資銀行のバックルームで週八十時間はたらく金融アナリストインターンか第三世界のフィールドワークから部署にもどってきたCIA工作員くらいだ。同様に、女性の企業重役は二〜三日おきに足のむだ毛を剃って、じぶんがプロ意識を持ちつつも女性らしいジェンダー役割にしたがっている人物でありレズビアンでもなければ社会主義者でもないと同僚男性どもを安心させてやらねばならない。何ヶ月も髪の毛の手入れせずに放置しておくと、自然ともじゃもじゃのドレッドヘアができあがる。そういう風になってしまっているのは、たいてい、社会から放逐された人たちか、社会の主流が負ういろんな責務から逃れた人たちだ:酒飲み・大麻乱用者・路上生活者・統合失調症患者・破産者が、そんな頭髪になる。これと対照的に、(一九九〇年代中盤のアーニー・ディフランコみたいな) しっかり手入れされたドレッドヘアなら、べつの水準で高い堅実性の標示として機能しうる:この人たちは、シャンプーに含有されるアルキル硫酸塩を習慣的に使う必要があるへアスタイル、シャワーに大量の水を使わずに済ませるヘアスタイルをこれ見よがしに避けてみせているのだ。身だしなみのファッション・製品は次々と新しいものが登場しては消えていく。なぜなら、人間がみずからに課すこともできる面倒な身だしなみの方法はいくらでもあるからだ。だが、さまざまな時代や場所や下位文化(サブカルチャー)とともにありとあらゆる変種が登場するなかで、一段掘り下げてみると、その根底には不変のものがある。それは、この個人ケアのいとなみを動機づける堅実性広告の本能だ。

使われずにホコリをかぶったエクササイズマシーン

自宅用フィットネス産業は、人類史上もっとも盛大に機械を無駄遣いしてきた分野の一つだ。世間では、何千ドルもの代金を払って、精巧に作られたランニングマシーンやエリプティカルトレーナーや体重計を購入している。なかには、「エンドレス・プール」を買う人すらいる。これは、八×一五フィートの独立した「水泳用トレッドミル」だ。ちなみに、お値段はアクセサリー類込みでたったの二万とんで四〇〇〇ドルだ。

こうした運動用機器を購入するにあたって、たいていの人は、新年の決意を固めていたり離婚したばかりだったりで、自己改善を強く決心している：「これからは週に二回ぜったい運動して三十ポンド減量するぞ」とか、「退職したけれど、しっかり引き締まった健康的な体型を維持するぞ」と思って機器を買う。それから数週間は「キリッ」と引き締まった気持ちで熱心に機器を使っては、友達や同僚に「いやぁ、若返った気分だよ」なんて吹聴する。ところが、しだいに運動は途切れ途切れになっていく。風邪を引いたり、ちょっと出張が入ったり、膝を痛めたりして、中断が入る。サボリの口実ができる。運動するのがだんだん周期的でなくなっていき、回数が減り、やがてゼロになる。ソファにふんぞりかえって『アメリカン・グラディエーター』を視聴しながら（運動しないかわりにせめて他人の運動を見ようというわけだ）、チェリー・ガルシアのアイスクリームを一パイント平らげていると、チラッと視界に入るエリプティカル・トレーナーがリビングの隅っこから「おいおいどうなってんだよ」と問いただしているような気がしてくる。その後ろめたさときたら、とても耐えられない。トレーナーをガレージや地下室に動かして防水シートで覆ってやりながら考えるのはだいたいこんな調子だ――「いつか、もっと時間ができたらね……」

手練れのフィットネスマシーン販売員は、自分が売りつけている製品がたいていどういう末路をたどるかよく承知している。本当のところ、彼らが消費者に売っているのは、妄想だ。「こうやって機器を買った埋没費用のおかげで、きっと運動せざるを得なくなるぞ」という妄想をお客に売っているのだ。(消費者たちにしても、くたびれたランニングシューズで近所の公園でもジョギングするくらいならとっくに数ヶ月前からやれなくもなかったのはわかっている。だが、公園が近くにあってシューズも靴箱に入っているだけでは、これまでの経験則から、習慣的に運動する意欲をじぶんから引き出すのに足りないのも承知しているのだ。)そこで、消費者はこう考える:「PreCor EFX 5.33 エリプティカル・トレーナーに三九〇〇ドルを投資すれば、きっと(1)この機器に対する技術偏愛の魔法が起こって、この欠点だらけのしょうもない肉体に習慣的な有酸素運動をする意欲を奮い立たせられるはずだし、(2)医療費を減らすことで長期的にはお金の節約になるだろう。」一方、販売員はこう考える:「よーし、手数料二十パーセントが入るぞ!」さらに、製造企業はこう考える:「安心して十年保証をつけられるぞ、なにしろ、購入後に機器が使われる平均回数なんて最初の二ヶ月の十七回がせいぜいだからな。」これにて三方よし、みんなしあわせでめでたしめでたし――とはいかないのが大半の消費者だ。それでも、不平は言わない。機器をちゃんと使えなかったのはじぶんの落ち度だと消費者は考えてくれるからだ。機器をちゃんと習慣的に使ったごく一握りの堅実な消費者は、いくつもの便益を享受する:PreCor が目立たずせっせとなめらかにベルトを楕円状にくるくる動作させてくれるおかげで、効率よく筋肉をつけられるし、脂肪も燃焼させられる。引き締まった肉体は、他人に羨望と尊敬の念を引き起こす。じぶんの精神的な優越ぶりに満足して顔はにんまりと紅潮する。

このように、自宅用フィットネスマシーンは、みごとな堅実性標示になる。きわめて堅実な人たちによって使われてはじめて運動量が増えるからだ。それ以外の人たちはみんな、機器にほこりをかぶせるオチになる。その結果、現代のデスクワーク中心の仕事と過食生活のおかげで、二十代・三十代にずっとすらっとした体型でいられるのは、きわめて堅実な人にかぎられる。それ以外の人たちは、みんなぶくぶくと贅肉をつけてしまう。このため、現代の環境では、すらっとした体型はたんにその人の遺伝的な体格だけでなく、遺伝的な堅実性の証拠にもなる。このため、友人・恋人・同僚としてその人の成熟度・信頼性がどれくらいなのかが体型から読み取れてしまう。後ろめたさの気持ちや将来の先読み能力のおかげで習慣的に運動に励んでいる人だったら、その堅実性ゆえに、その人に利用されたり捨てられたりすることはなさそうだと人々は推測する。

この安定したシグナリング・システムは、いま「エクサゲーミング」の挑戦を受けている――スクリーン上の動きとプレイヤーの体の動きを組み合わせるコンピュータ・ゲームだ。アーケード・ゲームの「ダンス・ダンス・レボリューション」(一九九八年にコナミが開発)を遊ぶプレイヤーは、〔画面に表示される〕ダンスのステップに対応する複雑なパターンどおりに床に配置された電子センサーをじぶんの足ですばやく反応させなくてはいけない。同様に、モーキャップボクシング(二〇〇一年)では、プレイヤーはスクリーン上の対戦相手に対してシャドウボクシングをやる。プレイヤーの動きは赤外線モーションキャプチャ(「モーキャップ」)によって読み取られる。任天堂W:i:iシステムは、こういうエクサゲーミングを家庭にもたらしてくれる。加速度センサーと赤外線検出システムで立体的な位置を読み取るコントローラー(「W:i:iリモコン」)のおかげで、ユーザーは体の動きによって五〇〇タイトルものゲームを楽しめる。ゲームの内容は、テニス・野球・チアリーディング・ゴーカートレース・ケーキづくり・風船割りなど多種多様だ。さらには、ニワトリ射撃、エルフボーリング、幽霊退治、ゴジラ退治など、思いつくかぎりいろんなことが可能なのは言うまでもない。こうした三種類のゲームシステムでやる有酸素運動はたんにきついだけでなく、あまりにたのしくてハマってしまう人が続出し、世間で大人気を博している。この点で、堅実性と運動機器の習慣的な利用との伝統的な相関関係が断ち切られるおそれが生じている。

信用格付け

アメリカのような信用にもとづく経済では、高い信用格付けは、一種の堅実性メタ標示として機能する。信用格付けは他人には直接参照できないし、知覚もできないけれど、購買力を大いに支えているため、もはやコレ抜きに中流のライフスタイルは成り立たない。よい信用なしに、車も住宅も手に入れられない。このため、そこそこの車や住宅を所有している人々は、間接的に立派な信用スコアを誇示している。それはつまり、堅実性を誇示しているということでもある。

少なくともアメリカやイギリスでは、Equifax、Experian、TransUnion によるＦＩＣＯ信用格付けのスコアは、およそ三〇〇（とても悪い）からおよそ八五〇（とても良い）まである。高い信用格付けに貢献する要因を考えてみよう：信用履歴が長いこと（つまり長く利用していること）、期限を守って支払っていること、クレジットカード会社に少額を定期的に送って彼らの金利利益を最大化していること、ローンの債務不履行を起こしたり破産したりしていないこと、何ヶ月も同じ住所に住んでいること、いくらか借金を抱えつつも所得に対する比率が高くなりすぎていないこと、六ヶ月ごとにクレジットレポートを確認して支払いエラー（よく起こる）がないか調べ、間違いがあれば信用格付けの業者に連絡を入れて訂正を依頼する忍耐力を持ち合わせていること。どれをとってみても、高い堅実性にほぼ直結するものに聞こえる。ただ、平均的な人たちにとって、これはとても達成しにくい。だからこそ、信用格付けスコアの平均はおよそ六八〇になっている。クレジットカードや住宅ローンでいちばん低い金利を設定してもらうには七二〇以上でなくてはいけないが、平均スコアはこれを大きく下回っている。

一方、信用スコアを壊滅させるほど愉快痛快のどうかしている行動はどうだろうか。大学生はおうおうにして「ローンは返済しなくてはいけない」という概念がピンときていないもので、巨額の負債を抱えてしまいがちだ。アルコール中毒やドラッグ中毒になると費用がかさみ、債務超過に陥って立ち退きを余儀なくされ（頻繁に住所を変えることになり）、定期的な支払いが滞る結果にもなる。精神疾患のなかには（双極性障害、境界性人格障害、注意欠陥障害、サイコパシーのように）衝動的な行動に駆り立てられて信用スコアを落とす人たちもいる――見境なしの買い物にハマったり、仕事や住所を急に変えたり、無謀な運転をして高い自動車修理代金を発生させたり、情事でなにかと贈り物が必要になったり、懲役刑をくらって所得を減らしたりといった問題を起こしてしまうのだ。躁病の男性や境界性障害の女性が平均以上の信用スコアを維持するのは、実際問題として不可能だ。（他方で、じぶんの金銭がらみの行動に対して強迫神経症的なかるい障害のある人だと社会的・性的なパートナーとしての信頼性と信用スコアの両方を向上させうる。）若さ・薬物中毒・精神障害のどの場合でも、信頼できる社会的・性的な関係に差し障る衝動は、同時に、信用スコアを落とす衝動でもある。だからこそ、友人候補や恋人候補はお互いに相手の信用スコアに注意を払うインセンティブがはたらく。ただし、直接に信用スコアは見られないので、コスト高な信用を必要とする製品を手に入れる能力というかたちをとって現れる間接的なものに注意を向けることになる。

奇妙なことに、性格心理学者たちは堅実性（標準的な性格テストで計測されるもの）とＦＩＣＯ信用格付け（格付け会社が計算したもの）との相関関係をこれまで研究してこなかったらしい。おそらく、守秘義務の問題が関わっているのだろうけれど、それだけでなく、政治的な問題もある。堅実性が基本的な安定した遺伝的特徴だということは性格心理学者たちも承知している。もしも、堅実性から信用格付けが強く予測されるのがわかったら、信用格付けは神秘的な意思力の数値というよりも脳機能の数値のように見えはじめるだろう。その逆に、性別・年齢・人種・民族・宗教・社会階級べつの平均信用格付けの変異は、こうした集団ごとの平均的な堅実性のちがいについて気まずい問題をもたらすことにもなる。このように、遺伝子・脳・堅実性・信用格付け・綴り能力・見せびらかし消費のあいだにはたらく因果的なつながりは無視しておく方がイデオロギーの面で有益なのだ。

学校教育と雇用

ペットも芝生もヘアスタイルも信用スコアも、こんなところで十分だろう。だが、これまで堅実性標示のアルファにしてオメガにあたるものを無視してきた：いい教育を受けて立派な仕事に就くことがそれだ。信用スコアと同じくこれらもメタ標示として機能する。まともな教育や安定した職歴を直接にお金で買うことはできない一方で、どちらもほどほどの堅実性なしに達成するのはものすごくむずかしい。このため、学校も仕事も、それがもたらす安定した所得をとおして、間接的な堅実性標示として他のいろんな製品を購入できるようにしてくれる。

工場の作業長や保護観察官なら誰でも知っているように、現代経済では堅実性が低い人が安定した仕事に就労するのはきわめてむずかしい。ウッディ・アレンは、かつてこう言った――「成功の九割を占めるのは、とにかく出勤すること。」これと対照的に、堅実性に欠ける人は仕事に遅刻したりそもそも出勤してこなかったりする。出勤しても、やるべきことを忘れてしまったり、コストのかさむ間違いをしでかしたり、安全手順を遵守せず同僚を危険にさらしたり、顧客をないがしろにしたり、上司の頭痛の種になったりする。他の仕事仲間たちが持ち合わせている堅実性や対人的な抑制が欠けている彼らは、道具や支給品を盗んだり、社用車を壊したり、調整せずに休暇を取ったりする。ようするに、役立つところより厄介のもとになるところの方が大きい。知性は限られていても堅実性が高い人は、貴重な従業員になれる。知性は他人にまさっていても堅実性がとても低い人は、まず雇いようがない。

教育を受けた専門職たち（本書の読者の大半がそうだろう）は、おおよそ、こうした堅実性の低い人たちと接触しないですむようになっている。専門職の補佐役たちは、ほどほどの堅実性をもつ人に限って選別されているからだ。こういう人たちにとって、世間には堅実性が高い人から低い人までさまざまいるという事実をまざまざと見せつけられる機会は、いいベビーシッターや庭師や自動車修理工や建築業者を見つけようとするときくらいしかない。たとえば、住宅を改築しようというときにいちばん困難な手間はなにかと言えば、電話で折り返しの連絡をよこさない総合請負業者や、現場に来ない専門請負業者や、納品しない納入業者に対処する作業だ。こういうふるまいを六ヶ月もさんざん見せつけられると、大半の施工主は、おもしろおかしくてイケてる人たちへの尊敬の念が少し薄まり、着実で勤勉な人たちへの尊敬の念が少しだけ強まる。

職業生活で堅実性を見せびらかす方法は、階級で異なる。出退勤でタイムカードの記録をつけないといけない労働階級の時間給従業員たちは、必ず出勤する信頼性と就労時間の規則正しさと仕事ぶりの数量的な着実さ（たとえば、組み立てラインでエラー率が低いとか、受けた注文を忘れる率が低いといった数字）で堅実性を示す。中流階級の月給取り従業員たちが堅実性を示すのは、なにか着実さを必要とする学校教育をやり遂げたことがあるとか、組み立てライン管理で特定のタスクを期限どおりに完遂するといった方法だ。自営業者・中小企業のオーナーやクリエイティブ階級（作家・芸術家・マーケティングコンサルタント）は、とりわけ大変だ：長期間にわたって勤勉に働き、上司から増援をもらえるわけでもなく、社会的圧力に耐え、きびしい締め切りを守ることで堅実性を証明してみせねばならない。フリーランスの科学ジャーナリスト、小さな雑貨屋の店主、多作なジャンル小説家も、この点は共通している：こうした仕事でちゃんと生計を立てているとすれば、その人は高い堅実性の持ち主にちがいない。それどころか、自律的にはたらいて最高水準の成果をあげるとき、そうした人たちが追求する最小限しか制約が課されていない仕事は、極度の勤勉さを示す自己ハンディキャップにほぼひとしいものとなる〔誰にも監督されずにきっちり仕事をこなすだけの自己規律ができているので〕。テニュア職の教授たちには、学生の好奇心をかき立てる教師や生産的な研究者でありつづけるための外的インセンティブは最小限しかない。それでもすぐれた教師・研究者であり続けているなら、おのずから、その人じしんに備わっている仕事へのひたむきさが非常に明瞭に物語られる。

ふつう、なにかの仕事に必要となる監視の量は、その仕事の性質から論理的に導き出されるのであって、従業員がじぶんの勤勉さを最適に見せびらかそうとする欲求から導き出されるものではないと考えられている。だが、多くの専門職は、制約が過小な仕事を探し求めていて、監視を最小限に抑えるようロビー活動する弁護士会や医師会のような専門職ギルドに加入しているように思える。彼らがそうするのは、べつに堅実性に欠ける怠け者だからではなく、怠けたくなる誘惑がありながらも生産的であり続けるというい っそうの困難を追求してのことだ。たとえば、最高クラスの専門職とは、キャリアで長期的な成功をおさめるために堅実性を維持し続ける必要がある一方で、短期的な業務を動機づける「アメと鞭」や上司が最小限しか揃っていない人たちだ。これは、部外者にはかんたんそうに見えるセレブの役どころにも当てはまる。成功した役者の大半は、名を挙げるまでに何百回もオーディション落選を堪え忍んでいる。プロのスポーツ選手になるには、子供の頃から長年を訓練に費やさないといけない。アメリカ大統領になろうと野心をたぎらせる人たちは、選挙当日までまるまる二年の選挙戦を展開しないといけない。

学校・職場・信用は、消費資本主義を支える三本柱だ。この三つのどれをとってみても堅実性を誇示する指標として最高の信頼性をほこるのは、偶然ではない。他のあらゆる消費者の購入行動も、これら三本柱に立脚している。つまり、この三つは見せびらかし消費の基礎をなしているのだ。

第14章　同調性

Agreeableness

同調性は、たんにビッグファイブ性格特徴の一つであるにとどまらない。もっと広義に、共感・やさしさ・慈悲深さの個人的能力や平等主義・社会的公正の欲求としてとらえると、同調性は人間の利他性・社会進歩主義の核心をなしている。我々ヒトも進化プロセスが強いる我が身第一の至上命令のもとにありながらも、自然選択と性選択が産み出したこの同調性という希少な性質にかぎっては利己性を超越できている。同調性はヒトという種を救う最後にして最良の希望だが、同時に、果てしない独善と偽善をたえず生み出している最大の源泉でもある。実に多彩かつ精妙な方法を使い、実に複雑で漠然とした製品群を利用して、みんなは同調性を広告している。そもそもじぶんが同調性のシグナリングをやっている自覚がないこともしばしばあるほどだ。

同調的な経済

同調性が経済を突き動かしている水準はいくつかある：同調性の高い消費者たちは、みずからのやさしさや気前よさを見せびらかそうとするし、同調性の低い消費者たちは自己主張と権勢を見せびらかそうとする。

巨視的な水準では、恋人・友人・家族や親戚に贈り物をする儀礼化した機会があることで、小売りの割合を大きく増やしている。暦に定着した祝日や休日（クリスマス、贈り物の日、正月、謝肉祭、バレンタイン、イースター、ウェーサク、母の日、父の日、夏休み、ラマダン、労働者の日、十月祭、灯明の祭、ハロウィン、感謝祭日、ハヌカーなどなど）や家族の記念日（誕生日、金寿や傘寿、結婚記念日）、通過儀礼（バル・ミツワー[＊1]、卒業、結婚、ハネムーン、出産祝い、退職祝い、葬儀）を思い浮かべてみよう。この何割かが人々の文化からなくなってしまったら、大半の小売業者は破産してしまうだろう。こうした祝日や記念日の数々は、どれも、贈り物や祝宴によってじぶんの同調性のシグナルを同調的に送ることに立脚している。

微視的な水準では、同調的な性格や活動に関連しているおかげで成功する製品も多数ある。一九三〇年代から、ダイヤモンドの婚約指輪は恋愛関係の高潔な意図と交際相手との同調性を持ち合わせていることを示す最高の象徴の座に君臨し続けている。二十世紀序盤の女性たちは、問題を一つ抱えていた……婚約破棄にともなう金銭的な打撃で男性が訴えられることが減っていたのだ。「結婚しよう」と約束しておいて婚約期間中に相手女性の純潔をいただいたあとに約束をやぶるサイコパスにそそのかされてしまうことがごくあたりまえのことになりつつあった。こうして信頼できるシグナリングのない穴場に、デビアスがダイヤモンド指輪をひっさげて飛び込んできた。「ダイヤモンドは永遠の輝き」のスローガンで宣伝攻勢をかけたのだ。約束が本気だという証として給料二ヵ月分（あるいは可処分所得一年分）をはたいて指輪を買ってちょうだいと交際相手に頼めばいいんですよ、と世の女性たちにダイヤモンドのマーケターたちは推奨した。それ以来、一カラット以上のダイヤモンドの需要で婚約指輪は大きな割合を占めている。ダイヤモンドが安く手に入る方法を男性たちが見つけるたびに、シグナリングの信頼性を維持するべく女性たちはいっそう大きなダイヤモンドを要求した。いまや、花婿候補たちは、宝石の小売店には行かずに「ブルーナイル」のようなオンラインストアに大挙して押し寄せている。そちらの方が、同じ指輪を四割も安く手に入れられるのだ。だが、一方の婚約者女性たちも、ブルーナイルで好きなデザインの指輪をじぶんで選びつつ、男性が「給料二ヶ月分」ルールを守ることをいまも期待している（ルールにしたがうと、婚約指輪の平均価格は六四〇〇ドルになる）。オンラインストアで指輪の値段は安くなったが、その安くなった分を埋め合わせていっそう大きなダイヤモンドが選ばれる。婚約指輪にかけるコストが小さくなれば、その分だけ、同調性のシグナルが信頼しにくくなってしまうからだ。

同調性を増幅すると称して宣伝されているサービスも多い。そうしたサービスは、たいてい「エチケット」を教えている。つまり、その地域の支配的な階級が暗黙にしたがっている社会的規範を模倣する方法を教えている。そうした規範にしたがおうとすると、たいてい、超人的な水準の忍耐力・思慮分別・寛大さ・共感を発揮する必要がある。このとき暗黙裏に目標とされているのは、わがままや衝動的な行動を厳しく抑制して制御するだけの能力がじぶんの前頭葉に備わっているのを立証してみせることだ。いつでも、支配的な階級の若者はこうした誇示的な同調性標示を身につけることが求められている。そうすることで、平和的かつ効率的に協力する相手の能力をお互いに品定めできるようになる。封建制社会の貴族制度にせよ、組織宗教にせよ、職人ギルドにせよ、議会にせよ、メディア・コングロマリッ

＊1　ユダヤ教の成人式。

トにせよ、じぶんたちの富と権力を安泰にするさまざまな企みを円滑に遂行するためには、そうした協力関係が決定的に重要だ。伝統的に、ヨーロッパの人々は男子が生まれると全寮制の学校（イートン校やサンドハースト）や大学（オックスフォードやケンブリッジ）に送り込み、女子が生まれるとイタリアの修道院やスイスのフィニッシング・スクール（スルヴァル・モンフルリやアンスティチュ・ヴィラ・ピエールフゥ）に送り込んで、金で買ったエチケットの訓練を子供たちに施した。

同調性標示 vs. 攻撃性標示

マーケターなら誰でも知ってのとおり、一八歳から三四歳までの男性という人口集団は金脈だ。若い成人男性は、子育てよりもはるかに多くの時間とエネルギーとお金を恋人探しに費やす。そして、恋人探しにそそぐ努力ほど利潤の上がる製品もない。そのときに恋人にしようと狙っている相手に合わせて若い男性は低い同調性と高い同調性とで誇示するものを切り替えることがよくある。若い男性が女性にいいところを見せるべく手始めに恋人としての総合的な価値・社会的な権勢・成熟度・男らしさを示したり、目当ての相手に他の性的ライバル男性どもが手を出さないよう抑止しようと試みたりするときには、低い同調性を見せつけないといけない：あえてリスクを冒すサイコパスすれすれの乱暴な押しの強さを見せないといけない。他方で、ひとたび関係ができたら、同じ若い男性が今度は長期的な配偶者としての見所があるシグナルを送るために高い同調性を見せびらかさなくてはいけない：女性には恋人としての思いやりの強さを、子供や動物には優しさを、環境・社会的正義・家族の価値には懸念を、それぞれ示さないといけない。だからこそ、若い男性が演奏し歌い上げるポピュラー音楽は、一方では（排卵期のグルーピーを熱狂させたり男性ライバルどもをひるませたりするために）テンポが速くて激しい攻撃的なアンセムを歌ったかと思えば、厚顔無恥にも一転して、（最高品質のガールフレンドを相手にするときには「男性というものは未来永劫ずっと一途に女性に愛を捧げるのだ」と安心させるべく）ゆったりとしたテンポの穏やかでロマンチックなバラードを歌ってみせるのだ。

また、総じて男性は若いときには押しの強さを誇示するのに中年になるにつれて同調性を誇示するのに切り替えていく理由も、ここにある。たとえば、十代の男子や大学生は、大きくて速くて轟音をたてる車に乗りたがる。バイク好きの場合なら、ケヴラー・アンド・チタニウムのプロテクターを装着して、胃の具合がわるくなりそうなほどの爆音をあげてハーレーダビッドソン「ファットボーイ」（一七〇〇〇ドル）にまたがるのに憧れる。いやいっそ、テネシー州ダイアースバーグ製の八・二リットル五〇二馬力V-8エンジン搭載の一三〇〇ポンドバイク Boss Hoss BHC-3（四〇五〇〇ドル）に乗れたら言うことなしだ。間違っても交際相手を探すのにネットのデートサイト Caringsingles.com（「世界や地球を気にかけ充実した人生をおくりたいと願う人たちのための新しいデートサイト」）なんて利用しない。彼らが赴く先は、MySpace の野蛮な乱交の迷路だ。

押しの強さを誇示しようとするこの欲求がとくに顕著なのは、若い男性が購入しがちな製品のなかでもとりわけ強力で高価で危険な製品、自動車だ。いつでも、車は性的な力強さと征服の象徴として宣伝されてきた。だが、その修辞は一九九〇年代のSUVや二〇〇〇年代のマッスル・カーでますます極端になっている。広告から例を引こう。スバルWRXの宣伝文句は、「忘れんなよ、こいつは装弾済みだってのを[＊2]」「先頭に躍り出るには筋肉しかない[＊3]」だ〔アメリカでの広告：二〇〇四年〕。アメリカ製SUVの多くは、モデル名称で監獄のギャングのレイプ沙汰を彷彿とさせる攻撃性をあまりにもあからさまに示している。モデル名に「アナル」の接頭辞をつけた一連の名称がそうだ：

「アナル・アルマダ」（ケツ穴無敵艦隊）
「アナル・アセンダー」（ケツ穴絶頂）
「アナル・コマンダー」（ケツ穴隊長）
「アナル・エンデバー」（ケツ穴乾坤一擲）
「アナル・イクスセプション」（ケツ穴無双）
「アナル・イクスプローラー」（ケツ穴探索者）
「アナル・トリビュート」（ケツ穴献上）
「アナル・ラングラー」（ケツ穴カウボーイ）、などなど［＊4］。

愛国ファシストさながらの過激さが社会的な礼節に取って代わるにつれて、そのうちアメリカでもっと攻撃的なモデル名が登場してもぼくは驚かない。「ドッジ・デイジーカッター」だとか「フォードFUBAR」（アヘ顔絶頂）［＊5］あたりは、いかにもありそうだ。あるいは、「ビュイック・ウォーターボーディング」（水責め拷問）［＊6］なんてどうだろう。また、火器製造業者が自動車にブランド拡張するのもありそうな話だろう：グロック・ロードスターとか、カラシニコフ・クーペとか。

一方、高い同調性のシグナルとなる特徴（環境にやさしいハイブリッドドライブ）と低い同調性のシグナル（巨大な車体と威圧的なフロントエンド）を混在させるとうまくいかない。たとえば、「アメリカ発のフルサイズハイブリッドSUV」を謳った二〇〇八年のシボレー・タホ・ハイブリッドがそうだ。環境に配慮する同調性の高い人物が、重量五八〇〇ポンドの八人乗りフルサイズSUVを運転するなんて――あるいは、威圧的なシボレーを転がす人物が、ガソリン一ガロンあたり一六マイルから二〇マイルに改善するだけのハイブリッドドライブに一四〇〇〇ドルの価格プレミアムを支払うなんて――たいていの傍観者にとってはどうにも不可解だ。

若いときにはBoss Hossやグロック・ロードスターをほしがった男性も、二十年経過してテストステロン水準が下がって配偶者獲得にあくせくしなくなると、たいていは結婚して落ち着き、攻撃性よりも同調性を妻や子供が評価するのを理解するようになる。すると、気づいたときにはトヨタのカムリ・ハイブリッド車を運転していたりするのだ。そのうち、アメリカ生体実験反対協会が発行する『動物にやさしい買い物の手引き』を読んで指針を仰いだり、夕方からPTAの会合に参加するべきか屋根の断熱のR値を調べるか新刊ベストセラーの『従順な夫のためのセックスを期待しないやさしいマッサージ方法』を読むべきか迷ったりしだす。

＊2 "Remember, this thing's loaded."
＊3 "You have to muscle your way to the front of the pack."
＊4 当然ながら、「アナル〜」のモデル名称につけた訳語は厳密なものではない。
＊5 FUBAR: "fucked up beyond all recognition"
＊6 ブッシュ政権の当時、こういう拷問をグアンタナモ収容所でCIAが行なっているというスキャンダルがあった。

順応を通じて同調性を誇示する

同調性の高い人たちは、みんなと仲良くしたがるので、体制順応主義者になりがちだ。順応する対象は、仲間たちの意見かもしれないし、ファッションかもしれないし、製品の選択かもしれない。逆に、反順応主義者は権勢・押しの強さ・低い同調性のシグナルになることがある。

人々が体制順応ぶりを同調性のシグナルに使っているという考えを検証するべく、ヴラダス・グリスケヴィシアスと共同研究者たちは、さらに「配偶の呼び水」研究を行った。押しの強さ・権勢・指導力・冒険心を誇示する配偶者を好む傾向は男性より女性の方が強いので、これには性差があるだろうと彼らは予想した。恋人づきあいを思わせる呼び水の入った男性は、これ見よがしに反同調的なふるまいをとって、そうした同調性の低い特徴を誇示しようとするかもしれない――仲間の影響を受けまいとしたり、あえてこれに反抗したりといった行動をとるかもしれない。他方、恋人づきあいを思わせる呼び水の入った女性は、これ見よがしに仲間の影響に順応するふるまいをとって、高い同調性の特徴（やさしさ、共感、社会的な関係づくりの能力）を誇示しようとするかもしれない。

三とおりの呼び水条件が用意され、被験者はどれか一つを無作為に割り振られた。恋人づきあいの呼び水条件では、恋愛の官能的な物語を被験者に読んでもらった。物語では、友人たちといっしょに休暇に出かけたところ、非常に魅力的な異性と出会って一日を過ごし、月明かりに照らされたビーチで情熱的なキスを交わす。「脅威の呼び水」条件では、夜中に自宅でひとりっきりでいるところに暴漢が不法侵入してくる。「中立的な呼び水」条件で被験者に読んでもらう物語は、ずっと前から楽しみにしていた音楽イベントに同性の友達とでかけて楽しくすごすというものだ。被験者仲間たちが一つ一つの画像につけた評価がそろってプラスまたはマイナスで一致していたと恋人づきあい条件の被験者たちには伝えられる。そのあとで、彼らはじぶんの評価をつけた。こうして、仲間たちのくだした評価との一致具合が、順応性の度合いを示すことになる。

案の定、恋人づきあいの呼び水が入った男性は脅威条件や中立条件の人たちと比べて低い同調性を示したのに対して、恋人づきあいの呼び水が入った女性はより高い同調性を示した。こうした恋人づきあいの呼び水がもたらす効果は、被験者仲間の評価の方向によって実におもしろい変調を見せた。仲間たちが全員一致して特定の美術画像をプラスに評価したときには、恋人づきあいの呼び水が入った男性は順応も反順応も示さなかった。彼らは、前もって計測しておいた美的趣味どおりの評価を示した。だが、仲間たちが全員一致して特定の美術画像をマイナスに評価したときには、恋人づきあいの呼び水が入った男性は、もっとプラスに画像を評価することによって、強い反順応性を示した（したがってより高い開放性も示した）。他方で、恋人づきあいの呼び水が入った女性は、他の女性被験者たちが全員一致して美術画像をプラスに評価したときにはより強い同調性を見せる一方で、他の女性被験者たちがそろって画像をマイナスに評価したときには順応性も反順応性も見せなかった。男女どちらも、じぶんがくだす美的な評価では「肯定的に」ふるまいたがる一方で、男性は他の男性たちがそろって否定的にふるまっているときこそいちばん肯定的にふるまうのを好むのに対して、女性は他の女性たちがそろって肯定的にふるまっているときにこそいちばん肯定的にふるまうのを好んでいるように見える。同調性は、その戦略的なシグナリングにおいて肯定性と相互作用する。（これと対照的に、自宅に不法侵入者が押し入るという脅威の呼び水が入る条件では、男女どちらも同じように美術画像の評価で仲間たちへの順応性をいっそう高く示した。あたかも、自己保身の動機で集団心理を優先しているかのようだ。）

その後、グリスケヴィシアスが追跡研究を行ったところ、人間がやる自己演出にはもっと細やかな機微があるのがわかった：恋人づきあいの呼び水が順応性にもたらす効果は男女で特徴がちがっているのだが、判断の対象が主観的な趣味・好みなのかそれとも客観的な事実なのかに影響されるのだ。恋人づきあいの呼び水が入った男性は、消費者向け製品のどれが好みなのか（メルセデスやBMWの高級車か、ランボルギーニのスポーツカーか）について主観的な判断を下すときに、とりわけ強い非順応性を示す。だが、客観的な知識の問題を尋ねられると一転してきわめて高い順応性を示す（ニューヨークとサンフランシスコではどちらの生活費が高くつく？　飛行機が時間どおりに到着するのはサウスウェストかアメリカウェストか？）このように、恋人づきあいの呼び水が入った男性は、独特な趣味・好みの持ち主かどうかが問題のときにはその他大勢に埋まらず目立ちたがるが、事実に関する間違いを避けるためには仲間の意見を当てにする。他方で、恋人づきあいの呼び水が入った女性は主観的な判断を下すときには強い順応性を示すが、客観的な問題に答えるときには順応性も反順応性も示さない。

このように、女性にいいところを見せたいときには反順応性を示すことでじぶんの押しの強さや独自路線を見せつけたがるが、競合相手の男性たちより否定的に見られたり了見が狭いと見られたりするのは避けるし、事実に関して恥ずかしい間違いをやらかすのも避けようとする。女性は、男性にいいところを見せたいときには順応性を示すことで同調性の高さを見せつけたがる。とくに、肯定的で開明的な判断に順応する。少なくともこれらの実験では、男性よりも女性の方が、事実に関する問題に答えるときに仲間の意見に影響されにくかった。以上を踏まえると、「消費者は総じて体制順応的だ」とか「女性の方が男性よりも体制順応的だ」とか「事実よりも好みに関して人々は体制順応的になる」とか「情動的に興奮すると、人々は体制順応的になる」などとマーケターが主張するなら、実態をとてつもなく単純化しすぎることになるだろう。すべては、社会的・情動的な文脈と、人々が誇示しようとする特徴と、他人が重視しがちな特徴しだいでちがってくる。

同調性標示としてのイデオロギー

男女どちらでも、若い成人は途方もない時間とお金と労力を注いで、イデオロギーによる同調性のシグナリングを行う。たとえば、一九八六年のコロンビア大学では、春にいきなり誇示的な同調性が高まったことがある。何百人という学生たちが大挙してキャンパスの本館を占拠して、「南アフリカで事業を行っている会社の株式をすべて売却せよ」と要求したのだ。（当時は、南アフリカでアパルトヘイトが行われていた時代で、ネルソン・マンデラは投獄中で、黒人は投票できなかった。）学生たちが熱心にみずから進んでほぼ全員一致して株式投資のとりやめを求めるさまは、不可解に思えた。大半が白人で中流階級の北米人が授業を欠席し投獄される危険を冒してまで二週間も大学のオフィスビルを占拠しはるか八千マイルもかなたの国に暮らす赤の他人の貧しい黒人たちの政治的自由を支持するなんて、いったいどうしてだろう？　大学の保守的な新聞は、毎年の春にめぐってくる恋人探しの儀礼にこの抗議運動をなぞらえる風刺漫画を掲載した。学生たちの運動は、なんでもいいからその年におあつらえ向きの大義の政治的スローガンを掲げるのが特色のディオニソス的な色ぼけ狂乱騒ぎだというわけだ。当初、この漫画は上から目線の決めつけに見えたものの、あとになってみると、いくらかの真実を含んでいるように思えてきた。学生たちの抗議は非効率的かつ間接的にしか政治的目標を達成しなかったものの、政治的イデオロギーを共有すると主張する若い男女たちの恋人探しは実に効率よく促進した。座り込みに参加した誰もが、交際相手を見つけているらしかった。多くの場合に、イデオロギーへの献身具合は紙のように薄っぺらで、学期末試験の勉強が間近に迫ると、抗議運動は収束した。だが、この抗議運動をきっかけにはじまった性的関係のなかには、それから何年も続くものもあった。

衆目の中で声を大にしてじぶんの政治的なイデオロギーを誇示するのは性的な交際相手を引き寄せるよう設計された求愛儀礼の一種として機能するんじゃないかと提案するのは冷笑的だし危険に思える。ちょうどコロンビア大学の反アパルトヘイト抗議運動を当てこすった保守系新聞の漫画がそうだったように、この考え方だと、政治的な論議を矮小化してしまうおそれがある。この落とし穴を避けるのにいちばんいい方法は、人間の政治的ふるまいにコスト高シグナリングの論理がはたらいている点は無視せず、しかし、性格を誇示する劇的な事例として真剣かつ敬意をはらって分析することだろう。

人間はイデオロギー的な動物だ。価値観の負荷がかかったアイディアを学習したりつくりだしたり組み合わせ直したり他人に広めたりする強い動機と能力がみんなには備わっている。じぶんの〔政治的〕思想の欠陥をあばく実証的な証拠を独善的に侮蔑する場合もよくある。だが、経験的な現実を一蹴する誇示的イデオロギーに、生存を有利にする見返りがあるとは考えにくそうだ。さいわい、コスト高シグナリングには生存に関わる見返りは必要ない。社会関係や生殖に関わる見返りさえあればいい。社会的・性的にのぞましい一定の性格特徴が一揃いあって、これ見よがしに見せびらかすイデオロギーがその性格特徴と安定して相関しているなら、イデオロギーが実証的に正しいかどうかはどうでもいいことになる。それどころか、どうしようもなく実証的に見当違いで自分にハンディキャップをつけるイデオロギーこそが往々にしていちばん信頼できる性格標示になるかもしれない。

現代社会に生きる人々の圧倒的多数は、政治的権力なんてほとんど持ち合わせていない。それでも、人々は強い政治的な思想信条を抱いていて、しかるべき対人状況では（政治的抗議運動やディナーパーティーや二回目のデートで）、しつこく声高らかに、その思想信条を喧伝する。このふるまいは経済学者にとっては不可解だ。経済学者の考えでは、どんなイデオロギー行動も――投票ですら――政治的便益を当人にほとんどもたらさない時間と労力の支出だとされる。だが、個々人が政治的イデオロギーを表明することで当人が得る便益はたいてい政治的なものではまったくなくって、社会的・性的なものだと考えれば、政治心理学に古くからあるいろんな難問に光を投じられる。どうして、何百もの質問調査の回答結果で、女性よりも男性の方が平均的により保守的で権威主義的で右寄りになり、男性より女性の方が共感を重視することになるのだろう？　どうして、たいていの人は若者から中年になるにしたがってしだいに保守的になっていくのだろう？　どうして、女性より男性の方が選挙に出馬しがちなのだろう？　どうして、イデオロギーによる革命の大半は若い独身男性が口火を切るのだろう？

政治的イデオロギーは「政治的な自己利害の合理的反映だ」と考えるなら、こうした現象のどれひとつとして筋が通らない。政治的・経済的・進化論的・心理学的な観点では、誰もがひとしく強い自己利害をもっているので、なにかイデオロギー的な行動をとることで政治的な自己利益になるのであれば、誰であろうとひとしい量のイデオロギー的な行動をとるはずだ。だが、性選択理論からは、みんながひとしく強い生殖上の利害をもっているわけではないのがわかっている。女性よりも男性の方が、複数相手との性行為を重ねることで得るものが大きい。なぜなら、何百、何千というろんな女性と子孫をつくることが可能だが、女性ひとりが生涯につくれる子孫はせいぜい十人ほどでしかない。この帰結として、若い男性は生殖行動でとりわけリスクを冒しがちとなるはずだ。なぜなら、リスクの高い求愛行動

（たとえば政治的な革命家になるといった行動）をとっても、失うものは最小限で、手に入れるものは大きいからだ。こうした予測は、性選択理論家なら誰でも自明だと考える。一方、それほど自明ではないのは、生涯のいろんな段階で、じぶんの性格のいろんな側面を宣伝するのに政治的イデオロギーをどんな風に使うのかという点だ。

大人、とくに若い大人は、お互いに性格特徴をうかがい知る手がかりに政治的な指向を利用する傾向がある。保守主義から読み取れるのは野心的で自己本位な性格で、おそらく性的パートナーを保護し養うのに秀でているだろうと予想される。リベラリズムから読み取れるのは他人を気づかい共感する性格で、おそらく子育てと関係構築に秀でているだろうと予想される。人間の配偶者選択規準の性差は文化をまたいで普遍的だということは十分に裏付けがとられている。男性は自分より若く子供をしっかり産めそうな女性を好み、女性は自分より年長で地位が高く豊かな男性を好む。よりリベラルなイデオロギーを女性が表明し、より保守的なイデオロギーを男性が表明するのも驚くにあたらない。男性は政治的な保守主義を使って（無意識に）自分が社会的・経済的な優位を手にする見込みが高いことを宣伝し、女性は政治的なリベラリズムを使って子供をはぐくむ能力を宣伝する。リベラルな若者が中年になって保守的になっていくのは、配偶者の獲得に関係する社会的な権勢と稼ぎが高まるのを反映している。ただたんに自己利害の合理的な変化を反映しているわけではない。

もっと細やかでわかりにくい点を言うと、配偶者の獲得という社会的なゲームでは、ある行動がどれくらい魅力的かを左右するのは、どれだけ多くの他人がすでにその行動をとっているのかということなので、政治的イデオロギーの進化は、一定のさまざまな自己利害の組み合わせを踏まえた社会的な模倣と戦略づくりのおりなす不安定なダイナミックスのもとで進む。去年まで無視されていたも同然だったどこかの国の政治的命運を、今年になって急に学生の誰も彼もが心から憂慮し始めるといったことが、アメリカの大学ではときに起こる。その理由も、これで説明がつく。しかじかの政治問題を語るのが同調性の見せびらかし方法としてみんなの合意で受け入れられたのが、気まぐれにいきなり変化して別の政治問題に移っただけの話だ。「アパルトヘイトへの態度を見ればその人の心根がよいかどうかがリトマス試験紙のようにしてわかる」と十分な数の学生が判断するやいなや、もう誰もアパルトヘイトに無関心ではいられなくなってしまったわけだ。

政治的な考え方は世の中をよりよくするための合理的な提案だと受け取らずにその考えを主張する人物の性格特徴を明らかにする求愛誇示だと受け取るのが大半の人たちだとしたら、どうやって社会をよりよくしていけるだろう？　冷笑的とすら思われかねない実用本位な解決策を提案しよう——人間精神に進化がもたらした特徴を取り扱うにあたって、次の点を認識することだ。政策をこうしようああしようというアイディアを聞かされた人たちは、現代の政治体制に暮らす意識の高い市民として反応するだけでなく、地位追求に余念のないすさまじく社会的な霊長類としても反応する。こういう見方は、政治的なマーケターたち（世論調査員、メディア対策担当、スピーチライター）にとって、意外でも何でもないだろう。彼らはイデオロギーに関わるみんなの下心〔イデオロギーを配偶者獲得のダシに使いたがる情欲〕を利用して生計を立てているのだから、当然だ。だが、人間本性について合理主義的な見解をとる社会科学者にとっては驚きかもしれない。だが、消費者行動の多くを理解するためには、多くの商品購入意思決定が根本においてイデオロギー的な性質をもつ点と、誰もがいろんなかたちでじぶんの性格特徴を宣伝するために製品を使っている点を認めないといけない。

性格標示としての宗教・政治のサービス産業

コスモポリタンな社会では、宗教的・政治的なイデオロギーですら、性格標示としてマーケティング対象になる。とくに同調性と押しの強さの標示として宣伝される。今日の宗教的なサービス産業は一兆ドル規模のグローバルビジネスだ。アメリカだけでも、カトリック教会は毎年一〇〇〇億ドル以上の収益を上げている。かつて宗教は民族・文化・言語で分断されて地域でそれぞれ独占を行っていた。だが、時が経つにつれ、高い堅実性と低い開放性の標示として儀礼・法・タブーが際限なく精緻になっていった。若い信者たちが開放性・外向性・同調性などさまざまな性格特徴を誇示したがると、新しい教派が生まれて分離した（たとえば初期の革新的なキリスト教と保守的なパリサイ派ユダヤ教、広く人々を受け入れる大乗仏教と排他的な上座部仏教）。宗教的サービス産業でこのようにしだいに市場のセグメント化が進んだことで、地域の独占は崩れた（ヨーロッパのカトリシズム、インドのヒンドゥー教）。宗教を消費者が選択するときに指針となるものはかつては、家族の伝統だったが、しだいに個々人が選ぶ性格誇示戦略に比重が移ってきた。たとえば、クエーカー教徒（同調性・知性）になるか悪魔崇拝者（非同調性・衝動性）になるか、禅仏教徒（開放的・安定的）になるか正統派ユダヤ教徒（保守的・堅実）になるかを選ぶとき、今日の人々は性格についてなんらかの妥当な推論をできるはずだ。近年のおちゃらけ宗教だと、この点はいっそう明らかになる。職場の自分用パーティションにおいてあるコーヒーマグに"WWFSMD?"［＊7］（What would the Flying Spaghetti Monster do?（空飛ぶスパゲッティモンスターならどうする？））とスローガンが書かれていれば、同僚は相手が皮肉屋の世俗的で開放性が高い「パスタ信者」で進化論を支持し「知的デザイン」説や学校での礼拝に反対している人なんだとかんたんに推理できる。

同じことは政治的イデオロギー産業にも言える。アメリカの民主党支持者やイギリスの労働党支持者は、より同調性と開放性が高い傾向がある。共和党支持者やイギリス保守党支持者は、概してより堅実性が高く開放性が低い。この点で、二〇〇八年に出回った「オバマ／バイデン」の名前だけが記されたバンパーステイッカーは、これといった内容もなくただ民主党への投票を促すだけのものではなく、その車の主が社会的・政敵・文化的に開放的な人物だということを誇示する内容豊富なステイッカーでもあった。政治的イデオロギーの性格標示機能は、政治的な論議がたいていは時間の無駄遣いとなる理由を説明する助けになる。合理的な論証と実証的論拠にもとづいて誰かを説得して環境保護論者からリバタリアンに転向させようとするのは、そういう手段で他人の性格を変えようとするのと同じくらいの無駄骨だ。同様に、抽象的な政治的原則がどうであろうと、不安で内向的な人間は麻薬の「エクスタシー」合法化に賛同しないだろうし、貞淑な妻たちが売春の合法化を支持することもないだろう。政党は、ときに奇妙な立場をとることがあるが、これは基本的な道徳的・政治的な原則の論理的表現ではなく自

＊7　「空飛ぶスパゲティモンスター」とは、パロディ宗教「空飛ぶスパゲティモンスター教」の神。「知的な存在」（明言されないがようするにキリスト教的な神）が世界と生命を創造したと主張して進化論を否定する「知的デザイン論」「創造論」を公教育で教えるべきとの考えに対抗し、これをパロディ化した宗教として提唱された。創造論者が知的デザイン論を公教育で教えるべきという理由は同じく空飛ぶスパゲティモンスター教にも当てはまると主張する。祈りをしめくくる言葉は「ラーメン」。

党の性格標示を維持しようという試みである場合がよくある。たとえば、共和党が同性婚に反対しているのは、べつに一八五四年に結党されたときの連邦主義・奴隷制度廃止・言論の自由の根本的信条から導き出された方針ではなく、たんに、現代共和党の純真・貞操（「家族の価値」）と低い開放性（「保守主義」）の政党というアイデンティティに同性婚反対が整合するというだけの話だ。

イデオロギーでのシグナリング失敗

人間の生活にはなにかとイライラがつのる経験がついてまわる。なかでもとくにいまいましいのは、代替仮説を合理的に検討し倫理的な内省を重ねしっかり証拠にもとづく研究をしたのちに不人気な世界観を新たに採用したのに、じぶんの本当の特徴や意図と真逆のものを伝える新しい性格シグナルとしてその世界観が仲間たちに誤解されてしまうことだろう。進化心理学者の界隈ではよくある経験だ。これは、特定の条件下でイデオロギーのシグナルがどんな風に失敗しうるのかをうまく例証してくれる。

スティーヴン・ジェイ・グールド、スティーヴン・ローズ、リチャード・レウォンティンといった〔進化心理学の〕批判者たちは、「進化心理学は右翼の悪質な陰謀で生物学的決定論を復活させるという隠れたイデオロギー的な狙いをもっているのだ」と教育ある世間の人々の相当部分に信じ込ませた。こうした人たちは、一八六〇年代の社会ダーウィニズムの最悪の悪行、一八九〇年代の組合つぶし資本主義、一九三〇年代のナチス優生学、一九七〇年代社会生物学と二十一世紀の人間本性の科学とをいっしょくたに混同してしまう。

だが、動物の権利を説く哲学者のピーター・シンガーから、暴走する消費至上主義の批判者筆頭ともいうべき経済学者ロバート・フランクまで、社会を思う進歩的な思想家たちがこんなにもたくさん進化心理学に引き寄せられているのはどうしてなのかという点を、こうした批判者たちは説明できていない。同様に、これほど多くの名高い進化論研究者たち（E・O・ウィルソン、ロバート・トリヴァース、ジョン・メイナード・スミス）が私生活では左派系の政治に強い結びつきをもっている理由も説明できていない。また、アメリカの右翼系ファンダメンタリストたちが進化心理学のことを家族の価値と宗教に対する超リベラルからの攻撃だと見ている理由も説明できていない。

進化心理学者たちが本当に右翼の陰謀家かどうか判定すべく、同僚のジョシュ・タイバーとスティーブ・ガンジスタッドとぼくで、オンライン調査を実施した。心理学の博士課程学生一六八名（アメリカの六つの主要な大学）を対象に調べたところ、彼らのうち、三一名は「適応主義者」（進化心理学者）を自認していて、一三七名は他のなんらかの理論枠組みを採用していた。どちらのグループも、約七〇パーセントが女性で、平均年齢はおよそ二七歳だった。進化心理学者を自認する三一名のうち、共和党支持者はゼロで、二名だけがリバタリアン党支持者だった。二〇〇四年の大統領選挙でジョージ・W・ブッシュに投票した人はおらず、一名だけがリバタリアンのマイケル・バドナリックに投票していた。（この点は、アメリカ人の三〇パーセントが共和党支持で過半数が二〇〇四年にジョージ・W・ブッシュに投票していたとされるのと好対照だ。）政治的態度に関する一六項目の質問のうち一五項目で、進化心理学者たちは保守的ではなく有意にリベラルなスコアを示した。（一六番目の項目に関しては半々に回答がわかれた。）たとえば、進化心理学の博士課程学生三一名のうち、同性婚支持者は三〇名、環境保護運動の支持者は二五名、中絶の権利を支持する人は二六名、国民皆保険の支持者は二五名、連邦所得税の削減に反対する人は二一名、マリファナ合法化の支持者は一九名、最低賃金引き上げの支持者は一七名、外国への先制的軍事行動に反対する人は一七名だった。政治的問題に関して、進化心理学者のリベラル度合いは進化論的でない心理学者となんら変わらなかった（個人の権利と社会的自由の問題に関してはよりリベラルですらあった）。それに、アメリカ国民全体と比べると圧倒的にリベラルだ。進化心理学者の標本数が三一名というのは大きい数字ではないけれど、アメリカで進化心理学の博士課程に進学した学生全体のだいたい三分の一という高い割合ではある。進化心理学者は政治面で大学の心理学者全体と似ているとかなりの自信をもって言える。宗教右派は言うに及ばず、大半のアメリカ人と比べても、ぼくら進化心理学者はゲイと仲良しの環境保護大好きで平和主義な無神論野郎に見える。一九六〇年代のニューレフトの古い擁護者（グールド、ローズ、レウォンティン）でもないかぎり、ぼくらを保守派と取り違えるはずがない。

このように、ぼくらはシグナリングの失敗をしている。進化心理学の世界観をもつのは、いまだに多くの教育ある人たちに保守主義・非同調性・利己性の標示だと受け取られている。一八六〇年代社会ダーウィニズムとの歴史的な連想による罪悪感のプロセスがそこにはたらいている。だが、実証的には、進化心理学の世界観をとるのはむしろリベラリズム・同調性・利他性の標示だ。イデオロギーが伝えるみかけの情報とそのイデオロギーと各種性格特徴との実際の相関には、こうした不一致がある。おそらく、新しいイデオロギーやめったに信奉者のいないイデオロギーではよくあることなのだろう。そういうイデオロギーの信奉者とじかに個人的にやりとりする経験が足りないために、人々はメディアにつめこまれた偏見を反証することができないでいるだけなのだろう。そう考えると、支配的なイデオロギーがこうもやすやすとシグナリング・システムで独占力を維持できる理由が説明される：つまり、そうした支配的イデオロギーは他の代替イデオロギーをのぞましからざる性格特徴のシグナルとして描き出すことができ、そうすることでイデオロギーを切り替えるシグナリングの便益を封殺できるわけだ。その結果うまれるのが、閉じ込め効果だ：歴史的な連想と常識により、イデオロギーはそれぞれに特定の性格に対応させられる。すると、新しいイデオロギーの提唱者たちは、世間の意識に橋頭保を築くのがとても難しくなる。新しいイデオロギーが世間に意識されるためには、それに対応する各種性格をこれ見よがしに誇示するくらいしかない。

第15章　魂の遠心分離

The Centrifugal Soul

じぶんの性格特徴を見せびらかして望みどおりに社会的・性的な関心を引き寄せるのを可能にしているポスト消費主義スタイルで、みんなが個々人としてしあわせに暮らすには、どうすればいいだろう？　まずは、次の点を考えてみると話がはかどる――あまりにも執拗に、あまりにも性急に、あまりにも浮ついて、あまりにも大っぴらに、人が見せびらかそうとしているじぶんの「魂」は――じぶんの能力・性格特徴・好み・価値観は――いったいどれくらいの量だろう？　現代の消費者たちは、おもちゃの「スピンアート」で遊ぶ子供みたいなものだ：くるくる回る盤面に色とりどりの絵の具を流し込んで模様をつくりだすあのおもちゃのように、ライフスタイルをいきおいよく回しつつ好きな色を四方八方にまき散らしながら、いつか誰かが立ち止まってその様子をしげしげと見つめてじぶんなりの模様に気づいてくれるのを願っている。十分なリソースがあっても、現代アーティストのダミアン・ハーストの直径六フィートもあるスピンペインティング"Beautiful revolving sphincter, oops brown painting"（二〇〇三）の人間版になれる人はほんの一握りしかいない。大半の人たちは、ただしっちゃかめっちゃかになるばかりだ。世間の目につきやすいように、一目ですぐさま愛してもらえるようにと願っていながら、製品のファサードにあまりにもじぶんをつめこみすぎて、そこらじゅうをぐちゃぐちゃ散らかすばかりになってしまう。この戦略の問題点としては、中心部に残る空白があまりにも多くなりすぎるという点が一つある。人と長く付きあっていくときに、恋人や友人に発見してもらえるような自己が大してなくなってしまうのだ。この問題点は、魂の遠心分離効果とでも呼べるだろう：とどまることのない消費主義につきあううちに、あまりにも必死になってこれ見よがしに人目に対して自己を投げかけるあまりに、上っ面ばかりの空虚感が残る。自制や遠慮や重々しさといった美徳を忘れ、自己完結した自己充足的な自己判断の能力を失い、外に向かっては国境がなく内には伝統のない国のようになってしまう。本章では、ぼくらが個人としてこの魂の遠心力効果を克服できる方法をいくつか提案する。このあとに続く章では、見せびらかし消費への代替案をさらに広く応用しうる社会規範や政府政策の変更を論じよう。

拒絶戦略

歴史的に、見せびらかし消費を拒絶してきた人たちの大半は宗教的または政治的な信条の熱狂的信奉者たちだった。たとえば、カルヴィニストやマルクス主義者といった人たちだ。たいてい、こうした人たちはとめどない消費を拒絶するだけでなく、あらゆるかたちの自己誇示や地位追求も道徳的な罪・ブルジョワの退廃・虚偽意識だと考えて拒絶する。そういう清貧の平等主義者の例を挙げれば、ヒンドゥー教の苦行者、仏教僧、キリスト教の聖者、ピューリタン、ヒッピーといった人たちがいる。もちろん、自己誇示や地位追求を拒絶してみても、人間本性の常として、そこにまた新しい地位の階層が生まれることになる。今度は堅実性・内向性・情動の安定性を示すコスト高な行動による見せびらかしにもとづいた階層ができてしまうのだ――それに、飢え・貧困・純潔〔e.g. 僧侶が女性と交わらないこと〕・孤独に耐えて生き延びる不屈の精神も新たな誇示の対象となる。何年も手を頭の上にかかげたままで座り続けてみるみる衰弱していくのに耐えるヒンドゥー教の苦行者ですら、そうやってこれ見よがしな消費をこれ見よがしに拒絶してみせることで、なんらかの社会的地位を獲得するし、食べ物の施しも受ける。

現代で誇示的消費を拒絶する人たちは、まず間違いなく、雑誌の *Real Simple* を購読したり『スローフードＵＳＡ』のトートバッグを提げ歩いたりして、自ら進んで暮らしを単純簡素にする運動に参加する〔「断捨離」とか、日本でもちょっと話題になったミニマリストのこと〕。どちらの場合にも、誇示的消費を拒絶しているつもりの人たちは、とめどない消費の迷宮から脱出するだけで自己誇示という巨大な城からすっかり遠ざかることができたと信じるという、驚くほどの自己欺瞞にはまっている。自己誇示の進化論的な起源と機能を理解している人たちの目には、このタイプの自己欺瞞は単純素朴で愚かしく見える――ここまで読み進めてきた読者諸氏にもきっとそう見えるだろう。誇示的消費を拒絶する当人の堅実性や同調性の高さこそ大いに物語ってくれるものの、知性・人生経験・洞察のおそまつさも物語ってしまう。

小売店で買い物する以外の選択肢

みずからの自己誇示戦略をしっかり意識して見つめ直す方が、はるかに自己省察にもなるし創造的なように思える――じぶんがとっている戦略の本当の社会的・性的な目標を見定め、特徴の見せびらかし方法としてそれくらい信頼性と効率があるのか見積もり、利用できる他の選択肢をたくさん検討してみるといい。

大半の先進国の社会で標準となっている自己見せびらかし戦略は、まず自分の知性と性格で手が届く最高のフルタイム雇用を確保して、その仕事でもらえる所得を使ってブランド製品・サービスを小売価格で買うことだ。平日の昼間は仕事に使い、平日の夜と週末はお買い物に費やす。そうやった購入したあれこれのモノやサービスがシグナリングで果たす役割は相反するものにならざるをえない。一方では、そうしたモノ・サービスの価格が世間のねたみを買うようなものだと、〔そんなものを購入できるほどの〕最高に高給取りな職業・企業に必要な合理的な知性・保守主義・堅実性・非道徳性といった特徴の証拠になる。他方で、そのスタイルや余暇の使い方は、大半の恋人・友人が相手に求める情動のあたたかみ・開放性・自発性・美徳という反対の特徴の証拠となる。この結果、デイヴィッド・ブルックスが『楽園のブルジョワ・ボヘミアン[＊1]』（二〇〇二）で見事に描き出しているようなブルジョワ・ボヘミアンがうまれる：野心的な人間は、仕事では強迫的な頭脳派として振る舞いつつ、いったん仕事をはなれると性格特徴を一八〇度切り替えて、官能的で環境にやさしい怠け者として振る舞わなくてはいけない。仕事ではアダム・スミスがいう分業を信奉してみせる：専門に特化し、合理化し、他人に任せられることは任せ、グローバル化する。一方、自宅では、パスタをじぶんでつくるのを楽しむふりをしなくてはいけない。この人にとって、通勤時間は一方の虚偽人格からもう一方の虚偽人格に切り替わる実存の移行帯となる。

自己誇示戦略として、お店で新しいブランドものの大量生産製品を製造業者の希望小売価格で買うのはとても効率がわるい。そうやって購入した製品は、すっぴんのまま、なにもみずからを物語ることもなく、社会的な文脈も記憶に残る場面もなく、語る値打ちもない。ただ「こういう製品を買いました」というだけでは、ただその製品を買えるお金があるんだなという以外に、その人の特徴についてなにも物語られない。なにか独自の来歴があるかけがえのないモノとしてその製品についておしゃべりできない。ただ所有し、使用し、見せびらかして、誰かがその財産見せびらかし機能を理解してくれたらいいなとのぞむことしかできない。人工物や経験を我が物にして見せびらかすには他にもいろんな方法がある。しかも、たいていそうした方法の方が個人の特質を伝えるずっと豊かなシグナルを送る――もっとも、小売業者や製造業者に入る収入はたいてい少なくなる。ともあれ、どの方法でも、製品のシグナリング価値は人間の言語能力によってとてつもなく強化される――モノをつくったり見つけたり手に入れたり維持したり修理したりするのに必要な技能について当人が語れる話によって、大幅に価値が増すのだ。

買いたいと思う製品があったとしよう。広告で見た製品だ。どうにも欲しくてたまらなくなる――かりに、その製品を iPea とでもしようか。一〇テラバイト記憶容量を緑色の小さな円盤につめこんだ逸品だ。そこで、ちょっとモールに出かけたら楽しいかな、と考えはじめる。客層の世代にハマるなつかしのポップソングを流す売り場、きびきびと愛想のいい店員、そんなモールでお目当てのぴかぴかの新品を探し、大したことないアップグレードやアクセサリが欲しくなる気持ちをぐっと抑えつつレジに向かい、デビットカードを機械に通して認証されたときに感じる全世界がじぶんを暖かく認めてくれているかのような心地よさ、そして製品を手に入れて帰宅し、意気揚々と電源を入れ、なにか動作させる充

＊1　原書は *Bobos in Paradise.* 邦訳なし。

足感――。ここで問題なのは、こういう経験なら他の製品ですでに何百回とやったことがあるし、何百万人もの他人が同じ製品で同じことをやっているということだ。小売店での買い物の冒険は、買う前に思い巡らしているあいだは他にない経験に思えるけれど、買ったあとに振り返ったときにはありきたりの経験に思えるものだ。購入から一週間も経てば、もう語るに値するようなことではなくなる。大量生産・大衆向けマーケティング・大量販売の世界とはそういうものだ。

さいわいなことに、なにも記憶に残らないお店で新品の大量生産ブランド製品を誰とも知らない販売員から小売価格そのままで購入するのではない選択肢もあれこれとある。そちらの方がかんたんというわけではないが、当人の個人特徴について物語るシグナリングの価値はずっと高い。たとえば、新しい物理的な製品を買いたくなったときには、こういう他の選択肢を考慮してみるといい。

買わずに済ます

欲しくなった製品が本当に必要かどうか二〜三日ほど考えてみよう――とくに、これ見よがしに見せびらかす特徴と機能について考えるといい。あとあとになって、その製品を買わないことに決めた顚末の方が、買った話を語るのよりもじぶんの性格について記憶に残る情報を伝える可能性を考えてみよう。広告がほのめかすような社会的・性的な地位の向上をその製品が本当にもたらすかどうか考えてから、その地位向上が本当にコストに見合っているか考えよう。製品の購入がいま現在続いている社会的・性的な関係にきたしそうな支障を考慮に入れること。（たとえば、新しくセクシーな四万ドルのオープンカーを買ったあげくに四〇万ドルの離婚につながってしまうかもしれない。）ときに、どこかのお店にでかけたい気分になるのは、たんにずっと同じところに座っているのをそろそろやめようと体が告げているだけだったりする。お金を遣いに出かけるかわりに、長い間ずっと放置していたエクササイズマシーンを使ったり、犬を散歩させたり、恋人といちゃついたりしてみればどうだろう。

ちょっとした暇つぶしに考えてみよう――「そのモノを所有しないためにいくらなら払ってもいいと思うだろう?」たとえば、コストコではM&Mのキャンディー六オンス入り一袋をだいたい八ドルで売っている。ぼくはM&Mが好きだから、ちょっとおやつを食べるのをじぶんに許す気になったらこれを買いたい強い衝動がわき起こる。でも、一オンスあたり一四二カロリーのM&Mミルクチョコレートは一袋で九〇〇〇カロリーにもなる。そして、手元にあればそのうち食べ尽くしてしまう自覚もある。きついエアロビクス教室に参加しても、一時間で燃焼できるのはたった五〇〇カロリーだ。ということは、一時間あたり一〇ドルのレッスンを受けて脂肪をためないように九〇〇〇カロリーを燃やそうとすると、一八時間もかかってしまう。つまり、合理的に考えて、八ドルのM&Mを買うのを思いとどまらせてもらうために、コストコのレジに――あるいは妻か誰かに――およそ一八〇ドルを渡してもいいと考えるのでないとつじつまが合わない。これが意思力の値段だ。同様の推論は、自動車保険と維持費用が高くつくスポーツセダンや、高い固定資産税と暖房費のかかる住宅や、高額の月々の支払いが必要な携帯電話と回線契約や、インクカートリッジが高くつくプリンターや、同窓会の寄付金集めがとりわけ巧みな大学の学位を購入するのを思いとどまるときにも役立つ。いろんな製品に関して、所有し消費する正味の長期的コストは、短期的な便益をはるかに上回る。

すでにもっているものを見つける

三〇歳以上の人で、目当ての製品が物理的なモノなら、きっとガレージのどこかに代わりがもうあるはずだ。見つけ出して、きれいにして、動くようにして、また使い始めるといい。修理や改修が必要ならなおさらいい——そういう技能こそ、他人の前で使って見せながらおしゃべりのネタにできる。手持ちの古い製品には、新しい製品についている機能がなにか欠けているとしても、そのことがかえって魅力になるかもしれない（なじみ深さ、レトロなデザイン、保証済みの信頼性）。それに、新機能はあとから追加できることもある。古い六気筒エンジン車には新しい八気筒エンジンほどの加速力はないかもしれないけれど、それなら補修部品市場で三〇〇〇ドル払ってスーパーチャージャーを手に入れて付け足せばいい。新車とまるまる入れ替えなくていい。高級皮革シートがないなら、革製のカスタムシートを手持ちの車に付け足せばいい——Trimcar.com などの小売店で個人ロゴと取り付け作業込みで一二〇〇ドルほどで手に入る。

友人や親戚やご近所さんから借りる

大きな買い物は、たいていこういう風に合理化される：「たしかに最初の資本コストは大きいけれど、何年も使い続ければ元が取れる。買った製品は何百回も使うんだから、一回あたりのコストはしだいにだんだん小さくなっていくし、節約した額はだんだん大きくなっていくぞ。」だが、記憶力がたしかで自己欺瞞を最小限に抑えている消費者ならわかっているように、そうした買い物のコストはこういうかたちで正当化されない。多くの製品はほんの数回だけ使ったきりでそのまま忘れ去られるので、知り合いから借りて数回使ってから返却する方が、自分で買って物置にしまっておくよりマシだ。それに、モノを借りれば社会資本も築かれる。互酬性・信頼・社会的なきずなを強化するからだ。友人から借りた高価な製品を使っているところを他人に見せつければ、注意深く使ってすぐに返却するだろうとその友人に信頼されている証にもなる――つまり、堅実性の重要な要素の証になるわけだ。

有料で借りる

たいていの製品は実際に使う頻度が予想よりずっと少なくなるため、買うよりも有料で借りる方が理にかなう場合もよくある。どっちにせよ、所有感は認知的な錯覚だ。その根っこにあるのは、そのうち慣れてしまうこと〔で所有の喜びは小さくなっていくこと〕、消費者の流行り廃りのサイクル、技術進歩、それに人生はいつか終わることの否認だ。なにかを即座に買ったとして、できるのは飽きがきたり流行りが廃れたり時代遅れになったり、人生の終わりが来るまで使い続けられるということでしかない。個人による「所有」とは、たんに、長くてもせいぜい人生のおしまいまでこの世界からモノを有料で借りる方法にすぎない。いちばんたくさんのおもちゃをもって死んだ者が勝ち、とはいかない[*2]。借り

---

*2　この頃、"He who dies with the most toys wins!"（おもちゃをいちばんたくさんもって死んだヤツの勝ち！）というフレーズがバンパースティッカーなどで出回っていたらしい。

て済ませて、おもちゃを買う数をもっと少なくすませるべきだった。製品一つを所有するときの真のコストは、その製品を買うときに払う金額から、それを売り払うときの買い取り金額を引いたり失くしたり捨てたりするときの費用を足してから、その額を使用回数で割ると得られる。このコストは、おどろくほど高いことがよくある。ほんのたまにしか使いどころのないモノを買いすぎて借りて済ませることの少ない傾向に、経済学者はしょっちゅう戸惑っている。

たとえば、フェラーリF430を運転すると特定のデートで特定の人物にいいところを見せられると本気で思うなら、フェラーリを二五九〇〇〇ドル出して購入せずに、「ゴッサム・ドリーム・カーズ」かどこかから一日あたり一七五〇ドル出して借りればいい。借りるよりも買った方が得になるには、フェラーリに乗って一五〇回もデートをこなす必要がある。その特定の誰かさんと二回目のデートにこぎつけなかったときには、ずいぶんと節約ができるだろう。そのお相手と二〇回以上のデートを重ねて結婚したとしても、買わずに借りて節約した分の二二四〇〇〇ドルを住宅の支払いに充てられる。いかにもお金持ちなように見せかける虚偽の誇示に誘惑されてしまったと相手が文句を言ってきたら、いつだってこう言い返せばいい――「じゃあ、ただ俺のお金めあてに結婚したの?」

近頃は、ほぼどんなものでも借りられる:住むところも、自動車も、道具類も、コンピュータも、電子機器も、正装・礼服も、さらにはデザイナー・ハンドバッグだって借りられる(興味があればBegborrowoersteal.comをのぞいてみるといい――「バッグ用のネットフリックス」を謳っている)。事実上、ほぼどんな耐久消費財だって、小売店で値札どおりの金額で買っても三〇日以内だったら返品できる(返品手数料を貸出料金だと思えばいい。)本も、音楽も、映画も、いまいち利用されていない公共図書館から無料で借りられる場合が多い。それどころか、よい経験則として、なにか新品を買う前に可能なら一週間借りてみて、気に入るかどうか確かめたり期待したとおりのシグナリング価値があるかどうかを調べたりするといい。

コストのかさむ品物のなかには、借りることはできないけれど、それでも一定期間だけ使用する権利を買えるものもある。たとえば、休暇用の別荘やビジネスジェットがそうだ。ウォーレン・バフェットやビル・ゲイツですらNetjetsでジェット機を分割所有して十分に間に合うのだとしたら、残り九五〇ばかりの億万長者の大半も分割所有で十分だろうし、まして、三〇〇〇万ドル以上の〔投資に回せる〕資産をもつ「超高額自己資本の持ち主」九五〇〇〇名ていどならなおさらだ。

中古で買う

ほぼどんなモノでも、新品で買ってから最初の二〜三年でものすごい価値の下落が起こる。誰か他人にその差額を吸収してもらおう。そいつに新車を買わせて、五年たった頃に三分の一の価格で彼から手に入れるといい。その頃には、きっと彼の新品衝動買い欲求は、また別のなにかステキなモノに向かっているはずだ。

この戦略をうまくやるには、ピカピカの新品にみんなが認めている非合理なプレミアムと、中古品にみんなが感じる非合理な嫌悪感を克服しないといけない。たとえば、古着屋に行けばほぼどんな衣類だって手に入る。お金持ちの暮らす街や郊外で古着屋に入ると、ほとんど着られていない縫製のしっかりしたプレミアムブランド衣類がいっぱいある。アルマーニやクレイバーンの良質な綿シャツ・リネン・シルクシャツが五ドルくらいで手に入ったりする。新品で買えば、その二〇倍以上もする。（ここで大事なのはブランドではなく品質だ。）たいていの場合、古着屋にこういう品が出回っているのは、元の持ち主が予想以上にはやく太ってしまってもう着られなくなってしまったからだ。

古着をきぶんよく買えるようになるには、たった二つだけ覚えておけばいい。第一に、「新しい」衣類といっても、べつにISOレベル一のクリーンルームからそのままやってきた無菌の天使たちが棚に陳列したわけではない。きっと、輸出品処理区画のスウェットショップで何十人もの若いアジア系女性たちの手で加工され、ほこりとサビにまみれた貨物コンテナ船で何週間もかけて運ばれたのだろうし、品物を開封する販売店の店員たちは「タコ・ベル」のランチから帰ってきてから手も洗わずに作業したかもしれない。このように、新品の衣類と言っても、生まれたての新生児のように新しいわけではなく、たんにできてから数ヵ月しか経過していなくてほんの数千マイルしか運ばれておらず、品物に触れた人手は四〇名以下で、試着したお客も五名以下だという程度の意味だ。

第二に、「中古」衣類を買って着用した元の持ち主は遺伝的・生化学的・皮膚学的に読者のあなたとまったく同じ人間だし、元の持ち主だってたいていはシミ汚れを避けて定期的に衣類を洗濯していたということをぜひ覚えておいてほしい。古着屋はすでに衣類を殺菌消毒して洗濯してから売り物に出しているので、細菌を恐れる強迫神経症患者のどんな要求も満たしている。腹の底からの人間嫌いだったら、そもそも人間が存在するだけでもうんざりなのに、他人の衣類を着用するなんて、考えるだけでも手足はおびえ縮み、歯がガチガチと音を立てるかもしれない。だが、人間たち同胞にそれなりの連帯感をもつ人たちだったら、見知らぬ人が以前所有していた衣類を着用するのは気分がわるいとはいっても、兄弟姉妹や親友が所有していた衣類を着用するのと大差なく思えるだろう。（もちろん、下着や靴下だと話は別だ。たいていの古着屋では扱わない。）

こうした原則、つまり、「新しい」といっても本当に真新しいわけではないし「中古」といってもじぶんと同類の人たちが使ったといいうにすぎないということは、衣類のように体にまつわるのでないモノにはいっそう強く当てはまる。自分が握る前に中古車のハンドルを何人もの人たちが握って五万マイルも走ったのを本気で気にするべきだろうか？　日曜大工をやっている人からマキタのスライディングマイターのこぎりをゆずってもらうとき、その人がうっかりのこぎりでケガをしたときに血がついたことがあるのを気にするべきだろうか？　中古の本棚を買うときに、じぶんがプルーストを置く前にトム・クランシーの小説が置かれていたのを気にするべきだろうか？　社会的に劣位にある人たちや民族が異なる人たちが前の持ち主だったときに、なにか象徴的な感染がおこるのをおそれたり非合理な嫌悪感を抱いたりするのは、質素倹約を目指す合理的な消費者たちにとって大敵だ。

ノンブランドや複製品や普及版を手に入れる

アジアで製造業が興隆し、しかもいまのところアジアでは商標権保護の実施がずさんなのも相まって、高品質のノンブランド製品や高級腕時計の複製品が手に入るようになっている。前の章で見たように、手頃な価格の高級腕時計の複製品でも、本物の高級腕時計におとらずしっかり動作するし、宝石商の鑑定ルーペや専門知識なしには事実上見分けがつかない。もっと一般的に言えば、プレミアムブランドに特徴的な技術やファッションの革新は、やがて大衆向け市場のブランドに降りてくるし、革新が生まれて大衆向けになって普及するまでのスピードもどんどん速くなってきている。

純粋に使用価値だけを目当てに製品を買うのだったら、分業の原則からして、自作するのはまず間違いなく合理的でないだろう。すでに作業場や道具や技能をもっているおかげでじぶんよりもはるかに効率よくつくれる人がきっと他にいるはずだ。だが、見せびらかし価値のために製品を買うことだってよくある。それなら、自作した方が理にかなっていることも多い。自作品の方が他人がつくったものよりもずっと効果的に当人の特徴を見せびらかしてくれるからだ。もちろん、これこそが趣味や手芸の意識されざる機能だ。それに、合理的に専門分野に特化したプロたちも、公開市場でだったら一時間あたり一〇〇ドル以上の値打ちがあるのに中国の工場労働者なら約六・三分もあれば一二セントでつくれるモノをわざわざ夜や週末を費やして自作したりする理由もこれで説明される。趣味や手芸のおかげで、じぶんの正式な仕事の分野をこえていろんな領域で知性・創造性・堅実性を見せびらかせる。また、法人税制の専門的な業績やアモルファスシリコンの技術開発となると、しろうとの友人やご近所さんではそうやすやすと理解して評価できないけれど、趣味や手芸をやってつくりだしたいろんな物理的なモノだったら（たとえば、楽焼の大皿やマクラメの水着）、専門家でなくてももっとかんたんに鑑賞・評価できる。趣味の同好会によくでかける専業主婦や、じぶんで洗車するセレブなんて、経済学者の目にはアダム・スミスの偉大な分業の洞察をまるで知らない見下げ果てた輩に映るだろう。だが、こうした主婦の配偶者や子供やご近所さんたちは、独りよがりな合理的判断を少なく抑えつつ自家製チョコチップクッキーを賞味できる。

必要な材料や道具が安上がりで、必要な技能はかんたんに学習できるけれど腕を磨く人がめったにいなくて、できあがるモノが実際に有用で美しく目に見えるかたちになるなら、モノを自作するのはこのうえなくかんたんで安上がりで効果的な見せびらかしの方法になる。堅い木材があって、単純なテーブルソーがあって、大工仕事の基本知識をもちあわせていて、薬箱にバンドエイドの用意もあるなら、人さまに見せられるダイニングルームテーブルや本棚を自作できる。料理・裁縫・宝石装飾品づくり・陶芸も、はじめるときのコストは同様に低くすませつつ印象的な自作品をうみだせる。イチからつくれなくても、自作用に部品が用意されていることは多い。ケース・マザーボード・電源パーツ・ハードドライブなどなどはお店で買って、組み立てと配線をじぶんでやれば紛れもなく自分用のパソコンができあがって、〔うとい人たちにはまるで見当もつかない〕電子の神秘に関する深い知識を見せびらかせる。

自作にあまり向かない製品もある。たとえば、スキューバダイビング用具、登山用カラビナ、飛行機、ペースメーカー、大砲などがそうだ。また、華氏一万度以上にも熱するランス棒や毎分一万回転以上も回る工具を使わないといけないようなモノを自宅でつくるのはおすすめできない。そこは安全第一だ――もっとも、旺盛な冒険心や四肢の再生能力をどうしても見せびらかさずにいられないというなら話は別だ。

もちろん、消費主義はクトゥルフの邪神のごとく自宅でのものづくり活動にまですでにウネウネと触手を伸ばして、とどまるところを知らない消費の領域に変えてしまっている。さまざまな趣味の雑誌で、新しくなにか始めるのにはこれ見よがしに高価で無駄の多い精密で評判のいいブランドの道具や部品やアクセサリを購入する必要があると言い立てている。イケアで買えば八〇ドルで手に入る本棚を自作するために一〇〇〇ドルもする大工用の作業台や六〇〇ドルのテーブルソーや五〇〇ドルのビスケットジヨイナーや三〇〇ドルのルーター（高速回転する工具はやめておこうというさっきの助言は忘れていただこう）といった道具類を一式そろえないといけないんだなとあっさり思い込まされてしまう。実際、大半の男性はそうなってしまっている。そのおかげで、ホームデポや、クラフツマン、DeWalt、マキタといった工具ブランドが維持されている。社会的地位や性交渉の見込みが強力なプレミアムブランドの木工用工具をガレージにもっているだけで魔法のように強化されるというのは妄想だけれど、読者のあなたにとっては幸運なことに、友人やご近所さんに当たればきっと先にこの妄想にやられてしまっている人が見つかるはずだ。その人に頼んで借りてしまえばいい。そうすればお金の節約になる上に、相手だって、使わずじまいで道具をしまい込んでいる罪悪感をかるくできる。

地域の職人に発注する

自作がむずかしすぎる場合でも、地域にいる専門家につくってもらう手がある。大量生産品の値段に少しばかりプレミアムを上乗せするだけで手に入る特注品は、見せびらかしにものすごい威力を発揮してくれる。自分でデザインしたり仕様を決めたりして、地域の職人と直に顔を合わせて注文してつくってもらった製品は、自分の所有品としても贈り物としても、大量生産品よりもずっと独特だ。特注品は、発注者がいかに才覚に優れて創造力があり趣味がよく職人と協力する対人的な技能ももちあわせているかを見せびらかしてくれる。たとえば、大事な人の誕生日に宝飾品を買って贈ろうというとき、当日ぎりぎりでもモールにでかければ一〇カラットのプレス加工指輪の粗悪品を八割増し料金で用意してもらえる。一方、特注品をつくる選択肢もある。その場合には、前々から計画を立てて地域の職人に相談し、協力して独特なものをデザインし、二〇カラット金に手作業で加工をほどこしてもらうこともできる。素材にかかる費用は高くなるけれど、急いで仕上げる場合と比べてそんなに上乗せ料金はかからないし、指輪の品質は高くなる。また、誰かに唯一無二の品を贈る経験には、とろけそうなほどロマンティックな物語の価値がある。特注品を依頼することも、やはり非常に高い創造力を持ち合わせ才覚に優れていて相手に献身する心をもち堅実性があることを見せびらかしてくれる。なにより、個人的に特注した手作りのスターリング銀の指輪の方が、大量生産のプラチナ指輪よりもずっと相手に喜んでもらえるかもしれない。

他の例も挙げよう。よそよそしい新しい郊外に巨大開発会社が建設する大量生産住宅を購入する家族は多い。家の構造は、そのときの流行りでいちばん低俗な好みに合わせて設計されているため、美的な価値はすぐさま消え失せていく。建築品質の水準もおそまつなもので、コンクリート平板に二×四インチの棒材と半インチの石膏ボードを組み合わせて建てられている。このため、物理的なつくりもすぐさま劣化していく。こうした住宅は、周辺地域のインフラ――道路、公園、学校、都市計画のしっかりした小売店――にしかるべき投資をせずにつくられている。このため、生活の質もすぐさま低下していく。その結果、多くの地域社会で、築五年の住宅は新築住宅よりも資産価値が低くなっている。これに代わるいい選択肢はある。しっかりと確立された地域社会の空き地に、地元にいる意欲のある建築家に依頼して独自な新しい家族向け住宅をつくってもらえばいい。一平方フィートあたりの建築コストはデベロッパーによる大量生産住宅より少しばかり高くなるかもしれないけれど、投じる一ドルあたりの見せびらかし価値は――それに住宅の資産価値も――きっとこちらの方がずっと高くなる。名も知らない顔のない作業員たちが建てた家に引っ越すかわりに、地元の建築家といっしょに設計して地元の作業員たちに建ててもらった家に引っ越す選択肢がある。建築家とは今後友達になるかもしれないし、作業員たち一人ひとりの名前も覚えるだろうし、彼らの仕事ぶりに賞賛の念を覚えることにもなるだろう。それに、そうやって家が建っていくなかで、住宅について覚えることもずっと多くなるだろう。そうなれば、住宅の特徴や機能の事情にしっかり通じて評価し、他人と議論もできるようになる。ごく上っ面しか理解していない住宅に暮らす人たちとちがって、住宅のあらゆるシステムについて――基礎、骨組み、屋根葺、床張り、電装、配管、空調設備、収納、セキュリティ、装飾について――何がどうなって全体が機能しているのか理解できるようになる。よく理解できているおかげで、維持や修繕・修理もやりやすくなる。それに、依頼した建築家の評判が上がっていけば、建ててもらった住宅の価値も上がっていく。こういう暮らし方の方が、社会的な見せびらかしの面でずっと効果的だ。なぜなら、地元に社会的な根っこも物語の根っこも深く根ざしていくおかげで、当人の創造力・開放性・同調性・外向性をずっと信頼できるかたちで証明してくれるからだ。注文して建てる住宅とちがって、建設済みの大衆市場向け住宅を購入するのには頭金とそこそこのクレジットスコアとだまされやすさしか必要とされない。

新しい技術の製品が登場しても買わずに三年様子見してみる

技術革新はすごい――経済の進歩を促し、生活の質を向上させ、おしゃべりの新ネタを提供してくれる。だが、新技術の研究開発にお金を払うアーリーアダプターになるにはおよばない。たいてい、企業は技術革新の費用を回収するために新しい技術による製品にはとても高いプレミアム価格を設定する。そうした製品を嬉々として購入するのが、一八歳から三四歳の独身男性という人口集団の黄金の市場セグメントだ。なぜ彼らなのかと言えば、彼らこそがもっとも大きな割合のお金と時間と労力を配偶者獲得の努力に注ぎ込む人たちだからだ。その努力には、見せびらかし消費も含まれる。新しく登場した技術製品を色ボケ男子たちが誰も彼も所有するようになると、企業は次第に価格を下げて大衆向け市場に投入する。液晶テレビが六ヶ月ごとに三割安くなるようになったのがこういうタイミングだ。価格の下がり方はそれなりにゆるやかでないといけない。この新技術は大安売りになったと誰もが急に考え始めるあからさまな転換点をつくらないためだ――そうしないと、消費者需要をいい感じに安定させておけない。そうやってゆるやかに価格を下げていくことで、何か新技術製品を買うまでどれくらい待てばいいのか単純な経験則をつくりにくくなる。だが、どうやら消費者向けエレクトロニクス製品だと「二～三年」が目安のようだ。それくらい経過すると、登場時から価格が少なくとも八割は下落するし、信頼性の問題や規格戦争（VHS対ベータマックス、HD－DVD対ブルーレイ）も落着する。エレクトロニクス製品以外の技術革新の場合、大衆市場向け製品にまで技術革新が普及してくる速度しだいで購入を待つ期間は変わってくる。その速度は、たいてい、特許保有者が新技術をどれくらいうまく売り込んでライセンス供与［の料金］をとれるかに左右される。「へえ、電子的な安定制御か、自動車の安全性を高めるのにすぐれた技術革新だな」と思っても、メルセデスベンツがSクラスセダンに五〇〇〇ドルの価格プレミアムで導入したとたんに購入してはいけない。メルセデスがその技術をスバルにライセンス供与し、スバルが自動車一台あたりのシステム搭載にかかる真の限界費用で――だいたい一一〇ドルで――買い手に提供するようになるまで待つことだ。

待つのはつらい。革新的な技術に触れるのが楽しいタイプの人たちは、次の点を覚えておくと役立つ：いままさにメディアで大々的にとりあげられアーリーアダプターの注目を集めている最先端の新製品が一つあったら、五年前に最先端だったものが広くライセンス供与されて大衆市場向けに登場している製品が必ずいくつかあるものだ。そういう製品こそ、追求すべき新規性だ――こういうあまり宣伝されていない進歩は、あらゆる製品分野のすみずみに見つかる。たしかに世界史の観点では客観的に新しいわけではないかもしれないけれど、その製品がじぶんにとってもじぶんの特徴を見せびらかしたい対象の人たちにとっても新しいなら、その製品は十分に新しい。たとえば、「消費者向けエレクトロニクス製品展示会」（CES）に出かけて、世界初の「お手頃価格」な3-Dカラープリンタを謳う新しいZプリンタ450に感銘を受けたとしよう。コンピュータに与えた仕様から複雑な立体のプラスチック物体をつくりだせるプリンターが、たった四万ドルで手に入るのだという。でも、住宅ローンに次いでもうひとつローンを組む前に、ほんの二～三年前に最先端だったコンピュータ制御の電子機械の技術革新を考えてみよう。コンピュータでデザインしたほぼどんなパターンでもどんな素材にだって刺繍できる蛇の目ミシン工業のメモリークラフト9500の刺繍ミシンがあったじゃないか。最近になって店頭価格はさらに三割下がって、約一五〇〇ドルになっている。たしかにZプリンタ-450はイケてる。でも、それを言うならメモリークラフト9500だってイケてる。一五年も経てば、どっちが先に登場したか誰も覚えていないはずだ。そして、おそらく、じぶんにとって恋人や友人の候補にあたる人たちの誰一人として、そんな製品のことなんて聞いたこともないだろうから、特徴誇示シグナルとしての新規性の値打ちはどちらも同等だ。

贈り物にもらえないかお願いしてみる

とにかく新しいブランド製品を希望小売価格のままで手に入れずにはすまないというときには、誕生日や〔クリスマスなどの〕休日の「ほしいもの」リストに入れておいて、誰かが買ってくれるように仕向けてみるといい。どうせ友人も家族もこちらがほしいものなんて知らないのだから、教えてあげて楽しみに待っておく方がいい。贈り物をおくるのは、人間の社会生活の中心を占めている。贈り物をすることで、愛着やもちつもたれつのきずなは強まる。人から贈ってもらった品物は、なにかの記念の折りにおしゃべりの種になるし、贈り物をしてもらった人の愛されぶりや人気の証となって個人的な見せびらかしの価値を大幅に増幅する。

大半の小売り製品に織り込み済みのプレミアム価格を認める

とにかく新しいブランド製品を希望小売価格のままで手に入れたい、でも誰も贈り物に買ってくれそうにない――そういう場合にも、その製品の小売りコストに見せびらかしのプレミアム価格が織り込まれているかどうかを計算して認めておいた方が、少なくとも賢明ではある。たとえば、本書の序盤で論じたように、小さな生活家電や電子機器から大きな家電や自動車にいたるまで、大半の基本的な電子機械製品はだいたい一ポンドあたり一〇ドルくらいだ。電子機械製品のコストが一ポンドあたり一二ドルくらいだったら、その製品はおそらくプレミアムブランドか、新しく売り出されている商品で、その製造コストに上乗せされている見せびらかし消費の割り増し分は相当に大きいはずだ。

たとえば、トヨタ「カムリ」は一ポンドあたり約七・〇〇ドルする（三〇〇〇ポンドで二四〇〇〇ドルだ）。一方、レクサスLSのコストは一ポンドあたり一六・五〇ドルほどだ（四三〇〇ポンドで七一〇〇〇ドル）。一ポンドあたりのコストを見れば、レクサス高級車のプレミアムは明白だ。同じような材料を組み立てて同じような制度で同じ特許企業がつくっているにもかかわらず、この差がある。そこで、もしどうしてもレクサスじゃなきゃいけないというのだったら、それもよし。ただし、次の二点を意識して受け入れるかぎりの話だ：（1）たんに重量が大きいだけでなく、レクサスのバッジに追加で四万ドルを支払うことになるし、（2）あなたがレクサスを運転しているところを見た人も、本書をここまで読んできた人も、きっとこう考えるはずだ——「自由になるお金が四万ドルあっても、その創造的な使いみちや他人に親切にする使いみちや堅実に使う方法が他になんにも思い浮かばないんだな。」一日二ドル以下で暮らす人は世界に二八億人いる。そういう人たちの目には——それに、そういう人たちを気遣う人たちの目にも——この想像力の欠如ぶりは、ちょっとばかり狭量に映るかもしれない。

小売店での買い物であらわになる特徴の範囲はこの程度でしかない：お金を稼いだり盗んだりする能力、あるいはお金持ちと結婚するか資産を継承する能力、どんなものであれいま羨望の的として宣伝されているものに大枚を投じるのに必要な知覚記憶とメディアへのアクセス。上記にあげた選択肢は、たんにお金を節約するために小売店での買い物を最小限にとどめようとするものにとどまらず、特徴誇示の力を最大化することもねらっている。人間の生活の情動面で中心をしめる自己愛による自己誇示から決別しようというわけではなくて、自己誇示の対象を買い物よりも安上がりでもっと効果的な戦術に切り替えるのがこれまでに挙げた選択肢だ。

こうした戦術の多くは、お金こそそんなにかからないけれど、時間はもっとかかる。それに、いつでも機会費用の重みを比較考量している経済学者には非効率に思えるかもしれない：原則として、たとえば仕事をせずに余暇をとったとしたら、一時間ごとに、その時間にはたらいて稼げただろう金額分のコストもかかっている。一時間はたらくと三〇〇ドルを顧客に請求できる男性弁護士がいたとしよう。さて、一〇分ほど離れたお店にいって一〇〇ドル出せばデパートのニーマン・マーカスで新品のシャツを手に入れられる一方で、古着屋でシャツを中古で買うとなると五ドルですむとはいえ四〇分かかってしまうとする。このとき、論理的に言えばこの弁護士は新品を一〇〇ドルで買うべきだ。その方が、働いて請求できる分では一五〇ドルの節約になるからだ[＊3]。ここまではなるほど正しい。でも、この考え方では小売りでの買い物に関わるもっと大きな文脈が無視されている。公正に比較するなら、シャツの知識を仕入れる時間とシャツを購入する時間も考慮に入れないといけない。『GQ』誌を読んでいまレジャーシャツが流行っているのを知るのに五〇分かかり、どのシャツが好みか選ぶのに二〇分かかり、

＊3　新品を買いに行くのにかかる時間は一〇分、古着屋に行く場合は四〇分で、その差は三〇分だ。さて、弁護士は一時間で三〇〇ドル稼げる。すると、その三〇分で稼げただろう一五〇ドル分の差がある――というのが著者の言っている「一五〇ドルの節約」だろう。機会費用とシャツ本体のお値段を合計して考えても、結論そのものは変わらない。まず、四〇分かけて古着を買いに行った場合は３００×40／60 で二〇〇ドル稼げたはずで、その分の機会費用が生じる。シャツそのものは五ドルだから、コストはあわせて二〇五ドルだ。一方、一〇分かけて一〇〇ドルの新品を買う場合、３００×10／60で五〇ドルの機会費用がかかり、シャツそのものには一〇〇ドル払うので、合計は一五〇ドルのコストとなる。二つの選択肢の差額は、五五ドルだ。このように、機会費用を考慮に入れると、安い古着を買うよりも高い新品を買う方がトータルのコストは安く上がる、という理屈になる。

地元の小売店にそのシャツがいま在庫にあるか確認してもらう電話をかけるのに一〇分かかり、ニーマン・マーカスに行って帰ってくるのに六十分かかり、「なんでそんなシャツ買ってんの」と美的趣味をなじってくる妻に『GQ』片手に正当化の弁論をするのに四〇分かかるとすると、合計で三時間がかかることになる。すると、本当のコストは一〇〇〇ドルだ[*4]。

これと対照的に、いちばん近くにある古着屋にでかけて、衣類の種類やサイズ・色で規則正しく陳列された品々を眺めてよさそうなシャツをすぐさま見つけて試着し一着選び、会計を済ませたとしたら、シャツの購入にかかった所要時間は合計でだいたい一時間くらいだ。妻がシャツをお気に召さなくても、どうということはない：「だって、たった五ドルしかしないじゃないか。」なんなら、妻のすぐれた美的判断に敬意を表して、バーベキューで衝動的に燃やしてしまってもいい。

時間をできるだけ使わずにすませようとして小売店にお金を使う習慣には、もっと根深い問題もある——贈り物の場合だったら特定の相手に献身ぶりを示すシグナルとして、自己誇示のために買うモノの場合だったら特定の知人に対するシグナルとして、小売店での買い物はコスト高な信頼できるシグナルになってくれない。本書をいかにも読みそうな教育ある専門職にとって、時間はお金より貴重な場合が多い。預金口座の記録がほどほどに支払いまみれになるのはかまわないけれど、仕事や家事をこなし家族の時間をすごして睡眠をとると、もうほとんど時間は残らない。あるいは、ちょっとばかり余暇があっても、残っている知性や元気でできる複雑なことなんて、せいぜい『デスパレートな妻たち』を鑑賞するくらいだ。こうした時間の限られた条件のもとでは、個人の時間をたくさん投資しないとできない贈り物やモノの入手は、その人の気前よさや趣味のよさを伝えるいっそう信頼できる印象的なシグナルになる。忙しい人が時間を割いて用意した贈り物や希少品は、なにか大事なこと（仕事時間、子供と過ごす時間、女優のテリ・ハッチャーをいやらしい目で見たり）をあきらめたことを示す。それほどまでに誰かのためを思ってか、なにかを気にかけてか、あるいはなんらかの特徴誇示をしようとしてか、それだけ貴重な時間を投じたわけだ。

ここで、モノを自作する方が出来合いの製品を小売価格で買うよりずっと高らかに「その人の特徴が」物語られる。その理由は、少しばかり他人の視点から考えてみればわかる。どうしても好かれたい相手がいるけれど、その相手がこちらに愛情をもってくれているかよくわからないとしよう。その相手からバレンタインデーの贈り物にどんな種類のものを受け取りたいと思うだろうか：（1）オンラインでバラの花を一〇本ほど注文して、あらかじめ用意されている「つきることのない愛を」メッセージをプリンターで印刷したものを添えて配達してもらうのがいいだろうか、それとも、（2）愛する人がつくった特別のソネットを手漉き紙に書いて、それといっしょに八ヶ月前にメールで「あれが好きなんだ」と言ったことのある砂糖漬けスミレを添えた自家製チョコレートトリュフを贈ってもらうのがいいだろうか。ソネットとトリュフの方が、個人の関心（愛情、思いやり、スケベ心）を示す誇示としても、送り主の個人的特徴（詩作・カリグラフィー・料理・紙すきの分野での創造性と堅実性）を示す誇示としても、はるかに説得力があるだろう。ソネットとトリュフの方に説得力があるのは、こちらの方が家族や友人に「こんな贈り物をしてもらった」と物語を語るのにすぐれているからだということは、みなさんにもおわかりいただけるはずだ。

それどころか、どんな製品であれ、語られる物語しだいでその値打ち・意味・特徴シグナリングの力

＊4　機会費用が三時間×三〇〇ドルで、シャツの価格が一〇〇ドル。

がまるっきり変わりうる。たとえば、いまじぶん（男性）がパリのオルセー美術館の五階にあるCafé des Hauteursで魅力的な女性と顔を合わせているとしよう。数分ほど、近くのルノワールについておしゃべりをしていたところで、相手がスターサファイアをあしらった金線細工のすてきな指輪をはめているのに気づく。その出来映えの見事さを賞賛して、いったいどこで手に入れたのか質問したところ、相手は次のうちどれかの返答を返してきたとしよう（カッコ内にはその返答から推論できる特徴を書いてある）：

- 「アルバカーキのZalesモールのお店で手に入れたんだ」（ふつうのアメリカ人観光客）
- 「華やかなアルバカーキにあるZalesモールのお店で手に入れたんだ、ハーバーマスの『コミュニケーション的行為の理論』を読破したじぶんへのご褒美にね」（知的、開放的、知的なうぬぼれがあるものの、地理的には自虐的なアメリカ人観光客）
- 「おばあちゃんのヴァーリャの遺品でね、おばあちゃんは大祖国戦争ではT－34を指揮して戦ったんだよ」（懐古的、家族志向の強いロシア人観光客で、第二次世界大戦の戦車にしたしんでいる）
- 「グラントンベリーの音楽祭で手に入れたんだ。二〇〇〇年にMolokoが私の一〇〇回目の「エクスタシー」トリップを祝って演奏してくれたの。」（開放的、衝動的、同調性の高いカウンターカルチャーのイギリス人遊び人」
- 「じぶんで作ったんだよ。溶かした金や熱い蠟と格闘してると、四ヶ月前に離婚したのを忘れて没頭できて。」（技能と才覚があり、高温での作業を死なずにやりとげた人で、離婚間もない）
- 「エイリアンが私を誘拐してとりつけた追跡装置なんだ。かなしいけど、もし外して他人に見せようとしたら内部の反物質が半径八キロメートル内のあらゆるものを蒸発させてしまうんだよね」

（妄想にとりつかれた統合失調症患者で、$E=mc^2$ について生半可に理解している）

どの返答でも、指輪をきっかけに弾む会話は、製品の物理的な特徴や見た目からうかがえるコストよりもはるかに豊富な持ち主に関する情報を提供してくれる。物語をつむぐ人間言語と製品をとりまく社会的なつながりがないただの製品は、デュシャンの既製品便器なみに不可解だ。言語があれば、製品は会話のとっかかりとしてしかるべき場所におさまって、現代の疎外や他人どうしのよそよそしさを打ち破る方法になってくれる。

おしゃべりの得意な人なら、他人と出会って感嘆させたり好印象を与えたりするのにこういう製品は必要ない。会話の名手なら――サミュエル・ジョンソン、マダム・スタール、ヴァージニア・ウルフ、アイザイア・バーリン、ゴア・ヴィダル、クリストファー・ヒチェンズといった人たちなら――いつでも言語だけをたよりに知性・性格・美質・知識を見せびらかせる。もっと製品を手に入れなくても、たとえばデール・カーネギーの『友人を勝ち取って人々に影響をふるう方法』の「人に好かれる六つの方法」をとおして、ほぼ誰でも会話の技術をもっと効果的に改善できる：相手の名前を覚えること、しっかり耳を傾けること、笑顔を見せること、相手の気持ちを重んじること、相手の利害の観点で話すこと、相手に本物の関心を抱くこと。こうした技術を自家薬籠中のものにする人はめったにいない。だから、他人から見て「わがままだ」「不作法だ」と見える人は多い。たいていの人は、iPod に聞き入るよりもそばにいる人たちともっとおしゃべりをする必要がある。

マスカスタマイゼーションの約束

誰もが、じぶんらしい特徴を——じぶんの個性、独自性、アイデンティティを——できるかぎりたくさんの持ち物を使って見せびらしたがっている。特注品を買える人たちは、そちらを買う傾向があるようだ：仕立てた衣服、注文した肖像画、特注ヨットなどなど、どのかたちをとるにせよ、職人に発注するにはあまりにややこしいし高くつきすぎる。建築家は特注で住宅を建てられるし、宝石職人は特注の指輪をつくれるけれど、もっと高度な技術をつかった製品、たとえば iPod ではどうだろう？　さいわい、マスカスタマイゼーションの新技術によって、もっと幅広い顧客がじぶんのためだけにつくられた製品をとおして「じぶんの個性を表現する」（じぶんの特徴や好みを見せびらかす）ことがいっそう容易になっている。

マスカスタマイゼーションとは、こういう考え方だ。企業は、大量生産技術を効果的かつ精密に用いて、一人ひとりの顧客の指定にあわせた製品をつくる。どんな生産ラインであれ、そのバッチサイズは数千ユニットから一ユニットにまで減らされる。注文に応じて組み立てる方式では、もっと無駄が少なく柔軟な生産ラインに転換する必要があるし、サプライチェーンをリアルタイムで制御することが求められる。だが、生産者には無駄な在庫を減らせるという便益があるし、顧客にはじぶんの好みにもっと細やかに会わせた製品が手に入るという便益もある。

たとえば、ロレックスがマスカスタマイゼーションをはじめたとしよう。お客が、生まれたばかりの愛娘の絵姿を新しいロレックス・プレジデント腕時計に刻印したものを手に入れたいと思ったら、ロレックスのウェブサイトに行って、娘のデジタル写真をアップロードし、いくつか選択項目を選んでいって、最後に支払いをすませると、一週間で腕時計がおくられてくる。あるいは、ハーレーダビッドソン・ファットボーイの新車の塗装を緑色のM&Mと同じにしたいと思ったなら、パントンのカラーチャートを見て製造元のマース・インコーポレーテッドからM&Mの緑色の色番号を手に入れて、ハーレーダヴィッド村の工場にメールを送ればいい。同社はこういうカスタマイズに高いプレミアム料金を請求するかもしれないけれど、顧客はたっぷりと話題の種にできる個人にあわせた製品を手に入れることになる。

マスカスタマイゼーションが機能するには、関連する生産技術は顧客がみずから入力する仕様に開かれたコンピュータシステムで非常に柔軟に制御されねばならない。このプロセスがいちばん容易な製品としては、デジタル印刷・刻印技術を使って表面の細部まで仕上げられる製品（腕時計の盤面）、標準的な素材から配合できる製品（塗料）、標準的なモジュールから組み立てられる製品（Dell コンピュータ、ルノー自動車、パック旅行）、コンピュータ制御したレーザーやルーターを使って薄い材料から切り出せる製品が挙げられる。典型的に応用される製品カテゴリーには、たとえば特別製本、ポスター、Tシャツ、顧客が香りを指定する化粧品・洗面用品、顧客の指定した模様に織り上げた織物がある（一八〇一年からジャカード織機がパンチカード方式プログラムでやっている）。Colorwarepc.com というウェブサイトでは、すでに顧客一人ひとりが色を指定できるスマートフォン、メディアプレーヤー、コンピュータを提供している。そう遠くない将来に、お客の要望どおりに『利己的な遺伝子』の特別版をクリーム色の上質紙に印刷しターコイズ色の革で綴じた特注本をものの数時間で書店から届けてもらえるようになりそうだ。マスカスタマイゼーションの次の段階では、顧客の希望する部品を希望どおりに組み立ててもらえるようになりそうだ。たとえばデンマークモダンのオーク材の椅子を気に入って使っていたのに壊れてしまった顧客がその椅子とそっくりな複製品を手に入れたり、『指輪物語』にでてくるアラゴルンの剣アンドゥリルが一度折れてしまったのを鍛えなおしたりするのには、この段階までいく必要がある。

コンピュータ制御による製造・ロボットによる組み立て・迅速なフォトタイプ印刷・3-D印刷・自動化された製品テストなどで強力な新手法のもつ柔軟性を活用するとなるとずっと難しいけれど、顧客にとってはいっそうお金の払い甲斐があるし、企業にとっては利益を上げやすくなる。こうした技術があれば、たとえば好きな種類の熱帯魚みたいな形状の iPod を買ったり、バットモービルそっくりなBMW M5を買ったりできるようになるかもしれない。こうした応用は、製品の安全性と信頼性に新しい問題をもたらす――ミノカサゴそっくりな形状の iPod は、手を刺してケガをしてしまうかもしれないし、ヒレの部品がポロっと落ちて乳幼児やシーズー犬が飲み込んでしまうかもしれないし、ミノカサゴ恐怖症の人が情動的な苦痛を受けたと言って訴えるかもしれない。それでも、マスカスタマイゼーションは、顧客がじぶんらしい特徴と趣味のシグナルとなる独自な製品を手頃な値段でつくりだす自由を大幅に拡大する。ただ、そうしたマスカスタマイゼーション製品にどういうマーケティングやブランドづくりが有効なのか、最終的に消費者行動・物質文化・特徴誇示をどう革新することになるのか、まだ誰にもわからない。

第16章　見せびらかす意志

The Will to Display

消費者自己愛に関する本書の考えが正しいとしよう――その進化心理学的な起源、現代でどのようなかたちをとって現れているか、のぞみの特徴誇示の便益を手に入れようとして失敗する例がいたるところに見られること、こうした所見が正しかったとする。前章で取り上げた個人レベルだけでなく社会的・政治的・文化的なレベルで、こうした失敗に対して打てる手はあるだろうか？

フリードリヒ・ニーチェに言わせると、大半の人間行動は「力への意志」に突き動かされている――支配、勇気、リソース割り当てをとおして生き物として栄えようとするのだ、とニーチェは言う。彼の構想は、高山の頂上で実存的な洞察に到達してから下って世間の賞賛（出版契約をいくつも結び、ハーレムを囲い、白ビールを味わう）という果実を賞味する孤独なアルファ雄のそれだ。本書でこれまで論じてきたように、我々のように高度に社会的な霊長類は、「見せびらかす意志」（名声や地位をとおして適応度の便益を手に入れようとする意志）を進化させているので、白ビールをあおる哲学王に対しては確実に反逆する。その結果として、社会政策にとって中心を占める問いは次のものになる：「見せびらかす意志の手綱をうまくとってみんながもっとしあわせになるには、いったいどうすればいいのだろう？」とどまるところを知らない消費至上文化を変えるさまざまな戦略はいくつものレベルで機能するが、社会政策をめぐる論議や政治活動では、いちばん効果の薄いレベルがしばしば過大に強調されている一方で、いちばん効果的なレベルはよく見過ごされている。

非対称戦争

主流の消費至上主義からみずから抜け出るのは、非対称戦争の新世界に入り込むようなものだ。伝統的な対称戦争では、どちらの陣営もなんらかの交戦規則を暗黙にふまえてこれにしたがう。相手が〔古代ローマのように〕重装歩兵(ファランクス)を並べたり、マスケット銃を構えた兵士を並べたり、戦車を配置したりすれば、こちらも同様に自軍を並べて交戦し、どちらかが降参したり敗走したりしてもう一方が勝利を宣言すれば終了となる。非対称戦争では、伝統的な規準でみれば弱い方の陣営が、新しい戦術や技術を使って勝利しようとする。一四一五年にアジャンクールの戦いでイングランド軍の長弓がフランスの騎士を打ち負かしたときには、騎兵突進による名誉ある激突をまたずに、冗談みたいな長距離から雨あられのごとく矢を浴びせかけた。一七七〇年代にアメリカの革命軍がイギリス軍の「レッドコート」を打ち負かしたときには、ゲリラ戦術がとられた——補給線を分断し、敵部隊に執拗に襲いかかり、遠くから狙撃し、わざわざ相手の思うとおりに戦列を並べてずっと強大なイギリス軍に撃ち殺されるのをとにかく避け続けた。一九六〇年代にベトコンがアメリカ軍に勝ったときも、これと同様の戦術をとった。あの九月一一日にアルカイダのテロリストたちは、アメリカの武器業者から装備を買うのではなく（サウジ市民ならそうするところだが）、アメリカの飛行機をハイジャックしてペンタゴンを憤慨させた。非対称戦争の革新(イノベーション)は、伝統的な規準でみてじぶんの方が強いと信じている側からはいつも当初は「卑劣だ」「テロリズムだ」と考えられる。あとから振り返って見ると、そうした戦術は効果的な戦争のやり方を進歩させる自然な歴史のなりゆきとして必ずとらえ直される。

同様に、人間の文化でなにかシグナリングの革新がなされるたびに、きまって最初は不公平でみっともないと思われる。少なくとも、それまでのシグナリングのやり方に長けていた人たちはそう考える。「ミンストレル」や「トルバドゥール」と呼ばれる吟遊詩人たちが、伝統的な手法（身体的な力、経済的な抑圧、宗教的な教化）ではなく音楽の技術革新（定型反復リズム、モテット、ポリフォニー、さらにはマドリガルすら！）を使ってひとの妻や娘を誘惑しはじめたとき、きっと中世の領主たちは激怒したにちがいない。エルヴィスがいやらしく腰をくねらせたり冷笑したりするのはフェアなやり口じゃない（と思われただろう）し、マイルス・デイヴィスがあんなにかっこよくて男前で才能があったのだってフェアじゃない（と思われただろう）。正規教育を受け、フルタイム雇用ではたらき、買い物は決まって小売価格そのままを支払って「フェアにやっている」社会的な競争相手や性的競合の視点から見れば、じぶんの個人的特徴を見せびらかすこうした他の方法はズル・いんちきのように思えるものだ。だが、最小のコストで最大の社会的・性的な地位を獲得しようとしている合理的な個人の視点から見れば、こうした戦術はどれもそれまでのくびきから解放してくれるすばらしいものだった。それどころか、こうしたシグナリングの革新は、文明と呼ばれる制度や技術やアイディアの進歩の大半で原動力となっているように思える。

個人特徴の入れ墨でいいんじゃない？

- 前提一：見せびらかし消費は、心理的な特徴を他人に見せびらかす方法としてはむだが多くて効果が薄い。
- 前提二：ほんの数分もくだけた対人的なやりとりをすれば、そうした特徴はかなり正確に品定めできるし、正規の知能テストや性格テストを使えばもっと正確に評価できる。

この二つの前提から、とどまるところを知らない消費主義の問題に対する自明な解決策が浮かび上がってくる。その解決策は、これまでの章で言及しておいた：つまり、評判のたしかな機関で利用できる最良のテストを使ってじぶんの中核六項目を評価し、その証明された特徴スコアを全国民の額に入れ墨してしまえばいい。そうすれば、誰もがちらっと一目見るだけで相手がどんな人でどういう行動をとりそうかわかる。このシグナリングシステムを導入すれば、見せびらかし消費によって中核六項目を見せびらかす必要がなくなるだろう。

「額の入れ墨なんかより見せびらかし消費の方が威厳がある」と思う人たちにとっては、こんな特徴入れ墨システムは人間の尊厳に対するとんでもない侮辱に聞こえるかもしれない。一方、多くの人が貧しくてしかも顔に入れ墨を入れている人も大勢いるアルバカーキに暮らしているぼくみたいな人たちにとっては、そんなに馬鹿げた話には思えない。問題は、技術的にも社会的にもこれで機能するかどうかだ。

すでに論じたように、入れ墨職人にじぶんの特徴スコアを申告する責任が当の本人にあると、この特徴入れ墨が信頼できなくなってしまうという問題はある。ただ、特徴テスト機関と技術がそれなりに進歩すれば、特徴入れ墨を技術的に偽造困難で信頼できるようにするのはかなりかんたんになるだろう。特徴入れ墨を入れるのは評判のたしかなテスト機関でないといけないし、貨幣並みに偽造困難な誇示的精密さで入れ墨をいれる必要もある。テスト機関は誠実で透明で厳重に監視され、公的な説明責任をおい、買収されにくいものである必要がある。テストをするなら、客観的で信頼でき妥当でなくてはいけないし、公共領域でやる必要もあるし、開かれた科学研究とピアレビューによって継続的に改善してゆかないといけない。一人ひとりの個人に思春期あたりから定期的に実施する必要がある。テストを行う間隔は、生涯にわたってそれぞれの特徴スコアがどれくらい安定しているのかを実証的に観察したうえで調整されることになる。（たとえば、これまでの研究から、ビッグファイブ特徴は一〇歳から一二歳のあいだにちがいがでてきて、一貫性と安定性が高まるのがわかっている。）特徴スコアの入れ墨を額に入れたくないという人がいたら、その人は個人財産としてスコアを秘匿しておいてもらい、本人が希望すれば雇用主・隣人・配偶者などになりそうな相手に対してだけ開示して、偽造困難で電子認証されたテストスコア報告書が相手に送られるようにすればいい。

すでに知能研究者たちは一般知性を正確に計測する方法を知っているし、教育テスティングサービス社（ETS）もIQタイプのテストスコアを偽造しにくくする方法を知っている。現行の自己申告による質問方式ではなく新たな客観テストでビッグファイブ性格特徴を計測するとなるともっと困難になるだろう。さしあたって、そうした客観的な性格測定にいちばん近いものとしては、雇用主が提出を求める書類が挙げられる。犯罪歴の証明と大学の卒業証書の写しは、堅実性標示としてかなりすぐれている。

一方、推薦状、身元保証人、採用面接は同調性と安定性の標示としてひどく心許ない。むしろ、現行のテスト理論とテスト手法とちょっとした想像力を使った方がずっとうまくやれそうだ。たとえば、とある個人のビッグファイブ特徴を評価するとして、その人の隣人・知人・同僚・旧友・元恋人といった大勢の標本からなる匿名のピア評価の平均を見ればかなり正確に評価できるだろう。こうした人たちは、その人を多種多様な場面・状態・気分のもとで観察しているし、短期的なやりとりでとりつくろわれる上辺の向こうにあるものを見抜くことも無意識に身につけている。彼らの知識を集約することで、小規模な人間社会における噂話と評判の状況共有力を現代経済の規模で再現できるだろう。ある個人についてその人の社会ネットワーク全体がすでに知っていることと同じだけの知識・情報を、世間の誰もが知りうるようになるはずだ。

信頼できる性格特徴入れ墨があれば、美徳ある人たちにとって人生は容易になり、悪徳ある人たちにとっては困難になるだろう。いま現在は、大人しくて謙虚な人たちが押しの強くて芝居上手な人たちに競争的な雇用市場・配偶者市場・社会的小集団の形成で負けることがよくある。いまでこそパーティなどでひとりぼっちの壁の花になりがちな人たちも、彼らの同調性や安定性がもっと見やすくなり、そうした特徴が実際にどれほど有用か世間に知られてゆけば、もっと人に好まれるだろう。逆に、短期的にはきわめて魅力的だけれど長期的には敵(かたき)になりがちなサイコパスたちにとっては、不利になるはずだ。サイコパスたちの同調性・堅実性の低さが白日の下に明らかになって、少なくとも道理のわかった人たちのあいだでは相手にされなくなるだろう。

客観的な性格テストには他のやり方もありうる。電子的な記録・脳画像化・ＤＮＡ検査にもとづくやり方だ。たとえば、対象となった人物の堅実性・同調性・外向性は、その人のメールアカウントや携帯電話アカウントやソーシャルネットワーク・サイトからえたデータを見ればかなりはっきりと明らかになる――スパム以外のメール件数、電話の呼び出し回数、ソーシャルネットワークに届いているメッセージの数と、月あたりの返信数といったデータを見るといい。それぞれの性格特徴といちばん密接に結びついている脳の反応パターンが明らかになるにつれて、脳のスキャン中に仮想現実のいろんな場面を体験してもらうことでビッグファイブ特徴を評価できるようになるはずだ。

最後の選択肢は、いきなり遺伝子型そのものに注目する方法だ。たとえば23andMeやケンブリッジ・ゲノミクスといった企業は、すでに「消費者向けゲノム解析」や「個人向け遺伝子検査」を提供している。遺伝学者たちは、一〇〇〇ドル足らずのお金を払えばほんの数年で特定の人のゲノム全体を解析してくれる。ぼくが書いた近年の論文では、性格特徴と関連している特定の対立遺伝子（遺伝子の形式）は、一般知性や一般的健康に結びついた対立遺伝子よりもずっと見つけやすいことを論じている。性格に関連した遺伝子には、すでにつきとめられているものもある。残りの遺伝子も、急速に発見されつつある。あと数年もあれば、脳画像化や遺伝子型研究によって性格評価の正確性が向上してピア評価や実際の行動の標本を大量に使うようになるだろうし、ゆくゆくはこうした方法を総合して利用することでビッグファイブ特徴のすぐれた客観的計測ができるようになるはずだ。

特徴入れ墨は中核六項目の信頼できるシグナルとして技術的には実現可能ではあるだろうけれど、シグナルを送る側（入れ墨の主）とシグナルの受け手（入れ墨を見る人たち）がこれを社会的に容認するだろうか？　もし社会規範が特徴入れ墨を歓迎したら、どれかの特徴スコアがずいぶんひどかった人さえも含めて、誰もが入れ墨を入れる社会的な誘因（インセンティブ）が生まれる。コスト高シグナリング理論から導かれる意外な予測の一つがこれだ。とても高い知能の持ち主くらいしかすすんでＩＱスコアを額に入れ墨しないだろうと思うかもしれないし、実施開始まもないうちはそうなるかもしれない：IQ一五〇の天才しかわざわざこんなマネはしそうにない。だが、天才たちが入れ墨を入れると、今度はIQ一二五〜一五〇の人たちが、「なるほど天才ではないけれど、じぶんたちは入れ墨を入れていない大半の連中よりはずっとかしこいんだぞ」ということを示そうとする（入れ墨を入れていない人たちの平均IQはこの時点で九五くらいだ）。かくして、彼らも天才のあとを追って入れ墨を入れはじめる。すると、次はIQ一〇〇から一二五の人たちが「少なくとも他のまだ入れ墨を入れてない連中（この時点で平均IQは約九〇）よりじぶんはマシだ」ということを示したくなる。こうして、彼らも入れ墨を入れる。こうしてIQの全範囲にわたって人々が入れ墨を入れることになる。やや精神遅滞のある人たち（IQ五〇〜七〇）や彼らの保護者たちですら、少なくともじぶんたちはそこそこ精神遅滞がある人たち（IQ四〇〜五〇）や重度の精神遅滞がある人たち（IQ二〇〜四〇）や完全な精神遅滞（IQ二〇未満）ほどではないことを示そうとする。同じ推論が、ビッグファイブ性格特徴にはもっと強力に当てはまる。ビッグファイブ特徴には、知性ほどはっきりと価値の負荷がかかっていない。バンパースティッカーを使ってじぶんの開放性や外向性を宣伝したがる人たちがいるくらいなのだから、入れ墨でもそうする意欲が同じくらい強い人たちもいるだろう。

だが、結局のところは、特徴入れ墨を注目に値するものとして人々が受け入れるのはむずかしいかもしれない。ここで問題となるのは、みんなの知覚システムは人（パーソン）知覚システムと配線がつながっているという点だ。人間は、ふるまいを観察して他人の心理的な特徴について無意識の推論を行うすぐれものの能力を進化させている。だが、こうした能力は先史時代の条件に適応しているため、有意義な社会的情報が特定の知覚チャンネルをとおして特定の自然な「情報フォーマット」でやってくると「予想」する。たとえば、他人がなにかすごく可笑しいことやするどいことを言うのを耳にしたり、とても創造的で美しい芸術作品をつくりだすのを目にしたりすると、その人の知性をかんたんに判断できる。こうした知覚可能な知性の手がかりが無理なくじぶんの人（パーソン）知覚システムに適合するかどうかを人間は区別できる。なぜなら、こうした手がかりはたんにその相手の知性への冷静な尊敬を喚起するばかりでなく、驚嘆・崇拝・恭順・嫉妬・親しみ・情欲といったアツい情動も呼び起こすからだ。これと対照的に、同じくらい信頼できて妥当な特徴であっても、進化の尺度で見ると新しいかたちで耳や目に遠くために人（パーソン）知覚システムはかんたんに処理するよう進化していない場合がある。たとえば、誰かの脳の完全な3-D MRIスキャンをして得られる客観的情報は、同じ人がすばらしいドラムのソロ演奏をしているのを聞くのと同じくらい豊かだけれど、脳スキャンをじっくり検討してみても、力強いリズムに合わせて体をゆりうごかすときほど社会的な尊敬や性的魅力が引き出されはしない。同様に、特徴入れ墨も、一〇分間の会話よりもっと信頼できる知性に関する情報をもたらしてくれるかもしれないけれど、対人的なやりとりへと人を突き動かす情動を炸裂させることはできない。人間の人（パーソン）知覚システムには、かんたんな短絡方法なんて一つもなさそうに思える。人間は、予想するよう進化した社会的刺激を人（パーソン）知覚システムに送らなくてはいけなくて、制度的に認証された特徴入れ墨は、そういう刺激に数えられない。これと対照的に、みんなの人（パーソン）知覚システムは、ほんの二〇年ほどの消費社会化を経て、個々人の誇示的な浪費、精密性、および／あるいは評判のいい所有物についての情報をおどろくほど嬉々として処理してこれに基づいて性格に関する推論を行っているようだ。

　人々の中核六項目の特徴を客観的テストで計測する制度をつくっても、人に関するもっと自然なかたちの情報にとってかわることはないかもしれないけれど、場面によっては有用だと判明するかもしれない。たとえば、交際をのぞんでいる相手と最初のデートをする前に、大規模なピア評価・コンピュータや電話の記録・脳スキャン・遺伝子解析に基づく真の性格特徴について電子認証付きの正確で客観的な情報が手に入るとしたら、いくら払うだろうか？　もしもぼくが独身だったら、一ドルなら払うだろう。もしもぼくが女性で、これまでデートした相手がサイコパスやナルシシストや鬱病患者やエゴイストやデートレイプ犯ばかりというさんざんな目に遭っていたら、こういうサービスがないことを心底うらむだろう。うちの娘がデートするようになったり、どこかの男と結婚したいと考えたりしたら、こういうサービスがないのを心底うらむ。また、医者・弁護士・建築家・自動車修理工・家政婦・不動産業者といった人たちが認証付きのＩＱとビッグファイブのスコアを『イエローページ』の広告やLinkedIn ウェブページに掲載しておいてくれたらとてもありがたい。彼らに仕事を頼んだことがある人たち三人にいちいち紹介を頼まなくても、こうした人たちが一五〇人もの友人・親戚・義理の家族・隣人・元配偶者たちがすでに彼らの堅実性・同調性・安定性を評価していてくれたら、それを見るだけで事足りる。インターネットでの買い物に革命を起こしているのと同様の消費者フィードバック（利用客によるフィードバックの好評価割合）を利用すれば、個人向けの専門家サービスの買い物にも革命が起こりうる。

「常識さえあれば、自己愛の強いデート相手や同調性の低い医者なんて避けられるんじゃないの」と思う人もいるかもいれない。だが、この手の人間がそんなに検知して避けやすいのだったら、こういう遺伝性の特徴はとっくに遺伝子プールから消滅していたはずだ。真実を追究する人（パーソン）知覚能力と、他人を欺く特徴誇示戦術の終わりなき共進化は、みんなの第一印象がいつでも正確に相手の人となりをつかむ地点にはけっして到達しない。自然に備わっているけれど間違いやすい第一印象を補うのに客観的テストのスコアを利用するよう学習することはできる。ちょうど、予定を立てるのにカレンダーを見たり運転に速度計を見たりするのと同じことだ。客観的テストのスコアが利用されるようになれば、その結果として、中核六項目のレベルで大規模な社会的透明性がうまれるだろう。少なくとも、意識的で合理的で実践的なレベルでは、誰もがどんな他人についてでも知るに値することをなにもかも知れるようになる。無意識にはサイコパスのワルい少年や境界性人格障害をもつゴス少女に魅力を感じたりしても、少なくともその気持ちを分別で乗り越える機会はもてる。大規模な社会的透明性というと、怖くて恥ずかしく聞こえるけれど、先史時代に噂話や評判、「面子」、地位象徴が発展して以来、人類がずっと追い求めてきたのはまさにこれに他ならない。少なくとも、合理的な人たちだったら、じぶんの友人・恋人・同僚・隣人をもっと素早く正確に選べる機会がうまれるだろう。

資格を満たさないと買えない製品

特徴入れ墨は人（パーソン）知覚システムで処理しやすい情報フォーマットで特徴を表現しないために社会的にうまく機能しないかもしれない。だが、個々人が認証付き特徴スコアを見せびらかせるもっとユーザーにやさしく覚えやすい方法もあるかもしれない。

たとえば、「中核六項目のこの特徴でしかじかの最低スコア（または最大スコア）要件を満たす人にしかこの製品は売りません」と企業が決めることも可能だ。自動車のハマーをあつかうディーラーは、外向性スコアで上位五パーセントに入る消費者にしか限定色の「パーティーアニマルレッドパール」を利用できないと宣伝すればいい。ぬきんでて高い外向性を見せびらかすのにこの鮮やかな赤色を利用したい消費者は、ハマーの販売特約店で外向性スコアを電子認証してもらって購入契約にサインすればいい。こうすることで、ハマーは「パーティーアニマルレッドパール」が親しみやすさ・自身・野心の信頼できるシグナルになると保証できる。あるいは、レクサスだったらLS 460の「メンサ・クォーツ・メタリック」限定色を売る顧客を、知性スコアが「メンサ・インターナショナル」(IQ一三〇以上、つまり五〇人に一人)の資格を満たすと認証された人に限定してもいいだろう。もっと購入資格の厳しい「プロメテウス・グラシア・パール」限定色だと、IQが一六〇を超える人(三万人に一人)であることを示せるようにする――「プロメテウス・ソサエティ」の入会資格の持ち主しか買えないようにするのだ。

製品の購入資格になるのは中核六項目とはかぎらない。顧客が小売店に電子記録アクセスを認めてもいいと考える情報なら、なんでも購入資格にできる。そうした情報としては、年齢・性別・居住地・学歴・職歴・金融記録・結婚歴・医療記録・実父確定審査・教会の参加記録・政党の党員記録・購入履歴などなど――有意義になりそうで認証可能ならデータでもかまわない。たとえば、〔コンドームを販売している企業の〕デュレックスは、性病検査で陰性の結果がでている男性に限定して「クリーン・サブマリン」ブランドのバイク用ヘルメットを販売してもいいだろう。あるいは、モルモン教教会は、少なくとも一〇年にわたって「一〇パーセント税」をずっと教会に納め続けた信徒だけが買える「一〇フォー一〇」ノートパソコンを販売してはどうだろう。

社会的・性的にのぞましい特徴の組み合わせを要求する製品があってもいいだろう。スケッチャーズ・スニーカーに「ミスター・ライト」モデルをつくって、二五歳から四〇歳までの独身男性で高い知性・高い堅実性・高い安定性をもつ人にしか販売しないようにするのはどうだろう――女性が結婚相手に求める「よき父親」特徴の組み合わせのシグナルになるスニーカーブランドだ。スパイダー・スキーウェアは「ハッピー・フラッファー」ジャケットをつくって、一八歳から二九歳の独身女性で高い開放性・高い同調性・高い衝動（低い堅実性）をもつ人だけが購入できるようにしてもいい――こちらは、短期的な恋人に男性が求めるセックスパートナーになりそうな手がかりになる。

このシステムは、どれくらい正確に機能するだろう？　まず、製品購入の特徴要件や製品バーコード番号をそれぞれの製品に設定して「国際テストスコアデータベース」に登録する。さらに、システムに参加したいと希望する消費者一人ひとりのテストスコアもこのデータベースに登録する。テストスコアは、特徴入れ墨が参照しているのと同じ客観的な計測法に基づく――知性テスト、ピア評価、電子通信記録（たとえばFacebookの友人数）、さらには、遺伝子型や脳スキャンも含めていいかもしれない。購入時には、顧客は「国際テストスコアIDカード」を提示して、レジ係がIDカードの顔写真の確認と生体認証で本人確認する。次に、製品バーコードを読み取ってPoSコンピュータ経由でデータベースを照会し、顧客の特徴スコアが購入の必須要件を満たしていれば認証する。製品購入要件を満たしていないのに販売されていると製品のシグナリング力が損なわれる。そこで、データベースは大量の「覆面調査員」を雇って、レジ係が無認証販売を行っていないかどうか確かめる。

一見すると、「製品の購入要件」システムは逆効果に思えるかも知れない。「所定の特徴スコアや他の背景情報に合致する顧客にしか販売しないことでわざわざ潜在的なターゲット市場を狭めるようなマネを企業がするの？」ちょっと考えてみよう。特定のブランド性格をもつ新製品がしかるべき性格特徴をもつ顧客および／あるいは特定の人口統計的な特徴をもつ市場セグメントに合わせた位置づけをえるには、これがいままでもっともかんたんな方法だ。製品のシグナリング力は――そして消費者にとってののぞましさとマーケターにとっての利益の上げやすさも――こうした購入要件によって大幅に高まるだろう。

製品に購入要件を設定するアイディアは、新サービスのマーケティング展開にとって明快な含意がある。たとえば、民間宇宙飛行サービスがそうだ。一九六〇年代の宇宙飛行士たちが心からの尊敬を集めていたのは、たんに地球のまわりを何度か周回したからではなく、他のどんな求人要件よりも厳しい選定基準に通った人たちだったからだ。ヴァージン・ギャラクティック社が民間宇宙飛行をあまりにかんたんで受動的で快適なものにしてしまうと、誰でもお金さえあれば宇宙飛行できるせいで顧客は宇宙飛行経験者としての神秘的な雰囲気をまとえなくなってしまう。そうなれば、ニューメキシコの都市トゥルース・オア・コンシクエンシーズに建設中の宇宙港に引き寄せられる顧客は少なくなってしまう。そうなるよりは、民間部門でもNASAの選別システムを模倣してヴァージン・ギャラクティック社の宇宙飛行に参加できる人をとても健康で知的で安定性の高い人たちに限定する方が、はるかにいい。八〇歳代の億万長者や巨万の富を相続した脂肪過多のご婦人には、もっと地位の低いブランドとして「カーニバル・スカイクルーズ」とか「ライアン・ロケット」みたいな名称のプランを提供すればいい。上位プランよりもずっと低いGでの離陸を行い、安全な低軌道での周回を二〜三回こなすだけでも、こうしたお客たちは知り合いに「ちょっと宇宙飛行なんぞに行きましてねぇ」と吹聴したがるだろう。宇宙旅行市場は、初期こそ「プラネットスペース」「ロケットプレーン・キストラー」「アルマジロ・エアロスペース」「ブルー・オリジン」「XCor」「ビグロー・エアロスペース」といった参入企業がひしめくだろうけれど、経営破綻や統合によって選別が進むのは避けられない。そのあとに生き残るのは、もっとも選別の厳しいブランドだけだろう。

政府による対ぜいたく戦争？

特徴入れ墨が社会的に実行困難で、マーケターたちがまだ製品購入要件の便益を理解していない場合、見せびらかし消費を頼らずに中核六項目を見せびらかせる方法は他になにかあるだろうか？　社会科学者たちは、なにか改善の必要な社会問題をみつけると、おうおうにして安直に政府の政策を使おうとする。たいてい、彼らが提案する解決策は、新しい政府プログラムをつくってその問題の人的コストを最小限に抑え問題の根源とされるものを処罰対象にするというものだ。すると、たいてい、新しい官僚組織がうまれる。こうした官僚組織はその問題が長く続いているあいだはそのコストを改善して違反者を罰することができるので、むしろ問題の永続化で既得権益が保たれる。さらに、個々人や非政府組織は政府よりもはるかに速く学習して物事に適応して、新制度のもとで隠れた抜け穴やインセンティブ構造を利用するようになるのが常だ。一九五〇年代のつかの間だけ存在した共産主義の脅威によってうまれたペンタゴンの官僚組織は永続しているし、軍事産業によって利用されてもいる。一九八〇年代にいっときだけ麻薬ギャングが猛威を振るうと「対麻薬戦争」の政府プログラムがうまれていまも永続しているし、「ダメぜったい」(JustSayNo) プロパガンダや家庭向け薬物テストキットや厚生施設を広める〔非政府組織などの〕人々に利用されている。ほんのいっときのアルカイダによる九一一攻撃は、永続的な「対テロ戦争」とイラク占領につながり、ハリバートンに利用されている。

こうした例を挙げていけばキリがない。だが、政治家や政策通がなにか新しく「アメとムチ」式のプログラムをつくって社会問題を解決しようと考えても、実生活で避けて通れない政治的妥協のすえに予算不足で管理運営面に欠陥を抱えたかたちで実施され、よかれと思ってはじめたことの有害な副作用に当人が戸惑うオチになるのが毎度の話だ。すると、見事な新政策の失敗は欠陥・妥協・予算不足のせいにされ、「複雑な社会問題が単純な政府介入によって解決されうる」という疑わしいうぬぼれは省みられない。

だから、本書では、政府の新しい「対ぜいたく戦争」の一環として消費者自己愛・贅沢品・地位シンボルを法的な処罰対象にする新法案を推奨するつもりはない。歴史を見れば、政府の布告によって人間の地位を平等にしようとしたこの手の試みは、失敗に終わる運命だとわかる。文化大革命では、人民服をみんなに着させると、毛沢東語録の新版を振りかざして地位を競いはじめるし、棒で教師たちをぶちのめしはじめる。地位を求める本能は、進化に根ざす深い根っこがあるのかもしれないけれど、地位追求は文化によって変幻自在にさまざまなかたちをとるので、どんな政府だろうと、その変化の速さにはとうてい追いつけない。人間行動を変えるには、もっとかんたんでもっと柔軟な方法がある。それは、特徴見せびらかしを支配する草の根の非公式な社会規範を変えることで人間行動を変えるという方法だ。

市民社会という名のささやかなもの

消費主義を人間らしくしてもっと効率的でもっと好ましいシステムにするのは政府の手に余るとすれば、他にいったいどんな手段があるだろう？　ぼくらアメリカ人なら、連邦政府による「対ぜいたく戦争」にかわる選択肢は、個人の生活スタイルをおだやかに変えることだと決めてかかるかもしれない。なにかあれば訴訟にでる人ばかりの国民として、ぼくらは、「個人的な趣味嗜好は公共の論議の埒外にあるので、法律問題ではないなら、問題は個人の領分にあるにちがいない」と決めてかかる。なぜなら、アメリカ人というやつは、理念上の憲法や道徳不問の企業やアトム化した個人以外は、どんな記述レベルに存在するものだろうとあらゆるかたちの社会的組織や文化的な力をそっくり無視するように、生まれてからこの方ずっと洗脳を受けているからだ。

アメリカ以外では、人間行動をかなり強力にかたちづくれる要因が他にもいくつかあって社会がうまく回っていることを教育ある人たちは承知している：文化的伝統、社会規範、慣例、習慣、言語、ミーム、エチケットの決まりごと、信念体系、集団への帰属といった要因がそれだ。こうした行動規範のシステムによって、市民社会というささやかなものが成り立っている。社会学や文化人類学の研究対象がこの市民社会だ。ただ、そこで使われる言葉はなんとも曖昧模糊としているのだが（「イデオロギー」「言説」「ヘゲモニー」「生活様式」などなど）。こうしたシステムがちがうから、ノースダコタとロンドン北部の生活はちがっている。アムステルダムの方がクラクフやカラチよりもかっこよくてたのしいのも、こうしたシステムのちがいによるものだ。

一九八〇年代後半から一九九〇年代後半にかけて、開発経済学者たちはよく「ワシントンの常識（コンセンサス）」を喧伝した。貧しい国々も、自由市場・自由貿易・通貨安定を確立することで豊かに成長できるというのが彼らの主張だった。旧共産圏の国々で経済が低迷し、一九九七〜九八年にアジア通貨危機が起こり、民族紛争や宗教的な過激思想が興隆すると、繁栄のためには自由市場以外にも必要なのが明らかになった。第一に、繁栄には法の支配が欠かせない：世界銀行の「ガバナンス指標」で評価されているような、私有財産権・人権・社会の安定に関する公正で安定した法律をよい政府が実施する必要がある。第二に、説明責任・透明性・道徳規範・政治と企業への信頼の社会文化的な伝統も必要となる。第三に、教育・

将来の夢・自発的行動・勤労・丁寧さ・穏やかさ・社会的なつながりづくりに関わる行動規範も必要だ――言い換えると、労働者と消費者の中核六項目を最大化しやすい規範が必要だ。

こうした社会的制度や行動規範は、人間のあらゆる制度が動作するための「オペレーティングシステム」と「アプリケーション」になる――ここでいう制度はたんに政府や企業だけではなく、婚姻・友人関係・家族・隣人・公共空間・都市・職業・職歴・ゲーム・余暇の活動・教会・クラブ・慈善活動・チャットルームなどさまざまだ。この点は、人間集団にとって常に変わらない事実だったし、とくにこの数千年ほどの複雑な分業が進んだ階層社会ではなおさら強く当てはまる。市民社会こそ人間の営みがなされるところであり、理性的な論議や新しい知識が人々の生活をよい方に変えるのに最高の効果を発揮できるのもこの市民社会だ。

市民社会をとおして変化をもたらすには、こうしたシステムの礎となる人(パーソン)知覚・賞賛・処罰といった非公式システムを理解し受け入れねばならない。快楽至上個人主義や宗教原理主義や家父長制的国家主義に染められている人たちは――つまり、人類の九九パーセントは――行動規範や制度的習慣を変えることで社会を変える方法を想像力ゆたかに考えるのに慣れていない。それどころか、古典的自由主義者やリバタリアンや合理的エージェントを想定する経済学者や反抗文化アナーキストといった快楽至上個人主義のもっと極端な主導者たちは、社会の水準でなにごとかを変えたり維持したりする基礎に市民社会の規範をおくことを拒絶しがちだ。

彼らの懐疑心には、隠れた理由がある。それは、「市民社会の規範は、誤りやすい個人の判断や哲学的に整合性のない自由意志の概念に依拠しているにちがいない」というものだ。非公式の社会規範がうまく機能するのは、個々人がお互いのふるまいを観察してその性格・能力・道徳的な美質について推論するときにかぎられる。こうした推論は、必ず不完全な情報・確率的な手がかり・過去の経験に依拠しているために、いつでも間違いやすい――それに、偏見・バイアス・紋切り型にはまりやすい。同様に、非公式の社会規範がうまく機能するには、他人の行動を観察したりその性格を推論したりして他人を賞賛したり処罰したりする用意が個々人にないといけない。だが、そうした行動や性格は、論理的には遺伝子・環境・偶然の複合的な産物にちがいない。つまり、あたかも人には個人的美質を賞賛される余地があり個人的失敗をとがめられる余地があるかのように、みんながふるまわないといけない――形而上学的には「ない」とわかっていてもあたかも自由意志が存在するかのようにふるまわないといけない。(「こんなパラドクスがあるってことは、人間の社会生活の核心部分には器用な偽善があるってことじゃない?」――そのとおり。「他にやりようはないの?」――ぼくには考えつかない。)

市民社会の規範のこうした要件は――誤りやすい個人的知覚と自由意志の信念は――歴史にいくどとなく悪名高い群衆の狂気をもたらしている:ピューリタンの魔女狩り、パリのギロチン、クークラックスクランの黒人リンチ、フツ族とツチ族のマチェット虐殺などなど。たしかに、こうした出来事も全体主義政府が強いた大量虐殺(ヒトラー、スターリン、毛沢東、ムガベ)に比べれば鮮烈さは薄まる。だが、嘆かわしい出来事だということに変わりはない。誤りやすい判断や自由意志のパラドクスに麻痺してしまった多くのリベラルや学者たちは、市民社会の礎としての非公式社会規範を明示的に拒絶している。ぼくらは寛容と多様性のイデオロギーを信奉しているけれど、つきつめればどちらも人をその行動で賞賛したり非難したりするのを厭うものだ。その結果、政府介入による以外に社会変化をもたらすテコがなにもないという状態になっている。

非公式な社会規範の力

ゲーム理論と実験経済学で進んだ近年の研究から、非公式な社会規範は人間行動に強力な影響を及ぼし人間どうしの協力を維持できることがわかっている。とくに、適切な行動をしない一握りの人間への制裁を大勢の個々人が科す社会的に分散した処罰のシステムにこの点は顕著だ。お互いに面識があって報酬も処罰も与える力がある隣人どうしでやりとりが繰り返される真の社会で個々人が暮らしているとき、こうした制裁は反社会的行動に対する信用ある抑止力としてとても効率的に機能する。よい行為に報いるのよりも悪い行為を処罰する方がずっとかんたんにできる。というのも、人々に適応度のコストを課す（相手の資源・地位・自由・身体器官を奪う）のにはコストが低い方法がたくさんある一方で、真に適応度への便益を与える（寿命を延ばす、性的パートナーや赤ちゃんを増やす）方法はごくひとわずかしかない上にコストも高くつくからだ。

隣人による非公式の処罰が科される脅威で維持される社会規範は、ゲーム理論家たちが研究している繰り返し型の囚人のジレンマや共有資源のジレンマといったさまざまな「ゲーム」での協力問題を解決しうる。こうしたゲームは、経済学者たちにはうんざりするほどなじみ深い一方で、それ以外の人たちにとってはなんのことやらちんぷんかんぷんに聞こえることだろう。だが、こうしたゲームは重要だ。というのも、そこには人間の社会生活の主要な課題が明示的かつ分析しやすいかたちで映し出されるからだ。非公式の処罰に後ろ盾をえた社会規範が繰り返し型の囚人のジレンマにおける協力を後押しででできるのだとしたら、少なくとも原理上は、実生活での平和と幸福を促進することもできるはずだ。

用心して回りくどく言っているけれど、これはようするに、「悪者のふるまいをした隣人は悪者扱いしてOK」という話だ。それどころか、そうするのが市民の義務ですらある——厳密な意味で、市民社会はこうした非公式の社会的処罰と報酬なしに機能できないだろう。田舎村にはお節介者が必要だ。現代の都市には、道徳に関して押しの強い市民が必要とされる。公式の法・警察・裁判所・牢獄だけで生きるに値する集団生活の質を維持できたためしはない。それどころか、社会の大半の人たちが暗黙裏に理解し実施している真性の文化があるなら——非公式の行動規範が一揃いあるなら——文章に書かれた憲法や企業のミッションステートメントや個人の教義問答集は必要ない。イギリス人はこの点を完璧に理解していて、彼らからすると、国や企業や個人の価値観がきちんと書面に書かれていないと実存をゆるがされてめまいを覚えるアメリカ人は面白く見えるらしい。社会にとって望ましい方向に人間行動をかたちづくる日々の仕事の九九パーセントは、非公式の規範がになわざるをえない。この数千年というもの、まともに機能したあらゆる社会の正気な大人は、誰もがこの原則をはっきりと理解していた。二〇世紀終盤の欧米リベラル系学者界隈の下位文化(サブカルチャー)は、ひとつきりの例外だ。非公式な社会規範の力がもっと広く意識して理解されるまでは、社会一般についても具体的に消費主義についても、変化をもたらせるもっとも強力な方法を見過ごし続けることだろう。

反消費主義運動家たちのまちがい

市民社会と非公式の行動規範をはっきりと理解すれば、社会を変えるテコの力を最大限に引き出す支点がどこにあるかわかりやすくなるし、失敗するしかない戦術がどういうものか判別もつきやすくなる。

一九七〇年代の環境保護運動いらい、消費者行動を変えようとするときに伝統的にとられてきた戦略は、言葉によるお説教と警告だ。人間はおしゃべりが大好きで、とくに他人にああしろこうしろと指図するときは嬉々としてよくしゃべる。さて、ここ数十年というもの、やれ「《母なる自然》を敬え」だの「消費を控えてリサイクルしよう」だの「グローバルに考えてローカルに動こう」だの「自分本位と我欲を改めよう」だの「シンプルに暮らそう」だのと、いろんなお題目をみんなで唱え合ってきた。ときとして、こうした戦術が驚くほどうまくいって新しい社会規範と表現がつくりだされた場合もあった。そういうお説教がみんなに合図しているのは、「これからの地位ゲームはこれで動くぞ、これ見よがしに環境を意識した行動こそ堅実性と同調性を見せびらかす新しい最善の方法になるぞ」ということだ。他方、お説教がなんの成果ももたらさなかった場合もある。誰よりも節制の必要な罪人たち（多国籍企業、軍産複合体）にはそもそも性格特徴がないからそのシグナリングも気に掛けたりせず、新しい環境保護ゲームに興じても得なことがなんにもないからだ。

たとえば、反消費主義運動家たちは、よく大企業や国際貿易機構を標的に選ぶ。彼らは、いつもどおり非公式な社会的制裁という社会的霊長類らしい戦術を使う——説教したり、公衆に標的の恥を知らしめる、排斥する、中傷する、腐った果物を投げつける、といったやり方をとる。ところが、そうやって憤怒の矛先になる標的は、顔のない制度で、こうした制裁に応じるような良心や責任感を持ち合わせていないし、標的となった組織の長や職員たちにしても、運動家たちと実生活でなんら接点がないので、運動家たちに嫌われたところで適応度に実害は及ばない。職場が抗議運動に包囲されても、ネスレやWTOのリーダーたちは頑丈な車をビュンビュン飛ばして住人どうし名も知らずに暮らす準郊外のマンションに帰れば、情の通じた配偶者・じぶんを敬う子供たち・慇懃なディナーのゲストたちといっしょに夜の時間を楽しみ、シングルモルトのウイスキーを味わったりできる。運動家たちは、彼らの隣人でも友人でも親戚でも同僚でもないし、恋人候補でもない。だから、運動家たちに軽蔑されたところでどうということはない。運動家たちは外集団であって、非公式の社会的制裁が有効なのは内集団だけだ。

運動家たちは、じぶんたちの考えを気にしてくれる社会的な内集団をアメとムチの標的にした方がよさそうだ――それに、じぶんたちの社会的な内集団は彼らが認識している以上にずっと広範かもしれないという点も認識した方がいいだろう。典型的な大学生運動家なら、彼らの内集団には、もちろん、考え方の似た同世代の反対運動下位文化(サブカルチャー)の友人たちがいる。でも、それだけではなく、遺伝的な関連・対人的な愛着・経済的な相互依存・地理的な近さ・繰り返されるやりとりのおかげで適応度に関わる利害が重なっている人たちもいる。つまり、彼らの内集団には、父親・母親、義理の親、親戚も含まれるし、同居人やお隣さんも、仕事仲間も、上司も、お客さんも含まれるし、同級生や教授たちも、オンラインゲームの遊び仲間も、チャットルームの知り合いも、メール友達も含まれる。

大人なら、社会的ネットワークにだいたい一五〇人くらいはよく知っている人たちがいるものだ。空港でばったり出会ったらよろこんで飲みながらおしゃべりできる間柄の相手がそれくらいいる。多くの領域で、そういう内集団の知り合いがなにかいいことをすれば「すごいね」と賞賛し、わるいことをすれば「ひどいね」と非難して、そこに気後れしない。家族や友人や子供や動物たちに利他的行動をとってもらえないかと頼むのは、そういう相手だろう。こういう知り合いがなにかひどいことや信義に反することをやったとわかれば、しかめ面をしたり眉をひそめたり穏やかにたしなめたり辛辣な質問をしたり急に場を去ったりして非難の意思を表すものだ。イデオロギー的な罪に対しても、こういう反応をするかもしれない――マイノリティの権利を損なったり、ポルノを楽しんだり、尼さんの耳に届くところで下品な悪態をついたりといった行為にも、こうやって非難の意思を表すかもしれない。だが、多くの先進国では、見せびらかし消費を行った内集団の人たちを非難するのはなぜか強いタブーとなっている。空港でひさしぶりにばったり会って飲みにいった知り合いが「新しいレクサスを買ってねぇ」とか「スタンフォード大学を卒業したよ」と言い出せば、成功・地位・趣味嗜好を賞賛する義務を感じる。空港に置かれているプロパガンダスクリーン（アメリカだとたいていチャンネルはCNNに合わせてある）にグロテスクなまでにこれ見よがしな精密さを誇る携帯電話の新機種広告が映し出されて、知り合いが「あれ、めっちゃほしいんだよ」と口にすれば、反射的に「だよね」と同意しがちだ。かわりに、こんな風に言える根性がぼくにあったらいいのにと思う：

いやぁ、ぼくもあのケータイほしかったんだよね。でも、よく考えると「いま使ってるやつだってけっこういいじゃん、あれをほしがる理由なんてなくね？」ってなってさ。新しく買うと設定に何時間ってコストがかかるだろうし、いまですらけっこう中毒気味なのにもっとあのちっちゃい画面に釘付けになっちゃって、対面で人と会話することがもっと少なくなっちゃうでしょ。いまやってるような会話の機会が減っちゃうわけだよね。ああいうのがほしくなるのにはきっと無意識の理由があってさ、なんか魅力的な性格特徴があるってことをみんなに見せびらかしたいからだと思うんだよ――つまり、知性とか堅実性みたいな、仕事での成功ぶりや消費者としての趣味の良さにつながる特徴を見せびらかしてくって、ああいうのがほしくなるんじゃないかな。でも、そういう特徴を見せびらかす上では、あれこれの製品ってそれほどうまく機能することもないと思うんだよね。たとえば、こうしてほんの数分話すだけでも、キミがいい特徴の持ち主だってことはもうわかっちゃうわけじゃん。意味のある物事についてするどいことやおもしろいコメントを言うから知的だってわかるし、フライトの一時間前にはセキュリティを通る人だから堅実だってわかるし。美質がおのずと雄弁に現れるものなんだよ。こういうコストのかさむ製品やサービスに囲まれなくったって、人から尊敬は集められる。どう思う?

こんな具合にご託宣を述べてみても、相手にしてみればあまりにずけずけと立ち入りすぎて攻撃的で居心地悪く思われて、失敗することもあるかもしれない。だが、上から目線で「俺はなんでも知っているデキる反消費主義者、お前は底が浅くて情けない物質主義者」みたいな態度を取らずに、「同病相憐れむじゃないけど、この悪癖の犠牲者どうしで、ちょっとこの消費主義の問題をいっしょに考えみないか」という態度をはっきりさせれば、新しい思考や感情をうまくひらめかせる場合も多そうだ。とくに、空港みたいな他人だらけの場所では、個人のアイデンティティは紙のように薄く感じられる一方で製品ブランディングは溶岩のようにもうもうと熱をたちこめらせるように感じられるものだ。そういうときに、対面でおしゃべりしている知り合いの口から心からの消費主義懐疑論がふっと聞かされれば、ただごとじゃなく鮮明に受け取られうる。空港でのおしゃべりから数週間ほどはずっと相手の記憶のなかで反響しつづけて、なにか広告を目にしたりモールにでかけりしたときに頭のなかでよみがえるかもしれない。さらには、その相手がまた別の知人と空港のバーでおしゃべりしているときに、彼の口から語り直されるかもしれない。(他人の思慮深さについて過剰に楽観的に考えられるくらいじゃないと、何事も変わりはしないものですぞ。)

それどころか、どんな社会変化だろうと、こうした一対一での意識向上の機会が個人どうしで、内集団で、歴史で、次々に積み重なっていくのが、おそらくは常道だろう。公民権も、女性の権利も、ゲイの権利も、動物の権利も、議論を重ねて受け入れられていった。公衆の反対運動がなにか助けになったことがあるとすれば、それはたんに、いつも番組枠の埋め草を探しているニュース屋にネタを提供して、家族や友人どうしで内輪の議論を喚起したからかもしれない。いままでレーダーにかかっていなかった話題についてじぶんの考えを開陳する機会がそうやってつくられたのかもしれない。人々が暗黙裏にとっていた想定や行動習慣がひとたび煌々としたアーク灯のもとに引き出されると、未現像のフィルムを光に当てたかのように消え去ってしまう：一瞬きらめいたかと思ったら、焦げ付き、泡を立てて、消え去ってしまう。ドイツの社会哲学者ユルゲン・ハーバーマスは、市民社会における「理想的発語状況」での「コミュニケーション的理性」による人間解放について、すでに書いている——それでも、一九八一年にでたハーバーマスの名著『コミュニケーション的行為の理論』[＊1]を最近読んで頭がウニになったばかりだという人以外にとって、この点は繰り返し述べる値打ちはある。

対面で消費主義について議論する方が、人種差別・性差別・同性愛嫌悪のような話題で意見を衝突させるのより円滑に話が運ぶことも多い。なぜなら、「消費主義は性格特徴を広告する方法としてはなんとも効率が悪い」と指摘するとき、相手が教育や職業や余暇やアイデンティティや地位追求や配偶戦略の中心に据えているイデオロギーを絨毯爆撃しつつも、話し相手の特徴を褒めて虚栄心をくすぐれるからだ。よく訓練された消費主義自己愛患者として、ぼくらは不安で心許なく賞賛に飢えていて、おべっかが聞けるならホイホイ話しに乗る尻軽ぶりを示すので、ささやかな社会的承認を与えるだけで話しを深めてしまえるのだ。友人や恋人も、じぶんが知的で魅力的で美質のある人間なことに変わりはないと保証されれば、「これまで消費主義の夢の世界と地位の陽炎を追いかけて人生を無駄に過ごしてきた」

と暗に認めうる。（くれぐれもこの保証をお忘れなく。さもないと、相手は涙目になってしまうので。）
他にも、こういう会話の端緒にはもっと巧妙なやり方もある。消費主義をとりあげた映画をネタにするといい。たいていの人は映画話が大好きで、打ち解けて頭をやわらかくしたダベリモードになって話したがる。（これと対照的に、本や雑誌記事やTVドキュメンタリーを議論するとき、大学ゼミの討論モードに逆戻りして知的にトゲトゲしくイデオロギー防衛の態度をとりがちだ。）こんな具合に話せばいい：「ねえ、昨晩、『ファイトクラブ』をDVDでまた見てたんだけど、見たことある？——あれのテーマについてちょっと考えててさ…」あるいは、『アメリカン・ビューティー』でも『マトリックス』でもいい。候補は付録の「もっと読んだり見たりしたいなら」のリストにまとめてある。こうした映画には、いくつか重要な特徴がある：教養のある人ならたいていどれか一作は見たことがある：消費主義以外にいくつも主題を喚起するので、『不都合な真実』や『ザ・コーポレーション』とちがってネタをふったとたんに相手が防衛反応を示すこともない：それに、じぶんの精神的・道徳的・身体的な特徴を見せびらかす他のおもしろい方法を提示してくれる。評価の高い主流ハリウッド映画をとっかかりのネタにすることで、知人の政治的防衛戦を痛みなく突破して消費主義的な想定や習慣を問いかけることができる。

＊1　*Theorie des kommunikativen Handelns: Handlungrationalität und gesellschaftliche Rationalisierung.*（原書の第1巻）

多文化主義vs.地域の社会規範

先進国で新しい社会規範をつくりだして効力を発揮させるとなると、大きな法的問題がでてくる。その問題とは、住宅法に関わる問題だ。〔ネットなどが発達したとはいえ〕いまも人間が身体をもった存在としてたいていは近くにいる人たちとやりとりしていることに変わりはない。地域社会でもっとも好まれている社会規範と特徴見せびらかし戦術が、みんなの行動に大きく影響する。だが、不動産の賃貸と所有に関わる反差別法によって、多くの国々は首尾一貫した地域の規範を発展・多様化させることをそれと知らぬまま禁じてしまっている。たとえば、アメリカの住宅・都市開発省は「人種・肌の色・出身国・宗教・性別・家族状態[*2]・身体障害にもとづいて住居の差別を行うこと」を禁じている。よかれと思って成立した法律ではあるものの、自発的に組織された地域社会が住人たちののぞむ物理的・社会的・道徳的な環境をつくりだす能力に対してこれは有害な副作用をもたらす。

社会規範が混沌として多様な地域社会はうまく機能しないという証拠が積み上がってきている。そうした証拠のなかには、民族的に多様な地域社会の研究からもたらされたものもある。こういう証拠にここで言及しているのは、なにも、民族的多様性がわるいと思ってのことではなくて、これまでの研究から社会規範の多様性についてうかがい知れるわずかな代理変数の一つがこれだからだ。

たとえば、政治学者のロバート・パトナムによれば、アメリカの地域社会のうち、民族的多様性の水準が高いところほど「社会資本」の水準が低くなっている傾向がある——社会資本とは、信頼・利他主義・結束・共同体感覚のことだ。パトナムと共同研究者たちはアメリカの四一地域社会の三万人から集めたデータを分析して、民族的多様性が高い地域社会ほど（つまりアメリカの場合なら黒人・ヒスパニック系・白人・アジア系の市民がひとしく混在しているほど）、次の項目が低くなっているのを見いだしている：

- 民族集団どうしの信頼
- 自集団内部での信頼
- 地域社会の連隊と結束
- 地域社会での協力関係
- 政治的な力がじぶんたちにあるという感覚
- 地域の政府や指導者たちへの信頼
- 有権者登録率
- 慈善活動や奉仕活動
- 共有財への投資
- 地域社会の設備維持への関心
- 自動車の乗り合い通勤の割合
- 友人の数
- 自覚している生活の質

＊2　たとえばシングルマザーだからといって賃貸を拒んだり。

●一般的な幸福度

個々人の年齢・性別・教育・民族・所得・言語で統制したり各地域社会の貧困率・所得格差・犯罪率・人口密度・〔人の〕流動性・平均教育水準で統制したりしても、こうした効果がたしかなことに変わりはなかった。パトナムは、はじめからこうした効果を見つけるつもりだったわけではない。社会資本と多様性の両方を大いに支持する人物として、パトナムはこうした結果に愕然として、しぶしぶ公表したらしい。他の多くの研究者たちも、同様の発見を報告している。

「民族多様性」が社会資本に及ぼすこうした腐食効果は、実のところ民族性そのものの効果ではなく、それぞれの民族がもつ社会規範が異なっていることの効果だ――方言・価値観・政治的態度・宗教・社会に関する想定・エチケットの体系のちがいから、社会資本にこうした効果が現れている。ロバート・カーツバンと共同研究者たちが示しているように、共通の利害と規範にもとづいて共通の善のためにお互い協力しあおうと人々が動機づけられているとき、民族性は背景に薄らいでいく。

悲しいことだけれど、いまや、考えの似た人々どうしが一貫した社会規範をもつ小さな地域社会で暮らす手はずを整えるのは、ほぼ不可能になっている。本物の規範が有効なまま維持されるのは、そこに移り住んでくる人を選別し、住民として規範を支える人を賞賛しこれに違反する人を処罰し、繰り返し規範に違反する人を追放するときにかぎられる。これが、ネットワーク互酬性と呼ばれるタイプの協力関係を維持するための要件だ。ネットワーク互酬性では、協力する人たちはその地域でお互い助け合う「ネットワーク・クラスタ」(地域社会)を形成する。大半の先進国の現行法では、ネットワーク互酬性がほぼ不可能になっている。「ブラックムスリム」の不動産デベロッパーは、白人の抑圧者たちを排除する閉鎖共同体（ゲーティッド・コミュニティ）を設立できない。子供時代の性的虐待やレイプにトラウマをもつレズビアンは、男性立ち入り禁止地区をつくれない。ペンテコステ派の信徒たちは、悪魔崇拝者やウィッカ信者を近隣から排除できない。ガンや緑内障をわずらう医療用マリファナ利用者たちは、大麻に寛大な地区を設立できない。一夫多妻制の遊び人は一夫一婦制の禁欲主義者を排除できないし、その逆もしかりだ。

このように、なるほど現代の多文化的地域社会は個々人のライフスタイル選択の水準ではとても自由ではあるものの、その一方で、地域の独自な社会規範と価値観をつくりだして維持するのを許容する水準ではとても不自由だ。実のところ、リベラルなイデオロギーではありながらもこれはわるいことだ。近隣の人たちがどういう人たちで、どんな風にふるまうのかに影響を及ぼす唯一の方法は、特定の価格で物件を貸したり売ったりして経済的な階層化をはかることしかなくなってしまう。事実上、反差別法は所得以外のあらゆる項目に適用される。その結果として、低所得層のゲットー、労働者階級の団地、専門職の準郊外ができている：これは所得でふるいにかけられたかたちの暮らしであって、知性と堅実性にごくわずかな相関を示すのみだ。

さらに、住むところを選ぶ基準が経済的満足しかないとき、あらゆる地域社会で富が地位の中心的なかたちとして実体があるかのようにあつかわれるようになる――人間の美質の最小公分母、手近なところにある唯一の特徴見せびらかし手段になってしまう。じぶんといちじるしく異なる知的・政治的・社会的・道徳的な価値観を尊敬するだろう人たちと近所どうしで暮らしながら、地位をめぐって競争する唯一の方法は見せびらかし消費しかなくなってしまう。いまよりもっと青々とした芝生を育て、もっと大きな車を買い、ホームシアターをつくる。ペンテコステ派信者が乱交主義者と隣近所で暮らしていれば、お互い競い合う唯一の手段は富の見せびらかしという経済水準しかない。だが、ペンテコステ派信者だけで同じところに暮らしていれば、そうした富の見せびらかしを放棄する新しい社会規範を打ち立てて、聖書の引用や異言や福音の伝道で地位を競えるようになる。また、乱交主義者がそろって同じところに暮らしていれば、たくみな会話術や卓抜なセックス、嫉妬心がほとんどなく愛情に満ちあふれている点、情動の偽りなさで地位を競えるだろう。どちらの場合にも、彼らが暮らす地域の社会規範はとめどない消費主義を抑制し、彼らにとってもっとも根本的な価値観にもっと合致する他の活動に時間と労力を振り向けられるようになる。

「共通の価値観をもつ人たちと隣近所で暮らす自由」という考えは、教育ある欧米エリートたちには過激に聞こえるかもしれない。彼らにとって、多文化主義・多様性・寛容はいいことだと当然視されている。だが、歴史上のどの時代であっても、うまく機能していた文化に暮らしていた我らがご先祖たちなら、ほぼ誰でもこうした考えはごくごく理にかなったことに聞こえるだろう。「つまり、じぶんの部族を選ぶってことだろ」――共同体に仲間入りしていい人物を選別したり、どういう条件に当てはまれば追放していいかを自分たちが決めたりできないといけない。地域社会の生活を円滑で結束の強いものにするためには、外部からの脅威や内部の自分勝手から防衛する必要がある。最小限の条件として、それには地域の誰もが同じエチケット規則を共有して衝突を避け、衝突がおきたときに解決をはかるには共通の話し言葉を用い、社会的関係・性的関係・親子関係・親族関係・経済交流関係を統べる規範や集団行動を調整する規範（とくに緊急時のそれ）が共通していないといけない。奇妙なことに、先進国の「地域社会」にはこうしたともに暮らすための基本的要件が欠如しているところがたくさんある。そうした地域社会は、ハードウェア（物理的な土地とインフラ）とオペレーティングシステム（政府・経済システム・寛容と多様性に関わる一連のメタ規範）だけをそなえたコンピュータのようなもので、いろんなアプリ（富以外の領域における特徴見せびらかしと地位追求を統べる具体的な社会規範）が一つも入っていない。

ある程度までなら、価値観とライフスタイルが共通している人たちが調整し合って特定の土地に移り住めることもある。アメリカのゲイ男性たちは、サンフランシスコやニューヨークに移住する。モルモン教徒はユタ州によく集まって暮らしている。だが、そうした地域にも、決まって彼らの価値観に敵意を抱く人たちが入り交じっている。同性愛を嫌悪する人々や無神論者たちと日々肘をこすり合わせるように暮らさざるをえない。特殊な条件下では、限定された共通規則をもつ共生地域社会をつくりだすことが可能で、それがとめどない消費主義を制約することはある：大学の男女別学生寮、コミューン、共同住宅、内部規則と管理委員会に統制されたコンドミニアム、制限条項を定めた閉鎖共同体（ゲーテイッド・コミュニティ）などがそうだ。だが、そうした地域社会でも反差別法が適用されることに変わりはない――こうした共生システムでも、性的指向や宗教にもとづく選別や追放の大半はできない。このため、反差別法はゲイ男性やモルモン教徒がじぶんたちだけの地域社会をつくる助けにはならず、社会的地位をはかる基準に富の見せびらかしが当然のように用いられるままとなっている。

そこで、ごく一握りの基本的な人権が尊重されるかぎりで人々が独自の社会規範を維持する力をもった居住地域社会をつくりだせる自由を政府は認めるべきだ。成人なら気に入らない地域社会から自由に離脱できるのでないといけない。社会規範に違反したときの処罰は、一時的な村八分や永久追放の限度を超えてはならない。ジョン・ステュアート・ミルが論じたように、子供に対して永続的な身体的・精神的な障害を与えるのが許されてはならない（たとえば、割礼・陰核切除・宗教的な洗脳、拒食症につながるバレーレッスンなど)。明らかに、子供に正常な文化教育を施すことと障害を残る児童虐待とをきれいに区分するのはむずかしい。だが、それはいままでずっとそうだったのだし、万能薬は処方できない。人々がこうした問題を論議して、じぶんたちの文化で達成できる範囲でもっとも開明的な暫定の実践的合意に到達するのも、文明を進歩させるひとつの方法だ。ともあれ、抑圧された人たちや立場の弱い人たちを多数派の専制から守る重要な役どころを政府は担っている。もっとも過激・急進的なタイプの地域社会であってもそれは変わらない。だが、地域の多数派が特徴シグナリングのありかたになんらかの独自な社会規範を課せられないと、見せびらかし消費だけが手の届く唯一の選択肢でありつづけるだろう。

バーチャルでいこう

現実の物理的なモノを手に入れて見せびらかすさまざまな新しい方法以外にも、人間の特徴見せびらかしを革新したものはある。それは、電子的コミュニケーションの新しい三つのかたちだ：携帯電話(二〇〇八年中盤の時点で、全世界で二〇億のアクティブユーザーがいる)、MySpaceやFacebookのような人付き合い(ソーシャルネットワーキング)サイト(それぞれ一億二千万ユーザー)、『ワールド・オブ・ウォークラフト』(一千万ユーザー)やセカンドライフ(二百万ユーザー)のような大規模多人数同時参加型ゲーム(MMOGs)、この三つだ。たんにコミュニケーションや娯楽の新しいかたちだというだけではない。「ウェブ2・0」の一環をなすものとして広い視野で見れば、これまで伝統的に同じ考え方をもつ者だけの生活集団(コミュニティ)を形成するさまたげとなっていた地理的・法的な障壁をこうした端末やウェブサイトやゲームは越え破りつつある。これらによって、新しい仮想の生活集団（ヴァーチャル・コミュニティ）が独自の社会規範・シグナリングシステム・特徴見せびらかしの好ましい様態をそなえて興隆できるようになっている。物理的な居場所に関係なくみずから選んだ交際世界（ソーシャルワールド）に暮らすことが可能になっているのだ。

親たちは、思春期くらいの我が子たちがこういう技術に時間を費やすのを嘆く。無意味な自堕落にふけって、消費至上資本主義のもとで十代の子供が演じるべき役割をないがしろにしているように思えるのだ。彼らが果たすべきとされる役割とは、(1) 直観に反する科学や意義の見えない人文学を学んで知性と堅実性を見せびらかすこと、(2) 最低賃金のアルバイトで働いて身の程をわきまえることを知ってさらに堅実性を身につけること、(3) 大学や就職活動時に見栄えがいい課外活動に参加すること、そして、(4) 地位財・流行り物・交際にお金を使うことだ。

だが、いつでも若者は最高の社会的・性的な見返りがえられる特徴見せびらかしの新しい様態に時間と労力をそそぎこむ才覚に薄気味悪いほど富んでいるものだ。〔中国語でいう〕「关係（グワンシー）」(仲間のつながり) に、若者はそれを見いだす。年上の大人たちにはまるでわからなくても、携帯電話や人付き合い（ソーシャルネットワーキング）やMMOGsについて、おそらく若者はなにごとかを理解しているのだろう。歴史的な文脈を考えてみよう：特徴を見せびらかす新しい人付き合い技術を文明が開発するたびに、きまって若い世代はそうした新技術に時間を費やして前世代の技能を磨くのをないがしろにし、年長世代はそれを見て嘲ってきた。古代ギリシャの上流階級の少年は、奴隷の使役やオリーブ栽培の役目を放り出して新しい認知技術にふけってじぶんの知性を見せびらかすのにはまることがあった：彼らが没頭したのは、プラトン学園での哲学論争だ。ヴィクトリア朝時代に若い女性たちが小説を読んでいると、くだらないことにうつつを抜かして、賛美歌を歌ったり夫を見つけたりするのをないがしろにしていると考えられていた。何百年にもわたって、高等教育は貴族階級と地主階級がこれ見よがしにやる余暇の自己耽溺だったが、野心あるブルジョワ階級の親たちがしだいに高等教育には選別的な配偶者市場としても子孫に残せる知性の指標としても値打ちがあることを理解しはじめると事情は変わっていった。一九六〇年代にニューヨークやパリのカフェで実存主義やニューウェーブ映画について熱っぽく語ったビートニク世代は、旧左翼世代の親たちからは国際社会主義の責務をないがしろにしていると見られていた。グレイトフル・デッドの歌詞やアフガンの大麻体験の知識をこれ見よがしに語って社会的地位と配偶者獲得の機会を追求する男性ヒッピーたちは、伝統的な男らしい方法で適応度を見せびらかせないダメなやつらだと酷評されていた。男なら酒をあおりデートレイプをかまして外国人をぶっ殺すくらいがえらいと思われていた。

今日の若者にとって、携帯電話と人付き合い(ソーシャルネットワーキング)とMMOGsは消費主義的な特徴見せびらかしの慣例を短絡するすばらしく効率的な方法だ。何年も費やして勉強して学位を得て高給取りの仕事についてプレミアム製品を買って恋人候補や友人候補にじぶんの知性と性格特徴を見せびらかすのではなく、子供たちは新しいコミュニケーション技術をとおして直接にじぶんの特徴を見せびらかしている。じぶんがいかに言葉にたくみか見せびらかしたいならブログを書けば事足りるというのに、わざわざポストモダン文学理論でイェール大学の学位をとる必要がどこにある? 美的な趣味のよさを見せびらかしたければいろんな意匠や写真やイラストや音楽を使って自分のMySpaceページをデザインすればいいのに、どうして二流の印象派絵画を買い求める理由があるだろうか? 同調性を見せびらかしたければテキストメッセージで一貫してやさしくしていれば事足りるだろうに、わざわざ小児科医にならなくてもいいのでは? 結婚生活で性的な信義を守りそうな人間だと証明したければ携帯電話のGPSを有効にして恋人がいつでもじぶんの居場所を確認できるようにすればいいだろうに、どうしてコストのかかる宗教的な慣習を採用する必要がある？　どの場合にも、新しいコミュニケーション技術によって大半の伝統的な野心・価値観・技能・地位規準は時代遅れになってしまっている——それはつまり、大半の伝統的な特徴見せびらかしは時代遅れになっているということだ。

年長世代にとって、これはわけがわからない。こうした新しい特徴見せびらかし戦術が実際にどうやって友人や恋人や赤ちゃんをもたらすことになるのか、彼らにはどうにもよくわからないのだ。なぜかと言えば、ひとつには、若者はとても巧みに新しい方言をつくりだして友人どうしのコミュニケーションやりとりの方法を隠すからというのもあるし、また、どの世代でも、子供が安定した仲間意識と経済的なニッチを見つけ出す能力を二〇代・三〇代と年を重ねて成熟した親たちは過小評価してしまうからというのもある。だが、主な理由は、どの世代もじぶんたちの社会的・性的な関係が親たちの目にはどれほどまわりくどく不可解なものに見えていたかということを忘れてしまうからだ。読み書きができなかった世代の親たちは、我が子たちが顔を合わせて交際せず手紙のやりとりをする姿に当惑したものだ——「たかが文字なんぞで、本当の人間関係や本物の子供ができるものか。」二〇世紀前半の親たちは、子供たちがもはや手紙を書かなくなって電話でおしゃべりすることに面食らった。「電話でぺちゃくちゃやってるようじゃ、いつ孫を見せてもらえるのやら。」新しい技術が媒介する交際様式のせいで子供たちがいい配偶者をダメな配偶者から選別する方法を忘れてしまうのではないか、地位追求にのめりこんで、我が子たちが孫たちを食わせる安定した経済的ニッチを見つけ出す方法を忘れてしまうのではないかと、いつでも親たちは心配してきた。だが、歴史を見ればわかるように、狩猟・採集・牧畜・農耕・工場労働・会社づとめ・学歴重視の専門職・電子的グローバル経済と、技術と経済的役割に絶え間なく革新が起きたにもかかわらず、どの新世代の子供たちもその両方をうまくやり遂げてきた。人付き合いや恋人探しや子育てにおいてきわめて柔軟に適応してやり遂げてきた人間のこれまでの記録を見れば、おそらく、特徴見せびらかしの様式がどう変わろうとも、これからの世代も難なくうまくやっていくだろう。

例によって、進化論的な視座から眺めれば、現在の社会問題は小さく移ろいやすく解決しやすいものに見える。人間本性でずっと変わらない部分（人それぞれに異なる主要特徴、そうした特徴を他人に見せびらかしたがる欲求、他人の特徴を値踏みしたがる欲求）と、時代と文化で変わってくる部分（主要特徴に貼られるラベル、特徴見せびらかしと値踏みの具体的な様式、地位や経済交流の個別の形式）とをはっきりと見分けやすくなる。進化論的な視座から眺めることで、今日の世間で「現実」と呼ばれるものの九〇パーセントをすでに社会的な慣習が占めるに至っていることを思い出せる――たいていの場合、みんなの頭脳はすでに自文化にかたまってしまっている。進化論的な視座をとることで、新しい世代が登場するたびに、人々は新しい技術を使って新しい特徴見せびらかし様式と経済的機会をつくりだす独自の方法を見つけ出すだろうと自信をもてる。消費至上資本主義の現行システムとその主要特性も、他のなにかにそのうち取って代わられるだろうと気づける――学歴重視も、過労も、見せびらかし消費も、核家族用住宅も、ばらばらになった親族・社会ネットワークも、弱い社会規範も、社会進歩と国の地位を狭く経済で定義することも、企業利害とメディアコングロマリットにゆがめられた間接民主制も、そのうち別にものにとってかわられるだろう。ちょうどマンモスを追いかけたり田んぼを鋤で耕したりタイプライターで文章を打ったりすることがいまのみんなには無縁なことに思えるのと同じように、一見すると自然なものに思える現代社会の特性もひ孫たちの世代には我が身に関わりのないことに思えるようになるだろう。

一大擬似社会実験

科学は因果関係を理解するのに対照実験を頼りにする。科学者たちがいろんな対象を別々の条件に無作為に割り振って、そうした条件が対象のふるまいにどう影響したか計測できないなら、そのふるまいの本当の原因なんて推測できない。要因xが「原因」となって人間にしかじかの変化をもたらしていると心理学者たちが主張できるのは、要因xのない実験条件と要因xのある実験条件とに人々を無作為に割り振って結果がどうなったかを見届けられるときにかぎられる。十分に大きな被験者の標本で、彼らの平均的なふるまいに条件xがなんらかの変化を安定してもたらすなら、「要因xがこの変化の原因です」と主張できる。これと対照的に、社会科学はこの点でずっと欠陥を抱えてきた。それぞれにちがった社会規範と社会制度をもつさまざまな文化に人々を無作為に割り振ることなどできないので、しかじかの変化の原因はこれだとまともに推測できないのだ。証拠にもとづく社会政策という新分野を発展させようと試みる社会科学者たちの大規模な国際コンソーシアムである「キャンベル・コラボレーション」ですら、さまざまな因果関係について主張するのに大きな難題を抱えていて、犯罪・教育・社会福祉での社会政策介入で無作為化実験をもっと行うことを提唱している。

この問題も、ある程度までなら克服できる。それには、考え方を同じくする者どうしがそれぞれに結束する社会規範をそなえた多種多様な地域社会をつくれるようにすればいい。こうした多様性を法で認めることには、地域社会をうまく機能させる原因がわかるかもしれないという大きな便益がある。さまざまな地域社会にまたがってさまざまな成功規準を比較して、なにがうまくいってなにが失敗するのかを調べられる。成功規準は好きなだけ多種多様にできる：幸福度でも、平和度でも、社会的なつながり度でも、特徴見せびらかしの効率でも、文化的な活力でも、技術進歩でも、経済的厚生でも、環境の持続可能性でも、計測されるどんな水準でも使っていい。対象とする地域社会が多種多様に増えれば増えるほど、その規範も多種多様になり、結果に関してよりよいデータが手に入り、どういう種類の社会規範や社会制度が人々と地域社会を栄えさせるのかをすばやく理解できるようになる。

もちろん、そうは言っても人々をあれこれの地域社会に無作為に割り振れないことに変わりはない。倫理的に無理だ。だが、個々人や家族がじぶんたちの地域社会を選べる自由を最大化することで、文化間のいろんなちがいを解釈するのを難しくしてきたおきまりの「交絡」を最小限に抑えられる。たとえば、伝統社会では、ほぼいつでも地域住民の文化が（社会規範や制度も含めて）その住民たちの遺伝子構成・人口統計的な構造・経済発展水準・生態的な文脈と交絡している。ある地域の人々が栄える一方でべつの人々は失敗しているとして、その結果が文化・遺伝・富・環境のどれに起因するのかを見分けるのは実質的に不可能だ。社会的・地理的な流動性を最大化することで、こうした混合のノイズをより分けて文化のシグナルを取り出しやすくなる。つまり、真の無作為割り振りによる真の実験デザインは無理でも、行動科学者たちのいう疑似実験デザインなら利用できる——真の実験にはほど遠いとはいえ、いま利用できるものよりはこちらの方がずっとすぐれている。

疑似実験で因果関係を推論するには、できるだけたくさんの交絡を計測してそのさまざまな効果を統計的に統制できるようにするのが役立つ。特定の社会規範をそなえた地域社会がどれほどうまく機能しているか評価するには、中核六項目が住民たちにどう分布しているのか計測するのが欠かせない。ほぼどんな地域社会でも、きわめて知的で堅実で同調性と安定性が高い人たちだけを受け入れるなら社会規範がどうだろうと成功できる。ほぼどんな地域社会でも、そうした人たちを完全に排除していたら失敗する。地域社会どうしを公正に比較するためには、それぞれの地域社会にどんな種類の人たちがいるのかを知って社会規範そのものの効果をより分ける必要がある。

そうやってできあがるのが、「一大社会疑似実験」だ。社会そのものがぼくらの実験室になって、地域社会の成功と失敗の要因をずっと効果的に知れるようになる。その知識が広まってゆき、長期的には、さまざまな地域社会がよそでうまく機能した社会規範・社会制度・社会設計・文化の諸相を模倣するようになるだろう。成功につながる文化的特性は、社会の水準で伝播し、変異し、再結合し、進化していく。そのうち、失敗したところは途絶えていく。すると、やがて人類学者のロバート・ボイドとピーター・リチャーソンがいう「文化的な群選択」のとりわけ素早く効果的なかたちがうまれるだろう。文化的な群選択のいいところを一つ挙げれば、よりよい文化が集団から集団へと伝播する一方で、人々じしんはお互いに植民地化したり殺し合ったりしなくてすむという点がある。また、どんな種類の社会規範・社会制度・社会設計がすぐれているかとっくにわかっているかのようなフリをしなくてすむ点でもすぐれている。二〇世紀全体主義の大実験のように、中央集権的だったり強制的だったり傲慢だったりする社会工学をやらなくてすむ。謙虚に、人々がじぶんたちなりの社会的編成で実験を行ってその結果を観察し、うまくいくものを採用していける。言い換えれば、生物学的な進化と同じく文化的進化も我々よりずっとかしこいということを認められる。

第17章　自由を合法化する

Legalizing Freedom

人間行動を変えるには、非公式の社会規範を変えるのがいちばん効果的な方法だ。政府の政策・プログラム・税制・法律を変えなくてもうまく社会規範を変えられることもよくある。だが、ときとして、公式の政府がもつ既存の特性ゆえに理にかなわない誘因(インセンティブ)が押しつけられてしまって、人々が旧来の社会規範を変える自由が制限されることもある——とくに、社会的・性的なシグナリングを統べる規範がそうだ。本章では、市民がじぶんたちの政府に消費主義の性質を変えるように促せる方法を考察する——見せびらかし消費を法律で禁じようというのではなくて、それに変わるいろんな選択肢がもっとかんたんに栄えるようにする方法をここでは考えたい。つまり、政府の政策はべつに能動的に見せびらかし消費を妨げる必要はない。必要なのは、たんに、人間の選択や対人関係を制約することによってそれと意図せずに(あるいはそう意図して)見せびらかし消費を促進するのをやめることだ。

現行の政府の大半でひとつ問題なのは、市民の幸福・生活の質・特徴見せびらかしの効率・社会ネットワークの広さと深さよりも経済成長(一人あたりGDPではかったもの)を優先している点だ。実のところ、こうした項目の現状は一人あたりGDPより難しいわけではない。たとえば、国連人間開発指標

（ＨＤＩ）は平均寿命・識字・教育水準を考慮に入れることで生活の質を総合的にかなりうまく計測している。この指標では、アイスランド・ノルウェイ・オーストラリア・カナダが上位に並び、コンゴ民主共和国が最下位となっている。いまや世界銀行ですら、「生態系サービス」・「自然資本」・「社会資本」・教育・知識の価値を計測するよう、世界の国々に推奨している。だが、生活の質をもっとも包括的に計測した場合でも、見過ごされてしまいがちな重要変数がある。たとえば、年間平均労働時間（アメリカや日本は一八〇〇時間、ドイツ・フランス・ノルウェイ・オランダは一四〇〇時間）といった変数がそうだ。

だが、こうした金銭以外の成績がいくらあがっても、大臣の名前をとった病院や勝利演説の晴れ舞台に利用される航空機をまかなう税収にはならないので、政府の官僚制や政治家たちが無駄に麗々しくみずからの特徴を見せびらかす業績の支えにはならない。このため、国内総生産よりも「国民総幸福量」を優先している国はいまだにブータンただ一国しかない。政府には税収を最大化する誘因（インセンティブ）がはたらいているため、国民がやる特徴見せびらかしが給料の出る仕事や消費者支出を必要とするものに偏るようにする誘因（インセンティブ）もはたらく。だから、じぶんたちの社会の特徴見せびらかしシステムを政治権力がどのように偏らせているか理解したければ、政治が頼りとするお金の流れを追いかけないといけない：つまり、政府を支える税制、政治家個々人を支える選挙資金を追跡すればいい。誰もがじぶんの特徴をもっと多様でもっと正確な方法で見せびらかす自由をもたらす政策変更を市民が実現できる民主的な影響力のおよぶ主要箇所が、こうしたお金の流れだ。

所得税から累進消費税へ

「税制だなんて、この世で最高に退屈な話題だな」と思うかもしれない。大半の政府・企業・特殊利害関係者たちは、まさにそうみんなに思ってもらいたがっている。なぜなら、税制こそ、社会と経済が形成される場所だからだ。しかも、眼識ある市民が驚異的な速度と効率で社会経済的な革命を達成できる場所でもある——だが、それには条件がある。税制という領域でどれほどの力を行使できるか市民たちが理解してはじめてそうした革命はなされうるのだ。市民たちが税制を理解しなければ、じぶんたちの生活からお金と時間と自由を政府がいつ・どうやって・どこで吸い上げているのかも理解できない。また、大半の政府がどのようにして貯蓄よりも消費に偏らせているのかも理解されていないし、政府がどのようにして消費のいろんなかたちのうち一部だけを他より優先させて特徴見せびらかしシステムをゆがめているのかも理解されていない。政府の手出しがなければ人々は他のあり方を好んだかもしれないにもかかわらずだ。

税制には、奇妙なところがある。それは、政府がやっていることと専門家が推奨していることとにおかしな不一致があるという点だ。アメリカやイギリスも含めて、大半の先進国で政府がなにより頼りとしているのは所得税だ。だが、税制についてよくよく考えてみたことのある人なら——保守的経済学者から環境保護運動家まで——たいてい消費税の方がのぞましいと考える。アメリカの大半の州で課されている売上税は、消費税の単純な例だ：たいていの販売価格に上乗せするかたちで4～8％の売上税を消費者は支払っていて、そのお金は州政府に納められる。ヨーロッパで好まれている付加価値税（VA

T）は消費者個々人による小売り製品の購入だけでなく、自然採掘から製造から流通・販売におよぶサプライチェーン全体のあらゆる取引に課せられる。

所得税に比べて消費税の方が消費を少なく抑えて収入・貯蓄・投資・寄付を奨励する点については、実質的にすべての経済学者が合意している。消費を比較的に高くつかせることで、消費税は消費以外のこうした活動を比較的に安上がりにする。こうして、消費税は見せびらかし消費を減らし長期的な退職後の生活資金・家族の財産・社会的公正・技術進歩・経済成長を促進する。ようするに、所得税は人々が社会に貢献するもの（労働と資本）に処罰を与える一方で、消費税は人々が社会から得るもの（新たな小売り製品購入）に処罰を与えるのだ。だから、アメリカやイギリスの国民が本人や社会にとって最適な水準に比べてあまりに多くお金を使って十分に貯蓄しないのを見ても、税制の専門家は驚かない。たんに消費者たちが個々人の水準で道徳的な自己抑制を欠いている点だけが問題なのではなく、市民が全体の水準で道理に反する経済的誘因（インセンティブ）に直面してしまっている点も問題なのだ。

東欧諸国の大半（ウクライナ、ラトヴィア、セルビア、ルーマニアなど）では、すでに一九九〇年代に消費税に転換して、おおむねよい結果を出している。大半の西欧諸国や日本では、すでに、消費税として機能するなんらかの種類の付加価値税を課している。アメリカ版の消費税は、アラン・グリーンスパンやロバート・フランクなどの経済学者や「フェアタックス」団体が提唱している。

「フェアタックス」で提案しているのは単純でわかりやすい連邦政府の小売店売上税（だいたい23％）で、消費者個々人がなにか新しいモノやサービスを小売店で購入するごとに、その売り上げの時点と場所で税金を課すというものだ。連邦政府が課しているあらゆる個人や企業の所得税・贈与税・代替的最少課税制度・社会保障・メディケア・自営業者税を廃止することを彼らは提案している。これは穏やかな累進的税制で、貧困ライン以下の人たちは税金を払わないですむことを保証する「事前払戻金」を与える。また、この提案では、不法移民や観光客（納税申告はしないがモノを買う人たち）や地下経済の労働者たち（強盗・売春婦・ベビーシッターなどたいてい所得を過少申告しているけれど小売店での買い物は隠せない人たち）からもっと公平に税収を得ることになる。

もっと保守的なアナリストたちは、一律課税を好む傾向がある――当人の年間所得と年間消費支出の差額に対して固定した割合の税金を課す方式だ（消費支出からは、あらゆる貯蓄・投資・寄付を除外する）。「フェアタックス」も一律課税も、実装は単純で理解しやすく、納税義務の遵守にかかる何千ドルものコストを節約できる。

経済学者のロバート・フランクは、もっと累進性の強い消費税を提案している。これは一律課税と同じように実施・管理されるのだが、一律課税とちがって各個人の純消費から基本生活費（四人家族ならだいたい三万ドル）を差し引いた額に応じて税率を高くする。フランクが提案する消費税では、税率は10％くらいからはじまって、その世帯の純消費額が大きくなるにつれて税率は高くなり、年間一〇〇万ドル以上を支出する世帯で約100％の最高限界税率に達する。ロバート・フランクの考えの筋道もぼくと同様で、多くの購入は真の幸福の便益や適応度への見返りをもたらすのではなく当人の富・地位・性格特徴を見せびらかす地位財として機能していると考える。（ここで言う「真の幸福」とは「主観的な暮らし向きの良さ」や「全体的な生活の満足度」という異論の余地のない意味で、いろんな質問票を使って妥当で信頼できる計測ができる。）消費によって高い地位を追求する大口の支出をする人たちにとって、とても高い消費税率でも実際には幸福度や適応度を下げたりしない。たんに、彼らのお金の一部を見せびらかし浪費・精密性・評判のゼロサム形式から政府支出というプラスサム形式に振り向け直すだけだ。本書で展開してきたさまざまな論は、すべてロバート・フランクの累進的消費税の提案を強く支持している。

製品ごとに別々の消費税率を設定する？

販売店で販売時に徴収される消費税なら、いろんなモノやサービスにそれぞれちがった税率をかんたんに設定できる。より高い「負の外部性」（コストのかかる副作用）を社会や環境におしつける製品にかかる消費税率はもっと高く設定することで、政府がそうした副作用を相殺できるようにするのは公正だし理にかなっているかもしれない。たとえば、タバコが肺がんや肺気腫の患者が増加するために、その医療費をまかなうため一ドルのタバコ一箱で国の医療制度に約六ドルの追加コストがおしつけられているとすれば、たばこにかかる消費税率は600％であってしかるべきだ。（現時点では、アメリカの州は非喫煙者に比べて高くつく喫煙者の医療費をまかなうために消費税を課しているものの、その税率は、一番低いミシシッピ州でタバコ二〇本一箱あたり〇・一八、一番高いニュージャージー州で二・五八ドルという範囲におさまっている。）こうした税率にすれば、喫煙による長期的な医療費は削減できるだろう。人口の多い貧しい国、たとえば中国（男性の65％（四億二千万人）が喫煙者）やインド（男性の45％（二億五千万人）が喫煙者）ではとくにそうだ。日常的に発がん性物質にさらされている肺の数は、実に十三億におよぶ。

他にも例を挙げると、たとえば一ドルのパイナップルがトラックで二〇〇〇マイルの距離を輸送され、連邦道路という国の運動インフラに二ドル分の摩耗を強いることになるとすれば、これにかかる消費税率は200％にすべきだ――地元産のリンゴやアボカドにかかる消費税率よりずっと高く設定してしかるべきだろう。その逆に、社会や生態に害を及ぼさない製品（自転車・大学・iTunesダウンロードなど）ならもっと低い消費税率でもかまわない。

バーコードやレーザースキャナやコンピュータ式在庫管理システムがなかった頃には、小売店が製品それぞれにちがった税率を設定された消費税を徴収するのはやろうにもやれなかったろう。いまなら、外部性に関する実際のデータにもとづいて連邦政府の経済学者たちの手で特定の消費税率をそれぞれの製品種別に設定できるし、その税率はレジで製品をスキャンしたときやサービス料を請求する時点で自動的に課せられることになる。

「正の外部性」がある製品（入手したり使ったりすることで政府・社会・環境の資源が節約される製品）には、マイナスの消費税率を設定してもいい（事実上、政府の助成をあたえるかたちだ）。そうした正の外部性をもつ製品には、住宅の断熱（暖房費全体を最小限に抑える）、旧式の車に組み込むエアバッグ（事故時の被害を最小限に抑える）、職業訓練（失業を最小限に抑える）などが挙げられそうだ。

逆の極端に目を向ければ、大きな負の外部性をおしつける製品にはすごく高率の消費税を設定すべきだ。拳銃の弾丸を考えてみよう。現在のところ、アメリカ国内のオンライン販売店なら九mm弾五〇〇発を一一〇ドルほどで買える——一発あたり約二二セントだ。だが、一発一発の弾丸には、不当な人間の手に渡って誰かを殺すことになる可能性がほんのわずかながらも存在する。どれくらいわずかだろう？　アメリカで販売されている弾丸はおよそ一〇〇億発だ。そして、アメリカで一年間に発生する銃関連の死亡者はおよそ三万人いる（これには自殺・殺人・事故が含まれる）。典型的な銃殺人で使用される弾丸は一発だと仮定すると、弾丸一発が誰かを殺すことになる確率は、一〇〇億分の三万、つまり一〇〇万発あたり三件となる。さて、ハイウェイ技術者・航空会社・病院による通常の費用便益分析によれば、一般的に人命はだいたい三〇〇万ドルに相当すると認められている。弾丸一発あたり、三〇〇万ドル相当の人命を失う確率が一〇〇万分の三あるとすると、弾丸一発が社会にもたらす予想平均コストは九ドルという計算になる。これは、通常の小売価格〇・二二ドルのおよそ四〇倍にあたる。すると、ぼくの理屈では、弾丸には４０００％の消費税率が設定されてしかるべきとなる。もちろん、これは雑な計算だ。ここでは死亡に至らない傷害事件のコストを無視しているし（これを考慮に入れれば税率は高くなるだろう）、市民が弾丸を所持することによる犯罪抑止効果も度外視している（これを考慮に入れると税率は低くなるだろう）。ともあれ、弾丸五〇〇発入り一箱はおよそ四五〇〇ドルしてしかるべきであって、一一〇ドルであってはならない。

　こうした高税率を課したからといって、全米ライフル協会が愛してやまない憲法修正第二条が損なわれることはない。相変わらず人々は武器を所持する自由を手にしたままでいられるだろう。ただ、彼らの危険な趣味が他人に押しつける真の予想コストを社会に支払わなくてはいけなくなるだけのことだ。「レクリエーションの射撃」に使う五〇〇発の弾丸に四五〇〇ドルを――アメリカの世帯所得一ヵ月分の中央値を超える額を――払えばいいだけのことだ。そこまで払う気にならないというなら、彼らの娯楽のために他のみんなが社会的・経済的コストや医療費や葬儀代を負担すべきだという筋道立った論証を提示すべきだろう。

　同様の論証は、バイクやピットブル（闘犬用テリア）にも当てはまりそうだ（どちらも、仰天するほど高い確率で所有者当人に重傷を負わせたり死に至らしめてしまったりする）。また、肥満（ファーストフードレストラン）、騒音公害（コンクリート爆破）、医療や精神科の診療を遅延させてしまうニセの希望（クリスチャン・サイエンス、サイエントロジー、ホメオパシー、元気の素と称するプランクトン植物）といったかたちで社会にコストのかさむ副作用を押しつけるサービス産業にも、高い消費税率を課すべきだ。「我が身に引き受けてかまわないと考える身体的リスクの水準をじぶんで選ぶ自由がなくてはいけない」と言われれば、ごもっともではある。だが、そのリスクがとても高いときに起こりそうな社会的コストには、高税率を払ってしかるべきだ。

このように考えると、製品別に固有の消費税を設定することで、政府はいまよりずっと多岐にわたるモノやサービスを合法化できる。どこかの国で違法とされている製品の大半（ドラッグ、売春、トランス脂肪酸）は、許容できない外部性（中毒、ＡＩＤＳ、肥満）を社会に押しつけると規制当局が想定しているから違法とされている。もし、証拠にもとづく消費税がこうした外部性の真のコストを相殺するなら、そうした製品の違法化を支持する主な経済的・道徳的な理由は雲散霧消してしまうだろう。世界でもっとも影響力のある規制当局（いまはワシントンではなくブリュッセル）は、真に危険な製品と商行為がもたらす危害を最小限に抑えることに注力できるだろう。

真のコストの地図を描く

それぞれの製品カテゴリーに適切な消費税率を設定するのはとても大変だ。まして、イデオロギーによらず妥当な実証研究にもとづいてやるとなると、ものすごい難題になるだろう。多くの製品カテゴリーに関して、政府と環境保護運動家たちは適用される消費税率をできるだけ高く設定しようとするかもしれないけれど、その一方で、マーケターたちは税率をできるだけ低く抑えようとするだろう。当初は、このうえなく明白な社会的コスト——医療・運送・汚染——だけしか、製品あたり何ドルというかたちで推定できないだろう。タバコ一箱を喫煙したとき利用者にもたらされる平均の長期的医療コストを計量化する方が、副流煙のコストを計量化するのよりずっとかんたんだろう。二〇〇〇マイル輸送したときにかかるハイウェイの修繕費用がパイナップル一つあたりいくらになるか計量化する方が、ポルノ雑誌が及ぼすとされる家父長制強化やレイプ症例の効果を計量化するのより、ずっとかんたんだろう。

製品それぞれに特有の外部性を調べる新たな科学研究を大量に実施する必要があるだろうし、しかもその研究の資金提供・分析・解釈はとても慎重になされないといけない。いたるところに、交絡と複雑性が生じるだろう――もしかして、太っている人たちは喫煙しがちで、喫煙ではなく肥満の方が肺がんに寄与しているかもしれない。もしかすると、同調性の低い男性ほど頻繁にポルノを買いがちでレイプに及びやすいけれど、ポルノとレイプには因果関係はないのかもしれない。理想を言えば、外部性の計測にあたっては、医療薬の安全性・薬効の評価に使われているのと同じ無作為化実験が使われた方がいい。それには、政府の姿勢が根本から劇的に変わらないといけない――「政策によって行動がどう影響を受けるかなんてわかっておる」と傲慢に決めつける姿勢から、社会実験を実施して政策効果を評価する必要があると謙虚に認識する姿勢に切り替わらないといけない。

たとえば、ソーダ飲料の消費によって肥満と糖尿病の率が高まるかどうか知りたければ、消費税そのものを使って研究してみればいい。数千ほどの街や都市を対象にして、ソーダ飲料にかかる消費税率を高いものから低いものまで、さまざまに無作為に設定するのだ（ソーダ飲料一缶にかかる消費税が〇・二五ドルになる場合から五〇ドルになる場合まで、幅広く設定する）。すると、〔とくに税率が高いところで〕無税のソーダ飲料が闇市場に出回りはじめるだろうから、それを十分に取り締まる。税率が高くなればソーダ飲料の販売数は減るだろうから、いろんな地域それぞれでソーダ消費量が異なってくるはずだ。各地の消費量と肥満・糖尿病の率を何年かにわたって記録していけば、ソーダ飲料の消費が一缶増えるごとに平均で肥満と糖尿病の率がどれくらい高くなるか正確に調べられるだろうし、それにともなう医療コストの増加もわかるだろう。こうした研究を実施するのはようするにソーダ飲料の消費者を実験動物扱いしているわけで、冷血な話に聞こえるかもしれない。だが、一九七〇年代からソーダ飲料反対運動家たちとソーダ飲料製造業者とのあいだで争われてきた論争を解決するのに必要なデータは、まさしくこうしたデータにほかならない。どちらの陣営も、知的な誠実性を持ち合わせているかぎりは、この件の因果関係に関わるデータをほしがってしかるべきだし、そのデータを手に入れるにはこの種の無作為化実験を実施するしか方法はない。いろんな国々にまたがるこうした研究がいくらかでも発表されれば、論争は落着するだろう。

懐疑的な人たちには、こんな言い分があるかもしれない――「いろんな製品それぞれに適正な消費税率を設定するには、政府に大きな官僚機構をさらに新設しなくてはいけなくなるんじゃないか。経済学者や統計学者や保険数理士や心理学者を何千人と使ってすべての製品カテゴリーのあらゆる外部性・リスク・コストを計測しなくてはならなくなるはずだ。」たしかにそのとおり。だが、まさにそれこそが必要だ：みんなが買い求めるモノやサービスが社会や環境にもたらす真のコストに関する良質の頑健なデータが必要だ。そうしたデータを収集して分析しないなら、さまざまな政策が社会や環境におよぼす影響をめぐるどんな議論も、無意味な戯言にしかならない。証拠もないのに証拠にもとづく政策なんてありえない。

政府プロジェクトとして大規模な科学研究計画を実施して消費の外部性について証拠を集めようと言われても、人類を月におくりこむアポロ計画みたいにわくわくはできないだろう。だが、長期的な見返りはこちらの方がずっと大きいかもしれない：つまり、消費に関する意思決定が社会や環境にどう影響するのか正確な地図を描き出すことができるかもしれない。キャッチーな名称をつけるなら、「真のコスト地図」と言ったところだろうか。いかにもお役所ふうの「製品別外部性の証拠に基づく国際リファレンスマトリックス」みたいな名称よりはマシだろう。「真のコスト地図」を開発すると、いくつもよいことがある。たとえば、いまひとつ世間で活用されていない社会科学者たちは、ほっておけば「間違った急進主義モデル」をだまされやすい学部生たちに教えて回るだろうけれど、このコスト地図の開発という意味のある仕事を数千もの社会科学者たちに与えられる。

消費に関する選択で他人に押しつける真の外部性に対価を人々が支払わないときには、かならずギャレット・ハーディンの「共有地の悲劇」が生じる。だが、対価の支払いに人々が応じるときには、彼らが下す消費に関する選択はほぼ完璧に社会全体の利害と整合するようになる。絶滅の危機に瀕している漁業資源に押しつけられる真の対価全体を魚の消費者たちが払わなければならなくなったら、乱獲は自動的に減っていくだろう。理想としては、各製品カテゴリーにかけられる消費税は、そのカテゴリーの製品が押しつける特有の外部性を相殺するのに使われるべきだ。共有地の悲劇を減らすとき、消費税で納められたお金が燃やされてしまおうと、有用な社会・環境のプログラムに費やされようと、それは本当に重要なことではない。とはいえ、後者の方が思慮のある行いのように思える。

保守派にとってもリベラルにとっても、こういう消費税制は自由市場に政府が介入する悪夢のような新手法のように聞こえるかもしれない。実際には、むしろ政府がくちばしを突っ込む権限をきびしく制限することになる。かりに、外部性に関する厳密な実証的証拠にもとづいて製品別税率が求められたとしよう。このとき、政府が最低限度より高い税率をかけられる製品は、他人や環境にコストを押しつけることが立証されている製品にかぎられる。ロバート・ノージックのようなきわめつきに筋金入りのリバタリアンですら、人々の生命や財産を他人の悪行から守る「夜警国家」が必要だという点は認めている。経済学者の視点から見れば、殺人や強盗を禁じる法とは、死亡や財産喪失という負の外部性を他人に押しつけないように人々を抑止する方法に他ならない。製品固有の消費税率は、それとまた別種の負の外部性（汚染・ハイウェイの摩損・銃で撃たれるリスクなど）を他人に押しつけないよう消費者を抑止する方法にすぎない。

定義により、あらゆる負の外部性は他人の生命や財産に対する侵害だ。だから、「政府はそうした侵害から人々を守る以外に一切の手出しをしてはいけない」と信じるガチのリバタリアンであっても、そうした侵害への対策に限定して設計された消費税を受け入れる心づもりをするべきだ。この視点から見れば、消費税はべつにパターナリスティックなお節介ではない。むしろ、市場の活動がもたらす負の外部性をただすよう設計された古典的な「ピグー税」だ。民主的な政府はいろんなことをやるけれど、なにより大事なのは、第一に自由市場での人々の経済行動がもたらす外部性を人々が管理する方法となっている点だ。この視座から見れば、各製品タイプの外部性を相殺するよう設計された消費税を政府が課すというのは理にかなった話に思える。言い換えれば、他人におよぼすあらゆる危害に公正な対価を支払うかぎり、なにを買ってどう暮らすかはみんなが自由に選べるべきだ。

製品寿命を優先させるためには

消費税を課すことで解決できそうな現代消費主義の問題は、もう一つある。いまのところ、企業は長期的な売り上げを最大化するために製品が陳腐化するよう計画したり製品のつくりをわるくしたりしていることがよくある。たとえばモップの製造業者だったら、一二年も長持ちするスティール製の取っ手がついたモップを一二ドルで売るより、二年以内に壊れるプラスティック製の取っ手がついたモップを八ドルで売った方が、四倍の収入がずっと会社に流れ込み続けることになる（スティール製だと購入者一人につき一年あたり一ドル、プラスティック製だと一年あたり四ドル）。モップ一本あたりで生じる環境へのコストはどちらも似たようなものかもしれない——それぞれ一本あたり四ドルくらいの外部性をもたらすのかもしれない。だが、プラスティック製のモップは六倍も頻繁に交換しないといけない。すると、モップを使う人の生涯で、プラスティック製モップが押しつける外部性は六倍も大きくなるわけだ。ある製品カテゴリーにかけられる消費税率の裾野をもっと広げて、つくりがよくないせいで価値が急速に下がりやすく壊れやすく交換が頻繁に必要になる製品まで射程に入れる手もある。たとえば、スティール製モップにかかる消費税を、プラスティック製モップにかかるものの六分の一にしてみるのはどうだろうか——プラスティック製に72％、スティール製に12％の税率にしてみよう。すると、スティール製モップは本体一二ドルに消費税12％で合計一三・四四ドルになる一方で、プラスティック製モップは本体八ドルに消費税72％で合計一三・七六ドルになる[＊1]。もののわかった消費者なら、つくりの品質や平均故障率や予想交換率がちがうことに気づかなくても、スティール製モップの方を購入するだろう。

こうした価値の下がりやすさに応じた消費税率は、もっと重い外部性を押しつけるもっとコストのかかるモノにも適用できるし、そうすることで、社会や環境への便益はいっそう大きくなるだろう。たとえば、およそ二九〇〇〇ドルする中型SUV二車種を考えてみよう：一方はトヨタのハイランダー、もう一方はフォードのエクスプローラーだ。議論の便宜で、ハイランダーは走れなくなるまで平均で二四万マイル走れるよう設計されているのに対して、エクスプローラーはたった平均一二万マイルしか走れない設計になっていると仮定する。このとき、エクスプローラーにかかる消費税率をハイランダーの二倍にする（たとえば20％に対して40％にする）のは理にかなっているかもしれない。なぜなら、ずっとエクスプローラーを乗り継ぐ買い手は、ハイランダーを乗り継ぐ人たちにくらべて二倍も頻繁に新車を買わなくてはいけなくなるからだ。すると、消費者は三四八〇〇ドルのハイランダー（二九〇〇〇ドル＋消費税20％）にするか、四〇六〇〇ドルのエクスプローラー（二九〇〇〇ドル＋消費税40％）にするか、選択することになる。こうして、二車種の信頼性のちがいが消費者にいっそう顕著になって、使い捨てになりがちな製品から長持ちする製品へと購入パターンが転換されるだろう。

価値の下がりやすさに敏感な税率設定は、住宅市場ではいっそう重要かつ有益になる。一九九七年に、うちの一家はイギリスのレッドヒルにあった住宅を買った。一八九八年に建てられた家だ。しっかりしたレンガ造りの壁があり、屋根の瓦は分厚く、大工の仕事はしっかりしたものだった。二〇〇一年に、ぼくらはアルバカーキに引っ越すことになって、家を探し回った。一九五〇年代に次々と建築された第一世代の郊外住宅は、かなりしっかりした建物だった（軽量コンクリートブロックの壁、オーク材の床、漆喰のコーブ天井）。そこで、そのうちの一軒を購入した。一方、新しい住宅はどれも割り箸とダンボールでつくられた家みたいに見えた：壁は半インチの石膏ボードで、間隔の広いツーバイフォー木材にうちつけてある。配向性ストランドボードにナイロンカーペットを敷いた床、タール紙を貼り付けた砂まみれの平らな屋根、薄く塗装された化粧しっくいの壁板、中空コアのドアとプラスティックの浴槽。見

＊1　原文では税率が「60％」と書かれているが、直前のセンテンスと合計額の数字から誤記と判断して「72％」に訂正した。

るからに、一〇年ほど保てばいいという設計になっていたし、誰もがそうと知っていた。だからこそ、築五年にもなれば一目瞭然に価値が下落し、「中古」住宅として売られる。つくりがしっかりしていて寿命が長いと予想される新築住宅なら消費税率がずっと低くなるように設定されれば、こういうガラクタ住宅は建てられなくなるだろう。いまのデベロッパーたちは一八九八年のイギリスのようなレンガ造りの頑健な壁は使わないかもしれないけれど、他のもっと長持ちしやすい建築材に投資するかもしれない。ここで発想の元になりそうなのが、「一万年時計」プロジェクトだ。ネバダ州の山頂に機械式時計を設置して、一万年にわたって時を刻み続けようというのがその目的だ。デベロッパーたちには、みんなの孫が受け継げる住宅を建築してほしい。そうすれば、孫の世代は見当違いな掘っ立て小屋にまたしても一世代にわたってローンを払い続けて一生を過ごす必要がなくなるだろう。イタリアのウンブリア州の郊外住宅やオックスフォードの牧師館のように数百年かけて優雅に年を重ねていく建築環境を楽しめるよう経済的な誘因(インセンティブ)をうまく配置することもできそうだ。将来世代のために、せめてそれくらいはできないだろうか。

衣服のように移ろいやすいモノですら、すぐれたデザインならば価値の下がり方を最小限に抑えられる。主流のファッション産業は、極端で突飛なデザインと色彩の衣服をわざとつくりだしている。そうすれば、翌年にはパリ・コレクションで新しいデザインの特色が決められ、全米色彩評議会のようなトレンドセッターたちが今年の新色を「予測」することによってそういうデザインや色彩が美的にすたれるよう仕向けることができる。これと対照的に、レベッカ・アーリー(「グリーンは新しい黒色」)のようなデザイナーたちによる「エコ・ファッション」の新しい潮流は、物理的にも美的にも長持ちする魅力的な衣服をつくりだすことを目指している。彼らがつくろうとしている衣服は、持続可能で環境を汚染しない素材からできている（たとえば有機綿・レーヨン・麻を使う一方で、農薬を大量に必要とする従来方式で栽培された綿を使わない）。また、飲み物をこぼしたり泥汚れがついたり汗がしみこんだりしてもシミ汚れがつきにくかったりうまく隠せたりするようデザインされている。そのうえ、洗濯のエネルギー使用が少なくてすみ、乾燥が速く、アイロンを必要としない。エコ・ファッションは古くからの定番の魅力をうったえるデザインと色彩を採用しているので、ふつうの衣服のようにあっさり廃れにくい。その点で、『ヴォーグ』誌や『イン・スタイル』誌を埋め尽くす極端なハイファッションに比べて低い消費税率をかけられる条件を満たしている。

製品固有の外部性と減価償却率にもとづいて製品ごとに異なる税率をかけ、しかも購入者の年間総消費にもとづいて累進的に税率が高まる消費税を実施するとなると、少しばかり面倒ではある。製品それぞれで異なる消費税率を設定する場合、徴収がいちばん容易なのは小売店での販売時点だろう。これと対照的に、累進的な消費税を実施するなら、人々がじぶんの所得総額と貯蓄総額と寄付の差額を申告する納税申告を提出してもらうのがいちばんかんたんにすむ。製品別税率と累進的税率を兼ね備える消費税を小売店での購入時に徴収するには、実用に耐える安全な方法を開発する創意工夫が必要となる。とはいえ、携帯電話での通話呼び出しや飛行機の予約やデビットチャージやAmazonの配送を管理する国際的なコンピュータシステムが開発できるくらいなのだから、こうした消費税システムも開発できそうに思える。技術的な課題は解決可能だろうし、社会や環境への便益は劇的に大きなものとなるはずだ。

消費税が達成できそうなこと

こうした専門家たちの助言にしたがって、小売店での新品購入に平均だいたい25％の消費税をかけて政府の歳入をえたとしよう。さて、こうすることで、消費者の行動や特徴見せびらかしの社会システムはどう変わるだろうか？　主要な便益は五点ありそうだ。

まず、人々は買い物を減らし、モノをもっと使い回し、再利用するようになるだろう。消費税がかかるのは新品の購入だけだからだ。中古車や古本や古着やアンティーク家具や中古住宅など、中古市場で売られる中古品に消費税はかからない。新しい準郊外の閉鎖住宅地（ゲーティッド・コミュニティ）の新築住宅がほしかったら、その住宅の価格全額にかかる消費税も払わないといけない。一方、古くからある都市や住宅街の古い家を修繕・改修したい場合には、建築材や人件費にだけ消費税を払えばすむ。自動車の最新モデルがほしいとなると、新車価格の全額にかかる消費税を払わないといけない。だが、タイヤを新品に交換すればすむ中古車で満足できるなら、その交換タイヤにだけ消費税を払えばいい。こうすることで、これまでの世代がすでに建てたり生産したりしていたモノを上手に活用する誘因（インセンティブ）がうまれる。すると、中古市場は大幅に拡大するだろうし、中古品が取引されたり使われたりする規模と効率ものすごく大きくなるだろう。遺品整理・ガレージセール・eBay・新聞の個人広告・蚤の市が大いに賑わうはずだ。物理的なモノの生産に投じられた物質とエネルギーは、もっと長く世の中をぐるぐる循環しつづけるだろうし、そうしたモノが環境にかけるコストももっと長い時間をかけて償却されるだろう。

第二に、消費税によって、中古市場での買い取り価格が高い耐久財を買う誘因(インセンティブ)が人々に生じるだろう。そうしたモノをもっと堅実に手入れと修理をしながら維持して買い換え回数を減らす動機ができるはずだ。ずっと使っている洗濯機は二〇ドル（プラス消費税五ドル）で新しい部品に入れ替えれば修理できる一方で、新しい洗濯機を買うとなると五〇〇ドル（プラス消費税一二五ドル）がかかるとしたら、修理ですむものを修理して使い続ける方をみんなは選ぶかもしれないし、まだまだ使えるモノをさっさと買い換えてしまうばかばかしさもわかるかもしれない。すでに見たように、価値の下がりやすさに応じた消費税率を設定すれば、長持ちしやすい製品を製造業者が生産する誘因(インセンティブ)が高まるだろう。こうした影響によって――消費者が製品の買い取り価格や修理しやすさを前もって考えるようになることによって――小売業者は維持・修理・更新・改装がやりやすい製品ほど高く値段を設定できるようになり、それによってますますそうしたモノの生産が後押しされるようになるだろう。

第三に、消費税を採用すると、動作に必要なエネルギーや物質が少なくてすむ製品の購入が奨励される。ガス・油・石炭・電気・電池・水・プリンタのインクカートリッジ・コーヒーフィルタなどなど、どれも消費税がかかるので、消費者は燃費のいい車やインクの使用効率がいいプリンターカートリッジを好むようになりそうだ。とくに重要なのが、環境にやさしい建物の奨励だ。世界のエネルギー収支のおよそ45％は、建物の冷暖房に使われている（自動車全般のエネルギー総使用量よりはるかに多い）。だが、新しい素材や設計技術を利用すれば、建物に必要とするエネルギーを約80～90％もかんたんに削減できる。現在のところ、新しく建物を建てるときにそうしたエネルギー効率が最大化されることはめったにない。なぜなら、エネルギー効率の悪い方法よりだいたい15％ほど余計にコストがかかってしまうからだ。だが、最初に少し多めにお金をかけておけばのちのち高い税がかけられる運用費がどれくらい節約できるか消費者たちが認識すれば、エネルギー効率のいい建物の収益性と人気は高まっていくはずだ。あるいは、たんにエネルギー効率のいい建物にかかる消費税率を低くする手もあるだろう。

第四に、消費税によって、社会資本や隣近所の仲間意識がはぐくまれるだろう。消費税が適用されるのは小売店での正式な買い物だけなので、物々交換したり借りたり自作したりするよう人々が後押しされる。市民のあいだで、取引・互酬性・評判・信用のあまり公式でないシステムが発展し、利用されるだろう。友人どうしなら、お互いに便利なモノを貸し借りしたり、実用的な贈り物をお互いに贈り合ったりする誘因（インセンティブ）が高まるだろう。ご近所どうしなら、便利なサービスをお互いに提供し合うインセンティブが高まる——子守や庭の手入れや家庭教師や車の相乗りや納屋の棟上げといったサービスをお互いで提供して、正規に人を雇って消費税を払うのを避けようとするだろう。公式の雇用市場で人々が原子のように分業すれば必ず最高の経済的な効率が達成されると信じる経済学者からすれば、この種の非公式なサービス部門はおぞましいほど見当違いに聞こえるかもしれない。だが、たいていの人間にとって——お互いの認識・尊敬・信頼にもとづく小規模な社会で繁栄すべく進化した種の個体たちにとって——こちらの方がむしろ心地よく満たされるものに聞こえるかもしれない。

最後に、消費税は貯蓄・投資・寄付も増やすだろう。ようは、投資や寄付に割り振られた一ドルの方が、消費に割り振られた一ドルよりも25％も多く買えることになる。投資や寄付は、さまざまな新しい電子データベース・見せびらかし・技術をとおしてじぶんの性格特徴を伝えるシグナルとして、いまより日常生活で顕著な行為になりうる。そのとき、好まれる標準的な特徴見せびらかしシステムの座から見せびらかし消費はあっさりと転落しうる。もっと多くの物質・エネルギー・時間・技能が文明の長期的なインフラに投じられるようになり、誇示的な浪費・精密さ・評判の短期的な見せびらかしで蕩尽されることは減っていくだろう。

世の中を変える意志

文明がいちばん劇的な変化を見せるのは、地位シグナリング・システムが変わるときだ。マルクスは、ひとつ重大な真実を見過ごしていた：生産手段ではなく見せびらかし手段こそが、経済・社会の革命にとって決定的に重要な要因なのだ。シグナリング・システムには、強力な居座り効果がある：とめどない消費主義のようなシグナリングの慣習がひとたび確立すると、人々がべつの慣習に移行するのはとてもむずかしくなることがある。歴史のなりゆきで定義された文化規範だったはずのシグナリングの慣習が、あたかもこの世界の進化によって避けがたくもたらされる帰結のように見えはじめる。見せびらかし消費は、自然なものでも不可避なものでもなく、たんに人間の特徴見せびらかし様式がとりうるひとつのかたちにすぎない。

また、見せびらかし消費主義ではいろんな自然の社会的本能を抑圧してよそよそしいものにしてしまう必要があるため、同調性や堅実性といった主要な性格特徴のすぐれた指標という武器をみんなが備えにくくなる。こうした性格特徴を見せびらかすために、消費者たちは旧来のこれ見よがしな消費からこれ見よがしな倫理的消費にゆっくりと移行しつつある。同調性と堅実性が高い消費者たちは、パソコンで使うコピー用紙にまっさらな紙を使うこともできるのにわざわざ40％の価格プレミアムを払ってまで再生紙を買ったり、ウォルマートにいけばふつうのコーヒーを一ポンド三ドルで買えるのにわざわざフェアトレードの日陰栽培コーヒーに一ポンド一二ドルを支払ったりしている。見せびらかしの倫理的消費は、まちがいなく世の中をよりよくする強力な方法ではある。ただ、世の中を革新するためのもっと効率的な選択肢は他にいろいろある。中核六項目を――とくに同調性と堅実性を――見せびらかすもっと効率のいい方法が見いだせれば、社会・環境面の影響はよりいっそうよいものになりうる。

第15章と第16章では特徴見せびらかしシステムを見せびらかし消費から他のシグナリング方法に転換するアイディアの骨子をいくつか素描した。もっと自然で人間味があり効率的で正確で心を満たし環境に責任をもつ方法を、簡略に紹介しておいた。こうしたアイディアは急進的に思えるかもしれない。社会経済政策の本当に大きな変化には不慣れなアメリカ人には、とりわけそう思えるだろう。アメリカ以外の国々では、変化の潜在的な速度と深度がもっと理解されるだろう。過去二〇年に、ヨーロッパはかつての帝国が崩壊してちりぢりになった国々のパッチワーク状態だったのが、世界最大にしてもっとも豊かな統合された経済圏へと転換した。中国・インド・ロシアは、社会主義的な計画経済を放棄して、自由市場と自由貿易へと舵を切った。複数政党が競う民主主義を採用した国の数は、かつて五〇ほどだったのがいまでは八〇以上にまで増えている。いまや、地球には六七億人が暮らしている。その半数は、三〇歳以下だ――ビル・クリントンがアメリカ大統領になったとき、トニー・ブレアがイギリス首相になったとき、カート・コバーンが自殺したとき、彼らはまだ思春期にも達していなかった。

世界規模での長期的な視野で見れば、アメリカやイギリスが消費パターンをどう変えるかというのは大した問題にならない。なぜなら、どちらの国も人口や経済規模が世界全体に占める割合は小さく、しかも縮小しつつあるからだ。なにより重要となる国を二つ挙げるなら、それは巨大な人口があり経済が急速に成長している国、すなわち中国とインドだ（中国の人口は一三億人で年間経済成長10％、インドの人口は一一億人で年間経済成長率は8％）。この二国は、見せびらかし消費が文化規範として居座る前に特徴見せびらかしシステムを転換する見込みがまだ大いにある。

中国の方が、劇的な政策変更をずっとかんたんに達成しやすい。より強力な中央政府があって、しかもインドの熱っぽい民主主義とちがって競合する特殊利害集団（民族・宗教・カースト・言語）にあまり制約されていないからだ。たとえば、一九九五年から二〇〇七年までに中国はおよそ三万マイルにも及ぶ高速道路を建設している――アメリカで一九五六年に制定された連邦補助高速道路法のもとでやはり一二年ほどかけて建設されたのとだいたい同じ長さだ。現在の中国の「第四世代」指導者層は大半が明敏で実践本意の考え方をとるエンジニアたちだ。見せびらかし消費が環境・社会におよぼすコストを彼らはすでに強く意識している。本書の主要な考えの大半は――つまり、人々がお互いの性格特徴や道徳的な美質を非公式な方法で評価することによる地位を優遇する社会規範、教育・雇用向けのよりよい客観的な心理尺度テスト、製品別の累進的消費税といった考えは――彼ら指導者層の権力を損なうこともないだろうし、中国社会の安定を乱すこともないだろう。それどころか、その多くは伝統的な儒教の理念とうまく合致するし（個人どうし・家族間・国家間で実力と美徳を尊敬すること）、その慣習的な営み（王朝の科挙など）や共産主義の原則とも合致する（少なくとも、社会・経済活動がおよぼす正の外部性を奨励し負の外部性を最小限にとどめるという抽象的な水準では）。また、済南（チーナン）の唐冶（タンギー）新区のような環境面で維持可能な職住接近型の都市を建設しようという関心が中国では強まっているが、これとも本書のアイディアは合致する。中国がこうした先見の明ある政策を採用して栄えれば、他の途上国や先進国にとって心躍る新しいお手本（ロールモデル）となってくれるだろう。

インドの政治体制は混沌としているにもかかわらず、経済成長のための経済成長という考えに対してすでに思慮深い両義的な態度を示していて、アメリカ流見せびらかし消費の最悪の側面を決してマネすまいという意向がしだいに強まってきている。年長世代の知識人たちは、いまでもネルー時代の社会主義の理想にしがみついている。嘆かわしい「ヒンドゥー教らしい経済成長」という考えを押しつけインドが一九四〇年代から一九九〇年代にかけて大衆の貧困から抜け出るのを遅らせたのが、ネルー時代の理想だった。だが、こうした社会主義の理想も、見せびらかし消費の評判を低下させた――もっと古いヒンドゥー教の禁欲主義・仏教の無執着・イスラームの兄弟の精神と同様だ。インドのもっと若い世代の起業家たちは、アメリカやヨーロッパで学位をとったり就労経験を積んだりして、国際的なビジネスと科学の言語である英語を流暢に話す。こうした若い起業家たちは、とめどない消費主義が社会・文化におよぼすコストを理解している。彼らの多くはたった一世代のあいだにこれ見よがしな消費を飛び越えてこれ見よがしな倫理的投資に向かっているように見える。インドの若い世代にとって、宗教・カースト・家父長制・社会主義・アイデンティティ政治というばかばかしい伝統に取って代わる「現代的な」選択肢にはとめどない消費主義しかないと考えるのを回避するのがきわめて重要だ。

シグナリング・システムをおだやかに転換してもこの世の終わりにならない理由

第15章と第16章で提案した変化は、人によっては危なっかしく聞こえるかもしれない。「製品別消費税や、考えを同じくする人たちばかりで互いに規範を守らせあう地域社会や、その他のいろんな革新案をいきなり採用したら、なにかひどいことが起きたりするんじゃないの?」「モノやサービスをあまり買わずにすますようになると消費需要が減って、売り上げが減少して物価は下落して売れ残り在庫は積み上がり、サプライチェーンの流れがあちこちで滞り、会社は倒産、向上やモールは閉鎖、失業率がハネ上がるのでは？　そしたら、通貨や資産や債権や不動産の価値だって自由落下をはじめて、投資銀行の頭取たちがニューヨークやロンドンや香港の各地で次々にビルのてっぺんから飛び降りだすだろうし、税収だって――所得や消費や投資から得られるわけで――干上がってしまうでしょ。まず景気後退が起きて、それから不況になり、やがて経済が崩壊しちゃうよ。そのあとの展開は予想どおりだ：政府が崩壊、警察はなくなり、暴動があちこちで火の手をあげる。無政府状態が広がって、いろんな行政機能も崩壊し、電気や水道やガスもとまり、人々が飢えはじめ、赤ちゃんは泣きわめき、ギャングどもがレイプをおっぱじめ、各地で災厄が相次ぐだろう。軍閥が興隆し、軍隊どうしが衝突をおこし、核爆弾が炸裂するようになる。悲惨は長く続いてヒステリーが生じ、しかも広範に及んでとてつもない苦痛を人々に強いるだろう。みんなを忙しくしておく見せびらかし消費がなくなったら、望もうと望むまいと関係なくみんなそろって環境にやさしい原始共同体のディストピアに生きるハメになっちゃうよ。『アメリカン・ビューティ』の世界から『アメリカン・サイコ』を経て『マッドマックス』まで一直線だ。」

あまりにも急速に変化が起こってしまって市場・企業・政府が適応する暇もないようだと、なるほどこういう恐れにも一理あるだろう。月ほどの大きさの隕石が落下してきたら、生物多様性に有害になる。あまりに多くの生物種が根絶やしにされてしまって、進化的な適応が補えきれないからだ。（ペルム紀～三畳紀の絶滅を思い出してほしい。二億五一〇〇万年に、隕石によって地球上の海洋生物の96％と陸上脊椎動物の70％が絶滅したという話だ。いや、本当のところは知らないけれど。）同様に、みんなの特徴見せびらかしシステムを統べる社会規範に短期間で急激なショックが与えられると、人間社会に有害になりかねない――一七八九年のフランス革命（帰結：ナポレオン・ボナパルト）、一九一七年のロシア革命（帰結：ヨシフ・スターリン）、一九九四年の共和党革命（帰結：ニュート・ギングリッチ）。

だが、もっと長い時間をかけて進行するなら、経済は驚くほどうまく均衡を回復するものだ。ヨーゼフ・シュンペーターは「創造的破壊」を語った。技術や社会に急激な変化が生じることで「創造的破壊」の口火が切られ、これによって経済は栄えるというのが、シュンペーターの観察だった。他のオーストリア学派やシカゴ学派の経済学者たちは、「これまでに人間が発明したなかで、自由市場こそがいちばん巧みで抜け目なくうまく適応するシステムだ」と強調している。自由市場は、ありとあらゆる買い手・売り手・イノベーターの知性を集約して体現している。いつでも、生命そのものと同じように、前に進む道筋をどうにかして見つけ出してしまう。これは願望まじりの思考ではなく、歴史的事実だ。雇われ羊飼いたちがボーダーコリーに取って代わられて仕事をなくしたとき、彼らは工場労働者になった。馬車のムチをつくっていた業者は、バンパースティッカーをデザインするようになった。中世の騎士たちはクロスボウのせいで時代遅れになったけれど、彼らの子孫の男性たちはやがてF1ドライバーや海軍の戦闘機乗りやセグウェイの熱狂的支持者になったりするかもしれない。ミルクメイドたちは真空拍動式搾乳機に仕事をとられてしまったけれど、彼女たちの子孫の女性たちはソフトウェア開発責任者や電波天文学者になったりしているのかもしれない。アメリカの南北戦争によって綿プランテーションの奴隷制は終わったけれど、南部はのちにNascarを発明したりアトランタのヒップホップシーンをつくりだしたりして再び隆盛する。どの場合にも、いまみんながやっている仕事やみんなが買い求めている製品やみんなが地位追求している方法なんて、我らがご先祖たちにはとても想像できなかった。

経済ではいろんな分野が興隆しては衰退していくけれど、市場は生き続ける。我らがご先祖たちは、絶滅することなくとてつもない経済の波瀾万丈を何度も生き延びてきた。新石器革命が起きれば狩猟採集生活から農業と牧畜に移り変わり、産業革命が起きれば小作農から工場労働者に転身し、マーケティング革命ではものづくり業者からステータスの提供者や体験の提供者に移り変わっていった。歴史的な前例をふまえれば、見せびらかし消費をほぼ置き換えるかたちで倫理的消費や倫理的投資が興隆しても、これらと同じ創造的破壊によって活発な商売・投資・雇用機会がもたらされることだろう。自由市場が機能するのに必要な制度的・文化的な条件を保持してさえやればいい：平和、法の支配、財産権、安定した通貨、効率的な規制、正直な政府、真理・信頼・公正・名誉の社会規範を失わずにおくのだ。こうした必要条件は、すでに香港やシリコンバレーやスイスに存在していると聞く。ということは、明らかに、こうした条件が達成不可能ということはないわけだ。

結び：みずからを粉飾する遺伝子

消費至上資本主義の大半は、うつくしい百合の花に金箔を貼るような営みで成り立っている。みんなが自分を見せびらかすのに有している能力は——言語・知性・親切心・創造性・美といった資質は——驚異的なまでに適応に長けている。こうした能力を身につけていながら、友人をつくったり恋人を惹きつけたり名声を得たりするのにその能力を使う方法を忘れてしまう。持ち前の能力を使わずに、みんなは教育や仕事や消費をとおしてモノやサービスを手に入れて、それを頼りにじぶんの個人特徴を他人に宣伝している。こうしたコスト高なシグナルは、大半が冗長か誤解されやすいかのどちらかで、たいてい他人に無視されている。まわりの人たちは、自然な対面の会話でこちらを判断する方を好んでいるのだ。金ぴかに自らを飾り立てればまわりの人たちを感嘆させられると思いがちだけれど、それでいて、じぶんがいざ友人や恋人を選ぶときには、相手が飾り立てている金ぴかを無視しているものだ。

こんな暮らし方はばかげている。だが、おさらばするのに遅すぎるということはない。先史時代の生活と現代の生活、それぞれの最良の特徴を組み合わせるもっとすぐれた方法なら見つけられる。環境にやさしい原始共同体の生活だけでは、みすぼらしく無知で退屈ばかりの生活をこえるものはなかなか手に入らない。とどまるところを知らない消費主義だけでは、自己愛と熱狂と疎外以外には大して手に入らない。大切に思う相手にじぶんの特徴を見せびらかすもっといろんな方法を探求する自由が必要だ。特徴見せびらかしのもっと多様なかたちを合法化する必要がある。短期的なとどまるところを知らない消費主義を奨励する所得税から、もっと長期的な倫理的投資・慈善・社会資本・近所どうしの暖かいつきあいを奨励する消費税に転換する必要がある。

なにより、考えを同じくする人たちを選んで暮らし、独自の価値観と規範をもったもっと多様な地域社会を確立し、独自な賞賛と処罰の方法で維持していく自由が必要だ。地域社会によっては、これ見よがしな道徳心なき消費に傾注しつづけるところもあるだろう。ぼくとしては、やがて、大半の地域社会がいまはまだ想像もできない特徴見せびらかしのシステムに投資してくれることをのぞんでいる。行きたいと思うところに行き、住みたいところに住み、時間・エネルギー・お金をじぶんがのぞむ特徴見せびらかしに割り当てる自由があれば、人々はなんらかのすばらしい新たな暮らし方と見せびらかし方を発見するはずだ。地位・尊敬・名声・性的魅力・社会的な人気を熱望する欲求を人間があきらめることはないかもしれない。だが、こうした欲求から行動への流れを変えて、とどまるところを知らない消費主義消費主義が提供するのよりもっとすぐれた生活の質をもたらすようにはできる。じぶんの適応度を見せびらかすにしても、もっとじぶんらしく、創意を発揮して、開明的にやることだってできるのだ。

読者のための練習問題

Exercises for the Reader

自然生活テスト

　このテストでは、ぼくらよりしあわせにやっていたご先祖たちとあなたの生活がどれくらい近く合致するか点数化する。この一ヵ月で、以下にあげる経験がそれぞれ何回あったか正直に書き記してほしい：

- 赤ちゃんをゆすって寝かせつけた。
- お話をつくって子供に聞かせた。
- 暖かい日の出の光を顔にうけた。
- 熟した果物を食べて空きっ腹を満たした。
- 冷たい水を飲んでのどの渇きを癒やした。
- 子供を危険から守って勇気を示した。
- 緊急時に指導力と創意工夫を発揮した。

- 親や兄弟姉妹その他の親族と食事を分け合った。
- 旧友と噂話に興じた。
- 新しい友達をつくった。
- なにか美しいモノをつくって誰かにあげた。
- 壊れたものを修理した。
- 勤勉に練習して技能をのばした。
- 身の回りに生きている植物や動物についてなにか新しいことを知った。
- 新しい証拠にもとづいてなにか大事なことについて考えをあらためた。
- 年長者のよい助言にしたがった
- 有用な技能や魅力的な芸術や面白い事実を年下の人間に教えた。
- 犬・猫・サルといった毛皮のふさふさした動物をなでた。
- 土・粘土・石・木・繊維をいじった。
- 今際の際にいる人を看取った。
- 丘を越えたり川を渡ったりした。
- さえずりで鳥の種類を聞きあてた。
- 地域の式典・祭り・劇・パーティーで大事な役どころを担った。
- 他人といっしょに集団の目標を達成するために体を動かして働いた。
- 愛情を示すために言葉を発さないままアイコンタクトを交わした。
- もっと大事なよいことのために、誰かひどいふるまいをしている人間を恥じ入らせた。

- ユーモアや情動の自己制御や対人的な共感を使って深刻な議論を解決した。
- 友人たちといっしょに歌ったり踊ったり楽器を演奏したりした。
- 友人たちを爆笑させた。
- 性的パートナーと二人いっしょにとろけるようなオーガズムに達した。
- 背筋がぞわぞわするような崇高な美を経験した。
- 宇宙と一体になって広大な大海のような広々とした間隔を経験し、「教会はこうあるべきだ」と考えたりした。
- 誰か困っている人を助けて「ゴールデン・ルール」を適用した。
- 星空の下でたき火をたいて暖まった。

さて、各項目に書き付けた数字を合計してみよう。もし合計スコアが一〇〇未満で、しかも日頃から思うようにしあわせを感じられていないようなら、ちょっと考えてみよう――人間の脳が重んじて意味を見いだすように進化している自然の経験をなんにもじぶんの脳に与えることもなく、他人に意味のあることをしてあげることもないのに、じぶんの生活がしあわせで有意味になると期待しているのはどういうわけだろう？　一二〇〇字のエッセイにまとめてみよう。

モール見学

まず、二時間ほど浮揚タンクに入るか感覚遮断室に閉じこもるか瞑想の儀式でもして、頭をすっきりさせる。それから、地元にある大きなショッピングモールに出かける。ただし、現金や小切手やデビットカードやクレジットカードはぜんぶ家においてくること。あたかも霊長類学者になった気分でモールをぶらつきながら二時間過ごし、行き交う買い物客たちを超社会的で準一夫一婦制の地位追求型霊長類として観察し、フィールドノートをとろう。

所有品の練習問題

これまでお金を払ったなかで、いちばん高価なモノを一〇個、リストにしてみよう（製品、サービス、体験のどれでもいい。住宅・自動車・大学の学位・結婚式・離婚調停・税金も含む）。次に、いちばん買ってしあわせになったモノを一〇個選んで、リストにまとめてほしい。両方のリストにでてきた品目はどれくらいあるか数えてみよう。

自宅の考古学的発掘演習

自宅のあちらこちらを一時間ほど歩き回ってみよう。十分に耐久性があって、きっと五〇〇〇年後もなんらかのかたちで残っていて、未来の考古学者に発見してもらえそうな物理的所有物を一〇個書き留めること。それぞれの製品ごとに、未来の考古学者がその品物に備わっていると推理しそうな実用的機能やシグナリング機能を列挙してみよう。そうやって推理される機能と、じぶんが実際に購入したときの見せびらかしの理由とを比べてみよう。

『シムズ』の練習問題

『シムズ2』を二週間ほど遊んでみよう。消費者としてのじぶんの生活が、じぶんのシムズと比べてもっと意味があるかどうかを考えよう。

遺品整理の練習問題

週末の朝に、遺品整理会場三カ所を立て続けにめぐってみよう（誰かが亡くなって、住人のいなくなった家に残っていた所有品の売却会というのがあるのだ）。掘り出し物目当ての買い手たちがガラクタの山に群れをなしているのを観察しよう。いろんな品物をじっくり眺めて、かつては地位を誇示していただろうモノがいまやいかに無口になっているかに思いをめぐらせてほしい。かつての持ち主にもはや使われることも見せびらかされることも話のタネにされることもなくなっている様に思いをはせてみよう。

性差の練習問題

もし読者のあなたが女性なら男性誌の『マクシム』を、男性なら『コスモポリタン』誌を買ってみよう。全体を通読してほしい——飛ばさずに一言一句まで目をとおすこと。記事も広告も、表紙から裏表紙まで、一週間かけて読み通してみよう。異性とじぶんの心が似ている部分を一〇項目、理解の範疇を飛び越えているアタマのおかしい異星人のように思える部分を一〇項目、それぞれ書き出してみよう。

中核六項目の練習問題

できるだけ正直に、じぶんの中核六項目の特徴（知性・開放性・堅実性・同調性・安定性・外向性）が百分位でどれくらいのところにあるか推定してみよう。たとえばある特徴でじぶんが10％の百分位にいるとしたら、じぶんより下のスコアの人たちは全体の10％でしかないことになる。また、90％の百分位だったら、じぶんより下のスコアの人たちは全体の90％いることになる。次に、誰か三人を思い浮かべて、その人たちの中核六項目スコアが百分位でどれくらいか推定してみよう：最近セックスした相手三人でもいいし、親友三人でもいいし、とても親しい仕事仲間三人でもいいし、いちばん近所の住人三人でもかまわない。それぞれの人、それぞれの項目で、じぶんと相手が百分位でどれくらいちがうか計算しよう。じぶんの中核六項目スコアにいちばん近い相手が、いちばん親近感を覚える人物かどうか確かめてみよう。

自動車の性格を訂正してみる

じぶんが所有していちばんよく運転した車の、型式・モデル・製造年・仕様を書き出してみよう。そのデザインや広告をとおして伝えているだろう中核六項目の百分位スコアを推定して、自動車ブランドの性格を分析してほしい。その車の性格概要とじぶんの性格概要を比較して、食い違っている点を書き留めよう。どんなバンパースティッカーをつけたら、じぶんの性格特徴をもっと正確に伝えてそうした食い違いを訂正できそうだろうか。二つ案を出してみよう。

休日の課題

次の休日に、友人や家族にあげる贈り物をぜんぶ自作してみよう。これまでの年に品物を買って贈ったときと比べて、彼らの喜び具合はどうだろうか。

社会規範の練習問題

とてもよく目につく見せびらかし消費で、しかも違法になってほしいと強く思うものを五つ列挙してみよう。次に、それをやると世間で恥をかいたり風刺の的になったりからかわれたりするとしたら人々がやらなくなるだろうと思う項目にバッテンをつける。リストでバッテンがつかなかった項目がもしもあったら、地元選出の議員に、その見せびらかし消費について手紙を書こう。列挙した見せびらかし消費ぜんぶにバッテンがついたら、そうした見せびらかし消費に対する恥や皮肉やからかいをふだんの生活に組み込む方法を考えてみよう。

外部性の練習問題

五〇ドル以上かかった最近の買い物を三つ書き出してみよう。それぞれの買い物について、その品目にかかってしかるべきだった消費税率を推定してみよう。その品目が他人や環境におしつける負の外部性総体にもとづいて推定すること。そうやって推定した税率のぶんだけ、じぶんがいいと思う寄付先にお金をおくろう。

居住地選択の練習問題

じぶんが若い独身者で子供はいなくてちょうど大学を卒業したばかりだと想像してほしい。じぶんの国には、すでに百万ものいろんな生活圏があって、それぞれ住人が選別されているのを想像してみよう。年齢・性的指向・教育水準・職業・民族・宗教・政治思想・趣味・関心事・身体的外見・中核六項目や、生活様式・活動・社会規範・性的規範・生活設備・建築や景観の美学に関する優先事項に基づいて、考えうるかぎりのあらゆる個人特徴の組み合わせをそれぞれの生活圏が居住資格にしているとしよう。じぶんが移住したいと思う生活圏、社会人生活をおくりたい生活圏を選ぶとして、その選択規準にしたい項目一〇個を書き出してみよう。次に、そうした地域社会に住むときにかかる月々の家賃は、いま若い大人として実際に暮らしている場所の家賃に比べてどれくらいなら上乗せされても払っていいと思うか書き出してみよう。

謝辞

編集者の Rick Kot, Drummond Moir, Alban Miles, Ravi Mirchandani, そして出版エージェントの Katinka Matson と John Brockman に感謝を。

草稿段階で原稿を通読してとても有益なフィードバックをくれた右の方々に感謝：Rosalind Arden, Henry Baker, Jaime Confer, Chris Eppig, Carolyn Miller, Frank Miller, Daniel Nettle, Lars Penke, Carin Perilloux, Catherine Salmon, Andrew Shaner, Jill Sundie, Joshua Tybur, Michael Wewerka.

個別セクションで有用なフィードバックをくれた方々に感謝：Nelson Amaral, Atalanta Arden-Miller, John Baker, Richard Baker, Michael Church, Dylan Evans, Vladas Griskevicius, Ori Heffetz, Mia Kersting, Emily Maple, Leslie Merriman, Gad Saad, Randy Thornhill, Rhiannon West.

本書のさまざまなアイディアについてこの十年間に議論してくれたりメールのやりとりをしてくれた多くの友人・同僚・研究者・親戚・学生に感謝：Paul Andrews, Tim Bates, Ian Deary, Damon DeLaszlo, Denis Dutton, Vince Egan, Rachael Falcon, Robert Frank, David Funder, Steve Gangestad, John Gardner, Glenn Geher, Gerd Gigerenzer, Dan Goldstein, Oliver Goodenough, Linda Gottfredson, David Hall, Richard Harper, Martie Haselton, Paul Hooper, Nicholas Humphrey, Chris Jenkins,

Satoshi Kanazawa, Hilly Kaplan, Anat Keinan, Matt Keller, Douglas Kenrick Rebecca LeBredonchel, Andrea Levine, Gary McGovney, Zack Mendenhall, Ravi Mirchandani, Randy Nesse, Michael Norton, David O'Hanlon, John Orbell, Nando Pelusi, Steven Pinker, Matt Ridley, Andrew Shaner, Aubrey Sheiham, Catherine Randall, Peter Singer, Walter Sinnott-Armstrong, Ilanit Tal, Andy Thompson, Peter Todd, Paul Watson, Richard Webb, Ian Wedde, Ron Yeo.

訳者あとがき

1　書誌情報&サポート情報

本書は下記の全訳です：

Geoffrey Miller, *Spent: Sex, Evolution, and Consumer Behavior*. Penguin Books, 2009.

翻訳にあたって、底本にはペーパーバック版を使いました。原書と同じく、原註・参照文献リスト・読書案内は本そのものに収録せず、下記のサポートサイトに別途掲載しています。

刊行後に見つかった訂正箇所の情報も、こちらのサポートサイトに随時掲載します。

URL: http://goo.gl/XeQn67

2　著者について

著者ジェフリー・ミラーは、進化心理学者として多数の研究を発表し続けると同時に、専門知識をふまえて本書のような一般向け著作を書いたり、さらには政府や企業のコンサルタントをやったりと、華やかな活躍をくりひろげている人物です。日本では、邦訳『恋人選びの心』が専門家以外の読者層にも広く知られるところでしょう。

一九六五年、アメリカ（オハイオ州）生まれ。コロンビア大学卒業後、スタンフォード大学で実験心理学の Ph.D をとり（博士論文「歯止めなき性選択による人間の脳の進化」：一九九四年）、コレッジ・ロンドン大学、ロンドン・スクール・オブ・エコノミクス、カリフォルニア大学ロサンゼルス校で教えたのちに、二〇〇八年からニューメキシコ大学准教授の職にあります――というあたりが、とりあえずの著者プロフィールです。彼が消費主義やマーケティングをとりあつかうようになったいきさつについては、本書第2章で語られています。

3　これまでの著作活動のラフスケッチ

第一線で活躍する心理学者として、ミラーは一九八九年からこれまでに多数の専門論文を精力的に出し続けています。ざんねんながら、専門外の訳者には、こうした大量の専門論文を評価・紹介する力量はありません。ここでは、つまみ食いていどにミラーの著作活動を紹介します。

ちに『恋人選びの心』に結実し、専門外の広い読者にまで彼のアイディアが広まることとなりました：

3-1　性選択の威力

ミラーは一九九〇年代前半から性選択（性淘汰）を扱う論文を続けていくつも出しており、これがのちに『恋人選びの心』に結実し、専門外の広い読者にまで彼のアイディアが広まることとなりました：

● 『恋人選びの心』（*The Mating Mind*, 2001; 長谷川眞理子＝訳、岩波書店、2002年）。

性選択の論理によってヒトに固有な謎が解ける、というのがミラーの主張です。ミラーによれば、ヒトにはこういう「謎」があります――なるほど「ホモ・サピエンス」をぬけぬけと自称するくらい、ヒトの頭脳はすぐれています。ところがこの頭脳はたいへんなエネルギーを食う贅沢品でもあります。燃費を犠牲にしてまで、大きくて高性能な脳をもって割りに合うのでしょうか？　かしこいチンパンジーたちですら、人間の3分の1ていどの頭脳でじゅうぶん間に合っているようですし、他の圧倒的多数の動物たちはずっと小さな脳みそで見事に生き延び続けています。「いやいや、人間はいろんな道具をつくったり技術を生み出したり農業を始めたり巨大な都市や交易システムを生み出したりして、立派に頭脳を生存に役立てているじゃないか」と思いたくなるところですが、そうした文明が登場したのは比較的最近のことであって、いまの私たちと同じ基本仕様だった10万年前のアフリカのヒトは、そういう生存の便益を享受していませんでした。つまり、やたらとエネルギーを食う大きな頭脳が登場した時期と、頭脳が大きな生存の便益をもたらすようになった時期にはズレがあります。しかも、ヒトの頭脳は音楽や詩やジョークや物語といった多彩な人工物をつくりだしています。こうした複雑精緻な人工物には、これといった生存上の利点が見当たりません。「いったいどういうわけで、ヒトはこんな風になっているのだろう?」――その謎を性選択で解いてみせようじゃないかというのが、この方面でのミラーの著作です。

3-2 「モテたいかね諸君」

こうした知的探求を進める一方で、作家タッカー・マックスと組んで、モテない男性のための(そう、この訳者みたいな人間にぴったりの!)異性交際指南本も出しています:

● 『女性のお望みの男になろう』(*Mate: Become the Man Women Want*, 2005; 邦訳なし)

ここでも心理学者ミラーらしく、男女の心理面の性差に関する研究を下敷きにしながら「まずは女性の視点を理解しよう」というところから説き起こすなかなかおもしろい本です。(一例として、男女で性欲の強さがちがうことに注意をうながしていますが、これは女性読者からみても「えっ、男性ってそんなに…そうなの?」とちょっとした発見になるようです。)

3-3 消費主義の進化心理学:本書以前

二〇〇〇年前後からは、本書に通じる消費主義に関する著述も公表しはじめています。とはいっても、それまでの研究とまるっきり切り離された考察ではなく、ミラーらしく、進化心理学とくに性選択の観点からアプローチしています。

その最初期、一九九九年にイギリスの知的総合誌『プロスペクト』に公表された論考「無駄遣い:性で読み解く消費主義批判」には、早くも本書の根っこにある問いと考え方が登場しています——音響機器メーカーのゼンハイザーが展開するヘッドホンの最高級機種「オルフェウス」は、なんと二〇〇万円もする（当時）。だけど、三〇〇〇円くらいの同社のヘッドホンに比べてものすごくすぐれているわけでもない。いったいなにがどうして、ゼンハイザー「オルフェウス」をほしがるようなサルを進化が生み出すにいたったんだろう？

「標準的なダーウィン主義」ならこう考えるだろうとミラーは言います——進化によって、我々ヒトにはいろんな好みや欲求が備わっている。たとえば、進化の時間尺度でみればヒトにとって圧倒的に「ふつう」の環境だった旧石器時代に、砂糖は栄養面で貴重なモノだった。そこから、我々には砂糖のような甘いものに対する好み・欲求が備わっている。機会を見つけたらどんどん甘いものを摂取したくなるように配線されている。こうした観点で見れば、自由市場の消費主義は我々の好み・欲求をうまく充足する（充足しすぎる）仕組みだ——

しかし、こういう「進化した欲求」説では、ゼンハイザー最高級ヘッドホンの説明がつきません。心地よい耳への刺激を求める好みや欲求があるにしたって、廉価機種とハイエンド機種に間にある文字通り桁違いのコスト差に対応するほど、音響面の品質にちがいがあるはずがありません。

謎をとくための手がかりは、ソースティン・ヴェブレンがいう「見せびらかし消費」（顕示的消費）にあります。生存・生活に欠かせないとか、そのモノじたいが心地よい刺激や快楽でヒトの好みや欲求に答えてくれるからというのではなくて、他人に見せびらかすための消費に、みんなはけっこうなお金を注ぎこんでいます。

とはいえ、ミラーによれば、ヴェブレンのアイディアそのままでは、まだ謎解きはできません。ヴェブレンがダーウィンに出会う地点を見つけ出さねばならない、それが性選択であり配偶者獲得のためのシグナリングだと言います。ちょうどクジャクのオスが「無駄に」立派な尾羽をメスに見せびらかして「ほらほら、こんなハンディキャップがあっても生き残れるくらいぼくはすぐれた資質の持ち主なんだよ」とシグナルを送らねばならないのと同じように、現代のヒトは「無駄な」見せびらかし消費という歯止めなきゲームにはまりこんでいるというのがこの時点のミラーの所見でした：生物学でいう「歯止めなき（ランナウェイ）性選択」の論理と、ヴェブレンが考察した「歯止めなき（ランナウェイ）消費主義」の論理は同じだ——そうミラーは断定します。

とはいえ、この一九九九年の段階では、まだビッグファイブ因子などの重要な切り口は登場していませんし、マーケティングの果たす大きな役割もさほど重視されていませんし、しかも、もっぱら配偶者獲得のためのシグナリングという観点にかたよっていたりと、まだまだアイディアを素描した程度にとどまっています。もっと考察を深め、紙幅をたっぷり使って十全な議論を展開するには、本書をまたねばなりませんでした。

こうして、本書『消費資本主義！』に話がつながります。

4　これはどんな本？

本書の内容は、次の三点にわけられます：(1)私たちが見せびらかし消費で見せびらかそうとしているものは富や地位というよりみずからの資質・適応度だということ：(2)そうした見せびらかしの欲求に対して、現代社会ではマーケティングの魔術が猛威をふるい、あたかもしかじかの商品・サービスによってのぞみの資質を（ときに誇張して）他人に宣伝できるかのように人々に思わせているということ：
(3)そうした見せびらかし消費から抜け出るために個人単位でできることや社会全体でとれる方策についての提案。

4-1　なにを見せびらかしてるんだろう？

かつてミラーがたてた問いはこういうものでした――「いったいどうしてぼくらはゼンハイザー最高級ヘッドホンみたいなモノを買うような消費をやってるんだろう？」

ハンディキャップ原理をふまえると、こんな考えが思い浮かぶかもしれません：とんでもない価格の最高級ヘッドホンは、そんなとんでもないお金を出せる人にしか買えないから、その人の富を示す信頼できるシグナルになるんだ。とんでもない価格は、そういう人にとってむしろ便益になってるんだよ。」なるほど一理ありますが、それではどうしてよりによってヘッドホンでなければいけないのかがわかりません。ものすごいお値段の高級品なら他にごまんとあります：豪邸もあれば、高級車もあれば、絵画コレクションもあります。それに、高級車と一口に言ってもいろんなブランド・車種があります。高級でありさえすれば、ＢＭＷとキャディラックのどっちでもべつにかまわないというオーナーはそうそういないでしょう。

視野を広げれば、そもそも生活必需品やたんなるコモディティ以外の消費はとてつもなく多種多様です。おしゃれカフェでラテをわざわざライカカメラで撮影してインスタグラムに公開してみたり、整形手術で鼻のかたちをいじってボトックス注射でしわをとったり、何百万円もの費用を払って４年も大学に通い卒業証書を手に入れたり、さもなくばニセ学位を買ってみたり――たんなる「富」や「地位」の見せびらかしでは片付けようがなさそうです。こうした広大で入り組んだ消費社会の樹海に、いったいどういう見通しをつければいいのか、いきなり絶望的になってしまいます。

ところが、本書『消費資本主義！』の中心となっている主張は単純です。まず、ミラーによれば、消費主義には2つの顔があります。ひとつはじぶんの資質・適応度を他人に見せびらかす側面、もうひとつはじぶんに心地よい刺激をもたらす側面です。たとえば見かけの生殖能力をいつわるボトックス注射や知性を示す大卒資格は見せびらかし消費なのに対し、アダルト動画やホットチョコレートは心地よい自己刺激の消費、という具合です。そして、見せびらかし消費のねらいは、みずからの知性や性格特徴や心身の健康や生殖能力といった資質・適応度を恋人や友人や親たちに伝えるシグナリングなのだという議論が展開されます。もはや、ミラーは配偶者獲得・恋人選びばかりを重視しているわけではなく、見せびらかし消費によって誇示しようと人々が試みているものも多岐にわたっています。

見せびらかしの対象となるさまざまな資質のなかでも本書が消費行動を理解するための最重要項目として大きく取り上げているのが、知性（IQ）と5つの性格特徴「ビッグファイブ」からなる中核六項目（セントラル・シックス）です。詳細は本文にあたっていただくとして、知性もビッグファイブ特徴も実証的に非常に頑健な要因だということを解説したうえで、それぞれの項目がどう私たちの消費行動に絡んでくるかを述べた本書の中盤は、いちばん読み応えのあるパートです。

4-2　マーケティングの魔術

中核六項目はヒトの社会生活にとってきわめて重要な特徴で、有史以前から私たちはお互いにじぶんのそうした特徴を示すシグナリングにはげんでいたことでしょう。一方、見せびらかしのための消費行動は、ごく最近になって登場したにすぎません。そうした消費行動を支えているのは、「しかじかの商品はしかじかの特徴のシグナリングになってくれる」という考えであり、それは宣伝やブランディングをふくむマーケティングによって醸成されています。ミネラルがどうだろうと、ただの水はコモディティであってそうそう利益になりません。ところが、大々的なマーケティングを行い、「スマートウォーター」などとなにか知性に関係しそうな名前をつけ、いいデザインのボトルに入れ、さらに美人女優のイメージと結びつける広告を展開すると、ただの水の何百倍もの値段で売れるようになります。よく紋切り型で言われるのとちがって、現代の消費資本主義は「物質主義」であるどころか、できるかぎりただのモノを売らずにするように精神主義を促進しています。こうしてただのモノにはない値打ちが――とくに、持ち主のいろんな資質を宣伝するシグナリングの力が――商品にそなわっているかのように私たちは思い込むようになっている、とミラーは言います。

4－3　消費主義を押さえ込むには？

そうやってみんながお金を出しているいろんな商品のシグナリングの力はマーケティングによって実態より誇張されていてみんなが期待するほどの力は発揮しないし、そもそも私たちは他人が見せびらかしに使っている商品に対して注意を払いません。なにより、ヒトは有史以前からお互いの重要な特徴を見せびらかしたり品定めしたりする能力を発達させているので、見せびらかしのための商品に頼ることなく効率的にうまくシグナリングをこなせます。こうしたことを指摘しつつ、本書の終盤では消費主義への対案をいくつか提案しています。まずは個人でできる見せびらかし消費に頼らない特徴見せびらかしの方法についての助言にはじまり、さらに非公式の社会規範にうったえる方法、さらには「累進消費税」を採用する税制の改革案へと、ミラー推奨のアイディアが披露されています。この提言パートには興味深く思う箇所もあるものの、全体としては「はたしてそうだろうか?」と疑問がわくことの多い議論になっています。(賛否はともかく、累進消費税のアイディアはロバート・H・フランク『成功する人は偶然を味方にする』(日本経済新聞出版社、2017年)でもくわしく論じられています。)

5 謝辞

本書の翻訳および出版企画は、いろんな方々に支えていただきました。

京都女子大学の江口聡先生(倫理学)には、翻訳原稿の初期からなにかと指摘・コメントをいただきました。なによりありがたかったのは、この本を面白がってくれたことです。あらためて感謝申し上げます。

進化心理学についてブログ「進化心理学中心の書評」(d.hatena.ne.jp/shorebird/)で有益な情報を提供しつづけている shorebird さんによる原書 Spent の読書ノートおよび書評はたびたび参照して勉強させていただきました。ここに記して感謝申し上げます。

編集者の渡邊光さんには、既刊『ヒトはなぜ笑うのか』『意味ってなに?』に続いてまたしてもお世話になりました。今回はとくに赤ペン添削に腕をふるっていただき、読者のみなさんにお届けする訳文を大いに改善できました。ありがとうございました。もちろん、この訳書に見つかる翻訳上のミスはすべて訳者に帰せられます。

デザイナーの大橋さんには、これまでの訳書につづいて今回もすてきな装丁をしていただきました。

遊び心と上品さを両立させたデザインには、感嘆するばかりです。
また、草稿段階でこの訳書をおもしろがってくださったみなさんに、この場でお礼申し上げます。

訳者識

ボディピアス｜292
ボディワールド｜178
ポルノ｜38, 63, 81, 86, 89, 176, 189, 402, 430
本能｜29

＊マ行
マーケティング｜16-7, 56-7
　——革命｜55-7, 59-61, 64
　——指向｜53, 56-7, 59, 63
マスカスタマイゼーション｜376
マズロー, エイブラハム｜32-3, 35-6, 95
マズローの階層　→　欲求の階層
マラソン｜180-2
「自分」世代｜289
ミーム｜49, 51, 66-71, 292, 294, 298-9
見えざる手｜54
見せびらかし消費｜20, 23, 38, 56, 80, 82, 118, 137, 143, 147-8, 150-3, 158-9, 191, 193, 246, 322, 325, 350, 367, 370, 382, 393, 402, 409, 412, 416, 421, 424, 440-5, 447, 455
身だしなみ｜189, 314-6
ミニマリズム｜25, 167
ミル, ジョン・ステュアート｜411
民族的多様性｜406-7
メタ標示｜320-2
メディアコングロマリット｜67, 416
メンサ・インターナショナル｜390

＊ヤ行
夜警国家｜433
欲求の階層｜32, 95
呼び水（プライミング）｜149, 151, 334-6

＊ラ行
ラッセル, バートランド｜266
リストカット｜292
リドレー, マット｜36
リベラリズム｜200, 239, 340, 346
倫理的消費｜441, 447
累進的消費税｜423-6
ルター, マルティン｜60
レア度｜191-3
レウォンティン, リチャード｜344
ローズ, スティーヴン｜344
ロビイスト｜25, 47, 219

＊ワ行
『ワールド・オブ・ウォークラフト』（WoW）｜190-3, 194, 285, 412
割引率｜152-3

224-7, 229-32, 236, 240, 243-4, 247, 250, 253, 260-1, 275, 327-37, 342-3, 346, 351, 366, 374, 384, 388, 391, 400, 414, 419, 430, 441-2, 453
道徳的美質 | 40, 109, 118, 144, 213, 236
ドーキンス, リチャード | 36, 66
特徴誇示 | 107, 113, 115-7, 221, 235, 244, 368, 370, 373, 378-9, 388
特徴知覚 | 115
トライアスロン | 180-2
トランスヒューマニスト | 279-80

*ナ行

内集団 | 287, 401
ナルシシズム → 自己愛
ニーチェ, フリードリヒ | 44, 379
ネットワーク・クラスタ | 408
ネットワーク互酬性 | 408
ノージック, ロバート | 432

*ハ行

ハーゲンス, グンター・フォン | 177
ハーディン, ギャレット | 432
バーネイズ, エドワード | 54-5
ハーバーマス, ユルゲン | 404
配偶者選択 | 34, 46, 340
パッカード, ヴァンス | 168, 303
バッジ | 160
パトナム, ロバート | 406
パラダイム | 251
反差別法 | 409
反社会性障害 | 203
反消費主義 | 25
ハンディキャップ | 127
バンパースティッカー | 198
ピア評価 | 385
ビートニク世代 | 414
ピグー税 | 433
非公式社会規範 | 397
ビッグファイブ(五大因子) | 40, 200, 211, 213-6, 218-22, 224-5, 230-3, 235, 242, 245-6, 248-9, 252, 286, 305, 327, 383-6, 388
人知覚 | 386
人付き合い | 412
人となり | 4, 112-3, 118, 123, 130, 144, 197, 388
避妊 | 203
表現型 | 257
標示 | 160
美容整形 | 179
費用便益分析 | 25, 427
ピンカー, スティーブン | 12, 36
ファンダ, デイヴィッド | 110
フィットネス | 179, 317
ブータン | 422
フェアタックス | 424
フォーカスグループ調査 | 49, 54
付加価値税(VAT) | 423-4
複数知性 | 261
物質主義 | 2, 16, 61-3, 83, 152, 403
負の外部性 | 426-7, 433, 443
ブラックモア, スーザン | 66
プラトン | 63-5
プラトン=孔子派の伝統 | 64
フランク, ロバート・H | 38, 345, 424-6
ブランクスレート → 空白の石版
ブランド | 45, 50, 62, 67, 74, 81, 100-1, 106-7, 118-9, 124, 126, 131, 135-8, 162-4, 171-3, 188, 238-41, 247-8, 278, 280, 332, 352, 354
——認知 | 30, 56, 80, 118
フロイト, ジークムント | 31, 54, 74
プロパガンダ | 54-5, 95, 288, 393, 402
プロメテウス・ソサエティ | 390
文化工作 | 67
文化的進化 | 111, 419
文化的な群選択 | 419
分業 | 396
分別のあるモデル | 13, 15
ヘアスタイル | 315
閉鎖共同体 | 409
ベッカー, ゲイリー | 266
ペンローズタイル | 277
保守派 | 23, 232, 346, 432
間違った保守モデル | 11-2

91, 104, 212, 226-7, 341, 378, 400
消費者心理｜17, 36, 38, 71, 105
消費主義文化｜23, 30, 44
ジョギング｜180, 318
所得税｜345, 423-5, 448
進化心理学｜11, 17, 29-32, 35-6, 38-9, 41, 45-8, 50, 69, 105, 116, 122-3, 152, 176, 228, 233, 256, 289, 300, 344-6, 379
新古典派経済学｜136
人種差別｜12, 46, 70, 287, 404
「人的資本」説｜266-7
心的能力｜42, 105, 255, 278
真のコスト｜25, 429, 432
進歩派｜23
　間違った急進主義モデル｜12, 432
信用格付け｜116, 237, 320-2
信頼性｜1, 89-90, 120, 126, 157-61, 163-4, 168, 171, 197, 202, 239, 243-4, 252-3, 259, 261, 265, 280, 282, 304-5, 319, 321, 324-5, 329, 352, 356, 378, 435
スタインバーグ, ロバート｜261
スティーブンズ, ブルックス｜303
スティグラー, ジョージ｜11
性格心理学｜110, 205, 212, 215-6, 233, 242, 246, 252, 322
性格特徴｜100, 103, 110, 114, 200, 204, 213-4, 216, 218, 221-2, 225-6, 229, 233, 238, 242, 252, 286, 288, 305-6, 312, 327, 338, 340-2, 346, 349, 352, 383-6, 388, 391, 400, 402, 404, 414, 440-1, 443, 454
生活史理論｜34, 157
性差｜153, 227, 253, 334, 340, 453
性差別｜4, 12, 46, 404
精神医学｜112
精神疾患｜46, 73-4, 111, 201, 203, 205, 208, 230, 259, 281, 297, 321
精神分裂症｜201
税制｜362, 421-5, 432
性選択（性淘汰）｜42, 128, 176, 182-3, 327, 339-40
性的成功度｜120
正の外部性｜427, 443
生物学｜2, 12, 17-9, 21-2, 25, 27, 30-1, 38-9, 44, 81, 88, 90, 104-5, 117-8, 125-7, 139, 141, 156, 159, 225, 259, 289, 299, 344, 419
選択圧｜32, 78, 313
躁鬱病｜201
双極性障害｜201
創造性｜294
創造的破壊｜446-7
ソーシャルネットワーキング｜385, 412

＊タ行

ダーウィン主義｜12, 18, 30, 39, 46
対抗文化｜56
対照実験｜417
対人行動｜40, 92, 95, 106, 116, 247
対人知覚｜108-10, 112, 115
対人判断ヒューリスティック｜211
対ぜいたく戦争｜393-4
代替医療｜301
ダンバー, ロビン｜101
地位製品｜29-30, 248
地位バッジ｜161
チープトーク｜236, 242
力への意志｜379
中核六項目｜40, 197-8, 200
デイトレーディング｜275
ディプロマ・ミル｜265
適応合図｜78-9, 88
適応度｜18-20, 83, 87, 94, 105, 125-7, 140, 144-7, 157, 162, 176-7, 182, 187, 189-90, 251, 259, 285, 379, 398, 400-1, 414, 425, 448
　見かけ上の――｜19
　流動性――｜22
適応度標示｜18-22, 77, 82, 88, 127-8, 135, 160, 175-7, 180, 182-4, 273
デビアス｜132, 138, 328
デフォー, ダニエル｜23
電子ペット｜312
統合失調症｜73, 111, 201, 258-9, 295, 297-8, 316, 375
「同調性」(agreeableness)｜21, 111, 113, 200, 204-7, 211-3, 216, 218-22,

語彙仮説｜216
合意工作｜55
行為障害｜203
公共財｜205
広告｜1, 28, 30, 37-8, 41-3, 45, 50-1, 53-7, 61-2, 67, 70, 79, 101-2, 106, 114, 119, 121-2, 126-7, 136-9, 145-6, 157, 171-7, 189, 198, 201, 203, 206, 208, 210, 220, 238, 242, 254, 268, 275, 313-4, 316, 327, 331, 353-4, 388, 402, 404, 438, 453-4
広告キャンペーン｜43, 55, 253
交友（ソーシャル）ウェブサイト｜244
効率性追求の本能｜156
国民総幸福量｜422
国連人間開発指標（HDI）｜421
「個人主義vs.集団主義」尺度｜286
コスト密度｜84, 87-90
コモディティ｜62
コンサルタント｜16, 249, 251, 324

＊サ行
ザ・シムズ｜91-5, 212, 452
サイコパシー｜112, 203-5, 321
サド, ガド｜38, 82
ザハヴィ, アマツ｜126
差別的養育投資｜141
サロヴェイ, ピーター｜261
ジェイムズ, ウィリアム｜197
ジェンダー役割｜250, 253, 316
シカゴ学派｜446
シグナリング｜104, 120, 122, 131, 135-6, 138-9, 142-3, 147, 153, 155-6, 159, 161-6, 169, 171, 173, 182, 247-8, 266, 269, 275, 293, 308, 319, 327-9, 335, 338, 344, 346-7, 352, 354, 359, 373, 381-2, 391, 400, 412-3, 421, 441-2, 444, 452
——理論｜125-9, 135, 138-9, 147-8, 155, 158-9, 167, 172, 246, 254, 291, 307, 385
シグナル｜17, 19, 77, 82, 100, 104, 108-9, 117-9, 122, 126-8, 130, 133, 136-42, 144-6, 148, 150, 154, 156, 158-61, 163-5, 167, 170, 172
コスト高——｜127, 133, 159, 447
強いシグナルが弱いシグナルを駆逐する｜182
自己愛｜61, 73-83, 87-9, 91, 94-5, 99, 106, 126, 145-6, 179, 190, 194, 226, 271, 370, 379, 388, 394, 404, 448
——供給｜75-6
——性人格障害｜73, 76
自己監視｜221
自己欺瞞｜65, 109, 122, 145, 351, 357
自集団中心主義｜285
市場セグメント｜51, 241, 243, 250-1, 391
シズル感｜17, 303
ジッグラト｜270-1
実用本位製品｜248
社会化｜30
社会規範｜394
社会資本｜406
社会的ステレオタイプ｜229
社会的知性｜19, 77, 220, 230-1, 260-1
社会的評判｜120
社会的本能｜441
宗教的サービス産業｜342
住宅法｜406
趣味｜17, 20-2, 29, 36, 64, 99, 102-5, 107, 122-3, 135, 144, 158, 230, 242, 276, 333, 336, 362, 364, 372, 378, 394, 402, 414, 428, 455
情動｜10, 30, 35-6, 39, 43, 46, 60, 75, 88, 90, 108, 137, 163, 200, 208-9, 213, 221-2, 230, 243-4, 249, 261, 274, 295, 312, 337, 352, 370, 378, 387, 410, 451
——的知性｜230, 261
——の安定性｜40, 102, 113, 207-8, 216, 219, 224, 243, 262, 297, 351 → 安定性
衝動性〔疾患〕｜203
消費資本主義｜1, 3, 11-3, 15-6, 24, 28, 30, 42-4, 79, 106, 113-4, 119, 122, 160, 174, 282, 325, 413, 416, 447
消費者行動｜17-8, 32, 36-40, 43, 45, 50,

索引

＊アルファベット
MMOGs（大規模多人数同時参加型ゲーム）｜412-4
GDP｜286-7, 421
iPod｜11, 79-81, 85-6, 88, 158, 165, 170, 242, 276, 375-6, 378
IQ｜10, 40, 198, 218, 225, 246, 248, 250, 255-6, 260-2, 264, 269-70, 272, 276, 278, 383, 385-6, 388, 390
IQテスト｜29, 236, 255, 258, 260-3, 270

＊ア行
「安定性」(stability)｜200, 207-9, 211-14, 216, 219-20, 222, 229-30, 232, 237, 240-1, 243, 249, 253, 383-4, 388, 390, 392, 419, 453 → 情動の安定性
意思力｜202
居座り効果｜441
一律課税｜425
一般知性（general intelligence）｜40, 198-200, 211, 213-4, 228, 230-2, 243, 245-6, 248, 252-3, 255-69, 277, 296, 383, 385 → IQ
インデックス理論｜156-7
ウィルソン, E・O｜36, 343
ウッディ, アレン｜323
売上税｜423
エチケット｜329-30, 395, 408, 410
オライリー, ビル｜290

＊カ行
ガードナー, ハワード｜261
カーネマン, ダニエル｜49
「外向性」(extraversion)｜32, 40, 110, 209-13, 216, 219-20, 224, 230-2, 237, 241, 243, 249, 253, 261, 283, 285-8, 342, 366, 384, 386, 389, 453
「外在化」尺度｜203
外集団｜287, 401
「開放性」(openness)｜21, 40, 82, 200-2, 211-3, 216, 218, 220-1, 224, 226, 228-32, 236, 239, 241-2, 249-50, 260, 262, 268, 280, 281-3, 285-90, 293-4, 296-304, 335, 342-4, 352, 366, 374, 386, 390, 453
快楽本位製品｜248
カウンターカルチャー｜56, 374
仮想世界｜58, 190, 193, 285
カミン, レオン｜259
借り入れ能力｜99
カルヴァン, ジャン｜60
機会費用｜371, 373
記号論｜16, 115, 138
教育テストサービス社（ETS）｜262
強迫神経症｜112, 203, 313, 321, 360
共有地の悲劇｜432
「ギリフ」模様｜277
空白の石版｜12, 114, 250
グールド, スティーヴン・ジェイ｜259
グリア, ジャーメイン｜23
グリーンスパン, アラン｜424
クレジットスコア｜99, 366
計画的な陳腐化｜168, 303-4
「経験への開放性」(openness) → 開放性
経済成長｜421, 424, 442-4
ゲーティッド・コミュニティ｜14, 409, 438
ゲーム理論｜48, 205, 398
血縁選択（血縁淘汰）｜141
毛繕い｜20, 101, 194, 311, 315
権威主義｜41, 200, 339
嫌悪感｜166, 289-90, 299, 359, 361
顕示選好説｜49
「堅実性」(conscientiousness)｜21, 40, 99, 104, 113, 115, 200, 202, 204-5, 211-3, 216, 219-20, 224, 226, 230-2, 236, 239, 243-4, 249-50, 253, 261-2, 268, 304-10, 312-6, 319-25, 342, 351-2, 357, 362, 365, 373, 383-4, 388, 390-1 400, 402, 413, 441-2, 453

ジェフリー・ミラー（Geoffrey Miller）
ニューメキシコ大学准教授

片岡宏仁（かたおか ひろひと）
大阪市立大学ほか非常勤講師

消費資本主義！
見せびらかしの進化心理学

2017年12月20日　第1版第1刷発行

著　者　ジェフリー・ミラー
訳　者　片岡宏仁（かたおか ひろひと）
発行者　井村寿人

発行所　株式会社　勁草書房（けいそう）
112-0005 東京都文京区水道2-1-1　振替 00150-2-175253
（編集）電話 03-3815-5277／FAX 03-3814-6968
（営業）電話 03-3814-6861／FAX 03-3814-6854
堀内印刷所・松岳社

ISBN978-4-326-29925-6　　Printed in Japan

http://www.keisoshobo.co.jp